长见识悟道理
中小学数学语文学习中的

贵州师范大学
数学科学学院
编著

本书由
田家炳基金会
资助出版

黄真金
叶育新
杨伟平
主编

华东师范大学出版社
·上海·

图书在版编目（CIP）数据

中小学数学语文学习中的长见识悟道理 / 黄真金，叶育新，杨伟平主编. —上海：华东师范大学出版社，2022

ISBN 978-7-5760-3034-1

Ⅰ.①中… Ⅱ.①黄… ②叶… ③杨… Ⅲ.①数学课－教学研究－中小学②语文课－教学研究－中小学 Ⅳ.①G633.602②G633.302

中国版本图书馆 CIP 数据核字（2022）第 124992 号

中小学数学语文学习中的长见识悟道理
——中小学数学"情境—问题"教学的新进展

主　　编　黄真金　叶育新　杨伟平
副 主 编　宋运明　刘淑青　陈 燕　吕传汉
策划编辑　刘祖希
责任编辑　刘祖希　刘坤泽
责任校对　刘玉晶　时东明
装帧设计　卢晓红

出版发行　华东师范大学出版社
社　　址　上海市中山北路 3663 号　邮编 200062
网　　址　www.ecnupress.com.cn
电　　话　021-60821666　行政传真 021-62572105
客服电话　021-62865537　门市（邮购）电话 021-62869887
地　　址　上海市中山北路 3663 号华东师范大学校内先锋路口
网　　店　http://hdsdcbs.tmall.com

印 刷 者　上海龙腾印务有限公司
开　　本　787×1092　16 开
印　　张　26
字　　数　577 千字
版　　次　2022 年 8 月第 1 版
印　　次　2022 年 8 月第 1 次
书　　号　ISBN 978-7-5760-3034-1
定　　价　98.00 元

出 版 人　王 焰

（如发现本版图书有印订质量问题，请寄回本社客服中心调换或电话 021-62865537 联系）

序

    党的十八届三中全会提出深化教育领域综合改革,立德树人是教育的根本任务。认真贯彻落实党的十八届三中全会的精神,就是要办好每一所学校,教好每一个学生。要根据学生的成长规律和社会对人才的需求,把对学生德智体美劳全面发展总体要求和社会主义核心价值观的有关内容具体化、细化,深入回答"培养什么人、怎样培养人、为谁培养人"的问题。教育部《关于全面深化课程改革落实立德树人根本任务的意见》中提出研究制订各学段的学生发展核心素养体系。"核心素养"是学生在接受相应学段的教育过程中,逐步形成的适应个人终身发展和社会发展需要的必备品格与关键能力。

    数学是自然科学体系中的基础性、工具性学科,其重要地位不言而喻。数学核心素养是具有数学基本特征的、适应个人终身发展和社会发展需要的人的思维品质与关键能力。主要包括:数学抽象、逻辑推理、数学建模、直观想象、数学运算和数据分析。这些数学核心素养既有独立性,又相互交融,形成一个有机整体。数学核心素养是在数学学习的过程中逐步形成的。当前,面对人工智能给基础教育带来的挑战,我们既要让学生学习知识、技能,更要在学习的各个阶段重视学生思辨能力、学习能力、实践能力、数字化能力、创新能力、交际能力和应变能力的培养。

    课程是教育改革的核心,而课堂教学又是课程实施的主渠道。在当前的新形势下,旨在培育学生数学核心素养的中小学数学教育应该如何改革? 在数学教育不同阶段中,教师如何培育学生的核心素养? 都是值得深入研究的问题。

    2014 年 1 月,贵州师范大学吕传汉教授提出在数学教学中教思考、教体验、教表达(简称"三教")的教育理念,倡导用"三教"引领"创设数学情境与提出数学问题"教学,培育学生核心素养。

    教思考,让学生会用数学的眼光观察世界,注重数学抽象和直观想象核心素养的培养。从小学开始,就要引导学生在学习中不断发现问题、提出问题、分析问题和解决问题。学生自己发现和提出问题是创新的基础;独立思考、学会思考是创新的核心;归纳概括得到猜想和规律并加以验证,是创新的重要方法。

    教体验,让学生会用数学的思维分析世界,注重逻辑推理和数学运算核心素养的培养。数学教师在教学中不能单纯的讲数学或让学生练习数学题,而是应引导学生在"做数学"中学习数学。在不同的阶段,都要重视教学生"做数学",引导学生在"做数学"中,发展、积淀个性化的素养,让每个学生都得到相应的发展。

    教表达,让学生会用数学的语言表达世界,注重数学建模和数据分析核心素养的培养。最终达到培育学生数学核心素养的目的。教表达的主要途径是鼓励学生"说数学",就是在数学教学中,鼓励学生叙述参与数学活动的思维过程、发表对数学问题的理解与看法、提出数学学习中的疑难与困惑、交流数学学习的体验与感悟等。表达是一种十分重要的软能力,引导学生学会表达,让学生在生生互动、师生互动中思维碰撞,在表达中倾听,在倾听中交流,在交流中思考,促进学生对知识的理解,增长智慧,获得体验,积淀素养。

在"三教"理念指导下的数学教育教学可以根据学生不同阶段的认知特征,通过教会学生"想数学"、引导学生"做数学"、鼓励学生"说数学",以促进学生核心素养的发展。

经过 30 余年的教育教学实践,吕传汉教授团队的中小学数学"情境—问题"教学 30 年实践探索与理论建构课题荣获 2018 年基础教育国家级教学成果一等奖。

为了培育中小学学生的核心素养,教学改革的重心要实现由研究以教为主向研究以学为主的转变。教育改革的关键在观念改变,教师转变教育观念,就是用学生发展的思维代替以考试成绩为标准的思维,用相信学生能力的思维代替教师权威的思维,真正做到以学生为主体。虽然在当前的互联网时代我们的教育环境扩大了,我们的孩子可以从各种平台获取知识,教育已经不只是在课堂内进行学习的行为;教师也不再是知识的绝对权威,教师是帮助学生设计适合于他兴趣爱好、指导他获取有益信息、帮助他解决困惑的"引路人"。教育的环境变了,教育的方式变了,但立德树人的根本任务不变。为此,贵州师范大学数学科学学院自 2018 年以来,组织国内数学教育专家、学者以及一线城乡中小学骨干教师,开展了"三教"引领中小学数学"情境—问题"教学、促进学生"长见识、悟道理"、培育学生核心素养的教学实验。

他们在城乡教学实验研究中,取得了较好的初步成果,曾编写出版《"三教"引领中小学数学教学培育核心素养探究》等贵州省名师工作室系列丛书。并在此基础上,积极调动城乡中小学生的潜在能力,引领学生自己学习,自己探索,自己提出问题,自己解决问题,从而培养学生的创新能力。为把"教"的研究转向"学"的研究,他们十分关注贵州省小学、初中和高中学生学习数学的心得、体会,从学生的获得中反思、研究和改进自己的教学,进而促进核心素养在学生学习中的不断积淀,促进全体学生的发展。

因此,引导学生独立、自主的学习,直接影响学生学习数学的态度,有助于学生数学学习的个性化发展,让学生体会到"数学好玩、数学好学、数学好用"。指导学生撰写数学学习日记、数学学习体验、数学学习小论文,是促进学生自主学习、学习能力发展非常好的教育举措。他们新编的"三教"引领学生学习"长见识、悟道理"丛书,就是贵州中小学生开创性的作品。

它可能显得幼稚,但展示了儿童与青少年心灵之花;

它可能带有片面,但显示了儿童与青少年学习视角;

它可能会有错误,但启迪了儿童与青少年数学思考;

它可能视野不宽,但体现了儿童与青少年素养积淀。

该丛书主要展示了小学、初中及高中三个学段学生学习数学的"心灵之花"—— 数学日记、听课感言、解题体验、联系实际应用数学解决问题的反思性短文等,辅之以指导教师的点评、针对学生学习体验的教学反思以及相关评析。它既可以激发学生的学习兴趣、促进学生数学思维能力的发展,又可以作为当前培育学生核心素养、把"教"的研究转向"学"的研究的一种载体,借以促进创新型人才的培养。

愿"三教"引领学生学习"长见识、悟道理"丛书成为当前中小学教师更新教育观念、提升素质教育水平、深入探索核心素养培育策略、促进国家创新人才培养的参考用书。

2021 年 3 月 4 日

前言

为充分发挥基础教育国家级优秀教学成果的示范引领作用,构建高质量教育体系,2020年12月教育部启动了基础教育国家级优秀教学成果推广应用计划,并确定了60个基础教育国家级优秀教学成果推广应用示范区。按照"自主、自愿"原则,各示范区在两届基础教育国家级教学成果奖评选结果中选择了74项成果开展应用工作。

2021年12月28日,教育部基础教育司在北京召开"基础教育国家级优秀教学成果推广应用工作推进会",会议采用线上线下相结合的形式进行,吕玉刚司长出席会议并讲话。来自32个省级教育行政部门代表、60个成果推广应用示范区和相关学校人员、74项成果持有方代表、部分省级教育学会代表,共十万余人参加了此次会议。

会议指出:在乡村振兴和教育扶贫方面,通过成果输入、培训、教研、研讨等形式,充分使用成果方和示范区的专家资源,帮扶贫困地区教育,提升成果推广应用工作的社会效益。贵州师范大学原副校长吕传汉教授及其团队在推广"中小学数学'情境—问题'教学"成果中,拓展"情境—问题"教学人才培养模式,为教师提供定制化的课题教学和写作指导,整体提升示范区教师的教育教学水平和专业素养。

一、"中小学数学'情境—问题'教学"促进了数学课程改革发展

"中小学数学'情境—问题'教学30年实践探索与理论建构"获2018年基础教育国家级教学成果一等奖。

(1) 中小学"数学情境与提出问题"教学模式(简称数学"情境—问题"教学)如下图所示。

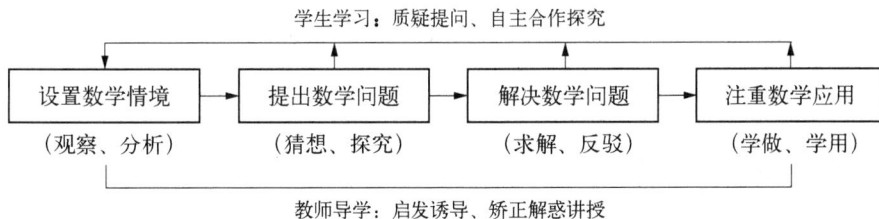

学生学习:质疑提问、自主合作探究

设置数学情境	→	提出数学问题	→	解决数学问题	→	注重数学应用
(观察、分析)		(猜想、探究)		(求解、反驳)		(学做、学用)

教师导学:启发诱导、矫正解惑讲授

目标:培养学生自主创新意识与实践能力。

核心:将学生提出问题和解决问题能力的培养贯穿课堂教学始终。

内涵:创设情境是前提,提出问题是核心,解决问题是目的,应用知识是归宿。

方法:弘扬启发式教学,适当融入探究式方法。

(2) 课题组负责人吕传汉教授立足于学生核心素养的发展,提出以"三教"(即"教思考、

教体验、教表达")教学理念引领数学"情境—问题"教学的深入开展,进一步丰富数学"情境—问题"教学的时代内涵。

(3)课题组成员立足于教学科研结合,主持国家、省部级项目10项,出版著作11部,发表四百余篇教学研究论文、教学个案和教学案例,获省部级教学科研奖励6项。

(4)课题组成员以服务基础教育为宗旨,出版教师专业发展用书3部,在黔川滇渝浙等省市上百所城乡学校开展数学"情境—问题"教学实验,培养300余名教育研究能力较强、教学效果优秀的中小学数学"种子"教师,使数万学生受益。

该成果促进了基础教育数学课程改革的发展,具体表现在以下五个方面。

(1)成果丰硕,学生发展。课题组成员出版了《数学情境与数学问题》等11本著作,发表了四百余篇教学研究文章、教学个案和教学案例。学生独立思考能力和问题意识的发展较好。

(2)学会推广,政府推广。中国教育学会2005年11月在重庆及2007年4月在浙江余姚市召开了两次数学"情境—问题"教学的全国推广会。贵州省教育厅下文在全省中小学推广数学"情境—问题"教学实验(黔教办发〔2006〕40号文),2006年后成果逐渐在省内外推广。

(3)纳入课标,写入教材。中小学数学"情境—问题"教学的核心思想"发现问题、提出问题",被写入国家义务教育数学课程标准(2011年版)的课程目标中。2004年出版的国家规划高校教材《数学教育概论》(张奠宙等主编)中(第162—163页),数学"情境—问题"教学作为"我国影响较大的几次数学教学改革实验"被详细介绍。

(4)高被引文,影响力强。1992—2013年《论中小学"数学情境与提出问题"的数学学习》等三篇文章,篇均被引高达164.33次。根据近二十多年的知网统计,课题组负责人、贵州师范大学吕传汉、汪秉彝两位教授因在其研究领域的建树和影响,入选2017年中国哲学社会科学最有影响力学者排行榜。

(5)催生样板,引领课改。教学实验催生出一批样板学校:兴义八中坚持15年"情境—问题"教学实验,发展成为贵州省一流的示范性高中;兴义黄草中心学校"学生提出问题与解决问题"实验效果很好,2004年获贵州省教育厅授予的课程改革第一块铜牌,发展成贵州省名校;浙江省余姚市实验学校形成"敢问、会问、善问"的"情境—问题"校本课堂教学模式,发展成浙江省名校。

二、"中小学数学'情境—问题'教学"成果与时俱进的拓展推广

(一)教学成果拓展之一——"三教"理念引领数学"情境—问题"教学发展

在全面深化课程改革的大背景下,在数学教育的各个阶段中,教师如何进行数学教学,进而最终达到培育学生核心素养的目标?

要以"立德树人"为宗旨,以发展学生"核心素养"为目标,以实现课堂教学转型和建立学校课程体系为重点。为此,2014年1月,贵州师范大学吕传汉教授提出在数学教学中教思考、教体验、教表达(简称"三教")的教育理念,并尝试用"三教"引领"创设数学情境与提出数学问

题"教学,进而培育学生核心素养。主张:

教思考,让学生会用数学的思维分析世界,学会在"想数学"中促进思辨能力培育;

教体验,让学生会用数学的眼光观察世界,学会在"做数学"中促进数学素养积淀;

教表达,让学生会用数学的语言表达世界,学会在"说数学"中促进交际能力培养。

最终达到培育学生数学核心素养的目的。

"三教"是对课堂教学本质属性的高度概括。没有思考就没有体验,没有体验就难以表达,表达是思考和体验的结果;在思考中体验,在体验中思考,因有所思考和体验而更准确的表达;在体验和表达中产生新的思考。"情境—问题"教学又与"三教"宗旨一致:培育创新型人才。内涵一致:突出思维能力训练。逻辑相容:以"问题"激活学生思考。切入点一致:从情境中提出问题、促进思考;从表达中促进学生深入思考。

因此,在全面深化课程改革的今天,我们要通过数学课堂教学,尝试用"三教"+"情境—问题"教学作为改进课堂教学的一种途径,借以培育学生的核心素养。

(二) 教学成果拓展之二——在"长见识悟道理"中培育学生数学核心素养

2018年9月10日,习近平同志在全国教育大会上指出:"必须把培养社会主义建设者和接班人作为根本任务,培养一代又一代拥护中国共产党领导和我国社会主义制度、立志为中国特色社会主义奋斗终身的有用人才。"习近平同志进一步指出:"要在增长知识见识上下功夫,教育引导学生珍惜学习时光,心无旁骛求知问学,增长见识,丰富学识,沿着求真理、悟道理、明事理的方向前进。"

鉴于当前新时代课堂学习的要求,可以将"长见识、悟道理"作为课堂教学培育学生核心素养的切入点。

因为"长见识、悟道理"作为学习目标,有利于促进学生人文底蕴、科学精神素养的培育。"长见识"目标的达成必然能习得人文、科学等各领域的知识和技能,掌握和运用人类优秀智慧成果,最终达到丰富学识的目的;"悟道理"的过程中,最终有利于达成求真理、悟道理、明事理三者的统一。对于人文学科有利于形成正确的基本能力、情感态度和价值取向;对于理工学科有利于形成正确的价值标准、思维方式和行为表现,从而最终发展成为有宽厚文化基础、有更高精神追求的人。

为此,在教学中提倡独立思考、探究学习、合作交流等多种学习方式,能激发学生学习的兴趣、养成良好的学习习惯,促进学生实践能力和创新意识的发展。

所以,"三教"引领"中小学数学'情境—问题'教学促进学生"长见识、悟道理",就是在"情境—问题"教学成果推广中与时俱进地拓展的新的教学成果——培育创新型人才的一种具有数学学科本质的实践性理论创新成果。

(三) 教学成果拓展之三——"多解变式"教学提升数学解题学习质量

在整个数学教育体系中高中数学占有非常重要的地位,同时也发挥着重要的作用。高中数学教学不仅是知识的基础性教育,其重点在于促进学生数学素养尤其是思辨能力的养成和发展。

高中数学学习中,要特别重视数学解题学习。因为我们所要学习的数学知识、思想方法等,都蕴含在数学题目当中,题目是数学知识和思想方法的外在表现。当我们面对一道数学题目,或是运用数学知识去解决实际问题时,这个解决问题过程中所展现出来的思维方式等,就是一个人训练和提升数学思维能力,尤其是逻辑思维能力的最佳时期。

数学教学不能采取"高起点、大容量、强推进"的"题海战"去训练学生的应试能力,而应在解题教学中突出发散思维与思辨能力的训练,让学生在解题能力提升的学习过程中,同时促进思辨能力的发展。

为此,自 2019 年以来,我们把数学"情境—问题教学"模式在高中数学教学中作了两方面的拓展推广:

一是开展了"三教"引领高中数学"多解变式"教学实践研究,把教师单向大剂量灌输的解题训练,转变为师生共同探究、变式研讨、一题多解的发散、变式思维训练。

二是把中小学数学"情境—问题"教学模式拓展为高中学段的"一题一课多解变式"数学解题教学模式(如下图所示)。

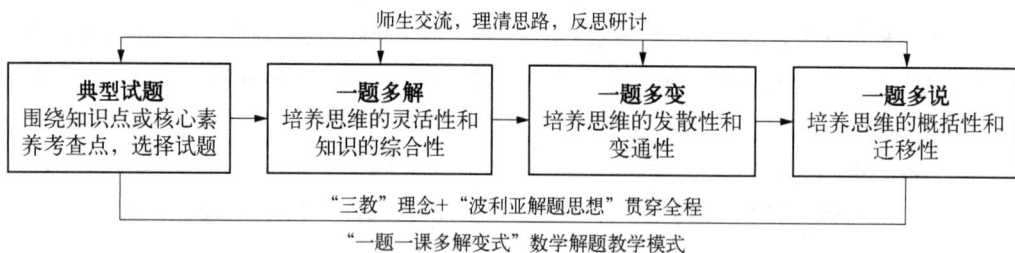

"一题一课多解变式"数学解题教学模式

三年来在贵州省 20 余所高中,先后召开了 18 次解题教学研讨会,开设研讨课 100 多节,培训高中数学教师近 2 千人。师生研究的成果汇集成《基于培育数学核心素养的行动:解题课例研析》等 5 本书;师生共发表教研论文、教学课例、学习体验 300 余篇。

数学"情境—问题"教学正向着高中数学"多解变式"教学模式演化、发展,为高中数学教学,特别是为数学高考备考过程的解题教学,找到一个"情感"与"认知"双育人的行之有效的载体,也为提高高中数学教学质量、促进高中数学教师专业发展找到一个良好的途径。

三、 弘扬田家炳先生"道德观"推广成果,促进学生健康成长

"中小学数学'情境—问题'教学"成果的推广在 2021 年得到田家炳基金会的积极资助。田家炳先生倡导"中国的希望在教育"。1982 年,田先生成立纯公益性的非营利机构——田家炳基金会。该基金会已在中国内地资助各级各类学校数百所。田先生和基金会的资助根植于教育,把教育的重点又根植于"德育",正体现了"立德树人"及德育为先的思想。田先生认为现代教育"是同心灵即道德教育相结合的教育",他强调德育是人才培养的关键。他说:"中华文化源远流长,对人类社会的贡献,可以说是举世无双的。我深感中国人对中国有这样完

善的文化,应该引以为荣。""因为中国的优良传统,有助于'完整人格'的建立。"

事实上,教导学生"学会关心他人""学会做人"已成为当今全世界教育的主流。而求知与修身相结合,既是中华民族的优秀文化传统,又是人类发展的共同要求。我们的教育应重视"品格"与"能力"双育人。要让青年人树立正确的世界观、人生观、价值观,这对个人的成才和社会的进步都将产生深远的影响。

我们要在习近平新时代中国特色社会主义思想的指导下,潜心研究田家炳先生的"道德观",遵循田家炳先生爱国奉献的精神教书育人;要在以后的教学成果推广活动中,以"立德树人"为宗旨,不忘教育初心,认真教书育人,为实现中华民族伟大复兴的第二个百年目标奋斗,努力培育一代又一代拥护中国共产党领导和我国社会主义制度、立志为中国特色社会主义奋斗终身的高水平的有用人才。

"中小学数学'情境—问题'教学"成果的推广工作,得到教育部基础教育司和中国教育学会的指导和大力支持,得到国家级优秀教学成果推广示范区——福建省福州市鼓楼区和甘肃省酒泉市教育主管部门领导和一线教师的大力支持,新疆塔城市教育局主动开展此项成果的推广活动,贵州省多地及北京市、重庆市、南京市和成都市的许多一线名师也积极参与此项成果的推广活动。各地有关学校结合本地实际开展教学研究并取得一些可喜的研究成果,现也纳入本书之中。贵州师范大学数学科学学院和教师教育学院,对教学成果的推广工作给予积极的支持、帮助。在此对以上单位和个人一并表示衷心的感谢!

著名教育家、中国教育学会原会长、北京师范大学资深教授、博士生导师顾明远先生,为本序列丛书拨冗撰序,特致以衷心的感谢!

华东师范大学出版社对近一年推广活动中汇集的有关研究资料,给予及时地编辑、整理出版,特致以衷心的感谢!

各地推广活动整理的文稿难免有疏漏之处,请读者不吝赐教!

吕传汉
于贵州师范大学
2021 年 12 月

目录

第一篇 中小学数学"情境—问题"教学的新进展

第二篇　数学学习中的长见识悟道理

第一章　学生学习体验

第二章 中学教学体验

中小学数学"情境—问题"教学的新进展

数学教育助力青少年科学素质提升

严虹,姜文,吕传汉(贵州师范大学数学科学学院)

一、研究背景

2021 年 6 月,国务院印发的《全民科学素质行动规划纲要(2021—2035)》(以下简称《科学素质纲要》)指出:"科学素质是国民素质的重要组成部分,是社会文明进步的基础",同时亦指出提升科学素质的重要意义——"提升科学素质,对于公民树立科学的世界观和方法论,对于增强国家自主创新能力和文化软实力、建设社会主义现代化强国,具有十分重要的意义"。并在"十四五"期间提出五项提升行动,分别是"青少年科学素质提升行动""农民科学素质提升行动""产业工人科学素质提升行动""老年人科学素质提升行动"以及"领导干部和公务员科学素质提升行动"。[1]

其中,青少年作为国家基础教育阶段接受教育的主流人群,是国家持续发展的希望,是民族伟大复兴的关键,是社会不断进步的动力。习近平总书记在庆祝中国共产党成立 100 周年大会上的讲话中指出:"新时代的中国青年要以实现中华民族伟大复兴为己任,增强做中国人的志气、骨气、底气,不负时代,不负韶华,不负党和人民的殷切期望!"因此,青少年科学素质提升行动必须引起社会、学校、家庭的共同关注。

二、数学和数学教育的科学价值

《科学素质纲要》指明了公民科学素质的内涵,即"崇尚科学精神,树立科学思想,掌握基本科学方法,了解必要科技知识,并具有应用其分析判断事物和解决实际问题的能力"。[1] 在基础教育阶段学校学科课程体系中,数学课程是唯一贯穿小学、初中、高中阶段的科学类课程,具有突出的工具学科属性,具有着特殊而重要的科学价值。

(一) 数学的科学价值

数学是研究数量关系和空间形式的科学。数学作为对于客观世界抽象概括而逐渐形成的科学语言与工具,不仅是自然科学和技术科学的基础,而且在人文科学与社会科学中发挥着越来越大的作用。早在古希腊时期,毕达哥拉斯学派创立了"数学"一词,数学的思维训练功能和人才选拔功能被给予高度关注。之后,随着数学作为工具学科的广泛应用,其应用性功能也逐渐为人们所重视。张恭庆院士指出"数学是一种文化"。李大潜院士指出"数学本质上应该是一种素质教育,是一种思维历练"。数学的科学价值,在于其对自然科学产生与发展的推动。数学从人类对于"数"和"形"概念的产生开始,几乎与人类文明同步发展,作为一门古老的科学,先后经历了早期发展、初等数学时期、近代数学时期和现代数学时期。其科学价值主要体现在四个方面:

1. 数学知识的应用。 在科学的产生和发展过程中,对于数学知识的直接应用可以说是最为广泛的科学价值。[2] 比如:古希腊时期数学家托勒密将三角学进一步发展,其天文学巨著《天文学大成》给出的球面三角形定理,解决了一些特定的天文学问题。文艺复兴时期射影几何的产生正是受到绘画、制图中问题的推动。20世纪以来数学作为工具,其应用性得到了前所未有的发展,既体现在数学向其他科学的渗透,产生了数学物理、生物数学、数理经济学等交叉学科,又孕育了独立的应用学科,比如数理统计、运筹学、控制论等。值得一提的是,随着电子计算机的诞生,数学极大地影响了计算机科学的发展。

2. 数学语言的应用。 数学是科学的主要术语。数学语言与科学之间的联系,早在古希腊自然哲学中就已经凸显。从毕达哥拉斯学派早期对于数和形的探索,到近代数学以来对于符号语言的逐步汇总与统一,可以说,如果没有数学语言(文字语言、符号语言、图形语言)的广泛应用,势必会极大影响近现代科学的进步和发展。

3. 数学思想方法的应用。 公理化思想方法、数形结合、函数方程等思想方法对科学的产生和发展起着至关重要的作用。比如,古希腊时期欧几里得《原本》将希腊论证几何学体现得淋漓尽致,虽然内容也有瑕疵,但是其运用的公理化思想方法对于今后数学以及其他自然科学发展的影响非常巨大。甚至可以说,当公理化思想方法运用到一门新兴学科时,才标志着其科学化的真正完成。笛卡尔和费马在17世纪创立的解析几何,使用了数形结合的思想方法,将几何问题归结为代数问题,同时亦通过代数问题的研究发现新的几何结果。

4. 数学思维方式的应用。 数学思维方式(诸如抽象与概括、分析与综合、归纳与演绎、逻辑推理等)在科学理论的建构和发展中起着非常重要的作用。比如:古希腊阿基米德运用数学思维方式,将平衡法和穷竭法进行有机融合,既解决了不少数学问题,同时也推动了物理科学的发展。

(二)数学教育的科学素质价值

数学作为一门科学,其自身的科学价值毋庸置疑。另外,数学作为一门学科,对于青少年尤其是中小学生,其科学素养价值也是非常重要的。数学教育的科学素养价值,是指数学教育对形成人的科学素养(如科学意识,科学思想、方法,科学精神,科学态度,科学品质)的意义和作用。[2] 数学教育之所以具有这种价值,是因为数学仍保留着科学的许多特性。

《义务教育数学课程标准(2011年版)》中指出:"义务教育阶段的数学课程能使学生掌握必备的基础知识和基本技能,培养学生的抽象思维和推理能力,培养学生的创新意识和实践能力,促进学生在情感态度与价值观等方面的发展。"[3] 另外,《普通高中数学课程标准(2017年版2020年修订)》中指出:"数学教育提升学生的数学素养,引导学生会用数学眼光观察世界,会用数学思维思考世界,会用数学语言表达世界。"[4]

值得一提的是,数学教育的科学素养价值在其学科德育功能当中亦可见一斑。2017 年教育部印发的《中小学德育工作指南》在"课程育人"实施途径中指出:"数学、科学、物理、化学、生物等课要加强对学生科学精神、科学方法、科学态度、科学探究能力和逻辑思维能力的培养,促进学生树立勇于创新、求真求实的思想品质。"[5]由此可见,数学教育的科学素养价值是其重要的育人功能的体现。

三、数学教育助力青少年科学素质提升

(一) 数学教育助力于青少年崇尚科学精神

科学精神是指"科学实现其社会文化职能的重要形式,科学文化的主要内容之一,包括自然科学发展所形成的优良传统、认知方式、行为规范和价值取向"。[6]

青少年通过数学学习,有助于培养科学精神。例如:中小学数学课程中数系的扩充,从自然数、整数、有理数、实数到复数,经历了数学史上的第一次数学危机,数学家们从排斥到接受、从接受到探索、从探索到严谨,历经两千余年的时间。通过对数系扩充的学习,青少年可以逐步体会数学家们在数学探索过程中开拓创新的精神。而对于几何证明的学习,通过对公理体系的学习和体会,青少年可以逐步树立求真务实的精神。求真务实、开拓创新正是科学精神的组成部分。

久而久之,通过中小学阶段的数学学习,青少年能够逐渐体会并养成理性精神、实证精神、探索精神、协作精神、民族精神等,而这些内容也正是科学精神的主要成分。

(二) 数学教育助力于青少年掌握科学方法

科学方法是指"人们获得科学认识所采用的规则和手段系统,揭示客观世界的性质和规律、获得新知识和探索真理的工具"。[7]

青少年通过数学学习,有助于科学方法的掌握。无论是实证方法、理性方法、臻美方法,还是科学发现中的类比推理、合情推理、直觉和灵感,无不与数学的发现方法和模式相同和一致。[2]例如:在学习了等式的基本性质之后,学习不等式的时候,就涉及了类比推理的科学方法;在圆锥曲线内容的学习中,学习了椭圆之后,进一步学习双曲线和抛物线,也涉及到类比推理的科学方法;在不少几何命题中,涉及到合情推理的科学方法。

日积月累,通过中小学阶段的数学学习,青少年能够逐渐理解并掌握类比法、观察法、模型法等基本的科学方法。

(三) 数学教育助力于青少年解决实际问题

"具有应用其分析判断事物和解决实际问题的能力",这种分析和解决问题的能力其实是科学探究能力的重要组成部分,科学探究能力是指"基于观察和实验提出科学问题、形成猜想和假设、设计实验与制定方案、获取和处理信息、基于证据得出结论并做出解释,以及对科学探究过程进行交流、评估、反思的能力"。[8]

青少年通过数学学习,有助于掌握解决实际问题的能力。数学的产生和发展同其他科学一样,来源于问题。自古以来,数学教育主要集中于实用性功能、思维训练功能、选拔性功能,在不同的历史时期侧重点有所不同。其实用性功能有着深厚的历史底蕴。中世纪时期中国数学有着强烈的算法倾向和实用特征。7世纪初,隋代开始在国子监设立"算学"科,这也是中国漫长封建教育制度中数学专科教育的开始。到了唐朝,不仅沿用了前朝"算学"制度,而且还首次在科举考试中开设了数学科目,称之为"明算科"。公元656年,唐朝官员李淳风编制了国学的标准数学教科书《算经十书》。其中涉及的不少问题都是有关于实际问题解决的,比如《孙子算经》中的"物不知数"问题,《张丘建算经》中的"百鸡问题"等。

长此以往,通过中小学阶段的数学学习,青少年能够在数学生活情境中逐渐体会生活数学化以及数学生活化的过程,培养科学探究能力,逐渐形成并夯实解决实际问题的能力。

四、数学教育助力青少年科学素质提升举措

(一) 在情境中提出问题培育学生的创新意识

《科学素质纲要》指出,要激发青少年好奇心和想象力,增强科学兴趣、创新意识和创新能力,培育一大批具备科学家潜质的青少年群体,为加快建设科技强国夯实人才基础。[1]创新是一个民族进步的灵魂,是国家兴旺发达的不竭动力,是新时代每一个公民应该具备的基本素养。无数数学探究的事例表明:数学中的创新往往始于问题,发现问题和提出问题是创新的基础[9],没有问题就没有创新。正如爱因斯坦所言:"提出一个问题比解决一个问题更重要,因为解决问题需要的仅是一个数学上或实验上的技能而已,而提出新的问题、新的可能性,从新的角度去看旧的问题,却需要创造性的想象力,而且标志着科学的真正进步。"这种能敏锐地提出问题的能力,不仅是创造发明的关键,而且是许多领域中创造性人才的显著特征。[10]数学教学要培养学生的创新精神和创新意识,就要培养学生大胆提出数学问题特别是有价值的数学问题的能力。

教学中,教师不仅要关注问题的分析和解决,更要关注问题的发现和提出。问题源于情境,情境是产生问题的沃土,没有情境就没有问题,创设问题情境是促使学生提出问题的重要策略之一。[11]因此,教师要创设适宜的情境,引导学生提出数学问题。

教科书是教师教学的重要资源,教师在设计教学时可以根据教学目标适当地将教科书上的某些问题改编成情境,给学生搭建提出问题的平台,创造提出问题的机会。例如,将教科书上的应用题"动物学家通过大量的调查估计,某种动物活到20岁的概率为0.8,活到25岁的概率为0.5,活到30岁的概率为0.3,那么现年20岁的这种动物活到25岁的概率为多少?"[12]的"那么现年20岁的这种动物活到25岁的概率为多少?"删去,改为"根据这个情境,你能提出哪些数学问题?"这样,教科书上的一个题目就被"改造"成一个提出问题的活动了,学生可以在该活动中观察、对比、探索、归纳、猜想并提出一些有意义的问题。有学者对上述提出问题活动做调研显示,初三年级的学生提出了各种各样的问题,主要有四种类型的问题[13]:与概率相关的问题,与函数相关的问题,与统计相关的问题,其他问题。由此可见,当教师给学

生提供提出问题的机会时,"一个概率情境的问题可能就不再局限于概率",学生的思维会更加灵活、更加开放、更具创造性。在这个过程中,他们的兴趣得以激发,思维得到激活,创新意识得到培育。

(二) 在数学学习体验中积淀学生的数学核心素养

基础教育改革经历了从"知识立意"到"能力立意"再到"素养立意"的阶段[14],《普通高中数学课程标准(2017 年版)》强调数学学科核心素养,指出数学学科核心素养包括:数学抽象、逻辑推理、数学建模、直观想象、数学运算和数据分析[15],并以此为纲、贯穿数学教育始终[16]。数学学科核心素养水平的提升是在过程中实现的[14],以数学抽象素养为例,凡是重要的数学概念、重要的定理、数学的通性通法等,都需要经历抽象的过程,在生产、发展和应用中不断拓展它们的内涵,同时不断加深对它们的认识和理解。[17]

学习体验是学生通过有目的(有引导)的学习实践活动来感受、体会、领悟周围的事物,以及由此获得相关知识、技能、情感与观念等内容的过程。学生这种个性化的经验积淀到一定程度后,就会积聚深化为自己独特的"数学领悟",使得自身能够迅速理解数学知识,逐步掌握数学思维方法,最终形成自己的数学素养。[18]

因此,数学学习需要让学生经历数学发生发展的过程,在过程中体验,最终在体验中积淀数学核心素养。例如,三角函数概念的形成经历了以下六个阶段[19]:初中形成的三角函数概念→让变化(角度在 0°到 90°变化)融入三角函数→从 0°到 90°的三角函数到任意角三角函数→从任意角的三角函数到三角函数→整体理解三角函数概念→全面认识函数,感悟数学抽象。至此,依托三角函数概念的形成过程,促进学生数学抽象素养的提升,同时借助三角函数的整体认识,促使学生加深和强化对函数概念的全面认识与整体把握。另一方面,这样的抽象过程不仅体现在重要的数学概念形成过程中,也体现在重要的数学结果、规则、模型和应用的形成过程中。

(三) 在一题多解教学中培养学生的发散性思维能力

解题是数学学习过程中非常重要的一项活动,解题教学历来是提高思维能力的重要途径。[20]学生通过解题,所学知识才能得以巩固,能力得到培养,智慧得到发展。只有通过解题,才能更多、更好地掌握数学的内容、意义和方法。[21]然而,如果盲目地、机械地解题,不仅思维能力得不到发展,反而使学生感觉疲劳,丧失学好数学的信心。一题多解对培养学生的思维具有积极的作用。因此,教学中,教师可以围绕知识点或核心素养考查点精选典型试题,引导学生从不同的角度寻求试题的解答方案,紧扣"一题多解"引导学生交流表达,才能使知识和方法不断向横、纵两个方向发展,才能激发学生的学习兴趣,激活学生的思维,拓宽学生的视野,进而达到培养学生思维的灵活性和发散性的目的。比如:

(2018 年高考全国Ⅲ卷理科第 11 题) 设 F_1,F_2 是双曲线 $C:\dfrac{x^2}{a^2}-\dfrac{y^2}{b^2}=1$ ($a>0$,$b>0$) 的左、右焦点,O 是坐标原点,过 F_2 作 C 的一条渐近线的垂线,垂足为 P。若 $|PF_1|=\sqrt{6}$

$|OP|$,则 C 的离心率为(　　)。

(A) $\sqrt{5}$　　　　(B) 2　　　　(C) $\sqrt{3}$　　　　(D) $\sqrt{2}$

该题属于解析几何模块的试题,考查直线与双曲线的位置关系,涉及直观想象、数学运算等数学学科核心素养。

解法 1:解析几何的思想是利用代数方法来研究几何问题,因此本题的一种基本解法是将题目的几何结构"翻译"成代数形式,进一步运算即可,即将渐近线的方程和直线 PF_2 的方程联立,解出点 P 的坐标,再结合 $|PF_1|=\sqrt{6}|OP|$ 列出方程,化简可得离心率的值。

该法的优点是思路清晰,只需按部就班地将题设条件进行转化、谨慎运算即可得出结果,但是运算较为繁杂。如果注意到双曲线的一条性质——双曲线的焦点到其渐近线的距离等于虚半轴长,结合图形的特征,可以得到第二种解法。

解法 2:如图 1,过 P 作 x 轴的垂线,交 x 轴于点 M,易得 $|PF_2|=b$,$|OP|=a$,故 $|PF_1|=\sqrt{6}a$。

在 $\mathrm{Rt}\triangle POF_2$ 中,根据等面积变换可得 $|PM|=\dfrac{ab}{c}$。

所以 $|OM|=\sqrt{|OP|^2-|PM|^2}=\sqrt{a^2-\left(\dfrac{ab}{c}\right)^2}=\dfrac{a^2}{c}$。

由 $|PM|^2+|F_1M|^2=|PF_1|^2$,得 $\left(\dfrac{ab}{c}\right)^2+\left(c+\dfrac{a^2}{c}\right)^2=(\sqrt{6}a)^2$,化简得 $\dfrac{c}{a}=\sqrt{3}$。

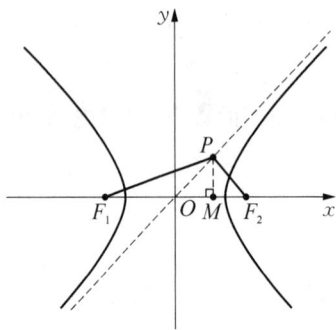

图 1

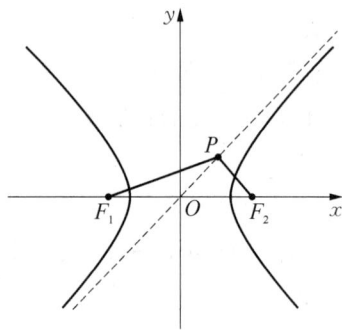

图 2

解法 2 的运算量虽然比第一种解法的运算量小一些,但是依然不够简便。如果注意到题目条件实际上涉及到三角形的边角关系,那么可以从解三角形的角度入手,于是得到解法 3。

解法 3:如图 2,设双曲线的半焦距为 c,由题意易得 $|PF_2|=b$,$|OP|=a$。

由图可知 $\cos\angle POF_1=-\cos\angle POF_2=-\dfrac{a}{c}$。

在 $\triangle POF_1$ 中,由余弦定理得 $-\dfrac{a}{c}=\dfrac{c^2+a^2-(\sqrt{6}a)^2}{2ac}$,化简得 $\dfrac{c}{a}=\sqrt{3}$。

解法 3 的关键在于利用"若两个角互补,则它们的余弦值互为相反数"这一性质,结合余弦定理建立方程求解。如果注意到 O 是线段 F_1F_2 的中点,那么可以取 PF_1 的中点 N,再将 ON 连接起来,得到解法 4。

解法 4:如图 3,取 PF_1 的中点 N,连接 NO,由题意易得 $|ON|=\dfrac{1}{2}|PF_2|=\dfrac{b}{2}$,$|OP|=a$,$|NP|=\dfrac{1}{2}|PF_1|=\dfrac{\sqrt{6}}{2}a$。

在直角三角形 PON 中,由 $|ON|^2+|OP|^2=|PN|^2$ 得 $\left(\dfrac{b}{2}\right)^2+a^2=\left(\dfrac{\sqrt{6}}{2}a\right)^2$,解得 $\dfrac{b^2}{a^2}=2$,故离心率 $e=\sqrt{1+\dfrac{b^2}{a^2}}=\sqrt{3}$。

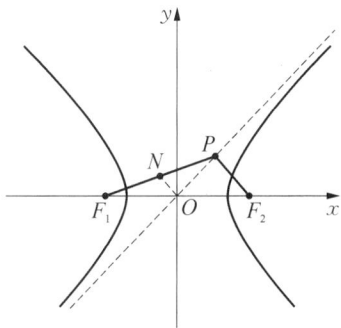 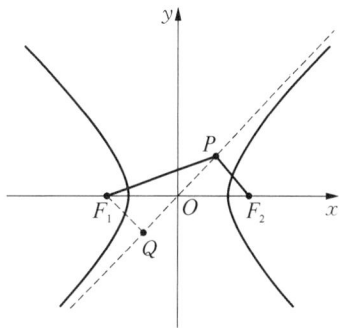

图 3   图 4

该法从平面几何的角度找到等量关系,均比上述三种解法简便得多。它的难点在于要想到结合 O 是中点来取 PF_1 的中点,还要注意到直线 $NO \parallel PF_2$,得 $\triangle PON$ 为直角三角形这一结论。同样,如果注意到直线 PF_2 垂直于一条渐近线这一特别的几何特征,也可以过 F_1 作该渐近线的垂线,于是有解法 5。

解法 5:如图 4,过 F_1 作渐近线 $y=\dfrac{b}{a}x$ 的垂线,垂足为 Q,易知 $|PQ|=2a$,$|QF_1|=|PF_2|=b$,$|PF_1|=\sqrt{6}a$。

在 $\mathrm{Rt}\triangle PF_1Q$ 中,由 $|QF_1|^2+|PQ|^2=|PF_1|^2$ 得 $b^2+(2a)^2=(\sqrt{6}a)^2$,解得 $\dfrac{b^2}{a^2}=2$,故离心率 $e=\sqrt{1+\dfrac{b^2}{a^2}}=\sqrt{3}$。

解法 5 与解法 4 本质上是一样的。由解法 4 和解法 5 可以看出,巧妙地作辅助线可以使得问题得到快速求解。

以上 5 种解法并非穷举了本题的所有方法,事实上,本题至少有 12 种解法,限于篇幅仅举出上述 5 种。不同解题方法来源于对题设已知条件的不同解读方式,它们将不同模块的知识联系起来,最后在对不同解法的回顾中体验整体与部分的关系,形成对知识和方法的系统认识,最终综合能力得到提升。

(四) 在一题多变教学中培养学生的批判性思维能力

变式教学是我国数学教育的优良传统,概念性变式和过程性变式是变式教学的两大基本策略。这两方面对学生的学习都是关键的,而且是相辅相成的。[22] 在日常教学中,"一题多变"是最常见的变式形式,它将"概念性变式"和"过程性变式"融为一体,综合考查学生认识数学对象和解决问题的能力。好的"变题"不仅能巩固学生所学的知识和方法,更能让学生的能力得到培养。要能"变出"好的题目,需要对原题深入探究。例如:

已知抛物线 $C: y^2 = 4x$ 的焦点为 F,其准线 l 与 x 轴相交于点 M,过点 M 作斜率为 k 的直线与抛物线 C 相交于 A, B 两点,若 $\angle AFB = 60°$,则 $k = ($ $)$。

(A) $\pm \dfrac{1}{2}$ (B) $\pm \dfrac{\sqrt{2}}{4}$ (C) $\pm \dfrac{\sqrt{2}}{2}$ (D) $\pm \dfrac{\sqrt{3}}{2}$

通过对该题的研究,得到以下几条性质。

性质 1:设 M 是抛物线 $E: y^2 = 2px$ $(p > 0)$ 的准线与 x 轴的交点,F 是抛物线 E 的焦点,过点 M 且斜率为 k 的直线与 E 交于 A, B 两点,若 $\angle AFB = \varphi$,则 $k = \pm \cos \dfrac{\varphi}{2}$。

性质 2:设 M 是抛物线 $E: y^2 = 2px$ $(p > 0)$ 的准线与 x 轴的交点,F 是抛物线 E 的焦点,过点 M 且斜率为 k 的直线与 E 交于 A, B 两点,若直线 AF 的倾斜角为 θ,则 $k = \pm \sin \theta$。

性质 3:设 M 是抛物线 $E: y^2 = 2px$ $(p > 0)$ 的准线与 x 轴的交点,F 是抛物线 E 的焦点,过点 M 的直线与 E 交于 A, B 两点。若点 B 关于 x 轴的对称点为 D,则 A、F、D 三点共线。

性质 4:已知点 $P(-m, 0)$ $(m > 0)$,过点 $Q(m, 0)$ 的直线 l 与抛物线 $y^2 = 2px$ $(p > 0)$ 相交于点 A, B 两点,则 x 轴是 $\angle APB$ 的平分线。

性质 5:已知点 $P(-m, 0)$ $(m > 0)$,不垂直于 x 轴的直线 l 与抛物线 $y^2 = 2px$ $(p > 0)$ 相交于点 A, B 两点,若 x 轴是 $\angle APB$ 的平分线,则直线 l 恒过点 $Q(m, 0)$。

以上几条性质源于从"数"和"形"两方面对原题的解剖,认清原题的"骨架"之后,也就把握了原问题的本质,因此就可以进行许多变式。例如,题目中的斜率 k 仅与角度有关,于是得到以下的变式题目:

变式 1:已知抛物线(……)的焦点为 F,其准线 l 与 x 轴相交于点 M,过点 M 作斜率为 k 的直线与抛物线 C 相交于 A,B 两点,若 $\angle AFB = 60°$,则 $k = ($ $)$。

(A) $\pm \dfrac{1}{2}$ (B) $\pm \dfrac{\sqrt{2}}{4}$ (C) $\pm \dfrac{\sqrt{2}}{2}$ (D) $\pm \dfrac{\sqrt{3}}{2}$

括号里的省略号是任意一条开口向右的抛物线方程即可,比如 $y^2 = 2px$ $(p > 0)$,答案是不变的。

变式 2:已知抛物线 $C: y^2 = 4x$ 的焦点为 F,其准线 l 与 x 轴相交于点 M,过点 M 作斜率为 k 的直线与抛物线 C 相交于 A, B 两点,若 $\angle AFB = ($……$)$,则 k 的值为_____。

括号里的省略号表示可以给 $\angle AFB$ 一个任意的满足直线与抛物线相交的角。

当然,我们也可以交换条件和结论,得到变式 3 和变式 4。

变式 3:已知抛物线 $C: y^2 = 4x$ 的焦点为 F,其准线 l 与 x 轴相交于点 M,过点 M 作斜率

为 $\frac{\sqrt{3}}{2}$ 的直线与抛物线 C 相交于 A，B 两点，则向量 $\overrightarrow{FA}$ 和 $\overrightarrow{BF}$ 的夹角为_____。

当然，这里可以求向量 $\overrightarrow{FA}$ 和 $\overrightarrow{BF}$ 夹角的余弦值、正弦值等。

变式 4：已知抛物线 C：$y^2=4x$ 的焦点为 F，其准线 l 与 x 轴相交于点 M，过点 M 作斜率为 $\frac{3}{5}$ 的直线与抛物线 C 相交于 A，B 两点，则直线 BF 的斜率为_____。

还可以变换结构，得到变式 5。

变式 5：已知抛物线 C：$y^2=4x$ 的焦点为 F，其准线与 x 轴相交于点 M，过点 F 作直线 l 与抛物线 C 相交于 A，B 两点，点 B 关于抛物线对称轴的对称点为 B_1。若 $\angle B_1FA$ 的大小为 $60°$，则直线 MB 的斜率为_____。

如果将结构变得稍微复杂些，就是某些高考试题，比如以下试题。

高考题 1：（2013 年陕西高考）已知动圆过定点 $A(4,0)$，且在 y 轴上截得的弦 MN 长为 8。

（1）求动圆圆心的轨迹 C 的方程；

（2）已知点 $B(-1,0)$，设不垂直于 x 轴的直线 l 与轨迹 C 交于不同的两点 P，Q，若 x 轴是 $\angle PBQ$ 的角平分线，证明直线 l 过定点。

高考题 2：（2015 年福建高考）已知点 F 为抛物线 E：$y^2=2px$（$p>0$）的焦点，点 $A(2,m)$ 在抛物线 E 上，且 $|AF|=3$。

（1）求抛物线 E 的方程；

（2）已知点 $G(-1,0)$，延长 AF 交抛物线 E 于点 B，证明：以 F 为圆心且与直线 GA 相切的圆，必与直线 GB 相切。

高考题 3：（2015 年全国高考）在直角坐标系 xOy 中，曲线 C：$y=\dfrac{x^2}{4}$ 与直线 $y=kx+a$（$a>0$）交于 M，N 两点。

（1）当 $k=0$ 时，分别求 C 在点 M 和 N 处的切线方程；

（2）y 轴上是否存在点 P，使得当 k 变动时，总有 $\angle OPM=\angle OPN$？说明理由。

以上 3 个试题的背景就是上述的几条性质，如果学生熟悉这些性质，那么这几个问题就迎刃而解。如果再把问题思考得更深入一些，也能得到椭圆和双曲线类似的性质和变题，因为圆锥曲线的性质往往是相伴的，在此不再赘述。

由此可见，用好"一题多变"的教学形式，确实能起到"事半功倍"的效果，学生的批判性思维能力在变式研究中得到培养。

（五）在课堂表达交流中促进学生的数学深度思考

"表达"是指"表示（思想、感情）"，"交流"则是指"彼此把自己的供给对方"。[23]这里的"表达"和"交流"特指"数学表达"与"数学交流"。"数学表达"指灵活运用数学中的文字语言、符号语言、图形语言来表示数学对象的数量关系和几何形式；"数学交流"主要指在课堂或课外学习过程中，能够将自己习得并理解的数学知识、技能、思想方法、情感态度等以口头或书面的形式传递给对方。[18]表达与交流是一种十分重要的软能力。引导学生学会表达,让学生在生生互动、师生互动中思维碰撞,在表达中倾听,在倾听中交流,在交流中思考,促进学生知识学习的加深理解,增长智慧,获得体验,积淀素养。[18]

例如在某些数学公式和数学定理的形成过程中,可以让学生先对存在的某些特殊数量关系(如平方差公式)进行特殊地运算,或者是对特殊的几何形式进行直观操作(如线面平行的判定),然后在适当的推理的基础上进行猜测,发现一般的公式和定理,进一步运用三种语言(文字语言、符号语言、图形语言)进行表述,最后对发现的公式或定理进行证明。这一过程学生经历了用三种语言来表达公式或定理的过程,进而促进学生对数学的深度思考。

如在"平方差公式"的学习中,让学生探究如下一类特殊的多项式相乘的结果:

$(x+1)(x-1)=$ _____;

$(m+3)(m-3)=$ _____;

$(2a+3)(2a-3)=$ _____。

然后在学生直观感知结果呈现规律的基础上,在表达与交流中将更一般的规律表述出来并给予证明。这种更一般的规律可以从"符号的表示""文字语言的描述""图形语言的表征"三个方面进行,学生在三种语言的相互转化与交流中深化对"平方差公式"的认识,促进学生对数学的深度思考。

又如,用配方法解一元二次方程 $x^2+4x-32=0$,其配方的过程也可以用三种语言来表示。由 $x^2+4x-32=0$ 得 $x(x+4)=32$,因此配方的过程可以看出是将一个长为 $x+4$、宽为 x、面积为 32 的矩形进行割补,拼成一个正方形,这就是配方过程的图形表示(几何意义,过程略)。

五、结语

数学教育自古以来有着实用性功能、思维训练功能以及选拔性功能。其实用性功能以及思维训练功能对于青少年科学素养的提升有着重要而特殊的作用;同时鉴于数学科学在自然科学中的工具属性,对于其他自然科学诸如物理、化学、生物学的学习有着重要的意义,也就意味着对于必要的科技知识的了解亦有着重要的价值。

伴随着《科学素质纲要》的颁布和实施,未来中小学数学教育任重而道远,数学教育研究者和实施者均需要充分意识到数学教育的科学素质价值,在理论和实践两方面进行同步地研讨。

参考文献

[1] 国务院.国务院关于印发全民科学素质行动规划纲要(2021—2035)的通知[EB/OL]. (2021-06-03)[2021-08-06] http://www.gov.cn/zhengce/content/2021-06/25/content_5620813.htm.

[2] 杨黔,涂荣豹.略论数学教育的科学价值[J].中国教育学刊,2002(4):33-35.

[3] 中华人民共和国教育部.义务教育数学课程标准(2011年版)[S].北京:北京师范大

学出版社,2012:1-2.

　　［4］中华人民共和国教育部.普通高中数学课程标准(2017年版2020年修订)［S］.北京：人民教育出版社,2020:2.

　　［5］中华人民共和国教育部.中小学德育工作指南［EB/OL］.(2017-08-17)［2021-08-18］http://www.moe.gov.cn/srcsite/A06/s3325/201709/t20170904_313128.html.

　　［6］辞海(第六版)·普及本［M］.上海：上海辞书出版社,2010:2142.

　　［7］辞海(第六版)·普及本［M］.上海：上海辞书出版社,2010:2141.

　　［8］中华人民共和国教育部.普通高中物理课程标准(2017年版)［S］.北京：人民教育出版社,2018:5.

　　［9］史宁中,王尚志.普通高中数学课程标准(2017年版2020年修订)解读［M］.北京：高等教育出版社,2020:40.

　　［10］温建红.论数学教学中学生提出问题的意义及培养策略［J］.数学教育学报,2014(1):20-23.

　　［11］温建红.论数学教学中学生提出问题的意义及培养策略［J］.数学教育学报,2014(1):21.

　　［12］人民教育出版社课程教材研究所.义务教育教科书数学(九年级上册)［M］.北京：人民教育出版社,2014:148.

　　［13］王嵘,蔡金法.问题提出：从课程设计到课堂实践［J］.课程·教材·教法,2020(1):90-96.

　　［14］王尚志,吕世虎,胡凤娟.普通高中课程标准(2017年版2020年修订)教师指导·数学［M］.上海：上海教育出版社,2020:35.

　　［15］中华人民共和国教育部.普通高中数学课程标准(2017年版)［S］.北京：人民教育出版社,2018:4.

　　［16］史宁中.数形结合与数学模型：高中数学教学中的核心问题［M］.北京：高等教育出版社,2018:Ⅳ.

　　［17］王尚志,吕世虎,胡凤娟.普通高中课程标准(2017年版2020年修订)教师指导·数学［M］.上海：上海教育出版社,2020:40.

　　［18］严虹,游泰杰,吕传汉.对数学教学中"教思考、教体验、教表达"的认识与思考［J］.数学教育学报,2017(5):26-30.

　　［19］王尚志,吕世虎,胡凤娟.普通高中课程标准(2017年版2020年修订)教师指导·数学［M］.上海：上海教育出版社,2020:40-45.

　　［20］程华.从"一题多解"审思解题教学的思维培养［J］.数学通报,2020(8):50.

　　［21］单墫.解题研究［M］.南京：南京师范大学出版社,2002:3.

　　［22］鲍建生,黄荣金,易凌峰,顾泠沅.变式教学研究(再续)［J］.数学教学,2003(3):6-12.

　　［23］中国社会科学院语言研究所词典编辑室.现代汉语词典［M］.6版.北京：商务印书馆,2012:86,646,828,1230.

学知识，长见识，悟道理

课堂教学的主要任务是什么？不同的人有不同的回答。在 2018 年 9 月 10 日的全国教育大会上，习近平总书记发表了重要讲话。他指出："要在增长知识见识上下功夫，教育引导学生珍惜学习时光，心无旁骛求知问学，增长见识，丰富学识，沿着求真理、悟道理、明事理的方向前进。"反复琢磨这句话，不难发现，总书记从很高的角度指明了课堂教学的主要任务，那就是引导学生"学知识""长见识"和"悟道理"。

一、学知识

知识是人类在实践中认识客观世界（包括人类自身）的成果。它包括事实、信息的描述或在教育和实践中获得的技能。知识是人类从各个途径中获得的经过提升总结与凝练的系统的认识。

培根说"知识就是力量"。自从有了人类，知识便萌芽在人类的智慧中。在人类历史的发展进程中，知识的洪流川流不息，始终是推动历史发展的动力。知识的进步，推动了历史的发展，促进了人类的文明，也促进了个人的发展。学生时代是人们获取知识最美好的时光，传授知识是学校教育的重要功能。

作为教师，我们如何才能更好地引导学生学知识呢？前提是教师自己要理解学科的特点、思想方法和知识结构，并把它们渗透到教学活动当中。在教学的过程中，尽量展现知识发生发展的形成过程，让学生理解知识的本质，包括基本概念、重要结论、主要方法和核心思想。

例如，对于小学数学中"三角形"的概念和相关内容，我们发现课本中包含以下内容：(1) 三角形的概念，即由三条线段首尾连接形成的平面图形叫做三角形；(2) 三角形的三边关系，即三角形的任意两边之和大于第三边；(3) 三角形的稳定性，即三角形不易变形。如果仅仅是这样，还不能说真正理解了三角形的概念，还需要进行更深入的思考，才能领悟三角形概念的真谛。

经过仔细思考，并联想到中小学数学的概念和定理，我们可以发现三角形的上述三个命题可以从另外的角度去理解：(1) 三角形的概念，其实并不是由线段连接而成，而是平面上不共线的三点确定三条线段，三个点和三条线段形成一个图形，就叫做三角形；(2) 三角形的三边关系，讲的是三角形的存在性，即三条线段如果满足条件"任意两边之和大于第三边"，那么这三条线段就能构成三角形；(3) 三角形的稳定性，讲的是三角形的唯一性，即三边确定三角形被唯一确定，不会存在其他形状和大小的三角形（如果存在，那也是放置的方式不一样，它们经过平移、旋转、对称等图形运动,是可以完全重合的)。

有了这些比较深刻的理解,我们就可以引导学生更好地学习三角形的知识了。在教学三角形的概念时,就可以引导学生在纸上画三个不共线的点,顺次连接就可以构成三角形了。在教学三角形的三边关系时,我们就不会被"长度为 4 cm、5 cm、9 cm 的三根小棒到底能不能围成三角形?"这种非数学问题所困扰了。同时,根据线段公理(即"两点之间线段最短"),也可以很轻松地得到"三角形任意两边之和大于第三边"这个结论了。在教学三角形的稳定性时,我们就可以让学生根据确定的三边画出各自的三角形,这些三角形可能位置不同,可能颜色各异,但都可以完全重合。也就是说,从数学的角度看,这些三角形就是同一个三角形。课堂上就不会有学生对三角形的稳定性提出这样的质疑了:"既然三角形具有稳定性,为什么红领巾用手一拉就变形了呢?"

二、长见识

见识指明智地、正确地做出判断及认识的能力。见识产生于人的才智,也产生于人的天性与心地。见识作为一种眼光和思想,具有预见性,能够把握客观事物的发展规律,预测事物的发展方向,预见到尚未发生但是可能发生的事物。见识能帮助人们预测事物发展的方向,从而决定自己发展的方向。

长见识,离不开知识的积累。"读万卷书,行万里路"。学生要增长见识,首先要通过学习书本知识中的已有经验和间接经验来丰富自己的见识。同时,还需要进行积极的实践,在实践中学习、思考、锻炼,才能积累属于自己的直接经验,从而增长见识。这种见识会帮助学生选择和把握未来的发展方向,有意识地为自己未来的发展积累知识、储备才能。

作为教师,我们怎样才能引导学生长见识呢?首先从多角度看问题,针对同一个问题,从不同的角度进行思考与解答。其次,用联系的观点看问题,把相关事物放到一起,看看其中的共性和特性,做到触类旁通。再次,用发展的眼光看问题,面对一个问题,想一想在小学、中学、大学、学科内、学科外哪些是和它有联系的,它是怎样一步一步发展的。

几年前听过一节"三角形的内角和"的公开课,课上教师期望学生通过测量发现三角形的内角和等于 180°,便让每位学生随意画一个三角形,用量角器量出三个内角的度数,然后把它们加起来,看看和等于多少。然而,大部分学生的结果都不是 180°(要么多一点,要么少一点),仅有几个学生量出所画的三角形内角和为 180°,教师就通过投影展示了这几个学生的"作品",然后出示结论"三角形的内角和为 180°"。

谁知,胆大的学生开始反驳,"老师,大多数同学的三角形都不是 180°,你为什么却同意少数几个同学的结果?"老师连忙解释道,"因为你们的测量存在误差,如果你们测量准确,也会得到三角形内角和为 180°。"然而,学生却继续反驳,"就算我们测量准确,得到三角形的内角和为 180°,我们班上 30 多个同学测量的也只是成千上万个三角形中的很少一部分,这怎么就能说明所有三角形的内角和都是 180°呢?"这下,教师无言以对了,只好说"等你们长大了,就可以证明三角形的内角和为 180°了,现在你们只要记住这个结论就行了"。

正如学生所言，用"测量法"得到三角形的内角和为180°确实存在缺陷。有些老师也已经认识到这一点，便采用"拼合法"和"折叠法"来证明该结论。前者是将三角形的三个内角剪下来，再拼一拼，发现可以拼成一个平角（见图1）；后者是将三角形的三个内角沿虚线折起来，使它们的顶点落在一条边上，三个角正好拼在一起形成一个平角（见图2）。实际上，这两种方法依靠的是观察，看起来构成了一个平角，并没有理论依据，也不能算证明了"三角形的内角和为180°"这个几何定理。这两种方法用于教学，也会遭到学生的质疑。

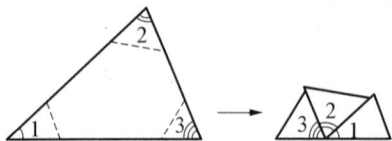
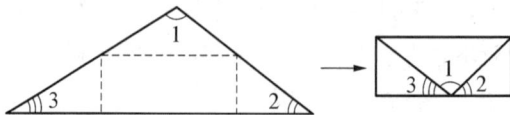

图1   图2

在数学里，要证明一条定理，并不是依靠观察和测量，而是依靠演绎逻辑推理，即从已有的定义、公理、定理、推论等出发，按照逻辑规则一步一步地推理来得到。因此，数学中讲的"证明"是引用一些真判断，通过推理来判别某个判断真假性的思维过程。这表明，数学结论的证明依靠的是演绎逻辑推理，它是判断一个数学结论正确与否的依据；而归纳推理仅能作为猜想发现数学结论的基础，并不能作为证明的方法。因此，数学教学，既要教归纳猜想，又要教演绎证明。"三角形的内角和为180°"这个数学结论的教学，正是培养学生演绎逻辑推理的极好素材。

在平面几何中，三角形内角和为180°这条定理是依靠平行公理来证明的。这是比较严密的演绎证明，具体过程如下：

已知：∠A，∠B，∠C 为 △ABC 的三个内角。

求证：∠A + ∠B + ∠C = 180°。

证明：如图3，过 A 作 EF ∥ BC。

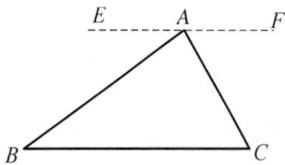
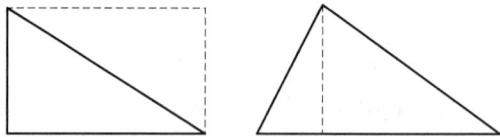

图3   图4

∴ ∠B = ∠EAB，∠C = ∠FAC（两直线平行，内错角相等），

又 ∵ ∠EAB + ∠FAC + ∠BAC = 180°（平角的定义），

∴ ∠B + ∠C + ∠BAC = 180°（等量代换）。

然而，在小学数学的范围内，不可能进行如此严密的证明，但可以以长方形的性质（四个角为直角，内角和为 90×4 = 360°）为基础，借助逻辑推理的力量，进行初级的演绎证明。

如图4所示，对于直角三角形，可以用两个完全一样的直角三角形拼成一个长方形，其内角和为 360°，这样每个直角三角形的内角和为 180°；对于非直角三角形，可以在内部作一条高，将其分成两个直角三角形，这样两个直角三角形的内角和为 360°，减去高与底边所成的两个直角的度数，就得到所求的非直角三角形的内角和为 180°。

但是，有人认为这种证明方法并不是特别严密，犯了"循环论证"的错误。因为证明的基础是"长方形的内角和为 360°"，而这要以三角形内角和为前提，否则就难以保证长方形的四个角为直角。然而，证明是否真正严密，既与评价严密的标准有关，又与推理的基础有关，即推理所依据的已有定义、公理、公设、定理等。在小学数学中，将有一个角是直角的平行四边形定义为长方形，长方形的性质（比如四个角都是直角，既是轴对称图形，又是中心对称图形等）是默认为正确的而不加以证明，相当于平面几何中的公理；再结合直角的定义，就可以得到"长方形的内角和为 360°"。因而，在小学阶段，可以认为这种方法是比较严密的。

更为重要的是，通过演绎方法证明"三角形的内角和为 180°"，可以让学生领悟公理化的思想方法。所谓公理化思想方法，就是指从尽可能少的原始概念和不加证明的原始命题（即公理、公设）出发，按照逻辑规则推导出其他命题，进而建立起一个演绎系统的思想方法。公理化思想方法能系统的总结数学知识、清楚地揭示数学的理论基础，有利于比较各个数学分支的本质异同，促进新数学理论的建立和发展。公理化思想方法不仅在现代数学和数理逻辑中广泛应用，而且已经渗透到其他自然科学甚至某些社会科学中，并在其中起着重要作用。

三、悟道理

道是指万事万物的运行轨道或轨迹。道理是指事物运动变化运行的规律、原理和标准。道理还指是非曲直，即事情的对和错、有理和无理。悟是指领悟和觉醒。悟道理，就是努力领悟事物运动变化运行的规律，探寻世间万物的是非曲直。悟出了道理，就要顺应道理。顺应道理，我们的事业就会进展顺利，就有机会取得成功。反之，就会遇到困难和阻碍，常常导致失败。

在一定程度上讲，我们的学习知识、获得真知，都是在领悟世间的道理。一个人只有经过学习求知和社会实践，通过深刻思考和深切感悟，才能认清事物发展的规律、明白做人做事的道理。"勿以善小而不为，勿以恶小而为之。"一个人要做到善恶有辨，择善而行，他就是智者。

教师的职责是"教书育人"。教书，就是传授知识；育人，重在引导学生领悟道理。教师要善于挖掘课程知识背后隐藏的人生智慧、万物之理，引导学生主动地去领悟、去践行。在一定程度上可以认为，学知识是基础，悟道理是目标。这样的教育才是真正的教育，才是符合人类历史发展的教育。

就三角形而言，怎样引导学生悟道理呢？由于三角形三边确定了，三角形是唯一确定的。把这个结论用生活化的语言表述，那就是"三角形具有稳定性"。人们在生活中常常用这个结论，构造三角形结构的支架，用于建筑物和固定物体。在中国历史上，有著名的三国时期，魏蜀吴三足鼎立；北宋时期，宋辽西夏也曾相持过一段时间。这些历史事实都在一定程度上说明了三角形结构在一定范围内的稳定性。

又如，借鉴三角形是一种最稳定的几何结构的数学模型，新兴的"人才学"用它来说明一个人成功的"三角结构"原理。三角形有三条边，人的天赋好比底边，社会环境和主观努力就是另两边。一般来说，底边是确定的，所以另两边越长，且另两边的交点越远离底边，成功的机会即面积也就越大。

此外，有学者对著名物理学家做过分析，提出了一种人才结构模式——"等边三角形"模式。知识基础宽厚，内涵十分丰富，这是底边；大脑思维尖锐，方法极其灵活，这是两条腰。两腰和底边形成等边三角形，这样的人最容易取得成功。比如爱因斯坦、海森堡等人就是其中的代表人物。

总之，学知识、长见识和悟道理是课堂教学中不可或缺的元素，值得每位教育工作者高度重视。大家应当记得，2018年5月2日习近平总书记在北京大学师生座谈会上的讲话中指出，广大青年朋友"要求真，求真学问，练真本领"。他特别强调，"学习就必须求真学问，求真理、悟道理、明事理，不能满足于碎片化的信息、快餐化的知识。要通过学习知识，掌握事物发展规律，通晓天下道理。"这是总书记代表党和国家对我们的谆谆教导与殷殷期许，值得为人师者和莘莘学子铭记于心，并常常践行之。

"三教"引领学生数学学习"长见识、悟道理"培育核心素养的一些思考

杨伟平[1]，吕传汉[2]，严虹[2]

（1. 兴义民族师范学院数学科学学院，2. 贵州师范大学数学科学学院）

一、数学教学重在培育学生的思辨能力

（一）数学是思维的产物

数学是研究数量关系和空间形式的一门科学。数学源于对现实世界的抽象，基于抽象结构，通过符号运算、形式推理、模型构建等，理解和表达现实世界中事物的本质、关系和规律。数学在形成人的理性思维、科学精神和促进个人智力发展的过程中发挥着不可替代的作用。[1]

数学是思维的产物。人类在蒙昧时代就已具有识别事物多寡的能力，从这种原始的"数觉"到抽象的"数"概念的形成，是一个缓慢的、渐进的过程。一定物种所共有的抽象性质，就是数。与算术的产生相仿，最初的几何知识则从人们对形的直觉中萌发出来。[2]不论是"数"还是"形"的起源，数学对象都是抽象地存在于具体事物之中的，它不能为感官所感知，只能为思维所把握。

在 19 世纪晚期，集合论的创始人康托尔（G. Cantor）曾经提出："数学是绝对自由发展的学科，它只服从明显的思维。"

（二）数学教学重在教思考，促进思辨能力的发展

近年来，数学教育目标的变革也使得数学抽象、数据分析、逻辑推理等成为数学教育所重视的核心素养，而以数学核心素养为载体隐含的是未来社会对公民思考能力的追求。就数学教育而言，提升个体"思考力"需要在实践中强化高认知思维能力的培养。[3]

思辨，哲学上指运用逻辑推导而进行纯理论、纯概念的思考，亦指思考辨析。[4]相应地，思辨能力就是思考辨析能力。所谓思考，指的是进行比较深刻、周到的思维活动；所谓辨析，指的是辨别分析。思辨能力的主要特征在于层次分明、条理清楚地分析，清楚准确、明白有力的说理。

鉴于数学科学的基本特征，数学教学的目标之一便在于促进学生思辨能力的发展。

"数学是一种模式的科学"，数学教学应重在培育学生的思辨能力。通过"教思考"这一高层次思维的教学，让学生逐渐学会"思考"，这对于培养学生的数学思维有着特殊而重要的作用。一方面，"思维"本身就蕴含在"思考"概念内涵之中；另一方面，当教师在数学课堂中有意

识地引导学生"思考"数学问题中蕴含的"数学思维方式和方法",自然能够在潜移默化中培养学生的"数学思维品质和能力"。[5]在数学教学中通过"教思考"使得学生的数学思维得以培养和发展,进而促进学生思辨能力的发展。

二、"三教"引领学生在数学学习中"长见识、悟道理"

(一)"三教"概述[5]

2014年1月,贵州师范大学吕传汉教授在回顾、总结"创设数学情境与提出数学问题"教学实践的基础上,进一步提炼出:在数学教学中教思考、教体验、教表达(简称"三教")的教育理念,尝试用"三教"引领"情境—问题"教学培育学生数学核心素养。主张:

教思考,让学生会用数学的思维分析世界,学会"想数学",促进学生思辨能力的培育;

教体验,让学生会用数学的眼光观察世界,学会"做数学",获得个人学习体验;

教表达,让学生会用数学的语言表达世界,学会"说数学",表达、交流加深思考。

表达、交流是"三教"的切入点!

教学中,不仅要善于引导学生在学习中进行"口头表达",还要善于指导、鼓励学生进行"书面表达":撰写学习日记、学习体验、小论文等,简要讲述自己感兴趣的见闻,敢于发表自己的意见,通过培养学生的书面表达能力,促进学生深度学习和思辨能力的培养。

因此,"三教",是基于创新型人才培养,在学科教学中教学生积极思考、自主体验、善于表达,以此促进学生长见识、悟道理的一种教育理念。

作为"三教"教学的核心内容之一,吕传汉教授领衔的"中小学数学'情境—问题'教学30年实践探索与理论建构"荣获2018年国家级基础教育教学成果一等奖。

"三教"是对课堂教学本质属性的高度概括,是一个有机的整体,没有截然的界限。三者各司其职又相互配合,共同实现对学生全面发展的培养。同时,三者之间又存在着一定的逻辑关系,可以简单地概括为:

没有思考就没有体验,没有体验就难以表达,表达是思考和体验的结果;

在思考中体验,在体验中思考,因有所思考和体验而更准确的表达;

在体验和表达中产生新的思考。

具体如下:

深入思考是获得深刻体验的基础。没有深入的思考,就难以真正理解问题,就无法认识学习对象的本质,就感悟不到学科的精神和思想方法,也无法获得知识发现、科学研究中的情感体验。

深刻体验是清楚表达的前提。有所体验是言之有物的基础,正如俗语所言:如人饮水,冷暖自知。对于一个事物没有完整的、深刻的体验,要想通过语言、文字加以说明和解释,其结果就是盲人摸象、管中窥豹。

因此教学中,教师应通过"教思考"引导学生获得"体验",通过"教思考"达到"教体验",并让学生在有所体验的基础通过充分的反思、讨论、交流、辩论、倾听、叙述、描写等,发展他们的语言表达能力、文字表达能力和社会交往能力,实现"教表达"。更进一步,在体验、表达的过程中,引导学生发现新的问题,引起学生新的思考。

因此,"教思考""教体验""教表达"三者之间形成一种互为基础、相互依存的关系。

(二)"三教"引领学生在数学学习中"长见识、悟道理"

2018年9月10日,习近平同志在全国教育大会上指出:必须把培养社会主义建设者和接班人作为根本任务,培养一代又一代拥护中国共产党领导和我国社会主义制度、立志为中国特色社会主义奋斗终身的有用人才。总书记进一步指出:要在增长知识见识上下功夫,教育引导学生珍惜学习时光,心无旁骛求知问学,增长见识,丰富学识,沿着求真理、悟道理、明事理的方向前进。为使中国学生核心素养的培育落实于课堂教学之中,可以将以上内容凝练为"长见识、悟道理",并以之作为课堂学习的一个重要目标来培育学生核心素养。

"三教"教育理念下的课堂特征:

1. 问题驱动,激活思考。引导学生在情境中发现问题、提出问题,用问题激活学生思考,增强问题意识的培养,这是培育创新型人才重要训练。因为创新源于问题,没有问题就没有创新。基于核心素养的教育,重在问题意识的培养。

2. 积淀体验,增长见识。在解决问题的探究中增长见识,获得知识"再发现"的体验。而学生获得学习体验的过程,也是学生获得数学的基本活动经验的过程,两者相辅相成。旨在于学生主体通过亲身经历数学活动过程,能够获得具有个体特征的感性认识、情感体验以及数学意识、数学能力和数学素养。在获得数学知识和技能的基础上,学生在知识"再发现"中积淀体验,增长见识,长期以往,最终达到丰富学识的效果。

3. 表达交流,感悟道理。引导学生在表达交流中深度思考、感悟道理。表达是一种十分重要的软能力,引导儿童学会表达,让儿童在生生互动、师生互动中思维碰撞,在表达中倾听,在倾听中交流,在交流中思考,促进儿童知识学习的深度理解,增长智慧,获得体验,积淀素养,感悟道理。长期以往,最终达到求真理、悟道理、明事理三者的有机融合和辩证统一。

三、"长见识、悟道理"是促进学生品格与能力培育的切入点

"见识"是指见闻、知识。[4]"见识"涉猎广泛、视野开阔,能明智地认识事务和正确地做出判断的能力,它是一个人对事物的看法和态度;它是智慧的展现,主要是来自于个人的丰富经验以及知识的淬炼,是指一个人对某件事的洞察能力和对知识面涉猎广泛的程度。"长见识"就是获得原来没有的知识、经验或见闻,含有意料之外的意思,其结果就是"见多识广"。

"道理"是指事情或论点的是非得失的根据,理由,情理。[4]真理需要去追,道理也需去悟。"悟"的意思是理解,明白,感悟,觉醒;"悟"就是指体会到了某件事的意义。悟道理,就是认识和把握事物的客观规律。学习上悟道理,就是领悟、理解了某篇文章、故事、情境、原理、定理或结构中所包含的哲理。

(一)"长见识、悟道理"促进学生品格培育

学科核心素养是育人价值的集中体现,是学生通过学科学习而逐步形成的正确价值观念、必备品格和关键能力。数学学科核心素养是数学课程目标的集中体现,是具有数学基本特征的思维品质、关键能力以及情感、态度与价值观的综合体现,是在数学学习和应用的过程中逐步形成和发展的。[1]

将"长见识、悟道理"作为学生数学学习过程中的目标之一,有助于促进学生的品格培养。品格是指品性,品行。品格是一个人的基本素质,决定了回应人生处境的模式。学生的品格培养难以通过知识传授直接进行,而是潜移默化间接感悟。数学教学致力于培养学生科学精神、科学方法、科学态度、科学探究能力、逻辑思维能力等内容,而这也是学科课程对于学生品格教育的特点所在。在数学学习中,通过"长见识"学习目标,使得学生能够在积累基本学习经验的过程中,获得原来没有的知识、经验或见闻,经历对于科学问题的发现、提出、分析和解决的过程,体验在认识过程中借助于概念、判断、推理反映现实的思维方式,逐步形成科学探究能力和逻辑思维能力。

在数学学习中,通过"悟道理"学习目标,使得学生认识和把握数学对象的客观规律,进而感悟求真务实、开拓创新的科学精神,作为揭示客观世界的性质和规律、获得新知识和探索真理工具的科学方法以及尊重客观、尊重实践、善于思考、坚持真理、不断前进的科学态度。

(二)"长见识、悟道理"促进学生能力成长

将"长见识、悟道理"作为学生数学学习过程中的目标之一,有助于促进学生的能力成长。能力是指能胜任某项工作或事务的主观条件,是完成一项目标或者任务所体现出来的综合素质。与品格培养类似,学生的能力成长同样难以通过知识传授直接进行,而是需要长期潜移默化间接浸润。

数学教学致力于培养学生的数学抽象、逻辑推理、数学建模、直观想象、数学运算、数据分析中的能力。在数学学习中,通过"长见识、悟道理"学习目标,在"长见识"的学习中获得基本活动经验,初步体验数学核心素养中的能力成分;通过在学习中"悟道理",进一步认识和把握数学对象的客观规律,进一步感悟数学核心素养中的能力成分。

四、数学"情境—问题"教学是"长见识、悟道理"的一种路径

为促进学生核心素养的培育,我们在对中小学数学教育教学现状深入观察与调查分析基础上,全面把握与分析数学哲学、数学教育哲学、教育学、心理学、学习理论的已有成果,于2000年就提出旨在数学教学中培养中小学生创新意识与实践能力的"数学情境与提出问题"教学;并于2000年1月起在中国西南地区中小学开展了中小学"数学情境与提出问题"教学(简称数学"情境—问题"教学)实验研究[6]。在教学实践探索与理论研究取得了显著成效。总结了该教学的模式及其实施原则、策略和实验效果,并对该教学及其实践进行了反思。

数学"情境—问题"教学的基本模式如下[6]:

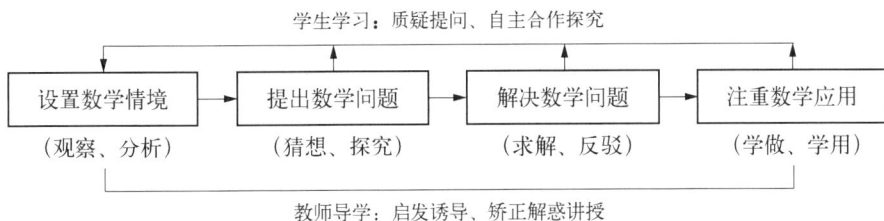

图 1　"情境—问题"教学模式结构图

数学"情境—问题"教学的四个环节互相联系,构成了"情境—提问—解决—应用—情境—提问—解决—应用……"教学链。这是一个有机相联,前后贯通,不断延伸的、开放式的、动态的教学系统。

教学目标：培养学生自主创新意识与实践能力。

模式核心：将学生提出问题和解决问题能力的培养贯穿课堂教学始终。

模式内涵：创设情境是前提,提出问题是核心,解决问题是目的,应用知识是归宿。

教学方法：弘扬启发式教学,适当融入探究式方法。

简而言之,数学"情境—问题"教学就是以数学情境为基础,以数学问题为纽带的启发式教学。

该模式密切联系的四个环节[7]：

1. 创设数学情境

数学"情境—问题"教学中的"数学情境"是学生从事数学学习活动、产生数学学习行为的环境或背景,是提供给学生思考空间的智力背景,产生某种情感体验,进而诱发学生提出数学问题、解决数学问题的一种信息材料或刺激模式。创设数学情境是呈现给学生刺激性数学信息,引起学生学习数学的兴趣,启迪思维,激起学生的好奇心、发现欲,产生认知冲突,诱发质疑猜想,唤起强烈的问题意识,从而使其发现和提出数学问题,分析、探讨和解决数学问题。

创设数学情境是数学"情境—问题"教学的重要步骤,是实施数学"情境—问题"教学的前提与基础,对引导学生开展数学探究起着激发动机、思维导向的作用。创设数学情境可影响学生数学学习的动机、需要、认知准备、情感和灵活性与迁移能力,是促进学生萌发数学问题意识、发现和提出数学问题进而培养学生创新意识和创新能力的重要一环。

2. 提出数学问题

"问题"是个体面临不知如何达到或不易达到目标时产生的心理困境。"数学问题"是用数学语言表述的问题,它由问题的情境、问题的阐述、问题的求解方法、问题的答案四个要素组成。"提出数学问题"是通过对数学情境的探索产生新的数学问题,或解决数学问题过程中对数学问题的再阐述。

创新源于问题,没有问题就没有创新。数学问题是数学创新的起点。提出数学问题与创造性数学能力相联系,是改进学生解决数学问题行为的一种教学手段,有助于学生拓展数学感知,丰富深化概念的理解,强化解决问题的技能,培养发散灵活的思维,改进数学学习态度[12]。在数学"情境—问题"教学中,引导学生提出数学问题是重点,是实施数学创新教育的核心与培养学生创新意识和实践能力的有效切入点。

3. 解决数学问题

数学"情境—问题"教学要求学生在教师指导下对自己提出的探索性及求证性问题,形成多向思维的意识,寻找在不同条件下的多种解决途径,探索可能出现的多种答案。学生探索解决数学问题的过程是学习和经历创造性数学活动经验的过程。在数学"情境—问题"教学中,解决数学问题是目标,对培养学生分析和解决问题的能力有至关重要的作用。

4. 注重数学应用

数学"情境—问题"教学不仅注重培养学生运用数学知识分析和解决实际问题的能力,而且强调培养学生从数学情境中提出应用型数学问题的能力和数学应用意识。要求教师创设与学生实际生活密切相关的数学情境,引导学生利用所学的数学知识与思想方法建立相应的数学模型以解决学生自己提出的问题。在数学"情境—问题"教学中,注重数学应用是归宿,对发展学生数学应用意识、创新意识和实践能力行之有效。

数学"情境—问题"教学中四个环节互相联系。创设数学情境是提出数学问题的基础,同时所提出的问题又可以作为一个新的数学情境呈现给学生;提出数学问题与解决数学问题形影相伴、携手共进。提出问题是解决问题必要而有效的途径,而在解决问题的过程中也可以发现和提出新的数学问题;解决数学问题是进行数学应用的基础,而应用数学知识解决实际问题本身就是一个解决数学问题的过程;在数学知识的应用过程中可以提出有意义的数学问题,而一个好的数学应用问题本身又构成一个好的数学情境。

5. 实践"情境—问题"模式教学的基本要求

依据数学"情境—问题"教学宗旨,数学课堂教学应遵循如下基本要求:

(1)以学生为中心,发挥教师的"主导"作用。为学生创设科学、宽松的学习环境,关注学生的学习过程,使学生有体验数学的机会。关注学生在课堂活动中的表现,给学生留出足够的思考空间并给予积极引导;

(2)精心创设数学情境,注重数学情境中数学信息的发掘与分析。提供生动、直观的思考空间,以利于学生提出问题;

(3)善于引导、鼓励学生提出数学问题,要关注学生独特、奇异的提问与回答。重视学生数学问题意识的培养与训练,尤其应把握好"情境—问题"教学链的灵活运用。注重培养学生提出数学问题的能力;

(4)追求解决数学问题的新意和不断探索多种解题策略;

(5)有效的处理好以启发式为中心的灵活多样的教学方法的综合运用;

(6)尊重学生的需要,保护学生的自尊心并树立学生的自信心;

(7)教师应消除唯我独尊的思想,积极诱导学生在表达、交流中展示自己的学习体验。

五、"长见识、悟道理"培育核心素养进一步思考的一些问题

"三教"教育理念引领"情境—问题"教学模式得以升华;

"三教"教育理念促进"长见识、悟道理"学习目标达成；

"情境—问题"教学模式，是在学科课堂教学过程中实现"长见识、悟道理"学习目标的重要路径。

三者的相互渗透、有机结合能够形成当下中小学培育学生核心素养的一条有效途径。

"长见识、悟道理"作为学生课堂数学学习的目标，进而培育学生学科核心素养，目前只是刚刚起步，还有不少值得进一步思考的问题，需要诸多学者共同关注，比如：

"长见识、悟道理"学习目标内涵和外延的理论研究；

"三教"教育理念下"长见识、悟道理"学习目标的实施途径探索；

"情境—问题"教学模式与"长见识、悟道理"学习目标的融合途径探索；

"积淀体验"与"长见识、悟道理"的策略探究；

"长见识、悟道理"学习目标与传统三维教学目标之间的有机融合；

"长见识、悟道理"学习目标与数学课堂教学内容之间的有机融合；

"长见识、悟道理"与"情感"、"认知"双育人的内涵联系；

"长见识、悟道理"在不同学科教学中的实践策略研究；

等等。

参考文献

［1］中华人民共和国教育部.普通高中数学课程标准(2017年版)［S］.北京：人民教育出版社,2018：1,4.

［2］李文林.数学史概论(第三版)［M］.北京：高等教育出版社,2011：11-14.

［3］王宽明,吕传汉,游泰杰.数学教育中"教思考"的探索［J］.中小学教师培训,2018(3)：39-43.

［4］中国社会科学院语言研究所词典编辑室.现代汉语词典［M］.6版.北京：商务印书馆,2012：86,646,828,1230.

［5］严虹,游泰杰,吕传汉.对数学教学中"教思考、教体验、教表达"的认识与思考［J］.数学教育学报,2017(5)：26-30.

［6］吕传汉,汪秉彝.论中小学"数学情境与提出问题"的数学学习［J］.数学教育学报,2001(4)：9-14.

［7］吕传汉,汪秉彝.中小学数学情境与提出问题教学研究［M］.贵阳：贵州人民出版社,2006.

贵州省乡村名师队伍建设研究

——"三教"理念引导贵州乡村语文名师成长经验及反思

黄真金[1]，曹文彦[2]

（1.贵州师范大学教师教育学院，2.华东师范大学附属贵阳学校）

2019年，贵州省教育厅组织专家考核评估了第一批省级乡村名师工作室并确定259名省级乡村名师，近年来，在吕传汉、张佩玲等教授的倾力引导下，各工作室在"三教"理念引导下进行了大量教学实践，贵州乡村语文名师队伍不断成长，并在贵州乡村教育、基础教育中发挥越来越多的积极引导作用。

一、研究背景及核心概念

本研究中的"乡村教师"是指工作在县、镇及以下中小学的教师。2010年5月，国务院审议通过《国家中长期教育改革和发展规划纲要（2010—2020年）》，要求"以农村教师为重点，提高中小学教师队伍整体素质，要努力造就一支师德高尚、业务精湛、结构合理、充满活力的高素质专业化教师队伍"。[1]乡村教师是乡村教育的核心和根本，在打好脱贫攻坚战、全面建成小康社会、实施乡村振兴战略过程中发挥着举足轻重的作用，乡村教师的素质直接关系到乡村教育乃至整个乡村社会的发展。提高乡村教师素质不仅是新时代人才发展的战略要求、振兴乡村教育的必然要求，同时也是教师自身发展的内在要求。[2]2015年，国务院办公厅下发《国务院办公厅关于印发乡村教师支持计划（2015—2020年）的通知》，按通知精神，贵州省制定《教育部贵州省人民政府深化贵州教育综合改革战略合作协议》，提出"到2020年，培育50名乡村教育家，建设100个乡村校本研修示范学校、1 500个乡村名师工作室"的战略部署。[3]本研究中的"乡村语文教学名师"，一般指工作生活在贵州省县以下、以乡镇为主的行政区域，在语文教学领域业绩突出、取得一定成绩并在当地发挥较大引领辐射作用的教师。总体来看，贵州乡村语文教学教师具有一些共同特征：一是以农村人口为教育对象并为农村经济社会发展服务的教育工作者；二是生活、工作的区域以县以下的乡镇和村落学校为主；三是语文教育综合能力突出（具有高级职称，教学业绩突出，取得省、市级语文教育教学奖励或相关荣誉，主持省市级教育科研项目或名师工作室，承担新教师培育工作，社会声誉好等）。

二、贵州乡村语文名师队伍建设积极经验

长期以来，为解决贵州省教师数量严重不足、教师学历不达标、教师队伍结构不合理等问

题,贵州各级政府及教育行政部门采取多种措施,加强中小学语文教师队伍建设。

首先,从来源渠道保证师资。大力进行中小学语文教师队伍调整充实,将借调、离岗等大部分教师归还原来学校,出台系列文件,禁止抽调中小学学科教师做其他工作,保证教师队伍的稳定性。同时,加强师范院校建设,培养合格的语文教师,完善教师分配制度,制定一系列政策确保师范院校汉语言文学专业培养的毕业生能够留在乡村教师岗位工作,充实教师队伍。还通过举办五年制师范专科教育、本专科院校联合办学、中师保送、师专中期选拔等方式培养本土化较高学历层次的中小学教师。20世纪80年代末以来,随着贵州教师教育质量的总体提升,逐渐采取积极申报硕士点,扩大教育学专业硕士研究生招生规模等方式,进一步提高培养质量,培养高层次教育人才。在教育部"卓越教师"等计划引领下,贵州教师教育正在进行多层次、多形式提升乡村语文教师职前教育质量的积极探索。

其次,提升教师职后培训质量。采取多种形式提高中乡村小学教师业务素质,逐步形成省、地、县、校多层级教师职后培训,全面提升中小学乡村语文教师素养。实施"贵州省中小学教师继续教育工程"等项目,对全省乡村语文教师进行以"教师职业道德、信息技术教育、新课程通识"为重点内容的全员培训和考试考核。通过实施"百千万骨干教师培训计划"等项目,逐步培养了省、地、县、乡多层级级语文骨干教师队伍,搭建学习交流平台,逐步实现各级语文骨干教师共研共学。组织符合条件的中小学教师通过自学考试、成人教育、在职研究生教育等方式,发展职后教育,提高教师学历,提升教师专业素养。

再次,教师队伍建设规范管理。十一届三中全会以后,根据《中华人民共和国义务教育法》《中华人民共和国教师法》等国家法规,贵州先后制定颁发了《贵州省教师条例》《贵州省特级教师管理暂行规定》《贵州省中小学教师继续教育暂行规定》《贵州省乡村教师支持计划实施办法(2015—2020年)》等法规,助力贵州乡村语文教师队伍建设开始制度化、规范化发展。同时,将乡村中小学教师工资管理上收到县,建立教师工资专门账户,制定并实施民族地区转移支付补助等政策,保证乡村中小学教师基本工资按时足额发放。

最后,树立乡村名师典范,发挥正向引导作用。2000年以来,贵州省共有160人荣获"全国模范教师""全国优秀教师"等国家级表彰,有700余人荣获"贵州省优秀教师"等省级表彰,其中有不少来自乡村,为保护校产而牺牲家人生命的全国"五一劳动奖章"获得者田沛发,用自己的双肩背出一所山村学校的"全国优秀教师"刘恩和就是其中的典型代表。这些师德高尚、爱岗敬业、扎根山区、艰苦奋斗的模范教师,是新时代乡村语文名师的典范,在贵州乡村语文教师队伍建设中起着积极重要的引导作用。

三、贵州乡村语文名师的历史贡献

贵州处于偏远的西部民族地区,经济基础薄弱,教育资源少、教育文化发展缓慢,乡村语文教师长期扎根于乡村教育实践一线,是实现脱贫攻坚、乡村振兴计划的中坚力量。在我省大部分乡村地区、民族地区,乡村语文教师在基础教育中发挥着举足轻重的作用,改革开放以来,贵州乡村语文教师对我省经济社会发展做出了不少贡献。

首先，参与"控辍保学"等工作，保证义务教育顺利实施。我省乡村语文教师大多是"控辍保学"的主力军，语文名师大多深得当地孩童及家长信任，多年来，他们通过学生家访等形式，积极宣传国家义务教育政策，与当地村民有效沟通，改变孩子是传统农业劳动力储备者的老旧思想观念，动员家长保证适龄儿童能够按时入学，确保每一个孩子都有多样发展的可能性，有的老师甚至还为孩子提供一定经济支持。

其次，促进国家通用语言文字推广及中华民族共同体意识建立。贵州乡村少数民族种类多，人口众多，有着自己本土文化沉淀形成的当地语言。语言是民族文化的代表，有着自己独有的文化底蕴，不可忽视其重要性。教会学生熟练使用国家通用语言文字是乡村语文教师的重要任务之一，在良好沟通的条件下进行汉字、汉语普通话教学，通过学校课堂教学，让学生掌握汉语文知识、形成相关的能力素养，可以帮助学生消除各民族各地区交流的隔阂，更好地融入现代生活。有利于培养学生中华民族共同体意识，增强中华民族凝聚力。

再次，实施文化引领，促进地方文化发展。由于地势偏远，交通不便，经济落后，贵州大部分乡村，以农传统农业耕种为主要生活方式，受传统耕读文化影响，大部分村民把学校视为精神文明建设、传播的重要基地。乡村语文教师在贵州大部分乡村社区，在较大程度上发挥了传统农业文化中"乡贤"的作用。在乡村文化建设与发展、乡村社区生活习惯、公共道德、科学知识的传播运用等方面，均发挥了重要的历史作用，他们常常通过个人在实践过程中的良好形象和道德感染力对周围人产生影响和熏陶。在形成良好的乡村社会公德，共同构建文明的村风、淳朴的民风、带领村民脱贫致富等方面，起着积极引导作用。

最后，填补亲情缺失，保护儿童成长。改革开放以来，中国经济得到快速发展，吸引着贵州乡村里大部分青壮年劳动者离开家乡，到繁华的城市里寻找就业机会，留守在贵州乡村的，大多是老年人和孩子，这些和祖辈、亲属生活在一起的孩子成了"留守儿童"。贵州留守儿童群体数量多、成长环境艰苦，尤其少数民族乡镇，师资力量普遍匮乏，在此条件下，不少乡村语文教师不仅要担任语文课程教学工作，同时还要承担数学、体育教师、班主任、生活老师、心理辅导教师等角色，有的甚至还要承担留守孩童父母亲人的职能，填补亲情缺失，保护儿童成长。

四、贵州乡村语文名师的发展现状及问题

新课程改革以来，贵州省在乡村教师培养方面举措不断，乡村名师选拔、培养就是其中一项。为了解贵州乡村语文名师队伍建设的情况，课题组对 2010 年以来贵州省教育厅组织选拔培养的 20 个乡村语文名师及他们工作的部分学校进行了调研。调研中，我们随机选取了 5 位乡村语文名师进行访谈。五位教师分别来自贵州省不同地区，属于刚入职阶段、青年教师阶段、中年教师阶段；他们所教的年级不同、阶段各异；他们中有普通教师，还有人在学校担任领导职务。访谈对象为：T 老师（女性），来自贵州省安顺市某县。她是一名初中乡村语文名师，工作近 20 余年，目前执教初中二年级；W 老师，男性，来自贵州遵义，工作 17 年，初中语文教学名师；Z 老师来自毕节威宁，女性，工作 7 年，目前执教初中二年级；H 老师来自毕节大

方,男性,工作36年,在小学任教,除了担任语文教师外,还兼任学校副校长;G教师,男性,黔东南地区某乡村小学语文教师,入职近10年,大学本科学历。

同时,研究者还以乡村名师所在学校为主,对贵州20余所乡村学校的语文教师进行了随即访谈。

调研发现,目前贵州省乡村语文名师队伍建设方面,主要存在如下问题及困境。

(一) 团队建设能力不足

通过访谈,五位教师一致认为,目前贵州省乡村语文名师队伍建设总体上存在"重评审、轻建设"的情况。贵州乡村语文名师通过层层筛选而确定,具有严格规范的中期考核及培养制度,选拔评审极为规范。但在评审之后,由于领衔者普遍缺少团队建设方面的经验,加上来自管理部门的指导和支持不足,大部分乡村语文名师主要靠自己或少数团队骨干成员完成考评任务要求,少数名师甚至还处于"单打独斗"的工作状态。总体上,乡村语文名师团队主要存在团队活动针对性不强,团队活动内容形式同质化、涉及面较为狭窄,影响力有限,院队合作流于形式,团队之间自发合作意识较弱等问题。同时,团队领衔人领导组织能力不足,团队成员分工不明,并不清楚自己"想干什么"或"该干什么",较少有成员能够主动进行专业发展的深度反思,并通过参与团队活动获得规划性、针对性专业成长。

(二) 团队成员学养不够

"互联网＋"时代,一名优秀的乡村语文教师,不仅要熟练掌握获取知识的方法,还要具备深厚的汉语言文学专业素养和广博的知识积累、具备扎实的教育理论功底及实践能力。调查显示,贵州省乡村语文名师普遍认为,自身及团队成员的学养还有较大提升空间。

由于乡村学校各学科教师配备不齐,部分受访教师还要兼任其他科目,包括美术、音乐、信息技术、历史、物理、化学等,乡村语文名师日常教学工作量普遍较大,教师除了教自己熟悉的语文科目外,还兼任其他科目,有些科目与语文之间的跨度较大,他们要处理好这些科目之间的教学有一定的难度。有的教师每周要上16节以上的课,工作量和教学压力相对较大;有的教师年龄较大,学习新技术的能力减退,不能够熟练运用现代教育技术辅助教学和实现个人专业能力提升;有的教师不具备汉语言文学学科专业背景,或是学业水平起点不高,由于基础薄弱,无法实现专业领域的"深耕";有的教师家庭负担较重,需要投入一定时间精力照顾家庭……受各种因素影响,乡村语文名师普遍认为,自身及团队成员的学养还存在着较大提升空间。

(三) 团队科研素养欠缺

关于贵州省乡村语文名师教育科研能力的调研,课题组主要从"在省级及以上报刊发表文章的数量质量"和"自工作以来,参加语文教学课题研究的情况""乡村语文教师在校教研活动情况"等方面进行研究,调查显示,贵州省乡村语文名师的科研能力总体上高于一般教师。

新课程改革倡导教师角色应转变为教育教学的研究者,乡村语文教师的科研能力是其专业素养发展的一个重要方面。调查结果显示,有一半以上的语文教学名师没有在核心刊物发表过文章;有将近30%的语文教师没有独立主持省级及以上研究项目的经验。大多数学校每月都会开展语文教研活动,但是这些教研活动的主题并不十分清晰,研究的深度也不足,大部分名师工作室的教研活动,还是沿袭"上课—听课—评课"的传统模式,"教"有余而"研"不足。虽然这类教研活动能够吸引较多同行参与且同行之间能够展开交流与沟通,但这种沟通也存在一定被动性,参与调研的教师中,40%以上的人表示,参加名师团队的活动,一般只有在"被提问"或"觉得自身存在问题"时才会交流沟通。可见尽管有名师及团队引领,但是贵州乡村语文教育教学研究相对封闭保守、彼此孤立的状态依然存在。这种状态在一定程度上隔绝了教师寻求帮助和支持的渠道,阻碍了贵州乡村语文教师的专业发展。

(四) 专业培训"对症"不准

调查中,大部分乡村语文教师有参加培训的经历,且愿意积极参与各层级专业培训活动,少数教师表示他们没有接受过专业培训且内心并不愿意参加培训。从培训的方式上看,34.88%的教师参加过教育学、心理学、班主任工作等方面专业培训,大部分教师认为,这类培训专业性不足,并不能解决他们在实际教学中遇到的问题。44.19%的教师在参与培训过程中没有得到实际锻炼的机会,只停留在理论学习和"看"的阶段,要想真正提高教学能力,还需要教师在实践中得到锻炼。总的来说,乡村语文教师对于"专家讲座"式的培训内容形式需求并不强烈,他们更需要的是观摩优秀教师的示范课、参与实际教学与班级管理等事务、在培训的过程中得到实际锻炼的机会,在教学中获得专家的诊断及针对性、个性化的指导。

(五) 团队成员工作量大

贵州乡村教师数量总体不足、农村学校班额普遍较大,教师工作量很大。有的村校及教学点班额虽然不大,但因教师编制是按生师比测算设置,学生少的学校,教师数量自然也少,但要开设的年级及班级数却不会少。因此,学生少的学校要按国家规定开齐相关课程,许多教师不得不承担多个班、多个学科的教学任务。调查显示,70%的乡村语文教师每天工作8小时以上,有的老师周课时在18节以上。语文教师一般任教班级和学科多,工作负担很重。"学非所用""教非所学"现象在我省大部分乡村学校,还相当普遍。主要表现在,语文、数学等学科教师多数超编或能满足需要,而英语、体育、音乐、美术教师普遍缺编。教师一身多兼,跨学科教学的现象在绝大多数校普遍存在。在三都、独山和威宁等县调研期间,我们发现一些学校尽管按照上级规定设置了课程表,但因教师不能保证,课程表形同虚设。一些小学只开设语文、数学课,其余课程均未开设,原因是没有教师。此外,因农村学校工作条件差,教师接受继续教育机会少,致使农村中小学教师不断流向县或中心城市,使农村学校的师资力量更显薄弱,从而更加拉大了城乡教育的差距。

2020年,贵州省教育厅发布关于规范普通中小学招生入学工作的通知,通知要求要落实免试就近入学要求,规范民办学校招生,科学划定学区范围,坚持控制班额。从2020年起,全面取消各类特长生招生。2020年秋季入学的义务教育学校班额不得超过56人(含56人),鼓励一年级不超过 45 人,七年级不超过 50 人,确保在零增量的基础上逐步消除现有大班额。其中,所有义务教育学校要按照公布的招生片区或范围进行登记入学,不得通过考试、面试、面谈、测试、推优或擅自附加其他任何条件招生。这个规定,将在一定程度上减轻乡村语文名师的工作负担。

五、贵州乡村语文名师队伍建设的路径探索

(一) 推动教师考评政策向乡村倾斜

逐步完善重师德与能力、业绩与贡献并重的乡村语文教师考核评价标准,探索实行学校、学生、教师和社会等参与的教师评价办法,把考核评价结果作为乡村名师职称评聘、绩效分配、评优奖励、续聘解聘、工作室任务考评等的重要依据。按照倾斜乡村、突出教学、分类评价原则,进一步完善符合乡村教师职业特点的职称评审条件标准,注重师德素养、注重一线业绩,推行综合评价、动态考核,引导乡村教师专业发展。区别制定城市和乡村中小学教师职称评审条件和办法,乡村教师评聘职称(职务)时不作外语成绩(外语教师除外)、发表论文等刚性要求。可以尝试将在乡村学校从教 15 年、连续从教 25 年以上的教学经历分别作为乡村语文教师申报中级、高级职称条件之一,同时作为申报乡村名师、组建乡村语文名师工作室等的重要条件之一。持续推进乡村学校师资补充制度,县域内城乡学校岗位结构比例总体平衡,向乡村教师倾斜,村小、教学点教师职称实行即评即聘。继续设置特设岗位,具有中级职称以上的专业技术人员,从城镇调入乡村中小学任教的语文教师,可以考虑不占单位结构比例。

(二) 创新乡村语文名师队伍建设制度

贵州是我国经济、文化、教育发展相对滞后的省份,要谋求乡村语文名师队伍建设快速发展,必须突破常规,在制度创新上下功夫:

(1) 创新乡村语文名师培养制度,实现乡村语文名师"职前—职后"一体化培养。不断提高"卓越"语文教师的培养平台、规模及质量,增强对农村教育的针对性和实用性,真正为农村学校培养派得进、留得住、干得好的中小学教师,如贵州省 2021 年实施的"优师生"培养计划。同时,还可以针对语文教学名师群体,选择省内有影响力的师范院校、教师教育院校等设置相应的课程,在语文教学管理、语文教师培养内容、学制及教学方式等方面进行改革创新,突出教师教育为基础教育服务的特性。

(2) 创新乡村语文名师补充配置制度。一方面,继续面向社会实施教师资格认定制度,改进支教制度拓宽乡村语文教师来源渠道,发现更多有可能成为乡村语文名师的好苗子。另一方面,建立城乡教师定期轮岗交流制度,促进城乡教师在分布、学科、职务结构等方面不断向均衡配置、良性循环方向发展,改革现行中小学教师编制制度,既保证边远校点教学工作对师资的需求,又为乡村语文教师提供有利于专业成长的"教伴",帮助他们开拓视野、学习先进人物,更快更好地成长为业务过硬、基础雄厚的乡村语文名师。

(3) 创新乡村语文名师队伍稳定激励和发展制度。提高农村名师的政治地位、经济

待遇,切实提高乡村语文名师的津贴、住房、医疗等问题。在评职、评特、评优上制定针对乡村语文名师的专门措施或倾斜政策,为他们创设更多的提高发展机会;大力进行乡村语文名师职业理想道德、专业素养等方面的培训,在培训时间、经费上给予保证,在培训内容、方式上根据农村教师实际需求进行设计和改进,切实保证乡村语文名师"名实相符"。

(4)逐渐探索乡村语文名师退出制度。贵州省自2005年以来,陆续遴选乡村名师,目前入选教师已达1 200左右。由于贵州省乡村教师自身振业基础较为薄弱,就业务素养、学科素养而言,已入选的部分教师甚至还达不到教育发达地区普通语文教师的平均水平。一方面,我们要加大对入选教师的培养培训力度,确保他们的专业素养、业务能力得到最大限度的提升,切实发挥这个群体对乡村语文教师的引领示范作用。另一方面,管理部门应加大考核跟进力度,掌握乡村语文名师队伍发展的现状,找准问题,探索乡村语文名师退出制度,确保贵州乡村语文名师的质量。

(三)强化乡村语文名师管理改革

建立由省级教育行政部门统筹管理、选拔、任命、培养、考核乡村语文名师管理制度,进一步完善名师选聘和管理制度,保证乡村语文名师中普通教师所占的比例,鼓励一线普通教师专注于名师业务能力、专业素养的发展。对我省集中连片贫困地区、边远民族地区的语文教师,实行遴选培养倾斜政策,统筹中央和省级财政相关专项资金按照各地实施情况予以奖补,切实保障乡村语文名师的福利待遇,体现多劳多得、优绩优酬。积极组织、大力推进贵州乡村语文名师在全国、全省范围内的交流学习,全面提高乡村语文名师在语文团队建设、语文课程资源开发、课标解读、语文教学设计、语文教育经典阅读、语文教学评价及反思、汉语言文学基础知识、教育教学基本素养、心理学基础知识、教育测量与评估等方面的专业素养,缩小城乡语文教育差距,吸引城镇优秀语文教师、骨干语文教师向乡村学校流动。

参考文献

[1] 中华人民共和国教育部.国家中长期教育改革和发展规划纲要(2010—2020 年).

[2] 史志乐.乡村教师素质提高的政策审视与路径探析[J].教师教育研究,2019(3):31 - 38.

落实"三教"理念，培育数学核心素养

张晓斌[1]，付大平[2]

（1. 重庆市教育科学研究院，2. 重庆市江北区华渝实验学校）

"教体验""教思考""教表达"是贵州师范大学原副校长、全国著名数学教育专家吕传汉教授于 2014 年提出来的重要教育教学理念，已在全国十多个省市上百所学校进行实验研究，迅猛地在全国范围内推开。吕教授说：教体验，引导学生"做"，重在促进学生的数学领悟；教思考，引导学生"想"，重在培养学生的数学思维；教表达，引导学生"说"，重在强化学生的数学交流。

那么如何在课堂教学中让"三教"理念落地生根，这是我们一线老师亟待在实践中深入探讨的问题，以期能提升学生数学核心素养。

一、"教体验"体现数学抽象和直观想象核心素养的培养

"教体验"就是让学生在数学知识的形成过程中，通过大脑外部的看得见摸得着的动手操作体验和大脑内部暗箱操作的思维活动体验，随着经验的积累，逐步体会感悟，从感性认识上升到理性认识，最终抽象概括出某些数学结论或关系。从本质上说这就是让学生会用数学的眼光观察现实世界，注重数学抽象和直观想象核心素养的培养。

如在"数学概念的形成过程"教学时，必须通过丰富的具体例子先让学生直观感知，形成表象，再让学生去伪存真，抽象出共同的本质特征，用数学语言加以概括，最后对概念进行辨析，并初步运用概念解决简单问题。

案例1 "数轴"概念的教学分析

在"数轴"概念的教学过程中，我们要提供一些具体实物、现实情境等感性材料让学生直观感知，才可能促进学生发现其共同特征，也才可能让学生觉得"数轴"概念中的三条规定是合理的，从而实现正确理解数轴定义的三要素。人教版七上教材一开始引入就创设了一个具体实际问题情境："在一条东西向的马路上，有一个汽车站牌，汽车站牌东 3 m 和 7.5 m 处分别有一棵柳树和一棵杨树，汽车站牌西 3 m 和 4.8 m 处分别有一棵槐树和一根电线杆，试画图表示这一情境。"[1]教材依据此问题情境，让学生经过三次不断抽象，再观察竖放着的温度计或增加老式秤杆进行异同思考，最终获得了"数轴"的概念，构建了"数轴"概念的合理的生成过程。从这些现实的问题出发，不难概括出"数轴"的三条规定。面对概念，我们要考虑到学生的需求和发展，需要一种解释，一种关于这一规定合理性的解释，也就是我们有必要为概念寻求一个背景，建构一个模型。从这个教学活动中，我们看到，学生所获得的绝不仅仅是知识，

还包括发现数学、探究数学的体验,包括对数学价值的认识。因此,教学要从生活和社会现实出发,要从学生已有的学习经验、生活经验和活动经验出发,让学生在数学探究活动中不断体验,逐步积累数学思维的经验,形成和发展学生的核心素养。

案例2 "函数"概念的教学分析

在"函数"概念的教学过程中,我们要提供一些能够用列出表达式、图形、表格等来表达两个变量之间关系的感性材料让学生充分感知,这样学生才可能抽象概括出"函数"的概念。人教版八下教材首先从几个具体问题情境入手,引导学生认识函数的基本特征,然后提炼出函数的本质特征。

(1) 汽车以 60 km/h 的速度匀速行驶,行驶路程为 S(km),行驶时间为 t(h)。填写表1,S 的值随 t 的值的变化而变化吗?

表1

t	1	2	3	4	5
S					

(2) 电影票的售价为 10 元/张。早场售出 150 张票,午场售出 205 张票,晚场售出 310 张票,三场电影的票房收入各多少元?设一场电影售出 x 张票,票房收入为 y 元,y 的值随 x 的值的变化而变化吗?

(3) 你见过水中涟漪吗?在圆形水波慢慢扩大的这一过程中,当圆的半径 r 分别为 10 cm、20 cm、30 cm 时,圆的面积 S 分别为多少?S 的值随 r 的值的变化而变化吗?

(4) 用 10 m 长的绳子围成一个矩形。当矩形的一边长 x 分别为 3 m、3.5 m、4 m、4.5 m 时,它的邻边长 y 分别为多少?y 的值随 x 的值的变化而变化吗?

思考:问题(1)~(4)中是否各有两个变量?同一个问题中的变量之间有什么联系?

归纳:上面每个问题中的两个变量互相联系,当其中一个变量取定一个值时,另一个变量就有唯一确定的值与其对应。

一般地,在一个变化过程中,如果有两个变量 x 与 y,并且对于 x 的每一个确定的值,y 都有唯一确定的值与其对应,那么我们就说 x 是自变量(independent variable),y 是 x 的函数(function)。如果当 $x=a$ 时 $y=b$,那么 b 叫做当自变量的值为 a 时的函数值。[2]

函数定义是突出变化与对应的,因此,在由具体到抽象的教学过程中要抓住几个具体问题情境,让学生认真观察,在解决这些问题的体验过程中不断抽象,让学生真切地体验到函数的最基本、最朴素的刻画:(1) 两个变量互相联系,一个变量变化时另一个变量也发生变化;(2) 函数与自变量之间是单值对应关系,自变量的值确定后,函数的值是唯一确定的。这两点只能让学生自己去归纳,不能由教师包办代替,只有在此基础上学生才有可能独立地概括出函数定义,这样学生才会正确认识函数的定义,把握函数概念的本质内容。

在上述两个案例中我们看到,学生获得的体验是抽象形成数学知识的重要根基。

二、"教思考"体现逻辑推理和数学运算核心素养的培养

"教思考"就是让学生在数学知识的发展过程中,从一些基本的事实或关系出发,通过数学思维活动,发现、提出、推演和运算得出新的数学知识,养成从合理的猜想到严谨的思维的习惯,形成数学知识体系和框架结构,最终分析解决数学问题。从本质上说这就是让学生会用数学的思维分析现实世界,注重逻辑推理和数学运算核心素养的培养。

如在数学定理的形成过程教学时,首先通过一些具体事例或实验操作,让学生经过合情推理,发现猜想出命题或结论,并能用数学语言表达出来,然后通过演绎推理与数学运算严格证明这个命题或结论成立。这个探求过程就是人的认识过程,也是全面思维的过程。

案例3 "三角形内角和定理"的教学分析

在"三角形内角和定理"的教学过程中,先让学生通过合情推理发现并验证结论,再通过演绎推理证明这个结论,并能简单运用结论,这样可以着重培养学生逻辑推理与运算求解的数学核心素养。人教版八上教材"三角形的内角"这节内容的安排是首先让学生体会证明三角形的内角和等于180°这个结论的必要性,再让学生动手操作去探究"三角形内角和定理"的证明思路,特别是从中发现其辅助线的添加,然后利用平行线的性质与平角的定义完整地证明了这个结论,最后利用"三角形内角和定理"解决问题并得出一些重要推论。

通过度量或剪拼的方法,可以验证三角形的内角和等于180°。但是,由于测量常常有误差,这种"验证"不是"数学证明",不能完全让人信服;又由于形状不同的三角形有无数个,我们不可能用上述方法一一验证所有三角形的内角和等于180°。所以,需要通过推理的方法去证明:任意一个三角形的内角和一定等于180°。[3]

教材通过设计实验操作的探究栏目,用拼图的方法认识"三角形的内角和等于180°"(探究:在纸上任意画一个三角形,将它的内角剪下拼合在一起,就得到一个平角。从这个操作过程中,你能发现证明的思路吗?)并对操作过程进行分析,从而获得证明的多种思路,特别是"拼合痕迹"可以启发学生得出辅助线的多种添加方法。证明时充分运用平行线的性质与平角的定义,要把三角形三个角拼在一起(参见图1),可以分别在三角形的三个顶点处做相对的一边的平行线为辅助线;也可以在三角形三边上的任意一点处做另外两边的平行线为辅助线;还可以在三角形的内部和外部任意一点处做原三角形三边的平行线为辅助线即可。教材

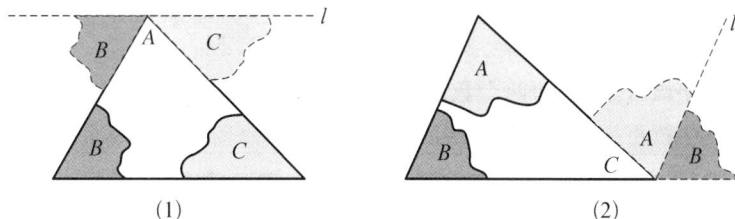

(1) (2)

图1

注意分析证明结论的思路,通过多提问题,留给学生足够的思考时间,让学生经历了发现和提出问题、分析和解决问题的过程。注重证明思路的分析有助于学生学好推理证明。这里需要指出的是证明"三角形的内角和等于180°"有一定难度,对于初学"证明"的八年级学生来说,只要他们了解得出结论的过程,不必在辅助线上花太多的精力,以免影响对内容本身的理解与掌握,对推理的要求应循序渐进,多种添加辅助线的方法可以让学生课后探究并证明。推理是上述案例的主旋律,贯穿教学始终。因此,教会学生思考是数学教学的重中之重。

三、"教表达"体现数学建模和数据分析核心素养的培养

"教表达"就是让学生在数学知识的应用过程中,运用已有的数学知识、技能、方法和思想去把数学问题的解决过程表达出来,既能用笔头表达又能用口头表达,书写规范,合理叙述,符合逻辑,数据分析,建构模型,最终解决实际应用问题。从本质上说这就是让学生会用数学的语言表达现实世界,注重数学建模和数据分析核心素养的培养。

如在公式的形成过程教学时,首先通过对存在某些特殊的关系式进行演绎推理与数学运算或几何直观操作,让学生发现出一般关系式(公式),然后能用三种数学语言表达公式,最后通过对公式的证明和辨析,能让学生抓住公式的结构特征记忆公式及其变形式,并能运用它们解决一些简单问题。在这个探求过程中主要是让学生会用三种语言表达公式,抓住公式特征并能记住公式,否则运用公式就无从谈起。

案例 4 "平方差公式"的教学分析

在"平方差公式"的教学过程中,首先让学生利用多项式乘法法则,探究一类特殊多项式相乘的规律,通过数学运算或直观感知,提出重要关系式(公式),然后要求学生会用符号语言、文字语言和图形语言表达公式,此时这三种语言的相互转换有利于帮助学生正确理解掌握公式,最后通过对公式辨析,能让学生抓住公式的结构特征记忆公式,并能初步运用公式解决问题。

在引导学生复习多项式与多项式相乘法则的基础上,教师出示教材上的探究栏目:

计算下列多项式的积,你能发现什么规律?

(1) $(x+1)(x-1) =$ _____;

(2) $(m+2)(m-2) =$ _____;

(3) $(2x+1)(2x-1) =$ _____。[3]

在这三个小题后面补充一个小题:$(a+b)(a-b) =$ _____。学生完成后,省略此题中间运算过程,从而自然提出平方差公式的符号语言表达式,即:$(a+b)(a-b)=a^2-b^2$;教师再要求学生用文字语言叙述,即两个数的和与这两个数的差的积,等于这两个数的平方差。然后教师引导学生辨析此公式的结构特征,即(1) 公式中只有 a,b 两个数,这两个数可以是任意的数,也可以是任意的式;(2) 公式左边是两个一次二项式相乘,其中一项完全相同,另一项互为相反数;(3) 公式右边是一个齐二次二项式,相同项与互为相反数项的平方差。由此把平方差公式形象化,即 $(\square+\bigcirc)(\square-\bigcirc)=\square^2-\bigcirc^2$。这样不但可以帮助学生深刻理解

平方差公式,而且也能让学生尽快熟悉并记住此公式。此时教师再提问学生:你能构造几何图形来说明平方差公式吗? 开放学生的思维,学生容易想到用两条不同线段表示 a,b,构造边长分别为 a,b 的两个正方形,它们的面积即为 a^2,b^2,从而学生们会出现用多种拼图来说明平方差公式成立,这不仅是学生的图形语言的表达,更是学生思维的创造发现,这远比把图画好之后让学生来说明平方差公式成立效果好。最后再运用平方差公式举例练习即可。

又如人教版初中数学教材设置了许多课题学习和数学活动的内容,这些内容更是体现了如何让学生运用数学语言来表达现实问题,以及如何利用所学数学知识去构建数学模型解决现实问题,这里不再赘述。

上述案例说明,构建"公式"等数学模型是数学科学发展的重要内容,教会学生表达数学是学生学好数学的重要标志。

在数学教学中,体验、思考和表达在同一个问题的发生过程中是相互依存不可分割的,只不过有时我们关注的侧重点不同而已。可以认为:

(1) 在数学知识的形成过程时,教学的侧重点可能就放在学生的经验积累和体验上,同时也有思考和表达的参与;

(2) 在数学知识的证明与运用时,教学的侧重点可能就放在学生如何思考上,同时也有表达和体验的参与;

(3) 在数学知识的表达时,教学的侧重点可能就放在学生的数学语言表述上,同时也有思考和体验的参与。引导学生"说"可作为"三教"教学操作的一个"突破口"。

总之,在数学教学过程中,我们要正确把握"三教"理念,全面提升数学教学质量,培育学生数学核心素养。

参考文献

[1] 人民教育出版社课程教材研究所.义务教育教科书数学(七年级上册)[M].北京:人民教育出版社,2012:7.

[2] 人民教育出版社课程教材研究所.义务教育教科书数学(八年级下册)[M].北京:人民教育出版社,2013:71-73.

[3] 人民教育出版社课程教材研究所.义务教育教科书数学(八年级上册)[M].北京:人民教育出版社,2013:11,107.

基于学生主体的"三给"数学教学策略研究

张晓斌[1],张程垣[2],马玉娟[3],刘小萍[3]

(1. 重庆市教育科学研究院,2. 重庆市江北中学校,3. 重庆师范大学数学科学学院)

由于初、高中阶段的数学知识具有高度抽象性和严谨性,需要给学生足够的时间进行深度思考和交流反思。但在当前激烈的竞争环境下,仍存在大量赶进度的现象。目前中学数学课堂教学为了追求升学率,主要采用讲练的教学模式,学生缺乏活动的机会和时间。

通过众多学者的研究,我国中学数学课堂教学还存在以下一些问题。一是重结果,轻过程。教师总是急功近利,想把所有考点快速教授给学生,因而课堂上总是滔滔不绝,不给学生自己探索发现的机会,不给学生自主学习、独立思考的时间和空间。二是重解答,轻反思。部分教师只在乎学生知识是否掌握,题目是否做完,很少给学生时间去反思和深度思考。三是重教学思路设计,轻学生思维诊断。有些教师缺乏教学的灵活性,一味按照自己设定的教学思路走,不给学生机会表达自己的想法,对于学生的一些创造性的思路、方法不能在课堂上及时发现与肯定,也不能在班上进行交流与讨论,对于学生的一些错误想法也不能及时加以引导反思。

2018年1月教育部颁布的《普通高中数学课程标准(2017年版)》指出,要以学生为本,落实立德树人根本任务。在这种以学生为主体的教学理念指导之下,教师应当更加关注学生的主动学习和有意义学习的参与度。因此,本文提出了"三给"的教学策略,即给学生内容、给学生时间、给学生机会,以此来促进学生思维的发展和数学学科核心素养的达成。

一、给学生内容,利用问题驱动思维

普通高中数学课程标准指出,通过高中数学课程的学习,学生不仅要掌握知识技能,还要具备数学学科核心素养,"数学学科核心素养是具有数学基本特征的思维品质、关键能力和情感、态度与价值观的综合体现"[1]。即数学教学是数学思维的教学,数学教育还应当将注意力放在学生数学思维的培养上。而问题是数学的心脏,数学教学往往也是从问题驱动开始的[2]。因此,在数学教学中应当适当给予学生内容任务,利用问题来驱动学生思维的发展。

给学生适当内容任务,学生自主提出或教师设计出一系列问题串,让学生进行思考研究,也就是让学生有独立思考的空间,让学生通过查阅资料或者利用已有知识自主探究、讨论交流、动手操作等一系列活动,在解决问题过程中提高思维能力。如通过课前导学案任务、课中质疑辨析或问题变式探究和课后调查探究任务,可以让学生独立思考,大胆尝试,逐步提高思维能力。

案例1 "函数的概念"的导学案设计和课后探究任务。

学生在初中的时候就学习过函数,高中再次学习,概念的表述更加严谨和抽象。设计导学案能够让学生复习初中所学的概念,同时引导学生预习高中所要学的新定义,为新课的学习做好准备。学生在完成导学案的过程中能够学会自主学习,在解决问题过程中深入思考,为新课的探究埋下伏笔。

首先,利用三个生活实例引导学生复习初中函数的概念;其次,让学生自行预习教材引出高中的函数概念,通过定义的表述思考相应问题;最后,让学生学习完新课以后思考初中和高中所学的函数概念之间有什么差别和联系。

问题1: 在生活中看到过这样的例子:(1)傍晚,太阳在西方徐徐落下;(2)随着春天的到来,天气越来越暖和;(3)我国国内生产总值逐年上涨。上述三个例子展现了一个事实,世界是时刻变化的,那变化的本质是什么呢?

从数学的角度看,可以发现在这些变化的现象中每一个变化现象都存在_____变量,并且变量之间都有一个依赖关系。此时,回顾复习初中函数的定义:"一般地,在一个变化过程中,如果有两个变量 x 与 y,并且对于 x 的每一个确定的值,y 都有唯一确定的值与其对应,那么我们就说 x 是自变量(independent variable),y 是 x 的函数(function)。如果当 $x=a$ 时 $y=b$,那么 b 叫作当自变量的值为 a 时的函数值。"[3]

问题2: 预习教材后学生填空,并回答下列问题。

"一般地,设 A,B 是非空数集,如果对于集合 A 中的_____数 x,按照某种确定的对应关系 f,在集合 B 中都有_____的数 y 和它对应,那么就称 $f:A \rightarrow B$ 为从集合 A 到集合 B 的一个函数(function),记作_____。其中,x 叫作_____,x 的取值范围_____叫作函数的_____( );_____ 叫做函数值,函数值的集合_____ 叫作函数的( )。"[4]

课中辨析探究:函数 $f:A \rightarrow B$ 应满足怎样的对应关系? 集合 B 和函数值域间存在怎样的关系? 一个函数的构成要素有几个部分? 函数相等必须满足哪几个条件?

课后探究任务:查阅资料,了解函数发展史。思考初中和高中所学的函数概念之间有什么差别和联系,为什么高中要再次学习函数的概念?

通过课前和课后任务,不仅让学生收获了教材要求的知识,还丰富了课外知识。更重要的是学生的学习参与度提高了,利用问题驱动了学生思维的发展。

二、给学生时间,保证学生深度思考

给学生时间,就是保证学生能够亲身经历观察操作、提出猜想(问题)、实验并论证猜想(建立模型)、得出结论(解决问题)这样一个完整的思维过程。只有当学生自己经历了完整的思维过程,才能对所学知识有一个更深入的认识。如此也有利于培养学生良好的思维习惯,掌握行之有效的思维方法。在平常的课堂教学中,不少教师急于求成,生怕学生不会,往往包办代替直接讲解,不善于等待、期待学生的生成,有时在促进学生思维发现的紧要处、关键处由教师代替,而把后面思维含量不高的演算化简过程让学生去独立完成。因此,课堂上要给学生深度思考的时间,更多地暴露和展示学生的真实想法,而不只是某一个学生或者做得好的学生,这样课堂上才会有学生之间的碰撞,也才会有学生的精彩呈现,课堂上学生的精彩才是老师的精彩。特别是在数学活动课教学中,更要保证学生的活动时间,避免教师操作代替学生活动。

案例2 在七年级"探究规律"的活动课教学中,教师在课堂上抛出如下"摆火柴棍游戏"问题,然后给学生时间,充分让学生们通过个人独立思考和小组合作学习后,学生们发现了四种不同的方法。

问题: 如图1,1个正方形需要几根火柴棍? 2个正方形呢? 3个正方形呢? n个正方形呢?

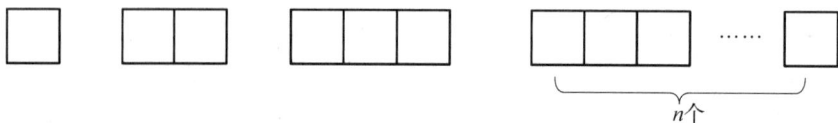

图1 正方形思维导图

解法1:把第一个正方形左边竖放的第一根火柴棍去掉,则共有 $3n+1$(根)。

解法2:把第一个正方形去掉,则有 $3(n-1)+4=3n+1$(根)。

解法3:把每一个正方形都看成四根火柴棍组成的正方形,则有 $4n-(n-1)=3n+1$(根)。

解法4:先看上下横放的火柴棍有 $2n$ 根,再看左右竖放的火柴棍有 $n+1$ 根,最后相加得 $2n+(n+1)=3n+1$(根)。

本节课的问题对于高中学生来讲,其实就是等差数列的通项公式的直接运用即可解决,但是对还没有学过多少数学知识与方法的初一学生来讲,他们能得出上述四种不同的解决方法却非易事。这每种方法背后都蕴含着数学思想的光芒,解法1、解法2都体现了特殊与一般和数形结合的思想,解法3体现了部分与整体和割补思想,解法4着重体现了分类与整合的思想,这些都充分闪现了学生的思维火花和创新精神。

这节课采用学生自主探究学习的方式,给学生时间探索,让学生深度思考,不但让学生获得了解决问题的多种方法,而且从中体会感悟到数学思想的力量,还习得了从简单到复杂、从特殊到一般和"整—分—合"的基本策略,获得了一定的数学活动经验。本堂课如果不给学生时间,让学生独立探究和展示自己的想法,直接由教师讲解的话,最多就是教师把自己想到的一两种方法讲给学生,学生就不会有更多更精彩的方法出现了,这从某种意义上来讲就是扼杀了学生的创造性思维,把学生的思维限制在教师的预设中,使其不敢越雷池半步。

三、给学生机会,交流反思思维过程

给学生机会,就是鼓励学生勇于提问、敢于质疑、善于表达,在交流中培养创造性,在表达中诊断思维偏差,在反思中获得进步。在学生中不乏有一些富有创造性的学生,他们想法较多,常常能够提出一些新问题。如果此时能够给他们提供一个平台和机会,让他们用数学语言去解释问题、表达观点,那么对于他们自身的发展和班集体创造性的培养都非常有利。此外,班上还有部分学生,常常会出现认为自己理解了,做题时却漏洞百出的现象,这是因为他们内在的思维错误没有被教师发现并及时纠正。因此,让学生有机会把探究发现的成果充分展示出来,完全暴露出学生全面或片面的思维过程与结果,在此基础上,教师、学生与同伴不断碰撞启发、交流与反思,获得对问题的更深刻、更具有统摄性的认识。

日常教学中,除了重视问题解决的过程与结果外,更应该重视问题解决后的反思与交流。交流与反思主要是指能够用数学语言直观地解释和交流数学的概念、结论、应用和思想方法,并能进行评价、总结与拓展[1]。这样会使学生站得更高认识原问题本身,让学生在原问题的基础上看得更远。目前,数学实际教学中更是忽视了问题解决后的交流与反思,不少数学教师让学生一个问题接着一个问题不歇气地解决,没有给时间让学生停下来进行交流与反思的机会,学生疲于奔命,出现课上听得懂,课后做不来的现象。为了克服这一教学弊端,我们应该精选有价值、有意义的数学问题,以"一"当"十"。必须在重视过程与结果的同时,更应重视问题解决之后的交流与反思。实践与理论都已证明,真实的数学思维过程是数学教学中最具有教育意义的成分[5]。同样,认真做好问题解决之后的交流与反思是数学教学中最具有教育价值的成分,交流与反思比问题解决的过程与结果更为重要。

课堂上给学生机会让他们对自己的数学学习过程进行交流与反思,这对于加深他们对数学知识的理解掌握、提高数学学科核心素养水平具有十分重要的意义。首先,交流与反思这一教学环节可以使学生在交流中质疑问难,大胆求证,善于思考,严谨求实,不断提高对数学知识的认识水平;同时学生们通过相互交流,相互帮助,求同存异,真理越辨越明,最终达到对数学本质的共同认识;这些都有利于形成和发展学生正确的情感、态度和价值观。其次,交流与反思这一教学环节可以使学生检查和评价自己对所学数学知识的理解是否正确,既强化正确的理解,同时又及时矫正某些错误的认识,查找出现错误的真正原因。再次,交流与反思这一教学环节可以帮助学生优化学习方法和问题解决方法,善于从"多解"中发现最本质的具有统摄性的数学思想与方法,淡化特殊技巧,注重通性通法,轻"术"重"道",教师只要把方法教"活"了就变成思想,切忌把方法教"死"了就变成技巧。另外,学生在交流与反思中能切实感受到学习数学成功的喜悦,激发学习数学的兴趣,从而增加主动获取数学知识的信心和动力。最后,学生在交流与反思中可以进一步了解所学数学知识的逻辑起点是什么,新知识是哪些已有数学知识的扩充或发展,以此促进学生更好地感受和理解数学知识的发生、发展过程。为此,要特别注意以下几方面:交流矫正思维方式偏差,交流矫正思维结果偏差,交流反思重要知识,交流反思方法优劣,交流反思数学思想,交流反思关键步骤,交流反思错误原因(思维受阻原因),交流反思问题变式等。

例如在习题课教学中,应该多给学生展示机会,善待学生的非标准思路。让学生有机会去解释解答的合理性,给学生机会讨论交流有几种解题策略,哪种解法更加简便,各有什么优劣,题目还可以变化吗? 等等。甚至也可以给学生机会,让学生自己编制题目,扩展学生的思维活动。

案例 3 "两角和的余弦公式"的习题课教学[6]。

在本节课中，一位教师曾多次使用这样一道题"若 A，B 为锐角，$\sin A = \dfrac{5}{7}$，$\cos(A+B) = \dfrac{11}{14}$，求 $\cos B$。"来培养学生灵活运用公式的能力。某次有一位学生发现这样的角根本不存在。

这位学生有着批判性思维，善于观察，敢于质疑。教师应当持有包容的态度，对这位学生给予肯定，并给他机会谈谈自己的观点，用数学的语言阐述为什么这个角不存在。还可以在班上展开讨论，让其他同学一起思考，通过交流讨论得出因为 $A+B<A$，该题本身是一道错题的结论。

可惜这位教师忽视学生这一质疑，还批评了学生的荒谬想法，认为学生偏离主题，应该把重点放在怎样解题上面。任由学生的求异思维滑过，令人惋惜。

案例 4 在一节填空题讲评课上有这样一道题：设 x，$y \in \mathbf{R}$，且 $x+y=2a-1$，$x^2+y^2=a^2+2a-3$，则 xy 的最小值是_____。

这道看似很简单、只需要利用完全平方公式的变形即可解决的问题，大多数学生都错了。那么教师在评价作业时必然需要讲解此题的正确解题思路。

如果想要学生印象更加深刻，学会交流反思，提高数学表达能力，何不给学生一个机会和平台，请一位此题做错了的学生上台板书他的解题过程。他是这样做的：

$$2xy=(x+y)^2-(x^2+y^2)=3a^2-6a+4=3(a-1)^2+1 \geqslant 1,$$

所求 xy 的最小值为 $\dfrac{1}{2}$。

然后再请其他同学点评此题的解决过程。

有同学说：这个最小值 $\dfrac{1}{2}$ 是当 $a=1$ 时取得，而由题设 a 不一定能够取得 1。

接着有同学说：如果 $a=1$，那么由已知得 $x+y=1$，$x^2+y^2=0$ 要同时成立，显然这是不可能的。

同学们在交流讨论中自行发现了问题，学会在解题中一定要考虑题目中的隐藏条件。给学生机会展示、交流、表达和反思，让学生在交流与反思的过程中获得进步。

目前，仍然存在这样的现象，即培养的学生只会追求解题对错，不知道应该如何想题，这在一定程度上丧失了培养学生思维的批判性和创造性的机会。学生从此在课堂上不敢质疑老师，有什么好的想法不敢表达。还有部分学生经常在解决问题时，往往觉得思路是正确的，计算也没有问题，但是结果常常是错误的。对此，采用更加启智增慧的教学方法，就能够有效检测学生的思维错误，帮助学生提高反思能力，形成良好的思维习惯。

四、结论

总之，在以学生为主体的数学教学中，给学生内容、给学生时间、给学生机会其实是一个既连续又同时发生的教学过程。只是在不同的教学环节和不同类型的课题教学中，侧重点应当有所不同。

（1）在教学中这"三给"的顺序是，首先要给学生内容和任务，其次要保证学生有足够的自主思考时间和空间，最后要给学生展示机会表达自己的观点和想法。"三给"之间是相辅相成的，"给学生内容"是基础、是根本，否则后面"两给"无从谈起、是空谈；"给学生时间""给学生机会"是相信学生、信任学生，充分发挥学生的主体作用，淡化教师的"主讲"作用。

（2）课前预习和课后复习巩固环节，应该适当给予学生内容任务；而在课中应当侧重于给学生自主学习时间和机会开展探究活动及小组合作交流活动，保证是以教师为主导、以学生为主体的"双主"教学，实现课堂教学效益最大化。

（3）在概念、命题、公式等新授课教学中，应侧重于给学生自主学习的时间与空间和质疑辨析的展示机会，当然也要给学生明确的学习内容和任务；在习题、问题解决、复习课和讲评课中，应侧重于给学生明确的自主学习内容任务和交流表达的展示机会，当然也要保证学生有适当时间来完成。

"三给"数学教学策略不是一种全新的教学模式，而是数学教师教学实践的提炼、总结与普及，它存在于现有教学实践与教学思想中，只是要在教学实践中自觉地提升并张扬出来，成为指导日常数学教学的重要教学理念，通过课堂上教师的主导作用的发挥，切实保证学生在课堂上的主体地位，充分体现"以学为主，以学论教"的教育教学思想。

参考文献

［1］中华人民共和国教育部.普通高中数学课程标准（2017年版2020年修订）［S］.北京：人民教育出版社，2020：4，75.

［2］熊惠民.中学数学教学设计与案例研究［M］.北京：科学出版社，2013：15.

［3］人民教育出版社课程教材研究所.义务教育教科书·数学（八年级下册）［M］.北京：人民教育出版社，2013：73.

［4］章建跃，李增沪.普通高中教科书·数学·A版（必修第一册）［M］.北京：人民教育出版社，2019：62.

［5］张乃达.数学思维教育学［M］.南京：江苏教育出版社，1990：239.

［6］涂荣豹，王光明，宁连华.新编数学教学论［M］.上海：华东师范大学出版社，2006：131.

思考表达，感悟道理 *

——"双减"背景下感悟数学道理的教学思考

叶育新（福建省福州市鼓楼区教师进修学校）

"双减"背景下要实现减负提质，必须优化课堂教学过程和习题设计。贵州师范大学吕传汉教授倡导的"三教"，即教体验、教思考、教表达，提倡在学习的过程中让学生充分经历体验、思考、表达的过程，从而达到长见识、悟道理的目的。笔者认为，体验、思考和表达是儿童学习数学层层递进的过程，其中体验是学习的基础，思考是思维的内隐形式，表达是思维的外化形式，而说理是表达的一种重要形式。下面，笔者结合自己的课堂实践和观察，谈谈小学数学感悟数学道理的几点教学思考。

一、在操作活动中感悟数学道理

（一）在探索性操作中感悟数学道理

操作是重要的学习活动之一，在探索知识的操作中要注意操作与思维相结合，让学生带着问题进行思考，在思考中感悟数学道理。在《平行四边形的面积》一课中，通过剪拼平行四边形探索面积公式的过程中，有些学生可能拼不成长方形，由此产生问题："怎样剪才能拼出一个长方形？"教师可以让不同学生演示操作过程，结合观察进行说理，发现只有沿着高剪开才能将平行四边形剪拼成一个长方形。教师可以进一步追问："为什么只有沿着高剪开才能剪拼长方形呢？"通过进一步说理让学生认识到：因为沿着高剪开会产生直角，而长方形有四个直角。进而感悟到，如果不沿着高剪开，就不会产生直角，也就拼不出长方形。在上述过程中，学生的操作探索是一种体验，而认识到"沿着高剪开才能拼成长方形"则是基于体验基础上转化的经验，当然，这种转化需要经历真实的问题思考和说理才能实现。

（二）在开放性操作中感悟数学道理

有些操作方法不止一种，教师要注意引导学生在比较不同的操作中思考共性特征，感悟数学道理。在四年级学习了长方形周长后，教师可以设计一道开放性的操作说理题：如图1，在一个由12个小正方形拼成的大长方形中取走一些小正方形，大长方形的周长会变吗？可结合

1	2	3	4
5	6	7	8
9	10	11	12

图1

---

* 本文系2020年度福建省中青年教师教育科研项目《核心素养视阈下小学数学校本作业设计研究》（项目编号：JSZJ20005)研究成果

操作呈现不同方法,并思考其中的共同道理:只要从大长方形四个角的位置上取走小正方形(1、4、9、12),周长不变。在此基础上,教师可以进一步提出问题:"如果要保持周长不变,最多可以取走几个小正方形?"可让学生结合操作分步尝试,并进行说理。如先从 4 个角取走 4 个小正方形,再思考:如果再取 1 个小正方形(共取走 5 个)应怎么取?(可取 2、3、10、11 中的某一个,如图 2)

如果要再取走 1 个小正方形(共取走 6 个)应怎么取?(可取 3 和 10,或 3 和 11,有不同取法,如图 3、图 4),不同取法有什么共性呢?可通过说理让学生明白,取走长方形后,要保证消失的边要在新的图形"长"出来,使得外轮廓中水平方向的边之和保持 8 格,垂直方向的边之和保持 6 格,就能使周长保持不变。

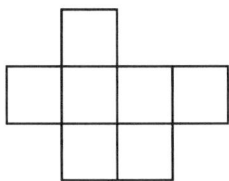
图 2

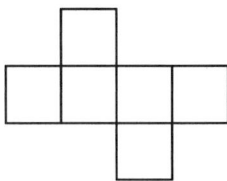
图 3

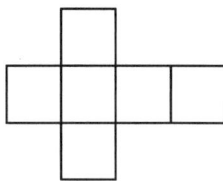
图 4

二、在运算学习中感悟数学道理

(一) 在算理辨析中深度思考,感悟道理

在运算教学中要注意算法和原理并重,让学生不仅要掌握算法,更要通过辨析展开深度思考,明白算理。如五年级下册《异分母分数加减法》,教师出示例题 $\frac{1}{4}+\frac{2}{5}$,让学生尝试计算。学生可能呈现两种典型算法,算法一是将分子分母分别相加得 $\frac{1}{3}$,算法二是先通分,将两个异分母加数分别转化成同分母分数后计算得 $\frac{13}{20}$。由此产生问题:到底哪种算法正确?教师可鼓励学生各抒己见,展开辩论,用不同的方法证明自己的观点。如可让学生通过折纸或画图,体验两个分数相加的过程。通过观察和比较,感悟到在算法一中,两个分数的和 $\frac{1}{3}$ 比其中一个加数 $\frac{2}{5}$ 还小,显然不符合逻辑,教师应注意让学生发现并说出这个逻辑思考过程,排除错误算法。对算法二的判断和说理可以分两个层次:其一是为什么要通分?可结合图示(图 5)体现通分的过程,让学生结合观察进行说理,感悟到通分的实质是把两个异分母加数转化成相同的计数单位的分数;其二是比较分数加减法和小数加减法、整数加减法的计算法则有什么相同,通过说理比较,让学生感悟到,虽然算法不同,但是算理相同,都是相同计数单位相加减。

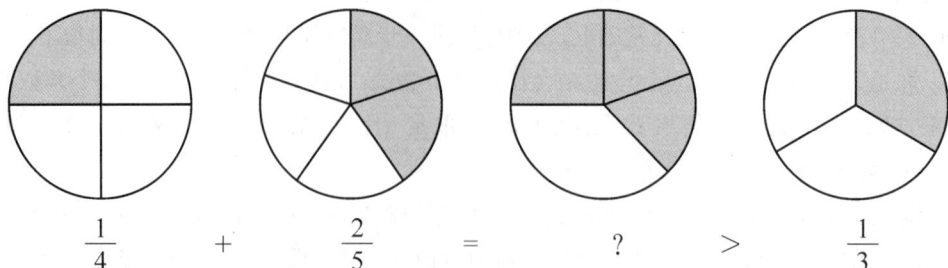

$$\frac{1}{4} \quad + \quad \frac{2}{5} \quad = \quad ? \quad > \quad \frac{1}{3}$$

图5

(二) 在算法比较中把握共性,感悟道理

在简便计算中,很多计算题都有不同的方法,教师要引导学生进行比较思考,通过说理优化方法,形成策略。如计算 0.125×8.8,学生可能有三种简便算法:算法一: $0.125 \times (8+0.8)$;算法二: $0.125 \times (9-0.2)$;算法三: $0.125 \times 8 \times 1.1$,教师注意让学生说清思路和方法,并进行比较。如算法一和算法二都是运用了分解法,把 8.8 分解成 8 和 0.8 相加,或分解成 $9-0.2$,再运用乘法分配律进行简算;但算法二不如算法一简便。而算法三也是运用分解法把 8.8 分解成 8×1.1,这是最简便的方法,但学生可能不容易想到。老师可启发学生思考:上述方法中有哪些相同之处,你最喜欢哪一种,你认为哪一种最简便,请说出理由。让学生感悟到:这三种方法的简算方法各不相同,但都用到了共同的策略:数的分解。8.8 的分解要和 0.125 的数据特征相对应,应尽可能分解出与 8 相关的数,才能实现简便。当然,教师还可以做进一步拓展,把算式中的 0.125 替换成 2.5,问学生,如果是 2.5×8.8,你会怎么简算,简算中对数据的拆分要遵循怎样的共同原则?让学生通过说理进一步体会简便策略,即数的分解要符合数据特征,才能实现计算简便。

三、在概念建构中感悟数学道理

(一) 通过说理深化概念内涵的理解

在数学领域中,很多数学概念既有联系又有区别,教师要重视让学生通过说理进行辨析。如在六年级《百分数的意义和写法》一课中,百分数的意义是教学重点,可创设一些问题,鼓励学生在独立思考后进行说理。比如"百分数的百分号后面为什么不能加计量单位?""分母是 100 的分数都是百分数吗?""百分数和分数在意义上有什么联系和区别?"上述这几个问题的核心都指向百分数的意义。其中第一个问题的目的让学生通过思考和说理,明白百分数的本质是分率,所以不能带计量单位,第二个和第三个问题的目的让学生通过辨析比较百分数和分数在意义上的不同,从而更加深刻理解百分数的意义。教师可以让学生举例,联系生活情境进行比较说理,如分数的分母可以是除了零以外的整数,分母为 100 的分数既可以表示具体量,也可以表示分率,只有表示分率的这种情况才符合百分数的意义。

(二) 通过说理明晰不同概念的区别

有些数学概念比较容易混淆,要注意进行区别。如数位和位数有什么不同?笔者曾经将它设计成一道说理作业,让学生用自己的方式进行说明。有的学生通过举例多位数进行说理,如"50 050 是一个五位数,除了万位和十位都是 5,其余各位都是零。这里五位数指的是位数的概念,表示这个数占五个数位,而万位、十位等都是不同的数位,每个数位上都有一个对应的计数单位。"有的学生结合数位顺序表进行说理,通过数位顺序表了解数位的名称和排列顺序。还有的学生则联系生活经验感悟到,"原来数位类似于电影院中的座位,每个座位就相当于一个数位,而坐在位置上的观众就相当于一个个计数单位",有的学生则发现"一个数有几个计数单位,它就是几位数"。通过充分的说理,学生从不同角度理解了数位和位数的区别和联系。

(三) 通过说理沟通知识之间的联系

有些数学知识存在内在联系或类似规律,要通过数学说理沟通内在联系,把握学习对象的本质特征。如六年级学习了"比的基本性质"后,可以引导学生回顾四年级学过的"商不变规律"以及五年级"分数的基本性质",并提出问题"比的基本性质和之前学过的哪些知识类似?""比、整数、分数的这三个性质(规律)有什么联系和区别?"引导学生围绕三个规律的相同特征进行说理,感受内在联系。又如,学习了异分母分数加减法后可以设置引导说理练习,比较分数加减法和小数加减法、整数加减法的计算法则有什么相同,通过说理比较,让学生感悟到,虽然算法不同,但是算理相同,都是相同计数单位相加减。再如,学习了比的知识之后,可以提问学生"比、分数和除法的意义相同吗?"让学生结合列表说理,比较分数、比和除法的联系和区别,完整掌握不同概念的内涵。

四、在问题解决中感悟数学道理

(一) 在方法比较中优化思考,感悟道理

在解决问题的过程中,学生往往基于自己的理解水平采用不同的方法,存在不同思维层次的差别,教师要注意通过说理提升学生思考,感悟道理。如图 6,图中正方形的面积是 12 平方米,阴影部分的面积是多少平方米?本题中求圆的面积有两种基本方法:方法一:$12 \times 4 \times \dfrac{\pi}{4} = 37.68$(平方米),方法二:$12 \times \pi = 37.68$(平方米)。方法一学生容易理解,而方法二学生往往不易理解,教师要让学生通过观察说理,发现图中正方形的边长等于圆的半径,所以 12 既表示正方形的面积,也表示半径的平方。可以用 $12 \times \pi$ 求出圆的面积。

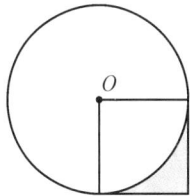

图 6

在此基础上,教师可让学生进一步思考阴影部分面积的求法。方法一:$12 - 37.68 \times \dfrac{1}{4}$,方法二:$12 \times 4 \times \dfrac{4-\pi}{4} \times \dfrac{1}{4}$,方法三:$12 \times \dfrac{4-\pi}{4}$。上述方法中,方法一容易理解,方法二和方

法三都用了 $\frac{4-\pi}{4}$ 这个比率求解,但思维层次不同,可以进行对比说理。方法二分三个步骤,先求大正方形面积,再求正方形内边角部分的面积,最后求边角部分的四分之一,即阴影部分的面积。而方法三可从大正方形和内切圆的比率 4:π 入手进行说理,大正方形和内切圆两者分别缩小到原来的四分之一后,就成为本道题中小正方形和阴影部分,根据商不变的规律,两者的比率仍然不变,因此可以继续沿用 $\frac{4-\pi}{4}$ 求阴影部分面积。

(二) 在策略反思中感悟数学道理

数学游戏是激发儿童学习情感的重要形式,在游戏的过程中应该重视策略分析与反思。笔者曾经设计一道数学游戏题:

"一堆棋子共 25 枚,甲乙二人轮流从中拿取,每人每次最多取 4 枚,最少取 1 枚,谁拿到最后一枚棋子谁胜。要怎么拿才能确保获胜?"

第一环节可以设计成教师和男生对抗赛,让男生先取,教师后取;第二环节可设计成教师和女生对抗赛,让女生先取,教师后取。当学生发现每次都是教师得胜,适时激发学生思考,为什么每次都是老师获胜? 为什么后取容易获胜?

通过还原取数过程,组织学生观察、讨论并说理,让学生明白:以 1+4=5 为一轮,如果学生先取,不管第一个取多少,每一轮教师所取棋子数和学生取的旗子数相加之和都应保证是5,就能获胜(最后一轮教师可根据实际情况分别取 1、2、3、4 个)。在此基础上,教师可改变总数,问学生如果棋子总数为 27,游戏规则不变,要想获胜,应该怎么取数? 请讨论并说明其中的道理。

让学生感悟到:这种玩法模型其实可以归纳为有余数除法算式:27÷(1+4)=5……2,要想获胜,先要把余数取掉,如第一次教师先取 2 枚,以后每次教师取的棋子数和学生取的旗子数相加的和是 5,就可以取胜。最后教师可以让学生应用本游戏的道理设计一个类似的数学游戏并说明其中的取胜原理。

(三) 在知识应用中感悟数学道理

学习的目的是为了应用。在培养说理能力的过程中要注意培养学生的应用意识,鼓励学生运用所学数学知识解释生活中的现象。在六年级《认识圆》一课中,教师可以让学生观察生活中存在的与圆有关的现象:车轮形状、圆桌会议、围观人群等,启发学生思考:"为什么这些形状都是圆形的? 这里蕴藏着怎样的秘密?"在学习了圆心、半径概念后可以请学生思考"车轴的位置为什么要在车轮中心",并应用"圆中心到圆上的距离相等"解释车轮中心到圆上各点的受力均匀,处于圆中心的表演者到围观人群的等距离性,以及圆桌会议的平等性。还可以请学生应用圆心、半径这些概念解释圆规画圆的过程,感悟到画圆过程中的定点和定长就是确定圆心和半径,它们分别决定了圆的位置和大小。最后,教师还可以将木工画圆、操场画圆和圆规画圆进行方法比较说理,引导学生聚焦定点与定长两方面思考,进一步领悟圆"一中同长"的特征。

五、评析

在"双减"背景下引导小学生学习数学,重在激发学生思考、感悟数学道理。本文以思考、表达为教学的切入点,引导学生感悟道理:在操作活动中感悟数学道理;在运算学习中感悟数学道理;在概念建构中感悟数学道理;在问题解决中感悟数学道理。十分有利于促进小学生数学核心素养的培育。

我们要在引导学生思考中,促进思辨能力的发展;要在引导学生自主体验中,促进核心素养的积淀;要在表达、交流中促进学生深度学习。

"思考表达,感悟道理",自然促进学生深度学习。

(评析人:吕传汉　贵州师范大学)

他山之石，可以攻玉

——"三教"引领小学数学学习长见识、悟道理实践研究课题推广应用心路历程

刘淑青（新疆塔城市教育和科学技术局）

一、结缘之路

2020 年 12 月 11 日，塔城市教育和科学技术局教研室接到塔城地区教育局基教科下发的关于推广 2018 年获得基础教育国家级优秀教学成果的通知，接到通知后教研室主任将此项工作交由我负责。我根据文件要求登录基础教育国家级优秀教学成果资源服务平台，对 2018 年获得基础教育国家级优秀教学成果的一百多个课题逐一进行阅读研究，经过三天的认真筛选，结合塔城市育情、师情和学情选定《教育部关于批准 2018 年国家级教学成果奖获奖项目的决定》（教师〔2018〕21 号）文件中的贵州师范大学吕传汉教授团队课题《"中小学数学'情境—问题'教学 30 年实践探索与理论建构"》一等奖优秀成果下的《"三教"引领小学数学学习长见识、悟道理实践研究》，计划在塔城市小学数学领域进行推广应用。经塔城市教科局党组研究，决定成立领导小组，下设执行科室，由教研室和基教科牵头落实，教研室协同塔城市四个小学数学教学能手工作室开展课题推广应用。根据文件要求教研室制定了课题推广应用三年计划(2021—2023 年)，计划通过三年的课题成果推广应用，将课题成果在塔城市小学数学教学领域全面铺开，后续再将优秀成果推广应用辐射到各学段各学科。2021 年 9 月 21 日教研室将课题推广应用项目计划上报地区教育局教研中心，经地区教育局教研中心不断修改完善，最终形成定稿上报自治区教育厅进行审批。2021 年 1 月 17 日，塔城市教研室申报的《"三教"引领小学数学学习长见识、悟道理实践研究》课题推广应用项目，经新疆维吾尔自治区教育厅组织专家评审，确定塔城地区塔城市为自治区级优秀教学成果推广应用示范区，并拨付 6 万元项目资金。为了在塔城市小学数学教学领域推广应用此优秀教学成果，我通过百度搜寻课题创始人吕传汉教授，几经周折，在 2021 年 1 月 22 日联系到了吕教授，并加微信好友。吕教授是一位具有无私教育情怀的 83 岁老人，加上微信后吕老给我们发了很多与课题相关的资料，让我们首先有了理论知识的熏陶。

二、初探之路

塔城市各小学在数学教学中存在诸多问题：课堂教学过程太过严肃，教师刻板的教学流程，课上不敢放手让学生自主探究和发现问题；"多"方法模式，"少"学生发展关注，小学生难以融情于课堂；教师更关注的是学生是否答对题目，当知识点增多，孩子又无法融会贯通；数

学教师遵循固有教学模式,虽然根据课程改革的要求加入了情境教学模式却显得十分复杂生硬,不但没有达到教学效果,反而挤占了课堂教学时间,徒有形式。这使我认识到只有让学生充分参与体验学习的全过程,才能使学生真正理解和感受数学、全面认识和把握数学。针对课堂观察发现的这些问题,2021年2—3月教研室组织四个小学数学教学能手工作室主持人及室成员,认真深入地学习了吕教授为我们提供的"三教"理论资料,并撰写学习笔记和学习心得,对"三教"的理论知识和"三教"理念如何落地课堂教学有了初步的认知和理解。

"三教"是基于创新型人才培养,在学科教学中教学生积极思考、自主体验、善于表达,以此促进学生长见识、悟道理的一种教育理念。基于对"三教"理念的高度认同,塔城市教育和科学技术局教研室协同四个小学数学能手工作室,开启了课题成果推广应用的初探之路,通过课题推广应用逐步去解决小学数学教育教学中存在的问题。首先四个工作室所在学校选定课题推广实验教师、实验年级和实验班级,实验教师根据对"三教"理论知识的自学自悟,利用"三教"理念进行课堂教学初探。4月中下旬,以工作室为单位开展"三教"实验教师展示课,通过实验教师的展示课活动,教师们对"三教"理论的应用从茫然到初识,从初识到初探,从初探到展示,从展示到交流,再次对"三教"理念有了新的认识和把握,可以将"三教"理念较为准确地落地课堂。

5月12—14日,课题创始人吕传汉教授及专家团队一行6人来塔城市开展《"三教"引领小学数学"情境—问题"学习长见识、悟道理实践研究》课题推广活动。教研室全体教研员、各小学校长、教研(务)主任、四个数学工作室成员及各小学数学骨干教师代表参与为期三天的活动,专家们从"三教"教学案例研究、"三教"教学理念解读、"三教"引领的小学数学教学研究三大板块进行深入的培训,既有理论的高度,又非常接地气。同时额敏县的教育同仁们也积极参与此次培训活动,参与课题推广活动的人数达450余人次。

三、实践之路

为使"三教"理念扎实有效落地,教科局教研室在吕传汉教授来塔培训之后,多次组织四个小学数学能手工作室开展课堂教学研讨交流活动。目的是在四个小学数学能手工作室的引领、带动下,能真正学以致用,使课堂教学努力做到基于问题教思考,注重体验教表达,让学生在学习的过程中长见识、悟道理,进而培育学生数学核心素养。

6月8—10日各工作室展开"三教"课题推广研讨交流课活动,每个工作室准备三节研讨交流课。要求授课教师从教材内容、学情、教学目标、重难点及初步的教学构想等方面进行细致深入的备课,展现高质量的、值得交流借鉴的"三教"理论下的优质。本次研讨课共计140余人次参与交流,课后教师们相互交流借鉴、取长补短。课上虽存在许多不足,但可以看到老师们可喜的变化,数学课堂已经有意识地向"三教"理念转型。学生数学核心素养的培养、能力的提高需要在每节课中点滴积累,才能厚积薄发。通过开展课堂教学活动逐步推动塔城市小学数学教师不断学习、探究、实践、反思、交流、改进,发展自己,成就学生。

值得一提的是塔城市第二小学《我认识质量单位啦》和塔城市第五小学《我认识面积啦》

两篇文章在华东师范大学出版社《小学数学学习中的长见识悟道理》一书中发表。此后很多小学数学教师开始认真撰写自己的教学反思、教学案例,并引导学生写学习体验。

通过对"三教"理念的理论学习"＋"课堂教学实践探索,教师以促进学生创新精神和实践能力的发展为重点,以学生的自主探究学习力提升为核心,将数学教学与学生的生活实际紧密联系,让学生在课堂的实际感受中激发对数学的情感,在小组交流中探索、发现与应用新知。通过实验学校、实验教师的本土化探索落实,"三教"理念在各小学数学课堂中落地生根。"三教"课题推广应用至今,教师的教和学生的学都发生了较大的改变。

(一)"三教"课题推广应用对学生的改变

1. 激发兴趣、主动参与。在"三教"理念的引领下,教师在课堂教学中有目的地预设问题,层层剥茧引导学生思考,使学生从被动接受知识转变为主动思考问题。在教师的引导下课堂环节中学生通过自主思考提出数学问题的频率增加,学生深度思考的能力增强。通过有意识地训练、培养,实验班学生已经能够大胆地表达自己真实的想法和感受,一部分学生能根据自己的学习情况写出听课、做作业中遇到问题的反思。

2. 主动思考、深度探究。在"三教"理念逐步渗透到课堂教学的过程中,学生在教师精心设置的教学情境中主动思考、提出问题、大胆质疑,积极参与知识形成的建构中,与"三教"课题推广应用前相比,学生参与课堂教学的积极性增强。以往大部分学生感到数学课枯燥乏味,尤其到了高段学生两极分化明显。而今,教师在授课时有意识地创设生动有趣的数学情境,真正把课堂还给学生,使其成为学习的主人。在不断的探究中,学生学习的主动性更高、思维更加敏捷、思路更加开阔。学生不再是等着教师给出结果,而是主动地找寻解决问题的多种方法。

3. 合作交流、清晰表达。教师在课堂教学中注重引导学生想数学、说数学、做数学、写反思,引导学生学会合作、学会交流。在生生互动,师生互动中表述自己的思维过程,同时也培养学生倾听的能力。不仅口语表达比以前清晰明了了,书面表达的形式也更多样。以前学生的数学日记多数是流水账,缺乏"数学味",而现在学生的数学日记展示的却是他们的数学思考过程与独特想法。这都是学生显而易见的进步。

4. 发挥潜能、提升能力。自从"三教"理念渗透到小学数学课堂教学以来,学生搜集、整理资料的能力、与人合作的能力、团结协作精神、思维能力、解决问题的能力都在不断提升,学生学的变化,让教师亲身体验到"三教"理念已经真正在小学数学课堂教学中生根发芽。

(二)"三教"课题推广应用对教师的改变

1. 教育观念的改变。教师在"三教"课题推广应用以来,认真学习"三教"理论,不断转变教育观念。四个小学数学能手工作室主持人及全体成员通过自学、集中学习、网络视频等形式,反复、认真对"三教""创设情境—自主探究—合作交流"教学理论进行了系统学习。通过学习,老师们摒弃自己旧的教育观念、旧的教学模式,用"三教"理念进行大胆地实践、有效地尝试,不断地进行反思和完善。教师由课堂的"主导者"变成了学生发展的观察者和引路人。

2. 教师备课的改变。 教师备课由注重课本、教学过程（知识的传授）转变为更注重备课标、备学情、备教法、备学法。教师在备课时更加认真钻研、勤于思考、探索方法，思考如何去突出重点、突破难点，考虑学生对教师提出的问题是否有自己的想法，关注学生认知水平和心理因素以及学生能力的要求。学情是备课时首要考虑的因素，从学生最近发展区出发，通过对学生学习心理、思维障碍的表现与成因的分析，再来设计教学环节。

3. 教学方法的改变。 由原来重视教师的教转变为也注重学生的学，由重传授转变为重引导，由重结果转变为也重过程。通过"三教"课题成果推广应用，教师注重根据所教内容创设适合学情的教学情境，注重揭示知识的发生和形成过程，课堂上让学生去欣赏、去讨论，给学生自主学习的机会，注重学生在课堂中的思考、表达、体验、感受与积极主动获取知识的过程。如今的课堂上，学生能自己或与小组成员合作发现问题、提出问题，大胆把自己见解表达出来，与老师、同学交流讨论、研究解决问题，这样的课堂教学模式调动了学生学习数学的积极性，学生掌握、应用数学知识的能力明显提高。

4. 评价方式的改变。 通过"三教"课题推广应用，教师由只关注学习结果、转变为课堂中重视孩子对知识的学习过程、对学生在学习中点滴积累给予积极反馈。在评价学生方面，教师重视引导学生自我评价、生生互评。这种重过程，轻结果的反馈模式，不仅能让孩子获得被重视感，还会变得进取，自信。学习是一个不断完善、试错的反思过程，学生清醒地看到自己的收获和不足，更客观地认识自己。

四、收获之路

在 2021 年这一年的课题推广中，我们的实验教师由原来的 22 名增加到 50 名，实验班级从原来的 23 个班增加到 55 个班。实验教师上示范课 36 节，讲座 7 场，获得市级及以上荣誉证书 30 余份。实验教师和实验学生撰写学习心得、"心灵之花"、教学反思、教学案例共计 252 篇。在"教思考、教体验、教表达"教育理念之下，以"情境—问题"教学模式为载体，以学生"长见识、悟道理"为学习目标，落实到小学数学课堂教学过程中，使实验学生的问题意识、质疑提问、思辨能力、分析问题、解决问题的能力都有所提升，初步达到培育学生数学核心素养和创新意识的效果。实验教师通过对本课题的推广应用，以理论为指导，从课堂教学中找素材，善总结、勤反思、集思广益，撰写心得体会、教学反思、教学案例、"心灵之花"学生日记、开展小课题研究成为提升教学质量的重要抓手。实验教师的成长速度快于非实验教师，并在全市小学数学教师的队伍中脱颖而出。有效地提高了教师课堂教学水平和教学研究水平。现在我们的小学数学课堂将"教思考""教体验""教表达"三者的相互渗透、有机融合，为塔城市各小学培育学生数学核心素养，促进学生全面发展提供了有效途径。

三年的课题推广之路虽然不长，但已经非常可喜地看到了教师们教育观念的逐步转变，"三教"理念已经在我们的课堂教学中留下了很深的印记。"革命尚未成功"，我们将继续努力，不断前行，让"三教"理念在塔城市各中小学各学科课堂上遍地花开。

真体验，深思考，精表达
——基于"三教"教学理念的小学数学课堂教学实践与思考

方榕（福建省福州市中山小学）

2014年1月，吕传汉教授提出"教体验、教思考、教表达"（简称"三教"）的教学理念。"三教"是一种教学理念，更是实现培育学生核心素养的途径。笔者认为，教师在教学中要以核心素养为导向，践行"三教"理念，引导学生经历真体验、深思考、精表达的学习过程，在"真体验"中"深思考"，在"深思考"后"精表达"，发展数学能力，使数学学习真实、深刻、有效地发生。

一、真体验："教体验"，会用数学的眼光观察世界，发展数学抽象能力

义务教育数学课程标准指出，除接受学习外，动手实践、自主探索与合作交流同样是学习数学的重要方式，教学应提供充分的观察、操作、归纳、猜测、验证等数学学习活动，使学生亲身经历获得数学知识和技能的过程。

数学体验是数学思考的基础，数学学习过程其实就是数学体验的过程。教体验旨在让学生学会"做数学"，引导学生亲身经历学习的过程，通过表层的动手操作体验和深层的思维活动体验，在体验中积累经验，获得感性认识和学习情感，并借助抽象概括和直观想象，逐步从体验上升到"领悟"，感悟数学知识本质，体会数学思想和方法。真实的情境，真实的实践，积累真实的活动体验，获得真实的数学领悟，发展数学抽象，让数学学习真实发生。

（一）情境体验，感悟知识本质

在教学中，教师要根据具体学情和教学内容，创设合适的、真实的情境，激发学生兴趣，引导学生在情境中体验，在情境中抽象出数学概念，在体验中学会用数学的眼光观察世界，建构数学知识，感悟知识本质，发展数学思维。

在教学"位置与方向（二）"时，笔者创设了"福州直飞海口"的情境，并设置了2次飞行矛盾。飞机第一次起飞，偏离航线，没有直飞到海南，有学生提出要按航线直飞，还有学生发现飞机直飞的航线和正南方向、正西方向形成了夹角，接着引导学生尝试用方向和角度描述三亚在福州的南偏西47°（或西偏南43°）方向。在学生认识了方向和角度后，飞机第二次起飞，这次飞机飞太远飞到海里去了，学生恍然大悟，要描述清楚物体的位置不仅要说清楚方向和角度，还要说清楚距离，三者缺一不可。通过真实的情境和丰富的例子让学生直观感知，形成表象，在情境中体验，在体验中思考，将知识不断精细内化，抽象概括出知识的本质特征。

(二) 实践体验,发展数学抽象

知识可以传授,但是数学思维和能力只能在学习过程中通过体验、积累、沉淀、感悟而获得。体验是数学抽象概括的基础,教学要从学生已有经验出发,给与学生充足的探究时间和实践环境,让学生在真实的实践中体验,在体验中促进深度思考,培养学生的数学抽象能力。

在教学《长方体、正方体的认识》一课时,笔者给予学生充足的时间去体验探究,利用小棒和塑料球搭建长方体框架,有的小组搭成了,而少了一根小棒的小组始终无法搭成,在师生对话中使学生进一步认识棱的特征。接着想象,至少要剩下几条棱还能想象出原来长方体的形状和大小? 以此突出长、宽、高是构成长方体的必要条件。最后,借助信息技术,师生一起想象将长、宽、高这 3 条棱平移、还原成完整的长方体,再现了拼与拆、分与合的过程。通过真实的动手实践,获得真实的直观感受,激发数学思维,形成数学直觉,深化数学认知,发展几何直观和空间观念。

二、深思考:"教思考",会用数学的思维分析世界,发展逻辑推理能力

《现代汉语词典》中对"思考"进行解释,"思考"是指进行比较深刻、周到的思维活动。思考是数学学习的灵魂,"教思考"就是让学生学会"想数学",学会用数学思维去分析世界,发现数学与生活的联系,能运用数学知识解决生活中的问题,发展数学思维,培养逻辑推理能力,让数学学习深刻发生。

(一) 内化迁移,渗透数学思想

数学体验是数学思考的基础,教师要引导学生在体验中将数学知识内化迁移,形成新的知识认知,完善知识体系,感悟数学思想方法,学会数学思考,提升思维品质。

例如,笔者在教学六年级上册《圆的面积》时,学生通过小组合作,将圆转化为长方形来探究圆的面积公式。学不止于思,根据学习经验和数学直觉,有学生提出猜想"是否可以将圆转化为三角形、梯形来求圆的面积?",这个猜想马上引起同学的兴趣,小组合作选择主题进行探究,将圆等分成 16 份拼成近似三角形和梯形,再借助投影展示交流,师生共同探究底和高与圆的周长、半径之间关系,原来根据三角形、梯形的面积公式进行推导,亦可推导出圆的面积公式。学生从不同角度探究数学公式,由浅入深,由表及里,经历提出猜想到证明猜想的合情推理过程,这是学习知识的过程,更是全面思考的过程,既加深圆的面积公式理解,感受知识间的关联,体会知识的本质,发展推理能力,促进深度思考,又渗透转化、极限的数学思想,学生收获知识的同时更掌握了思考的方向和方法。

(二) 问题驱动,激活数学思维

思起于疑,教师在教学中要创设问题情境,让学生发现问题、提出问题,思考解决问题的方法,对比优化解决问题的策略与方法,巩固数学知识技能。

例如,人教版小学数学六年级下册教材中有一道练习题"两个底面积相等的圆柱,一个高

为 4.5 dm，体积为 81 dm³，另一个高为 3 dm，它的体积是多少?"大部分学生的做法是先算出圆柱的底面积，也就是 81÷4.5＝18 dm²，然后再利用圆柱的体积公式 $V＝Sh$ 求解。这种方法容易理解，但是计算量大。当学生对自己做出正确答案而沾沾自喜时，笔者抛出问题"是否有其他的解决方法? 如果不算出底面积，能解决这个问题吗?"在问题的驱动下，启发学生思考，"底面积相等"除了可以求出具体数值，还表示"底面积一定"，联系比例的知识，圆柱的底面积一定，圆柱的体积和高成正比例关系，由此可以列出比例式"$81：x＝4.5：3$"。数学之所以是一门学科源于它的抽象性，教学中要注重以问题为载体启发学生思考，促使学生的思维逐渐从具体走向抽象，从感性走向理性。

(三) 反思学习，培养思辨能力

教师在教学中要特别注重通过反思培养学生的批判性思维。反思是一种思维习惯。学习是学生主动建构知识的过程，学习要发自内在，教师不仅要教给学生知识，还要让学生学会反思，以数学知识为载体，引导学生进行反思，掌握反思的方法，培养学生的思辨能力。

教师要为学生反思创造机会，反思在学习中获得的知识技能、思想方法、情感结论……教师还要引导学生重点反思学习过程，比如学习的内容与哪些内容有联系? 它们是怎样联系的? 你是如何发现的? 你有什么感受? 你能用喜欢的方式表示自己的学习成果吗?

教学时，笔者发现学生在建立量感上存在困难，以《公顷和平方千米》为例，因面积单位较大，学生在生活中接触不多，不容易建立具象。1 公顷到底多大? 学生之前学过平方米、平方分米、平方厘米等面积单位，受学习负迁移影响，学生会误以为 1 公顷＝100 平方米。在教学中，笔者先引导学生进行反思，回忆 1 平方厘米、1 平方分米、1 平方米的学习探究过程，比较抽象出面积单位的核心要素，即边长是单位长度的正方形，分别以"边长 100 米的正方形""边长 1 000 米的正方形"建构起"公顷"和"平方千米"的具象，告知学生"公顷"实际上就是"平方百米"，因为百米不是常用的单位，所以描述面积时一般不用平方百米。进而引发学生猜想在"平方米"和"公顷"之间是不是存在"平方十米"? 笔者相机介绍公亩即平方十米，由此沟通长度单位与面积单位之间的联系，初步形成对面积单位间的进率的多元表征，进一步加深对长度单位和面积单位的理解，将抽象的概念形象化，完善长度单位和面积单位体系。通过反思，学生从不同角度观察思考并寻找不同的解决方法，在实践中调整丰富学习认知，培养数学抽象素养，促进深度学习。

三、精表达："教表达"，会用数学的语言表达世界，发展数学建模能力

"教表达"，让学生学会用数学语言表达世界，学会"说数学"。在数学教学中，教师应从数学思维出发，鼓励学生借助文字语言、图形语言和符号语言，描述数学思考过程，提出数学问题，交流学习体会。

从表面上看，"表达"指的是口语表达和书面表达，从实质上看，"表达"是在真体验和深思考的基础上，将自己的思考过程和思维方式进行加工、组织、呈现，使内隐的数学思维变得可

视化。学生表达的是自己对数学学习的体会和感悟,是精准的、有深度的。表达是方式,更是过程,表达的目的是促进思考。

表达的形式要"精"。在教学中,教师要重视学生的学习情感,给与充足的时间,注重思维过程,引导学生"画数学",借助数学图形和符号,用画一画的方式描绘数学思考,让数学思维条理性展现;引导学生"说数学",在合作学习、展示交流、讨论辩论中完善数学思维,让数学思维灵活性展现;引导学生"写数学",通过数学日记、数学故事等方式,记录数学学习,让数学思维系统性展现。

表达的内容要"精"。在教学中,教师不仅要关注表达的形式,更要关注学生表达的内容,引导学生将实际问题抽象成数学模型,构建模型,延展关联,使学生获得更加深刻的理解。例如,笔者在教学《乘法分配律》时,先创设卫生间 3 面墙壁贴瓷砖的生活情境,提出问题"你能算出一共需要多少片瓷砖吗?",将生活中的实际问题转化为数学问题。学生独立思考,尝试计算,小组交流自己的思考过程。在描述和倾听中,学生通过观察、比较,发现规律,借助图形解释算式 $(5+7+5) \times 12 = 5 \times 12 + 7 \times 12 + 5 \times 12$,用自己的语言表达规律。笔者特别关注学生的表达,在表达不清晰、不精准的地方进行引导点拨,引导学生一步步发现规律。学生表达的过程就是将数学规律抽象化,就是建立数学模型。

在学生初步感知模型的基础上,笔者继续追问,如果再多几列瓷砖你还会算吗?如果减少几列呢?在交流中,学生发现原来乘法分配律在减法中同样适用,并尝试用数学符号表征模型。当模型建立后,串联学过的多位数乘法,长方形的面积公式等等,内化数学模型。从语言描述到图形表示,再到符号表征,最后勾连知识,形成知识体系,这是学习的过程,更是思考的过程,学生将自己的所学所思精炼的表达出来,从而加深对数学知识的理解并能够灵活地迁移、应用。

在教学中,教师要鼓励学生敢讲、敢问,把自己的数学思考说出来,诠释对数学学习的理解,引导学生在表达中学会倾听,在倾听中学会交流,在交流中学会思考,将体验、思考、表达有机地结合起来,在体验中思考,在思考中表达,在表达中强化。除此,教师还要注重引导学生走出课堂,将数学学习延续拓展到生活,在生活中体验、思考、表达。

四、结语

体验是思考的基础,思考是表达的前提,"教思考""教体验""教表达"三者之间形成一种互为基础、相互依存的关系。在教学中,教师要践行"三教"理念,在"真体验"中"深思考",在"深思考"后"精表达",渗透数学思想,感悟知识本质,发展数学思维,进而培育学生的数学核心素养。

五、评析

一是关于数学体验。在学习过程中,"体验—思考—表达"是一个层层递进的过程,数学体验是数学思考的基础,体验什么?我想,既要体验数学知识,也要体验学习情感。在学习过程中,数学知识由数学体验而发端,伴随着数学体验转化为数学经验的过程中而形成,从数学体验上升为数学经验要借助数学抽象。在学习过程中,数学是有趣的还是乏味的?是有用的还是无用的?是奇妙的还是枯燥的?这些情感的体验会影响学生对数学的认识,对后续的学习产生深远的影响。体验有哪些方式?文章告诉我们,可以借助情境和实践在观察中体验,在说理中体验,在操作中体验,在想象中体验。新课标的修订强化了对量感这一方面的培养,如何培养量感,如何基于学生的体验活动建立量感,我们也可以由此得到某些启发。在长度、质量、时间、周长面积、体积等常见量的学习过程中可以设计估一估,量一量,称一称,数一数,比一比,算一算等丰富多彩的体验活动,并注重学生体验的提升。

二是关于数学思考。文中的三个观点可以理解为:思考的广度,思考的深度,还有一个是数学本质的把握。从数学学习的过程中,用不同的数学方法和策略解决数学问题体现了数学思考的广度问题,教师的教应该重视启发拓展学生的思维,学会不同角度看问题,思考问题和解决问题。应引导学生认识到,"条条道路通罗马",不要满足于只用一种方式和一种方法解决问题,在学习过程中如果能坚持不同思路和方法,将有助于拓展数学视野,形成广阔的数学眼光,这是很有价值的。关于学习的深度,不同的学生有不同的思维层次。反应到具体题目的解答中,学生的解题方式也有不同的层次,教师可以通过适时启发,实现解决问题由繁入简,提升学生思维层次和感悟,当然,学习过程中的深度学习能否发生有赖于学习材料的加工、核心问题的精心设计、学生的参与程度等因素。关于数学本质,无论是教师的教还是学生的学,无论是学习情境的创设,还是知识建构,巩固应用的过程,都应始终围绕数学的本质而展开。课堂上的学习活动是否紧扣数学知识的本质,将直接影响教师教学质量和学生的学习效果。

三是关于数学表达。文中谈到要精表达,我觉得可以扩展为精心、精确和精彩三个方面。精心的意思是说对学生表达能力的培养要精心,应该从小开始培养学生的数学表达意识和能力,在课堂上教师应该创造机会,让学生勇于表达,乐于表达,并学会数学表达的方法,培养学生有条理有依据的表达。精确的意思是表达的内容要精准,数的多少,量的大小,概念的内涵与外延都应该准确,无论是数学知识、数学关系还是数学道理都要要符合客观现实,要符合逻辑,体现数学规律。精彩的意思是表达的形式可以多样。可以采用多种工具表达数学内容,如用数据表达,用符号表达,用关系表达,用图表表达,用图形表达,在此基础上,可以鼓励学生用多种方式进行表达,表达学生的数学思考和发现,可以鼓励学生写数学日记,谈自己对数学的思考和发现,可以鼓励学生讲道理或展开辩论,谈自己对数学的理解,可以让学生画数学漫画,录制数学视频,编辑数学思维导图等方式进行多元表达。应该认识到,讲道理是数学表达的重要形式,但数学表达的内涵不应仅仅局限于讲道理。

(评析人:叶育新 福建省福州市鼓楼区教师进修学校)

参考文献

［1］中华人民共和国教育部.义务教育数学课程标准(2011年版)[S].北京：北京师范大学出版社,2012.

［2］唐海军,吕传汉.数学教学为什么需要"教思考、教体验、教表达"——"三教"教学理念与实践的再探析[J].中小学教师培训,2019(10)：51-55.

［3］苏明强.魅力课堂：通过"三教"培养学生数学关键能力[J].小学数学研究,2019(10)：12-14.

［4］黄翔,童莉,李明振,沈林.从"四基""四能"到"三会"——一条培养学生数学核心素养的主线[J].数学教育学报,2019(5)：37-40.

以生为本，在"说数学"中长见识、悟道理

雒兴萍（甘肃省酒泉师范学校附属小学）

听课时，我们常常听到老师这样说："请说一说你是怎么想的？""谁还有不一样的想法？""你还可以说得更完整，请试一试吧！""请谈谈你的收获吧！"老师在鼓励学生说算法、说异同中了解学情、调控教学进程，积极思考、主动作答的学生在老师的引导下或个人口答，或同桌交流，或小组讨论。反观自己的课堂也常有以上的提问，我也常常听到学生这样说："老师，我想给同学们讲一下这道题。""我的想法和他不一样。""我们小组的结论是这样的。""我在家里是这样操作的"等。在这样的师生互动中，老师引导学生进行数学思考，激励学生经历建构知识、实践探究的过程，培养学生的创造性思维，努力把课堂变成师生同步的学堂，把讲台变成学生展示的舞台。学生则在老师的引导下，说探究发现、说疑难困惑、说方法策略、说收获成果、说数学文化等，以"说数学"的方式学数学表达，在"说数学"的探究活动中逐步提高学习数学的能力。

我们知道，"以生为本"是"生本教育"的具体体现，以学生的发展为本是教育的根本目的。"课程标准（2011年版）"对"综合和实践"的内涵、特征、实施要点提出了明确要求："综合与实践"是一类以问题为载体、以学生自主参与为主的学习活动。""在活动中，注重学生自主参与、全过程参与，重视学生积极动脑、动手、动口。"[1]贵州师范大学数学科学学院吕传汉教授和汪秉彝教授提出的中小学"数学情境与提出问题"教学模式是基于国际、国内数学教育改革大趋势而开展的一项前沿性、探索性与实证性的数学课堂教学实验。他们提出教思考、教体验、教表达（简称"三教"）引领"情境—问题"教学，促进学生长见识、悟道理，发展核心素养，旨在逐步培养学生的数学问题意识，提高学生提出数学问题的能力，不断增强学生应用数学知识解决实际问题的能力。那么，在数学课堂上如何贯彻以生为本的教育理念，在组织学生开展学习活动中提高课堂教学的实效性呢？通过探索实践，我发现鼓励学生"说数学"不仅可以让学生体验数学、爱上数学，还能够帮助学生在数学表达中理解数学、学习数学。

一、巧妙设疑，在"说数学"中激活思维

思维离不开语言，语言促进思维的发展。数学课中，鼓励学生"说数学"，就是针对思维与语言相辅相成、互相促进的特点，鼓励学生把自己的思维告诉他人，同时引导学生在说的同时努力把思维改造得有逻辑、有层次，实现数学思维与数学表达共同发展的目的。

美国当代数学家哈尔莫斯曾说："问题是数学的心脏。"思维的发展和语言的表达都需要

合适的问题做引领,善于激发学生主动思考的老师善于设疑,善于把握教材重难点的老师能够以巧妙问题贯穿课堂始终。我曾有幸走进全国数学优质课一等奖获得者沈俊杰老师的课堂,他执教的《真分数和假分数》一课给我留下了深刻的印象。上课伊始,他就用问题引发了学生的思考:"你们以前听过假分数吗?""你举例的这些假分数有什么特点呢?""假分数还是分数吗?""假分数到底假在哪儿?"学生在沈老师有序设问中积极思考,结合实例互相补充、逐渐深入,在有层次的叙述中认识真分数和假分数,理解真分数和假分数的意义,进一步掌握真分数和假分数的特征,并能辨别真分数和假分数,实现了本课的学习目标。像本课这样源于老师巧妙设疑的"说数学",突出重点激活思维,抓住难点恰当破解,学生有学习兴趣,有掌握新知的成就感,这样的数学课学生怎会不喜欢呢?

二、恰当评价,在"说数学"中激发兴趣

激励性的评价语言是学生学习自信心的催化剂,来自老师的及时肯定可以让学生品尝到成功的喜悦,恰当的点拨可以让学生在顺利解惑后收获学习的快乐。如当学生说出准确精彩的结论时,老师说:"你的想法很独特,说得很完整!"充分肯定学生的思维方式和流畅表达;当学生的叙述稍有欠缺时,老师说:"你还可以把操作过程说的更具体一些。"鼓励学生组织语言后再补充;当学生回答有误需要更正时,老师说:"你再看看图,有没有新的发现呢?"引导学生换种角度,重新思考。在课堂教学中,要想实现学生在"说数学"中学好数学的目的,就需要老师在精心预设教学环节、适时调控教学节奏的同时,既要面向全体也要关注个别,善于运用丰富且有针对性的评价语言激励学生参与学习活动,为学生创设敢说、想说、巧说的学习氛围,搭建学生展示自我的平台,激发学生学习数学的兴趣,培养学生"说数学"的能力。

三、拓宽延伸,在"说数学"中打开壁垒

"数学知识的教学不仅仅是要学生对所学知识理解掌握,还要体会数学知识之间的关联。老师在进行数学知识的教学时,不仅要关注知识的'生长点',还要注重知识的'延伸点'。把每节课的课堂设置于整体知识的体系中,注重知识的结构与体系,处理好局部与整体的关系,可以更好地让学生感受数学的整体性,更好地体会数学知识原来可以从不同的角度分析,从不同的层次进行理解。"[2]因此,在课堂教学中,我们就不能只局限于一课时的内容进行教学,可以适当补充课外知识,拓展相关知识,会有助于增加学生的探究欲望,打破学生"说数学"只说课本的局限性。尤其在有新授概念的课堂教学中,相关联课外知识的补充就是有益的组成部分,如沈俊杰老师执教《真分数和假分数》时,学生说出自己对于假分数的认识后,老师适时补充与假分数定义相关的课外知识,其中有国内假分数的界定,也有国外关于分数类型的不同设定,为学生增加了数学阅读的材料,为学生拓宽数学眼界打开了一扇窗,为学生"说数学"内容的选择增加了更多种可能。

四、实践探究，在"说数学"中提升能力

实践探究中"做数学"，实践探究中"说数学"，"做数学"与"说数学"各有侧重又紧密相关，但都有利于培养学生的操作能力、创新能力、表达能力和协作能力。无论是沈俊杰老师执教《真分数和假分数》时让学生涂色表示分数，让学生在数圆片中比较计数单位的不同，还是多位老师执教《多边形的内角和》时，让学生想办法把多边形分成若干个三角形，从中发现求多边形内角和的规律，开展数学活动的目的都是帮助学生在操作探究中提升动手能力，培养综合概括能力及创新思维意识，为精彩"说数学"做好充分准备。

观摩不同老师的数学课，我们看到老师们已经把让学生讲题意、讲思路、讲解法的训练贯穿于教学实践中，切实把学生主讲的"小课堂"与老师主讲的"大课堂"紧密结合起来，通过师生之间的角色转化，为学生创设了一个个合作交流、各抒己见的学习空间。在这样的教学活动中，老师是学生学习活动的组织者、引领者、合作者，而非高高在上的智者和权威，老师的"教"体现在问题情境的创设中，学生学习的思维过程通过"说数学"来外化和具体化，从而形成学生独立自主学习的兴趣点和热点，不断推进课堂探究活动的进行，提升学生的综合能力。

五、总结提升，在"说数学"中学会反思

课堂总结是课堂教学必不可少的重要环节，自我反思又是形成课堂总结的重要基础。学生在学习过程中遇到的困惑和问题是反思的起点，这些困惑和问题为反思性学习提供了可能，也为"说数学"的多样性创造了有利的条件。课堂教学中进行总结时，我们可以这样做，如：总结本课学习内容时创设恰当的问题情境，让学生在问题情境中回顾学习过程，检查学习策略，检验学习结果，进行反思、归纳、检验，去探索和发现，为有条理地"说数学"做好准备，强化学生的反思意识。再如，进行课堂小结时让学生说一说自己的收获，学生就会为了准确完整地表达，反思今天的学习内容哪些已经掌握，哪些还存在问题，哪些需要课后再操作再验证，这就帮助学生在理清思路时逐步养成了主动反思的习惯。像这样用"说数学"的总结形式进行师生交流、生生交流，既有利于帮助学生进行多向交流，增加思维的广度，也有利于帮助学生在倾听、理解别人的思考时反思自己的思路是否正确，进而发展学生的反思能力。

注重体验的"做数学"增加学生的数学探究欲望和学习兴趣，注重表达的"说数学"让数学课堂富有活力：说数学文化让数学课堂生动有趣，说探究发现让操作活动更有意义，说疑难困惑可以帮助学生澄清认识，教师了解学情，说解题策略可以使学生在比较分析中了解方法的多样性和结果的最优化，说学习收获有助于学生在整理归纳后增加学习的成就感。

作为一名数学老师，教学中有意增强学生的主体意识，努力形成以学生为主体的教学模式，在重视学生学习结果的同时关注学生学习过程，在"教思考"的同时，关注"教体验、教表达"。鼓励学生在"说数学"中发现问题、研究问题、解决问题，改变学生被动吸收、机械记忆、强化储存的学习方法。鼓励学生通过"说数学"转变学习方法和学习心态，促使学生从"被动

听"转变为"主动说",变"要我说"为"我要说",提高学生学习的自信心和自觉性,增强学习主动性、创新性和实践性。让学生在"做数学"中合作互助,在"说数学"中交流探讨,让学生因"说数学"爱上数学、学好数学,真正在学数学中长见识、悟道理,就是在贯彻"以生为本"的教育理念,就能够逐步培养学生的数学问题意识,提高学生提出数学问题的能力,不断增强学生应用数学知识解决实际问题的能力,实现教师轻松地教、学生快乐地学的教学目标。

参考文献

［1］中华人民共和国教育部.义务教育数学课程标准(2011年版)［M］.北京师范大学出版社,2012:48.

［2］中华人民共和国教育部.义务教育数学课程标准(2011年版)［M］.北京师范大学出版社,2012:45.

关于"三教"引领小学数学"情境—问题"教学的几点思考

卢宏（新疆塔城市第十小学）

数学作为对客观现象的抽象概括而逐渐形成的科学语言和工具，是一门逻辑性强的学科，它对于学生的理解能力、表达能力、分析和解决实际问题的能力都有较高的要求。我从事小学数学教学二十多年，在教学过程中也曾遇到过不少困惑：如学生对数学概念理解了，做题时不能灵活应用；学生对题意理解了，却不能用规范的数学语言表达；综合应用能力薄弱，不能举一反三；用数学知识解决生活中实际问题的能力较差。面对这些困惑，我曾经冥思苦想，摸索尝试了很多教法、学法，效果都不是很明显。聆听了贵州师范大学吕传汉教授的"三教"引领"情境—问题"教学理念后，茅塞顿开，教学中的这些困惑迎刃而解。

"三教"，是基于创新型人才培养，在学科教学中教学生积极思考、自主体验、善于表达，以此促进学生长见识、悟道理的一种教育理念。该理念的宗旨，在于将知识结果的教学转变为引导学生在过程中学习，课堂主体由教师转变为学生，教师在弘扬启发式教学中适当地融入探究式教学理念。

"三教"理念引领课堂教学，在于创设恰当的教学情境激发学生学习兴趣，以问题驱动学习，激发学生创造力、思维力，注重过程学习中引导学生表达、交流，加深思考，获得知识的"再发现"。

我将努力用"三教"理念引领课堂教学，不断改进课堂教学行为，拟从以下几方面入手。

一、关注学生思辨能力的培养——重思考

数学是一门重思考与理解、重严格训练、充满创造性的科学，逻辑性很强，教学中的知识点比较抽象、难理解。孔子云："学而不思则罔，思而不学则殆。"数学教学，重在教思考！教思考务必引导学生经历发现问题、提出问题，分析问题和解决问题的过程。以往课堂中，没有意识到思考过程的重要性，轻视了学生思维能力的训练。如教学《长方形的面积》一课时，虽然最终目的是掌握长方形面积的计算公式。在以往教学中，我会直接出示长方形的图片，通过课件演示，将长方形的面积计算方法灌输给学生。学生只得到结论，没有中间的课堂生成，犹如囫囵吞枣，弱化了思维过程的训练。

同一节课，在"三教"引领"情境—问题"理念指导的下的"长方形面积的计算"教学设计：

抛出核心问题启发学生思考：为什么长方形的面积等于长乘宽的积？长、宽与面积之间

有什么联系呢?

学生先独立思考,我再引导学生用摆面积单位学具的方法求出一个长方形纸板的面积,紧接着问:

"如果求长方形球场或者田地等更大的长方形的面积,用这种方法行吗?"借以让学生思考与感悟学习面积公式的必要性。

然后让学生动手操作,用 12 个 1 平方厘米的小正方形拼成一个任意的长方形,有几种拼法?

思考下面的问题:(1)这些图形的面积各是多少平方厘米?(2)这些图形的长、宽分别是多少厘米?(3)你发现每个图形的长、宽与面积之间有什么关系?随着操作中获得的感悟,学生的思维也随之被打开。他们很快就得出长方形的长和宽,再通过课件直观演示和共同讨论,又发现每个长方形的面积都刚好等于长与宽的乘积,于是推导出长方形面积计算公式。学生在亲身经历知识的形成过程中,既掌握了知识又促进了思维的升华,感受到成功的喜悦。

又如在教学"圆的周长"后让学生思考怎样知道校园内那棵百年银杏树树干的直径,能将它锯开测量吗?

学生兴趣浓厚,积极思考,得出:只要量得周长便可算出。学生的逻辑思维能力得到培养。

二、关注学生学科感悟的培育——重体验

实践是认识的基础,"行是知之始,知是行之成",学习的过程中不能只重理论,轻体验,轻实践。以往的课堂上,我不敢放手让学生去感悟、体验知识的形成过程,怕时间不够,完不成教学任务;怕课堂纪律搞乱了;怕学生学不会……说到底是不相信学生,没有认识到学生是学习活动的主人。聆听了"三教"讲座后,意识到要想不断提高分析与解决实际问题的能力,就必须在课堂教学中重体验,在具体情境教学中引领学生获得自己的体验。

如一年级下册有一个"小小商店"的实践活动课。由于学生都有一定的购物经验,所以在教学中,创设购物的真实情境:先让学生在提供的购物情境中收集信息,然后模拟购物活动,让人人参与到购物中,充分体验取币、付币、找币,学会与人合作,体验交易的过程,解决购物过程中遇到的问题,激发学生的参与意识和求知欲望……总之,整堂课我为学生提供充分参与的机会,在参与活动中激活思维,增强运用意识,获得自身的体验。

又如教学千米的认识时,我考虑到千米是个较大的长度单位,学生在生活中很少接触,建立千米的长度观念比较困难。因此,我引导学生联系实际,让学生实际走 1 千米的路,观察 1 千米的长度,这样从实践中感知 1 千米有多长,就比较容易建立千米的观念。

事实证明,在"三教"理念指导下的课堂,学生收获更多的是在探索新知过程中的体验。亲自实践体验过的东西,往往记得最牢固,理解得最深刻。

三、关注学生交际能力的强化——重表达

数学语言是数学思维的工具,学习和掌握数学语言可以拓宽数学思维,对数学学习活动有着重要指导作用。课堂上经常发现有些孩子虽然能很快地解题,但不能完整准确地说清楚解题的思路和方法,有学生会用"我是看出来的""我感觉就是这样的"等比较随意的语言回答。又比如说这学期我们学有关"图形和空间"方面的问题时,有的同学想表达又不敢表达;每节课,基本上就是几个尖子生争相发言,绝大多数学生成了光听不说的"听众",即使被迫发言也是吞吞吐吐,声音很轻;表述自己意见时,词不达意、条理不清;有的干脆站立不语,导致课堂学生学习效率不高。

以前在教学过程中,我较为重视学生的理解,轻视表达。现在课堂中,我尽量让学生自己去说,学生通过"动口说话",把内心的数学思考表达出来,让学生在"说"中学习数学。

例如教学"分数和小数互化"一课时,我讲完它们的互化方法后,以学生为主体,当"小老师"随意出题抽学生回答。生生互动,课堂气氛活跃,不仅巩固了新知,又锻炼了学生的表达能力。

又如讲"面积和面积单位"一课,让学生想"为什么用正方形作为测量面积的单位?"提供充分的时间和空间,让学生去想、去做、去说。只要说出一点,就及时表扬。促进了学生思维能力的发展,激发了学生学习的兴趣和积极性,促进了学生分析问题和解决问题的能力的培养。如讲《平行四边形的面积》一课时,以核心问题为引领:

在把平行四边形转化成我们学过的图形时,为什么要把平行四边形沿着高剪开?

我先让学生独立思考,然后四人一小组,进行合作探究,鼓励孩子大胆说出自己的想法。在学生"说"的过程中,其他成员耐心倾听,在汇报交流环节时,我会面带微笑认真听,并适时予以鼓励,如"说得好"、"不要急,慢慢说"等,对每个学生发言都予以合理评价,使其树立自尊心和自信心。现在的课堂气氛宽松、融洽,学生积极参与,大胆发言,没有心理压力,将学习活动视为自己主动参与的过程。注重学生的语言表达,提高了课堂效率。教学中恰当地应用"三教"理念,会对学生的身心发展起到至关重要的作用。

"三教"引领"情境—问题"教学思想,为小学数学的学习带来了新的活力,促进学生长见识、悟道理,利于学生核心素养的培育。我们要争做"三教"理念的践行者和传播者,努力成为学生学习的引领者、参与者、合作者,用学生发展的思维代替以考试成绩为标准的思维,用相信学生能力的思维代替教师权威的思维,真正做到以学生为主体。

激活学生的思考,创设更多学生能够提问的机会;突出学生的主体地位,给予学生充分的表达思考过程与学习体验的时间;教给学生数学思考、表达的策略,注重培养学生的学习能力、团队精神、合作交流意识;在数学"教"与"学"活动中,努力指导学生从学习中学会学习、学会思考,促进核心素养的培育。

田园芳菲,立德树人

——"三新"教育时代"深度学习备课备考下的'三教+ 情境'"
教学模式引领贵阳田中课程课堂教学改革

高永蓉,张技(贵州省贵阳市田家炳中学)

贵阳市田家炳中学(原贵阳市第九中学,以下简称"贵阳田中")始建于 1957 年是一所省级二类示范高中,60 多年来汇聚了一代代敬业善教的教坛同仁,始终秉持"为学生明天的厚德博学奠基"的宗旨和"学会做人、学会求知、学会健身、学会办事"的校训,勤勉办学成绩斐然,多次荣获贵阳市城区示范性普通高中学校"入出口"评估一等奖。学校荣获"全国创建绿色学校先进单位"、"全国青少年校园足球特色学校"、"贵州省绿色学校"、"贵州省青少年科技教育特色学校"、"贵州省现代教育技术实验学校"、"贵州省体育传统项目特色学校"、"贵阳市生态文明绿色学校"、"贵阳市家长学校示范校"等荣誉称号。

一、缘起田翁,交融理念,思索课改

田家炳先生以坚守"中国的希望在教育"的宏愿,关注青少年成长、教师专业发展和中华文化传承等教育内涵的提升。2021 年 4 月在田家炳基金会的资助下,贵州师范大学吕传汉教授领衔的"三教"引领"情境—问题"高中数学教学研讨会在贵阳田中隆重举行。吕教授在 20 年前将田家炳先生引荐到贵阳田中,20 年后将"三教"(教思考、教体验、教表达)和高中数学"情境—问题"的教学模式和实践经验分享到贵阳田中。在"三新"("新课程、新教材、新高考")教育时代背景下,贵阳田中人在原有的文化底蕴和办学积淀下,交融各种课改实践理念与经验,开拓创新砥砺前行,思索探寻符合学校实际的课程课堂教学改革模式。

二、深研浅出,逐层推进,落地生根

面对"三新"教育时代,学校如何落实"三全育人""五育并举""一层四核四翼的情境教学与考查"呢? 教师是立教之本、兴教之源,要引导学生长知识、悟道理,在深度学习中发展核心素养,教师得先深度学习备课备考,发展自身核心素养。教师的思变革新、深研浅出归根结底在课程和课堂。

(1) 校领导班子、中层干部、教研组长"先学、先研、先思"。学校将高考综合改革文件、资料进行汇编成册发给校领导班子、中层干部、教研组长,组织以上人员参与各类部、省、市级线上、线下培训。联合前三批高考改革地区做出特色和成效的兄弟学校,将专家请到学校开展讲座,将学校干部、名师等送去跟岗学习。通过在学校管理层、学科引领层开展学习交流研讨汇报,进一步推进学校课程改革实施方案顶层设计,进一步健全学校立德树人落实机制,进一步完善学校德智体美劳全面培养体系。基于以上"三先"工作,学校初步确定了"三新"教育时代"深度学习备课备考下的'三教+情境'"教学模式,以此引领贵阳田中课程课堂教学改革。

(2)各处室、各学科组"边做、边悟、边调"。在学校"深度学习备课备考下的'三教+情景'"教学模式引领课程课堂教学改革的思路下,学校各处室在课程设置、教师培训、学科教研、校本研修、生涯规划、选课走班、社团课程化、学生自主管理体系构建、名师工作室活动等方面大胆创新开展工作。其中"学科教研"是深化课程课堂改革和课程课堂教学全盘布局、统一步调的基点,具有至关重要的意义和价值。学校倍加关注学科地位,学科建设和学科学术专业人才的培养。一方面,学校针对学科需求外请专家和名师进行学术交流专业指导;一方面,学校高度重视省市级学科培训、各项竞赛、六校联考、区域连片教研、四校同课异构等联合学科教研;一方面校内开展学科教学团队技能大赛、说题教研展示、老带新汇报课、各年级展示课、课题研究等。学校以学科组为单位,通过以上各类学科教研形式,将新课改理念和"深度学习备课备考下的'三教+情境'"教学模式"内化于学科课程和课堂之中。教师在推进课堂教学改革中有质疑、反思、交流、积累、总结、提炼。教师先做到了深度学习备课备考,践行"三教+情境"教学模式后的长知识、悟道理、发展核心素养。每个学科离不开"学科领袖",对学科教师的培养是学校的核心竞争力。一所学校的教育高度不仅取决于这所学校教师整体的专业学问水平,更取决于教师整体的师德师风境界。贵阳田中从田家炳先生艰苦创业,锐意进取,淡泊名利,积德后人,修身立品,德育为首的人生轨迹中得到启示,始终坚持以道德境界和学问水平两个维度为衡量教师发展的标准,促进教师成长为"双行"(担当行、学养行)教师。

学校在加强教师队伍建设,有序推进选课走班,完善课程、教学管理,改善学校硬件条件等配套举措下,学校新高一年级全面实施新课程、新教改、新教材基本落地。

三、发展素养,博文悟道,面向未来

课堂是学校育人的主渠道,是教师智慧和创造力展现的大舞台,是学生在情境中锻炼思维、践行实践、感悟道理、体验情感、积累经验的小平台。课堂的平台虽小,却是学生通往广阔天空和无限可能的一步步云梯。学校加强特色课程建设和课堂打造,在学科课程之外开足开齐体育与健康、艺术、综合实践活动和理化生实验等课程,以运动队、艺术团、社团、生涯规划、军训、工训、大型活动、校级学生干部领导力培训等课程化、课题化为抓手,以及"深度学习备课备考下的'三教+情境'"教学模式引领形成学生正确的价值观、必备品格与关键能力。教学模式的转变也渗透到德育活动及学生管理当中。

(1)以"建党百年"为"情境"开展爱党、爱国主义教育。学校团委、教育处、信科处逐渐形成以学校团学代表大会、社团节、科技文化艺术节、成人礼、校运会、科技嘉年华等大型活动为"课堂",在活动的筹备、展示和总结中践行"三教"教学模式。

案例一：在学校"青春心向党，强国有我在"第三届社团节中，从主题的确定，主背景、纪念徽章、社团节游园打卡册、十佳社团奖状的设计，社团节目及活动的编排创意，十佳社团评选标准的拟定，社团节展演的流程安排和幕后协调，社团节的主持，到十佳社团PPT制作与讲解等环节中，指导教师们都给予学生足够的空间、时间和资源。教师引导学生们去思考如何契合时代背景展示社团学生风采，怎样对活动进行项目管理达到活动目的和宗旨。学生通过全情的投入，在动脑动手的体验后，形成真实的经验。学生通过总结交流，顺其自然的学会了表达。

案例二：在学校第54届运动会开幕式的"建党百年"展演中，学校统筹将建党百年划分为"建党到新中国成立前"、"新中国成立到改革开放"、"新中国成立到中国特色社会主义建设新时期"三个阶段。将三个阶段分配到三个年级，由年级组班主任和班级学生在相应阶段内选取具有代表性的历史事件作为班级的展演主题。学生在教师的引导下去查阅资料回顾历史，选取多样的展演形式，克服重重困难坚持排练。运动会开幕式当天，各班级学生精神抖擞、步伐矫健、自信从容地展现了精心创意编排的中国百年建党历程，博得了师生们热烈的掌声和欢呼，成为本届运动会一道靓丽的风景线。学校将完整展演过程剪辑成视频，利用班团会时间，开展"爱国、荣校、升己"为主题的联合班团会。联合班团会上，学生们通过观看自己参与的"百年党史"演绎，回顾党一百年来的矢志践行初心使命、筚路蓝缕奠基立业与创造辉煌开辟未来，体会了中华民族的不屈不挠，感悟了全国人民以奋斗的足迹谱写出的不朽传奇。看后同学们情不自禁的为党、为国、为民族、为自己而热烈的鼓掌。随后学生们积极开展了如何"爱国、荣校、升己"的大讨论，同学们围绕找方法、促改进的思路各抒己见、畅所欲言，达成"三教＋情境"教学模式的目标。

（2）"大爱回馈"浸润，滋养学生干部领导力培训课程。田家炳先生爱国崇善的人格魅力、兼济天下的博大胸襟是贵阳田中特有的宝贵精神财富。学校在秉承"为学生明天的厚德博学奠基"的办学理念和"学会做人、学会求知、学会健身、学会办事"的校训下，融入田家炳先生勤俭自励、自学成才、诚实为本、重实轻华等人生事迹，在校团委"一心双环"（以校团委为中心，学生会、社团为双环）架构和"学生自主管理"体系的形成过程中，学校逐渐摸索出了一套学生干部领导力培训的课程。

此课程结构可分为三个模块：招新与竞聘；工作与活动；总结与评优。课程内容涵盖学生干部从筛选、入职、模仿、实践、创新、展示、凝练、成熟的整套培育过程。课程培训师资是学生组织所在行政管理部门的指导教师。学校通过《共青团贵阳市田家炳中学委员会工作条例细则（试行）》、《贵阳市田家炳中学学生自主管理干部考评办法（试行）》、《贵阳市田家炳中学学生社团组建章程（试行）》等制度对课程、教师和学生进行管理。课程时间主要设置为高一、高二两个学段完成。具体"授课"时间是指导教师与学生进行日常工作、组织活动、完成事务、训练培训、开会总结的集合。课程学业评价形式为分管老师评价、所在班级班主任评价、学生干部互评和自评等多元评价形式。学业质量水平以学生干部完成工作的时间和质量，参与活动的次数和效果为标准。

通过此课程，学校旨在使贵阳田中的学生干部们，形成一种积极向上的"蒸腾拉力"，自觉践行贵阳田中学生干部"八项工作理念"（自律、务实、踏实、严谨、谦虚、勤学、团结、创新），铸就贵阳田中学生干部"三合精神"（合心、合力、合情）。学生干部领导力培训课程中涉及的待解决问题都是真实的"任务"和"情境"，是"三教"的试验田，是学生获得"学科核心素养"后的练兵场，是践行责任担当的演习地。学校通过课程的开展，鼓励学生积极参与到校的各项管理工作中，充分挖掘学生的内在潜力，培养学生自主管理能力，促进学生综合素质的提高，促进学生全面发展。

贵阳田中"学生干部领导力培训课程"只是学校新课程理念与学生组织建设的结合，只是学校学科课程和课堂的外延，只是各类贵阳田中特色课程和课堂的缩影。贵阳田中将在"三新"教育时代"深度学习备课备考下的'三教＋情境'"教学模式引领下的课程和课堂教学里，一起去长见识，一起去悟道理，一起去面向世界，一起去面向未来……

基础教育是立德树人的事业，"三新"教育时代是贵阳田中的新起点，作为一所示范性高中，我们将办人民满意的教育，提供优质的教育资源为己任，将培养担当民族复兴大任的时代新人，培养德智体美劳全面发展的社会主义建设者和接班人为使命。教育者唯有踔厉奋发、笃行不息，方能不负历史、不负时代、不负人民！

引导学生思考与表达，促进积淀核心素养

陈华（贵州省贵阳市第七中学）

新时代的教育，从"双基"到"三维目标"再到"核心素养"，其变迁体现了从学科本位到以人为本的转变。核心素养高于三维目标和双基，体现在综合应用学科的知识、观念和方法解决现实问题所表现出来的关键能力与必备品格。2018 年，习近平总书记在全国教育大会上指出："要在增长知识见识上下功夫，教育引导学生……心无旁骛求知问学，增长见识，丰富学识，沿着求真理、悟道理、明事理的方向前进。"因此，我们需要向"长见识、悟道理"进发。

而语文课程标准中强调"语文课程是一门学习语言文字运用的综合性、实践性课程""语文课程应引导学生丰富语言积累，培养语感，发展思维""语文课程致力于培养学生的语言文字运用能力，提升学生的综合素养"。因此，语文学科的学习，就需要创设丰富适当的语言情景长见识；再通过语言的综合实践，引导学生在思考与表达中，积淀自身核心素养来悟道理。换而言之，语文学科的学习，如何运用三教（即教思考、教表达、教体验）思想开展教学是"长见识、悟道理"的关键。而利用篇章创设适合的情境，引导学生思考与表达，促进学生积淀核心素养，才是教学的关键。下面，我们就从三个方面，结合语文学科教学实践说一说如何利用语篇引导学生思考与表达，促进学生积淀核心素养的。

一、关注学生的发现，引导思考，有利于学生积淀核心素养

爱因斯坦曾说："兴趣是最好的老师。"有了学习的兴趣，教师就能充分发挥学生在学习过程中的主动性和积极性，取得好的学习效果。因此，关注学生的发现，才能引发学生的兴趣和思考。

还记得我在教授《人民解放军百万大军横渡长江》一课时学生的一个发现。学生说"文中西路军和东路军同日同时发起进攻，几乎同时取得相仿的战绩，为什么作者先写西路军，后写东路军呢？"一些同学还补充到"东路军所遇'抵抗较为顽强'，在'激战中'，东路军还'歼灭及击溃一切抵抗之敌'，这些语言呈现的内容是这么的激动人心，这么激烈的战斗为什么不用详写来突出人民解放军的勇敢与伟大呢？"

面对学生的问题，大多数教师常常会怎样开展教学？我想，常常是这样：或将教师教参书中的答案公之于众，或是一口否定，不让深入询问。前者可能让学生能够了解答案，但是教参的回答常常让学生不敢反驳，破坏了探讨和思考的氛围，这是知识传授的基本样式。而后者，面对教师的威严，学生就成了不敢越雷池一步的乖孩子或不愿与你交流的"后进生"，这是教师为尊的基本认识造成的后果。这些教学样态常常忽略了学生的发现，缺乏理解和引导，

难以促进学生核心素养的积淀。

因此,我在教学中的关注和引导,竟然让我有了意想不到的收获,回想起来依然让我欣喜若狂。还记得学生提出问题后,我就说到,"新闻为了吸引读者,常常把重要的内容靠前放置,这就叫重要性递减原则,也叫倒金字塔结构。那么,作者这样安排新闻内容,是不是因为西路军所呈现的内容更重要呢?"我的这个问题关注了学生的发现,结合新闻的知识,引导学生深入思考新闻内容及其作用,也引发了学生的研究兴趣。记得在研讨中,有学生竟然找出我放置在教室里的教师用书,肯定了书中所说,因"汤恩伯认为……不料正是汤恩伯到芜湖的那一天,东面防线又被我军突破了"一句,话题自然的从"西面"转向"东面",很巧妙地转到了下一层,凸显了全文流转顺畅,一气呵成。也有学生否定因"西路军和中路军所遇敌情一样,敌军抵抗甚为微弱,面东线敌军抵抗较为顽强,所以西路接着中路说"这样逻辑不清的说法。其中,竟然还有学生关注到文题"人民解放军百万大军横渡长江"中的"横"字所表现出来的巨大胜利。在学生的交流中,揣度毛主席写这则新闻,也希望借此广而告之,定军心、定民心的意图,因此,西路军因所遇"抵抗甚为微弱"不仅仅是和中路军所遇敌情一致,靠前放置不仅是因为新闻的时间,也因为付出较小,必然取得的胜利比东路军较大一些,这正好呼应文题,也照应了新闻的文体特征,对于理解新闻写作更有益了。

有了这样的学习和理解,此后,我和学生学习另一则消息——《首届诺贝尔奖颁发》时,也针对新闻主体部分的三段(颁发给了谁? 谁组织颁奖? 谁设置诺贝尔奖?)能不能调换展开了争论。争论中,学生竟然发现八年级上语文课本第15页"按重要性递减原则安排事实"这段说明的不足。并自我在"重要性递减原则"前加上了一些限定词,形成"根据读者阅读的重要性递减原则""根据时间安排的重要性递减原则""根据与中心事件相关的重要性递减原则"等等的认识。在新闻单元的"活动·探究"单元的学习中,因为关注到了学生的发现,不仅仅使学生掌握了新闻的知识,更引导学生深入地理解新闻的选材、文题的呼应、关注新闻对象等相关内容,这样的发现、引导和学习,才真正利于学生,有益于核心素养的积淀。

二、聆听学生的表达,组织交流,有利于学生积淀核心素养

阅读也是学生的个性化行为,应引导学生钻研文本,在主动积极的思考和情感活动中,加深理解和体验。在感悟和思考中,得到情感熏陶,获得思想启迪,享受审美乐趣。教师应加强对学生阅读的引领,不要完全以教师的分析来代替学生的阅读实践,不应完全以模式化的解读来代替学生的体验和思考。针对每一个作品,关注读者(包括学生)的理解,思考学生赋予作品的生命力。在组织不同的读者进行交流,分享各自的理解中,促进学生积淀核心素养。

还记得和学生学习《昆明的雨》一文的时候,学生对于文中的散文语言进行个性化的理解,不仅解决散文语言的理解的问题,关注学生的思考更感受到学生把文词和主旨、情感关联思考的深层思考,这也是极其动人的。在这种时候,我选择让学生自由表达和交流,我注重认真聆听学生的思考,产生了极佳的教学效果。

记得有一位女同学谈到卖杨梅的苗族女孩子,她特别关注到对这个女孩子的描写——戴

一顶小花帽子,穿着扳尖的绣了满帮花的鞋,坐在人家阶石的一角,不时吆喝一声:"卖杨梅——"声音娇娇的。其中"小花帽子""绣了满帮花的鞋""娇娇的",这个同学认为这些都看得出这个苗族小姑娘对美好生活的追求和渴望。尤其是和"他们的声音使得昆明雨季的空气更加柔和了"这句话对应,我们也关注到——没有这些小姑娘的昆明的天气会是怎样呢?我们必定就会联系到抗日战争期间,昆明遭受的日军的六年的轰炸,使得昆明的空气里弥散的紧张和恐惧。然而,有了黑而大的"火炭梅",有声音娇娇的、美美的苗族小姑娘,汪曾祺先生对当时的苦难的昆明和那段坚持的岁月也留下了美好的怀念。

研讨中,有一位男同学在谈仙人掌时,他感受到的情味也是很特别的。他说,"倒挂着还能开花的仙人掌"可以看出仙人掌生命力的顽强。而"辟邪"和"……仙人掌以代替篱笆。——种了仙人掌,猪羊便不敢进园吃菜了。仙人掌有刺,猪和羊怕扎。"这段话是很奇特的。作者只是在说当地的习俗"辟邪"吗?为什么专门举了这样一个例子,说一说昆明人用仙人掌代替篱笆,猪羊怕扎呢?我听他说完,就请同学们一起探讨。有一个孩子这样猜度:"仙人掌有顽强的生命力"是不是和当时的昆明人很像!而昆明人喜欢仙人掌,用它来做篱笆,是不是有些像抵抗日本军队的那些英雄。当然,文中的"有刺""怕扎"是不是也暗示了对日本军国主义的抵抗?如果结合历史背景的猜测是合乎与散文情理的,这不就是作者对昆明军民的赞美、对敌人的愤慨了吗?

还记得有一个学生谈到菌子的片段。说到文中的牛肝菌,"家家饭馆都有,连西南联大食堂的桌子上都可以有一碗",一个"家家",一个"连"字,加上"滑、嫩、鲜、香",我们会发现在同学们讨论中,一边停顿一边咽着口水的回忆,不也仿佛是作者对那段苦难日子中的美好回忆和纪念吗?

文章最后,还有学生谈到背井离乡的陈圆圆的石像,谈到越来越大的雨,尤其是描写到雨中"把脑袋反插在翅膀下面的"鸡,"一只脚着地,一动不动的站着"对应文中多次写到的"我们走不了了",联系着一同背井离乡朱德熙,作者既展现了当天因雨大而不能离开的苦楚,不也是悄悄地刻画作者不知道能不能回归故土难耐吗?

像这样在课堂中静静的聆听学生的理解和交流,学生感受到尊重和肯定,也体会到契合文词的解读,自然而然的融入进课堂之中。这样组织学生适当的表达和探讨,也有利于学生核心素养的积淀。

三、推动学生的探索,参与研讨,有利于学生积淀核心素养

习近平总书记谈到,"改革创新是时代发展的不竭动力,更是教育发展的时代主题。""让那些针对学生能力与综合素养的教育教学方法创新、人才培养模式探索、课程与教材体系建设等,真正成为教育改革创新的主流"是关键。在我们的教育教学中,不少教师固守老旧无效的教学方式方法传授知识,培养未来的人,这样的"课堂革命"是急需的。部编本语文教材的革新,已经吹响了改革的号角,我们就必须推动学生学习中的探索,推动全员参与到研讨中去,观察学习中能否主动提出问题、思考问题,表达观点,才有利于学生积淀核心素养。

《愚公移山》是一篇较老的篇章,学生们都比较熟悉,但是,对于熟悉的文章,学生们的学和教师的教常常就比较僵化少变。正如朱自清的《背影》,关于主题就谈父爱,关于故事就述说四次背影,甚至于读到父亲穿过铁路为买橘子,就立刻联系到违反交通法,这不是可笑至极吗!

　　因此,学习《愚公移山》这篇课文,除了引导学生读和理解文章之外,学生对主旨的理解除了赞扬愚公移山的坚定不移、坚持不懈、锲而不舍,似乎找不到学习的内容了。然而,阅读八年级教师用书中展示的陈蒲清所写的《语言的结构和寓意》一文,我们就会发现,从七年级的"寓言四则"到八年级的《愚公移山》的安排,部编本教材不仅仅让学生能翻译,大致了解这篇文章写了什么,更希望我们通过研讨这些文章样态,了解寓言这一文题的基本特征,真正地学会读寓言,懂得认识和理解寓意及其产生。

　　因此,教授《愚公移山》这篇文章,我除了让学生积累文言词句外,更重要的就是去推动学生探索寓言的寓意。我要求学生讲述他们所理解有关本文的寓意,并说说这个寓意产生的角度。由此推广到"读了这篇文章,你还能从什么角度得出什么寓意呢?"

　　我的学生在我的推动下有了思考,有人说到"文中的愚公和智叟两个名字是很奇特的,作者给他们的名字不是真名,他们的名字两两相对,一'智'一'愚',一'公'一'叟',一正一邪,说明他们关系密切,难以分割,如果从他们的这个关系看,我是不是可以得出这样的寓意——行者宜思,思者宜行?"学生们认识到的这个哲思,也超越了原有的寓意,使文章的理解更深了。

　　还有一个学生从"邻人京城氏之孀妻有遗男,始龀,跳往助之。"一句创造性的认识到,"对于孩子的意见,父母是否也应该支持?"对于这位学生的理解,我姑且不评论他的对错,但是仅仅就这个探索,我就发现学生对寓言这种文学形式有了更深地理解。这种学习不仅有利于寓言的阅读,未来也可能会促使学生利用寓言的形式创作文章。这种教学的推动,提升了学生的认知,开阔了学生的视野,有利于学生积淀核心素养。

　　由此看来,语文科学习的核心不应只是知识的传授,应该在"三教"中开展充分的综合实践,让学生充分体验,让学生充分思考与表达,在教学活动中逐渐培养学生的核心素养。更应该认识到,以学生为中心,教学生去思考和表达,才能促进学生"长见识、悟道理"积淀素养,形成对人的教育。

从"平方根"教学谈对学生学习体验的教学反思

张银强（贵州省铜仁市印江思源实验中学）

贵州师范大学吕传汉教授提出在数学教学中教思考、教体验、教表达（简称"三教"）的教育理念，尝试用"三教"引领"创设数学情境与提出数学问题"教学，进而培育学生核心素养[1]。该理念的核心观点是：教学生数学地思考问题，促进学生的思辨能力发展；教学生做数学，在实践中获得丰富的学习体验；强化学生的数学表达，促进学生对数学有更深入的思考。应用"三教"指导数学课堂教学，不仅要关注教师的教，更要关注对学生学习体验的反思和改进教师的教学。本文源于吕传汉教授"三教"引领"情境—问题"国家级教学成果 2020 年印江推广期间，笔者所授《平方根》第一课时。课后，学生撰写了多篇学习体验。基于其中的两则学生"学习体验"，提出笔者的教学反思。

一、两则学生学习体验

(一) 学生体验一：杨璐涵同学的《神秘世界》

学习，本就是关于神秘世界的探索。今天，我们就跟随张老师的步伐，一起来到"平方根"的世界。

刚一进门，张老师就给了我们一个下马威：合上课本，把课桌上的两张边长为 1 的正方形纸片剪拼成一个面积不变的新正方形，再计算这个新正方形的面积和边长各是多少？很快，有同学把小正方形剪成四个等腰直角三角形，拼成了正方形。由题意，我们不难知道新正方形的面积为 2。边长呢？正方形的面积是边长的平方！我在脑海中快速的搜索这个答案。我发现，在我们所学的知识中，并没有哪一个数的平方等于 2。这可怎么办呀？我绞尽脑汁想了很久，什么也没有想出来。

我抬头一看，同学们都紧皱着眉头。张老师似乎看出了我们的疑惑，他并没有责怪我们。张老师很耐心地启发我们。他让我们计算 $(\pm 4)^2 = 16$，告诉我们 ± 4 是 16 的平方根，16 是 ± 4 的平方。他让我们自己总结道理：如果 $r^2 = a$，那么 $\pm r$ 是 a 的平方根，其表示方法为：$\pm \sqrt{a} = \pm r \, (a \geqslant 0)$，比如 $\pm \sqrt{16} = \pm 4$。"按照这个规律，$r^2 = 2$，那么 $r = \pm \sqrt{2}$，正方形的边长不存在负数，则（边长）$r = \sqrt{2}$。"我在嘴里念叨着。这时，张老师走到我身边："这位同学真棒，会学以致用，利用我们学习的知识去解决实际问题。"这会儿，我心里可开心了。

渐渐地，我在这堂课中找到了学习数学的乐趣，它不再像以前那样枯燥无味了。以前，我在数学课上总想睡觉，但这节课我格外认真。我觉得数学其实生动有趣，特别是在解决实际问题时,就体现出了数学的重要性。

在剩下的半节课中,我们运用已学知识,又得到了平方根的三个重要性质:① 正数有两个平方根,且互为相反数;② 零的平方根是零;③ 负数没有平方根。

这节课我们基于现实解决实际问题,在一个特定的情境中揭开了平方根的神秘面纱。我期待着能够再次与张老师去探索另一个神秘世界。

反思:"学习,是关于神秘世界的探索。"小作者带着对未知探究的渴望走进课堂,体验学习。课中,小作者剪正方形纸片,拼正方形,探究新正方形的边长,陷入认知冲突。在接下来的学习中,小作者经老师启发,认识平方根、探究平方根的性质,感受数学与现实生活的紧密联系,经历在实际问题中进行数学抽象的过程,积淀数学素养。小作者"得到张老师赞赏","找到学习的乐趣",是她在本节课的学习中真切的情感体验。

看得出,短短的一节课,学生感受到了在"一个特定的情境中揭开平方根的神秘面纱"后学习的快乐。这种愉悦的情感体验或许能够改变她今后学习数学的态度,喜欢数学。

(二) 学生体验二:谯珊珊同学的《平方根的天地》

今天,张老师为我们班上了一节数学课。说真的,原本我以为这节课肯定不好。数学嘛,肯定是那种枯燥无味的,所以我对这节课并没有抱多大的兴趣。

但是,这节课真是出乎了我的预料。刚开始上课,桌子上就有两张正方形的纸片。老师说:同学们,你们手上有两张边长为单位1的正方形纸片。现在请你用剪刀把它剪开,再重先拼成一个正方形。拼成了,再计算这个新正方形的面积和边长分别是多少?

这个问题一提出来便吸引了我的注意。我心想:面积肯定就是两个小正方形之和嘛,那就是 2。可边长呢……? 假设大正方形的边长为 x,那么 $x^2 = 2$,x 呢? 好像也没有什么数的平方是等于 2 的呀。

张老师好像看出了我们的疑惑,他借此引出了我们今天所要学习的内容。

在接下来的学习中,张老师抛出一个又一个的问题,引导我们学习。我们在逐一解决问题的过程中,把今天所要学习的概念给记住了。比如:$r^2 = a$,那么 r 就是 a 的一个平方根。

张老师上课,不主动告诉我们结论。

在探究平方根的性质中,我眼尖地发现了定义中有一个词"正数"。为什么要强调正数?那负数呢? 虽然在我的脑海中存在这个问题,不过我并不怎么在意,因为书上没有讲到负数,所以肯定就没有负数喽。也就是因为心中有这个问题的答案,我没有真正用定义去解释我的思考,只是妄下了一个定论。张老师竟然也提出了这个问题:负数有没有平方根? 一个同学站起来说:"负数没有平方根,因为没有一个数的平方等于一个负数。"我茅塞顿开,原来是这样。

一节课下来,我收获颇丰,不仅掌握了知识,还让我们明白了一些道理。在我们的学习过程中,提出了问题,就应该把这些问题给解决了,不应该因为觉得问题不重要而去忽视,这些小小的问题往往会成为我们在考试中最致命的弱点。还有,在学习一门科目的时候,我们不应该从一开始就去抗拒,从内心去拒绝。因为我们越是抵抗,只会让我们在这门学科的学习上越来越往下滑。

数学其实并不枯燥,只是我们没有发自内心的去接受。

反思: R·科朗、H·罗宾所著《什么是数学》修订版序言中有这样一个观点:"数学联结了心灵感知的抽象世界和完全没有生命的真实的物质世界。"[2]这说明,数学是人类对现实世界的思维抽象的产物。正因为如此,当数学学习活动对学生的思维水平的要求愈来愈高,学生就会陷入学习的苦闷之中,"害怕上数学课"。

本节课,小作者带着对数学课堂刻板的印象,在"抗拒"学数学的矛盾心理中进入老师的课堂。在接下来的学习活动中,小作者被老师教学"牵引",参与拼正方形,寻找边长,感悟平方根,质疑负数的平方根。小作者在动手、动脑的一系列活动中,经历了课前"没有抱多大的兴趣",课始"出乎我的意料",课中"吸引了我的注意"、"有这个问题"、"茅塞顿开",课后"收获颇丰"的跌宕起伏的心理变化历程,体会到了数学学习的乐趣。

小作者学习前后的心理变化和探究活动中丰富的情感体验,使她在不一样的学习中改变了自己原来对数学课的认识,重拾学习数学的信心。

二、由学生学习体验引发的教学思考

教育的目标是要通过人的发展促进社会发展。把核心素养的培育作为学校育人的根本任务就是落实教育的目标。学生核心素养培育实施的途径之一就是要把对教师"教"的研究转向对学生"学"的研究,关注学生在学习中的体验和学习获得。因此,教师从学生对课堂的参与、体验、感悟等方面研究学习过程,就是关注学生获得知识,形成能力的过程。也是关注学生核心素养形成的过程。"'三教'+'情境—问题'教学 30 年理论与实践探索"的丰硕成果与习总书记在新时代对教育提出的——使学生在学习过程中"长见识、悟道理"指示相结合,又一次给广大教师实践课堂、发展学生拓展了空间。在实践"三教"教育理念的过程中,学生的学习体验再次触发了笔者对数学课堂学习的思考。

(一) 以数学实验创设问题情境,激活学生思维

数学学习的目标之一是要让学生会用数学的眼光观察世界,进行数学抽象。这需要有可以引发学生思考的数学现实,有原始的思维材料。即,教师在课堂中给学生创设的数学情境。实践中,许多教师往往单一的从过度话题、回顾旧知识、增加趣味性等角度浅层思考设计情境,好让教师尽快"入戏"。这样创设情境显然不足以让学生思考,更谈不上发现问题和提出好问题。其结果是无法让学生的思维活动指向对新知的思考与探究,失去了触发学生思维的起点。

课标指出:课程内容的选择要贴近学生的实际,有利于学生体验与理解、思考与探索[3]。强调课堂教学应该基于学生的已有经验,根植于学生知识的生长点,使学生的学识自然生长。吕传汉教授"情境—问题"教学模式强调问题情境的创设。恰到好处的问题情境往往蕴含指向新知探究的思维起点,使学生在兴趣激发的情感体验中愉悦的参与学习[4]。情境中蕴含好

问题,能激发学生的数学思考;学生想清楚其中的问题,就会增长见识,领悟道理。这样的教学注重人的培养,契合核心素养的培育。

两则学习体验再现了怎样的课堂?

笔者用类似于数学实验的方法创设情境,让学生动手剪两个相同的正方形,重新拼接成一个新正方形。在接下来的探究中,学生从已知正方形面积计算边长,却找不出一个合适数使它的平方等于面积,产生认知冲突,开启对于新知的探究。课中,学生既体验了数学问题产生于实际背景,又体验了新知的探究在于解决新的问题,较好的激活了学生的思维。

(二) 以问题串引导学生探究,促进发散思考

课标强调:"教学活动是师生积极参与、交往互动、共同发展的过程"。课标明确了师生关系在教学活动中的存在形式,即:参与、互动、教学相长,明确了新课程改革背景下的新型师生关系。把教师的教转变为学生参与下的互动中的学,在学生体验、思考中获得认知,求解问题,形成能力,积淀素养。课堂缺乏了师生的互动、问题的牵引、学生的参与,就弱化了学生的学习体验,也就弱化学生的思维活动。

学生是如何参与到课堂学习中的呢? 本节课,老师设计了一系列的问题串,引发学生思考。学生剪拼了图形,老师就问:"面积是 2 的正方形边长是多少? 用什么方法计算?"这是本节课的核心设问,学生要回答显然很难。为促进问题解决,老师列举特殊数据设问:"如果已知一个数的平方等于16,这个数是多少?""如果已知一个数的平方等于25呢?"把学生思考拉回认知起点,感受平方等于16、等于25的数的存在。追问:"如果一个数的平方等于 a 呢?"使学生思维进入高阶思考。问题串的解决,需要学生回顾旧知识,需要学生独立思考;挑战性的问题需要学生合作讨论;专门的数学术语需要老师直接给出概念。

(三) 以"三教"引领课堂教学,增长知识见识

两则学习体验再现了学生学与教师教的相互契合,再现了课程改革与"三教"教育理念在教学中的实践。教师设计操作活动,让学生拼图进入情境,用问题串驱动学生思考,引领学生"做"数学、"想"数学,增长学识见识。学生一的体验中,小作者受教师问题串启发,计算 $(\pm 4)^2 = 16$,知道 ± 4 是 16 的平方根。类比 $r^2 = a$,那么 r 就是 a 的一个平方根,这个道理由学生感悟获得。学生二体验中,学生忽略对负数平方根的质疑,经另一个同学启发,厘清了负数没有平方根这个道理。

通过两则体验,我们看到学生体验得深、思考也深,学生能深度地参与到平方根的学习过程中。小作者参与图形剪拼是在"做"中体验;由面积到边长,受困于有理数范围不存在这样的数,需要有新的数对正方形的边长进行刻画,是一种深度的思考。

一位小作者说:"一节课下来,我收获颇丰,不仅学会了知识,课堂中找到了学习数学的乐趣,它不再像以前那样枯燥无味。"另一位小作者说:"期待着能够再次与张老师去探索另一个神秘世界。"小作者发自内心地感受到学习的乐趣,喜欢这样的数学课。

建构主义学习观强调学生学习方式要从被动接受现成知识转型为主动建构知识。研究

两则学生的学习体验,让我们感受到了好的情境问题能牵引学生主动学习,激发兴趣。精心设计问题串可以让学生阶梯状思考问题促进思维发展,促进学习。

"三教"理念引领下的课堂教学,让学生在做中有体验,在体验中有思考,在交流表达学习中有进步。这就是在好情境中发生真问题,在真问题的解决中感悟道理,增长知识见识。

参考文献

［1］严虹,游泰杰,吕传汉.对数学教学中"教思考、教体验、教表达"的认识与思考[J].数学教育学报,2017(5):26-30.

［2］[美]R·科朗,H·罗宾.什么是数学[M].左平,张饴慈,译.上海:复旦大学出版社,2020.

［3］中华人民共和国教育部.义务教育数学课程标准(2011年版)[S].北京师范大学出版社,2012.

［4］吕传汉,汪秉彝.论中小学"数学情境与提出问题"的数学学习[J].数学教育学报,2001(4):9-14.

基于"三教"理念,发展学生量感

——以计量单位教学为例

邵剑虹,杨翠玉,宋运明(贵州师范大学数学科学学院)

小学阶段,计量单位是学生量感形成和发展的重要素材。从教材呈现的内容来看,计量单位在章节的内容设计上非常重视学生的感知和体验活动,其真正意图是:学生能够从实际的动手操作中深刻理解量的含义、体会量的大小,从而提高学生的估测能力和数学应用意识,形成对"量"的感觉,促进学生量感的发展,继而使得数学核心素养培育的落地。因此,每一次计量单位的课堂教学,都是一段建构学生量感的历程。然而,在实际计量单位的教学中,教师的重心往往只放在知识内容的传递,而忽视"量"的感知和体验过程,导致学生对"量"的理解处于表层。下面,笔者结合吕传汉教授的"三教"理念,以计量单位为素材,对学生量感的培养进行探索。

一、对量感的认识

(一) 量感的内涵

"量感",并不是教育领域的专有名词,在美术、建筑和音乐等其他领域也曾出现。比如,美术界的雕塑就是"量感"的艺术,人们在欣赏优秀的雕塑作品往往会被其蕴含的美直击心灵,这其实是作品中的"质感"与"量感"对人的感知觉器官的冲击作用。根据其他领域对"量感"内涵的阐述,简言之,"量感"就是对量的一种直觉感悟,对物体轻重、大小、厚薄等属性的一种感受力,如铁块的沉重、棉花的轻盈、虎鲸的庞大、蝼蚁的渺小等。那么,"量感"在数学领域的是如何定义的呢? 经研究发现,国外诸多国家的数学课程标准有涉及到量感,其中韩国的数学课程标准明确指出:通过对各种物体长度、容器容量、质量等的估测和测量,建立长度、容量、质量等的量感[1]。

本研究认为量感是视觉或触觉对物体的大小、多少、长短、粗细、方圆、厚薄、轻重、快慢、松紧等量态的感性认识;是对量的一种直觉、对量的敏感度,是人们在实际情境中主动、自觉地理解并运用量的态度和意识。[2]在小学阶段,学生学习的量有:与人民币相关的元、角、分;与物体大小有关的长度、面积、体积、容积;与物体质量有关的吨、千克、克;与时间有关的时、分、秒;等等。学生理解掌握这些量的过程就是量感形成的过程,其表现为学生能不使用任何测量工具的情况下对某个量的大小进行推断,或能从诸多计量单位中选择合适的量准确描述某个实际物体的属性。

（二）量感的主要特征

量感的培养不是一蹴而就的，是一个长期的、反复体验、不断矫正的过程。我们会发现，学生在学习计量单位过程中，最开始对量的认识可能是片面的、不稳定的，但是在不断地、反复地体验中会逐渐形成具身经验，达到对量的深刻认识和灵活掌握。比如：在学习长度单位（1 厘米）的过程中，学生刚开始伸开大拇指和食指比划感知 1 cm 有多长时，得出的结果是千差万别的，但是学生在学习 1 cm 的过程中不断地去比划感知，经过一次次地矫正后，学生对 1 cm 的量感就会逐渐趋于一致。

量感的建立与学生的个体经验息息相关。学生入学前在数学方面本就不是一张白纸，每个学生在生活中的数学经历是各不相同的，而量感的建立主要依赖于学生的数学经历。我们会发现，教学过程中学生对计量单位的掌握和领悟有快有慢，而数学经历丰富的学生单位量感的建立就相对容易。比如：学习 1 kg 计量单位的课堂活动中，有的学生通过上手拎一拎就能从一堆柚子中挑出 1 kg 重量的柚子，有的学生却做不到。究其原因，这与他们日常的生活经验有着很大的关系，我们会发现，那些能拎一拎感知重量的学生有的是其父母的职业是卖东西的商人，还有的是经常跟随家长买菜买水果，等等。

二、学生量感缺乏的表现

（一）对计量单位含义的理解浮于表面

量感的发展与学生对计量单位含义的理解程度紧密相关。教学过程中往往缺乏对计量单位含义的深层挖掘，导致学生仅仅只停留在表层理解。例如：当学生面对要这样一个问题：一个正方形的边长是 4 厘米，它的周长和面积相等吗？一个棱长为 6 厘米的正方体，它的表面积和体积相等的吗？教学发现，学生对 16 厘米和 16 平方厘米、36 平方厘米和 36 立方厘米是能够清楚地掌握的，但是面对上述问题时，很多学生解答错误。

（二）估测活动"谬之千里"

经过调查发现，学生经常会在数和量的估测中出现较大的偏差，闹出一些令人哭笑不得的笑话，如：（1）估测数：学校课桌长（600）厘米，门的高度一般是（4）米；（2）估测量：蜻蜓身长 13（厘米），花园占地面积为 16（平方分米），一头蓝鲸约重 180（千克）。分析原因，一部分学生是估测较长或较大的物体时，对数难以把握；一部分学生则是对超大单位和较小的单位的使用难以掌握。

（三）单位换算、化聚难以掌握

计量单位的换算（大化小、小化大）、化聚（单名数化复名数、复名数化单名数）是计量单位学习的重点内容，是学生理解掌握计量单位间关系的标志。但是，学生经常会出现以下错误：（1）混淆不同计量单位间的进率；（2）在转化时，不知何时该乘进率、何时该除以进率；（3）化聚时无从下手。

三、学生量感缺乏的原因分析

(一) 教师在学生量感培养上发力不足

其一,2022年版数学课标中已明确提出加强量感的培养,但教师在教学实践中对量感的培养落实不到位,在制定教学目标时很容易忽视学生对具体的计量单位的感知。其二,量的概念本身就具有一定的抽象性,而小学生的思维恰恰处于形象思维向抽象思维过渡的关键阶段,这也让学生真正理解和感悟量面临一定的困难,如何将量化抽象为具体,就需要教师花费很多时间和精力带领学生走出教室去做一些实验或者活动来感知量,但是由于多媒体技术的发展,大多老师都喜欢直接用课件演示代替学生的亲身体验。

(二) 部分量的使用场景远离学生生活

生活中,我们比较常用单位有元、角、分、厘米、斤等,而此类计量单位,学生从用眼看、直尺量、仪器称等体验活动中能获得直接经验,所以这些计量单位理解和掌握起来相对容易,也能正确地使用这类单位进行简单估测。但是对于一些超大单位(公顷、吨、千米等)和较小的单位(克、毫米等),学生普遍存在理解困难、掌握不透的现象,其原因是,虽然这些量在生活中的使用并不少见,但是在学生的生活经历里很难接触和使用到,相对而言理解起来就困难得多。

(三) 学生学习偏重解题,缺乏体验

大多数数学教师认为计量单位这一部分中的重点为教会学生进行单位换算,因此过多的时间都用于反复的解题练习中,于是只是让学生机械地记忆,死记硬背"低级单位化为高级单位要除以进率,高级单位化为低级单位要乘以进率",但其实学生的脑海中根本没有获得计量单位的相关体验,仅仅拥有做题的技巧和步骤罢了。

四、发展学生量感的思考

贵州师范大学吕传汉教授提出来的"教体验""教思考""教表达"的"三教"教学理念,已在全国多个省市上百所学校进行实验研究,并取得不错的成效,并在全国范围内也迅猛地推广开来。"三教"理念是对学科教育理念的高度概括,意在引领教师的课堂教学,培养学生的核心素养。所谓"教体验",就是要引导学生"做",重在促进学生的数学领悟;所谓"教思考",就是要引导学生"想",重在培养学生的数学思维;所谓"教表达",就是要引导学生"说",重在强化学生的数学交流[3]。笔者认为,将"三教"教学理念融入计量单位的课堂教学中是必要的,那如何将"三教"教学理念落实到计量单位的教学中,以培养和提升学生的量感,这是一个值得深入探讨的问题。

(一) 教体验

"教体验"的本质是让学生会用数学的眼光观察世界。教学中通过一些看得见摸得到的动手操作引导学生探索发现数学知识形成的过程,学生经过不断地领悟体会,从而归纳得出某些数学结论,并逐步理解其蕴含数学思想方法。在计量单位的教学中,涉及到一些抽象的概念和进率复杂的计量单位制,是小学生比较难以理解的,此时体验式的教学法至关重要,学生通过实践操作活动,更利于对计量单位知识的理解与掌握。

(1) 通过体验,理解各类量的含义。在教学中,教师不仅要让学生明白计量单位是什么,还应让学生亲自探究计量单位发生发展的过程。学生亲身体会计量单位形成的过程,对各类量的含义就会有深刻的理解和感知。在实际教学中,教师可以创设情境,让学生在解决问题的过程中引发认知冲突,在冲突中通过观察、思考,产生要统一计量单位的需求,从而为量感的培养奠定基础。例如:学习厘米单位前,先让学生用拃去量一量自己的小课桌,问:课桌的长度是几拃? 学生的答案各不相同,有 5 拃、6 拃、7 拃……老师继续追问:为什么同样大小的桌子,你们量的拃数不一样呢? 学生回答:有同学手比较大,量的拃数就少,手小的同学量的拃数就多。老师问:那我想知道桌子的长度是多少? 怎么办? 这时厘米的概念就呼之欲出了,厘米是国际上统一的、用来测量物体长度的一个标准单位。此环节的引入精彩至极,通过学生的亲自实践测量产生认知冲突,从而使学生建立起对各类计量单位的清晰表象,明确不同类别单位的归属,在用不同单位描述物体属性时,明白比长短是长度单位,比大小是面积单位,占空间是体积单位,等等。

(2) 通过体验,感知单位量的大小。在教学中,教师可以让学生通过自主操作,实践体验,获得直接经验,从而形成较为准确的感性认识,将静态的知识与动态的感知结合起来,培养学生的数学直观,增强学生的量感。[4]例如,在教学"1 千克"这节课时,教师课前布置任务,让学生到超市看一看、掂一掂,亲自感受 1 包薯片、1 瓶酸奶、1 袋大米的重量,由于这是学生生活中能接触体验到的,很容易调动学生学习积极性,教师通过学生积极地发言,会发现大多学生都是手称感觉出来的,明显地酸奶比薯片重、大米最沉。此时,教师抓住时机,在学生已有的经验上建构新的知识,自然而然地引入"克与千克"的认识,学生不仅能理解对物体"有多重"的描述用什么计量单位进行刻画,还能区分对比较轻的物品要用克的单位来刻画,比较重的物品要用千克的单位来刻画。计量单位的课堂教学从生活和社会现实出发,从学生已有的学习经验、生活经验和活动经验出发,让学生在数学探究活动中不断体验,逐步积累数学思维的经验,有利于形成和发展学生的量感。

(二) 教思考

"教思考"的本质是让学生会用数学的思维分析世界。思考是数学学习的灵魂,教师单方面地传授知识是不可取的,教师要扮演好引导者的角色,引导学生积极探索、主动思考,从情境或关系中发现问题、提出问题,运用数学的思维去推演、运算自主地解决问题,学生思考过程中会逐步建构起数学知识体系和框架结构,有利于学生对数学本质的理解和领悟。同时,学生长期习惯性地思考会潜移默化地形成数学思维方式、研究方法、推理方法和看问题的着眼点等,而这些的获得在学生将来的生活和学习中受益终生。因此,计量单位的教学中"教思考"是必不可少的、至关重要的。

（1）通过思考、推理,提高对物体的估测能力。计量单位的学习是需要体验的,但是绝不能只是单单停留在体验,打个比方,计量单位的学习就好比一架飞机,飞机的贴地奔跑相当于学生对基本单位量的初步感悟体验,而飞机的起飞相当于能灵活运用各类量准确刻画物体,贴地奔跑的目的是飞机起飞。因此,教师在进行计量单位的教学时,要注意引导学生思考,促使他们逐渐从动眼、动手过渡到动脑。一方面,引导学生进行大小单位的灵活转化推理,即利用较小的单位量推理想象较大的单位,反之较大的单位量也能推理想象较小的单位。另一方面,借一维度量单位的准确刻画来更好的感悟二维（面积单位）和三维（体积单位）度量单位。比如:在教学"公顷的认识"这课时,学生通过教材学习已经知道1公顷＝10 000 平方米,教师可设计"想一想"这一教学环节,请学生回顾1平方厘米、1平方分米、1平方米这三个面积单位的含义,学生是怎么记住它们的大小。然后类比这三个面积单位的学习过程,引导学生用正方形来描述1公顷,进而学生将1公顷想象成一个边长为100米的正方形的面积。对于100米的感知,学生在日常体育训练进行百米冲刺中已经获得。整个教学过程是将学生原有的知识经验与新的知识相联系,用小的单位的累加认识较大的单位,有效地促进了学生形成1公顷大小的空间大小,发展学生想象推理能力。

（2）通过思考、辨析,加深对不同量的理解。量感的持续发展需要思维去内化,通过思维的参与使学生对量的理解从感性认识上升到理性认识。计量单位教学中要给予学生思辨的机会,通过对同类的计量单位和不同类的计量单位的对比辨析,使学生明确各计量单位之间的联系与区别,从而厘清整个计量单位知识的逻辑脉络。比如:教学"体积和体积单位"时,先展示1个1 dm³的正方体,请学生想一想,你能发现哪些计量单位?然后用课件的动态展示由线成面、由面成体的变化过程,引导学生理清线、面、体之间的关系,一定程度上会大大减少长度、面积和体积单位的混用现象,同时学生也能从中真正理解各类单位的换算进率不同的原因,这一过程是学生对计量单位的实质理解与提升,不仅学生明确了不同计量单位的归属,还建立了三种量的知识链,拓展了思维,更进一步地巩固和强化了量感。

（3）通过思考、探究,打开新知识的大门。计量单位的教学,不应只停留在表层的简单的计量单位的认识上,更为重要的是,通过计量单位的学习,使学生充分认识数学是认识世界的基本工具,明白计量单位所蕴含的由已知推到未知的重要思想。比如:学生在学习了面积单位后,对1平方厘米正方形的大小有了初步的认识,教师可以适当拓展,深度挖掘,以问题串的形式引发学生深度思考,课堂上让学生用几个1平方厘米大小的正方形拼一拼,问:你能拼出几种长方形,且长方形的面积是多少?你又是怎样得到的?学生动手操作过程中很容易得到拼成的长方形的面积就是所用的1平方厘米的小正方形的个数,教师再进一步的引导学生观察分析所拼出的长方形的长宽与面积之间的关系,进而抽象得出长方形的面积公式就是长方形的长与宽的乘积。[5]整个教学过程计量单位的学习成了探究图形面积的工具,为之后长方形面积公式的理解学习打下了一定的基础。

（三）教表达

"教表达"的本质是让学生会用数学的语言表达世界。表达是学生学习中必须要迈出的且最为关键的一步,教师从学生数学表达中可以明晰学生对知识掌握的程度。教师传授学生知识只是教学的一个前提,如何让学生能灵活运用解决实际中的问题,深知数学知识的用途才是教学的关键。"教表达"就是让学生用口头和笔头的方式将遇到的数学问题解决过程完整表达出来,最终能顺利解决实际应用问题,对培养学生的数学语言和表达交流能力具有重要意义。

从生活情境中出发,让学生充分表达生活中使用的计量单位,对学生量感的发展是至关重要的。课堂上学生是学习的主体,要尽可能多地给予学生开口说的机会,在计量单位的教学更是如此,让学生自己寻找日常生活中具体物品进行长度、大小、占据空间等等方面的描述,会比起教师独自精彩生动地讲授计量单位知识的课堂效果好得多,如此既能激起学生的学习兴趣,培养他们的探索精神,又能促进他们对数学知识的理解,有利于发展他们的观察和分析能力,有利于数学量感的形成。值得一提的是,数学日记形式的作业布置是巩固发展学生量感的重要途径之一,通过记录自己或他人的身高和体重、水杯容量、家中桌椅重量等来加深量的认识,真正实现数学来源于生活且应用于生活。而且,我们会发现,随着时间的推移,学生观察记录的物体属性越多,所积累的参照物也就越多,不再局限于用基本单位量来估测物体,学生会根据实际情境选择更合适的参照物去估测,且所估测的数与量会越来越精准。估测能力对学生而言是终身受用的能力,它为学生认识世界开启了一扇窗户,让学生能很好的在现实生活中运用数学知识解决问题。估测能力的提升推动着学生量感的生长,而学生量感的建立和发展过程中估测能力又起着重要的作用。学生通过估测,进而表达物体的数量,促进其量感发展。

五、结语

爱因斯坦曾说过:"所谓教育,就是一个人把在学校所学的全部忘光后剩下的东西。"以现在的视角解读,教育就是培养学生的一种素养。也就是说,如果学生在学校里深度理解了计量单位的含义,建立和发展了良好的数学量感。有一天,他们离开了学校,或许记不清1千米=1 000米,1平方米=100平方分米,1吨=1 000千克……但他们能很好地生活:市场买东西时,用手拎一拎就知道商家称得准不准;出外旅行,能根据出发点与旅行景点的距离进行合理规划,选择合适的交通工具出行;在高速路上开车时,能准确感知指示牌上距离目的地的里程数,在它的提醒下选择恰当时间降速转换车道;在购买新房时,能根据家里人数选择最舒适的住宅面积……这些就是学生在量与计量学习中获得的核心素养,这些核心素养形成的关键就是量感,它的培养不应成为小学数学教学的盲点。教师可以结合"教思考""教体验""教表达"的"三教"理念,在计量单位的教学中,找准量感的生长起点,引领学生突破计量单位学习的重难点,让量感在学生的心中拔节生长,让数学核心素养真正落地生根。

参考文献

［1］高文萍.深度体验：让儿童的量感拔节生长[J].江苏教育,2020(17)：47-51.

［2］师淼淼,谭念君.量感的提升：慢工才能出细活——"克和千克"教学实录与评析[J].湖南教育(下),2014(9)：50-55.

［3］张晓斌,付大平.落实"三教"理念,培育数学核心素养[J].中小学教师培训,2017(8)：54-57.

［4］张芹."量感"不应成为数学教学的盲点——以低年级"计量单位"教学为例[J].江苏教育,2016(9)：31-33,37.

［5］梁培斌.数学实验赋予儿童"量感"以生长的力量[J].江苏教育研究,2017(Z4)：99-103.

"数学日记"的撰写及其对学生学习的影响

王睿,吴京霖,宋运明(贵州师范大学数学科学学院)

课后作业是每节数学课程的延伸和补充,形式丰富的作业可以有效的激发学生的学习兴趣,而形式单调且统一的作业会让学生失去学习数学的活力。近年来,大部分学者提出将数学日记引入学生的课后作业,这对促进学生的学习具有独特的作用。

数学日记是学生将教师每天教授的数学思想和数学方法用自己的理解方式记录,从而促进数学逻辑思维的形成。数学日记反映学生真实的心态与想法,通过数学日记,可以促进师生交流,学生将自己学习数学的过程暴露给教师,教师再依据实际情况给予及时的反馈,能够促进学习活动的深入进行。

我国普通高中数学课程标准指出:"数学教学内容应该满足学生多样化的需求,既要关注学生学习的结果,也要关注学生学习的过程,这个学习过程应该是多样的而不是单一的。"[1]至于如何深入的知晓学生学习过程是否符合课程标准的要求,就需要教师引入"数学日记",通过"数学日记"的内容评定学生的学习过程。

一、背景与现状

(一) 国外

写作与学习的起源研究是来自美、英的教育学者,随着学者不断地研究使其得到发展,最终演变为"数学日记"的形式。通过"数学日记",教师可以检阅学生对数学知识和数学方法的掌握情况,了解个体差异从而进行因材施教;学生可以减少一定的作业量,在轻松活跃的氛围内完成课后作业,减轻了学生的精神压力,进而增强学生学习数学的自信心。1991年,美国学者发现,通过"数学日记"可以让学生在放松舒适的氛围内掌握数学知识及数学方法,故美国数学教师全国委员会在其制定的Professional Standard for Teaching Mathematics"(简称《教师规范》)中为了让"数学日记"得到推广和普及,将"数学日记"作为加强数学教学的手段。通过合理的改善课后作业,可以普遍提高学生数学能力。[2]

为了进一步了解国外数学日记的研究进展,在web of science以mathematics writing为主题词进行检索,导出相关性前500篇文献,放入知识可视化软件citespace进行分析,得数学日记研究主题词突现图,见图1。

由图1可知,国外数学日记研究划分为4个阶段,分别为2005—2008年、2009—2012年、2013—2018年和2019—2021年。其中最新的突现主题词为self-regulated strategy development (SRSD),以下详述之。

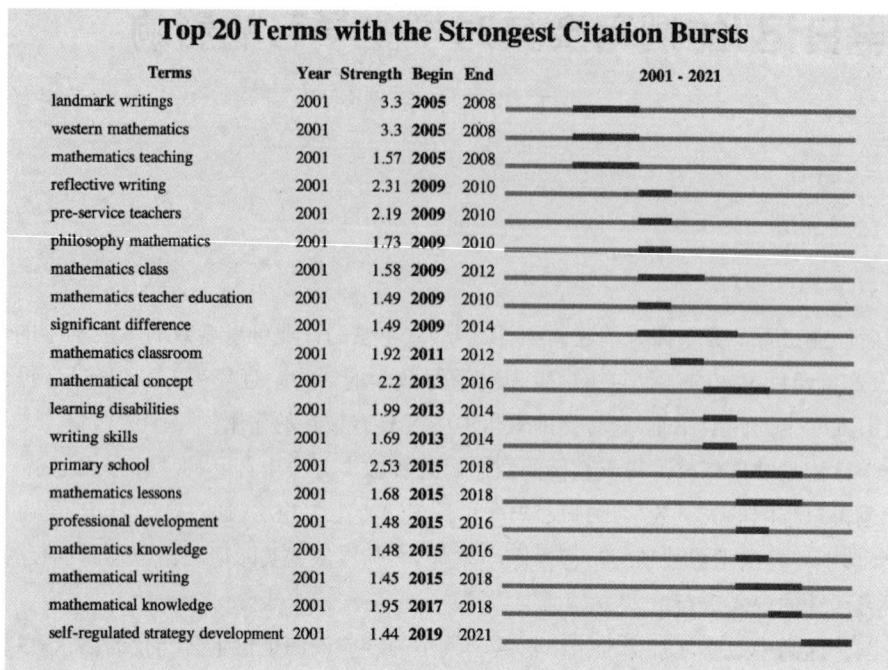

图 1 国外数学日记研究主题词突现图

SRSD 即自动调整的发展策略,是指在学习中采用明确的指导策略和自我调节策略进行学习,具体内容见表 1。

表 1 SRSD 具体内容

策　　略	描　　述
对学习成绩的自我监控	学生自我评估学业成绩,包括已完成的工作、准确性或策略步骤
目标设置	学生和教师合作决定学习目标表现(例如,正确回答特定数量的问题)并制定计划以达到绩效水平
自我指导	学生通过与自己对话进行策略制订并完成任务
自我强化	学生对目标达成实施奖励

Douglas J. Hacker 等人运用自我调节策略发展模型(SRSD)设计的元认知教学干预用于教授分数的基本概念,结果发现学生的数学写作交流能力明显提高。[3]

Michelle Rogers 等人运用自我调节策略发展模型(SRSD)对存在特定学习障碍的学生进行辅导,结果发现学生的数学、写作、阅读等均明显提高。[4]

(二) 国内

关于"数学日记"的研究,在国内被分为量化研究和质化研究。其中量化研究以刘艳云、杨再仁和计重奎老师的研究方法为代表;质化研究以唐文艳、黄杏芳、陈斌及张岭老师的研究方法为代表。量化研究的代表人物主要采用实验研究的方法让班级学生养成习惯去撰写"数学日记",学生在数学日记中反思本节数学课的知识,能够更加牢固的掌握本节数学知识的内容,增强了学生学习数学的兴趣;促进了师生的情感交流,教师的教学水平得到了显著的发展。质化研究的代表人物主要采用论文的形式探讨自己在"数学日记"中实践研究的收获与体验,其核心论点围绕"反思""体验""表达""复习"展开论述。综上所述,"数学日记"的研究已在我国新课程改革中掀起热潮。

为了解国内研究的最新进展,在中国知网以主题词"数学日记"进行检索,导出所有期刊文献并运用 citespace 进行分析,得国内数学日记研究主题词突现图,见图 2。

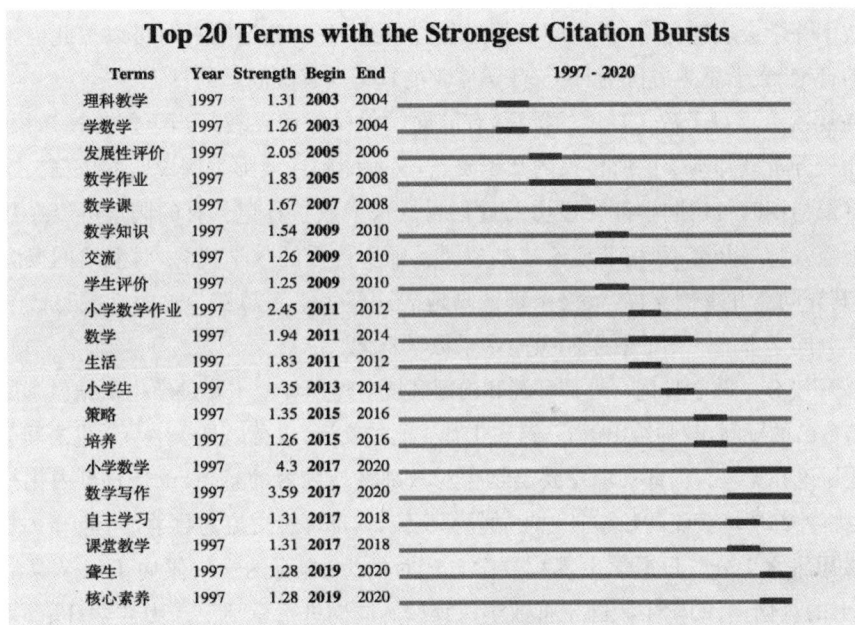

Top 20 Terms with the Strongest Citation Bursts

Terms	Year	Strength	Begin	End	1997 - 2020
理科教学	1997	1.31	2003	2004	
学数学	1997	1.26	2003	2004	
发展性评价	1997	2.05	2005	2006	
数学作业	1997	1.83	2005	2008	
数学课	1997	1.67	2007	2008	
数学知识	1997	1.54	2009	2010	
交流	1997	1.26	2009	2010	
学生评价	1997	1.25	2009	2010	
小学数学作业	1997	2.45	2011	2012	
数学	1997	1.94	2011	2014	
生活	1997	1.83	2011	2012	
小学生	1997	1.35	2013	2014	
策略	1997	1.35	2015	2016	
培养	1997	1.26	2015	2016	
小学数学	1997	4.3	2017	2020	
数学写作	1997	3.59	2017	2020	
自主学习	1997	1.31	2017	2018	
课堂教学	1997	1.31	2017	2018	
聋生	1997	1.28	2019	2020	
核心素养	1997	1.28	2019	2020	

图 2   国内数学日记研究主题词突现图

相比于图 1,国内数学日记研究的主题突现连续性较强,没有明显的时间段划分,其中最新的突现主题词有 4 个,分别为小学数学、数学写作、聋生和核心素养。数学日记在小学数学中的应用成为研究热点,其可能原因为数学日记可以激发学生学习数学的兴趣、教师可以通过数学日记了解学生在学习、生活中的困惑,从而有针对性的进行教学。数学写作与数学日记意义接近,不过数学写作的提法主要区别在于写作的内容和深度,一般而言,数学写作更多用于初、高中学段,其主要原因是相比于小学学段而言,初、高中的课业更多,课余时间有限,无法做到每日书写,更多会以"周记"等方式来完成,其内容也通常较为深刻。聋生是特殊学校的一类群体,由于其听力障碍,学习数学存在一定的困难,而通过数学日记可以有效帮助聋生更好的学习数学,促进学生核心素养的发展。教育部颁布的《普通高中数学课程标准(2017年版)》中正式提出核心素养,吕传汉教授提出了发展学生核心素养的"三教"理念,掀起了一轮教学理念的研究热潮,而数学日记由于其功能与"思考""体验"和"表达"的契合,是促进学生"会思考""会体验""会表达"的一种教学方法,因此,数学日记已逐渐成为国内基础教育阶段的重要教学手段。

二、数学日记的分类及写作要求

为了使数学日记能够更全面且充分地被学生认识及运用,故将数学日记进行不同类别的分类。通过分类,学生可以明确"数学日记"的写作要求,进而积极地促进学生关于数学课程的学习。

1. 按内容分。学生根据教师教授的数学课程掌握数学知识,体验数学知识的实践,反思学习的效率并学会表述分析、解决问题的过程。因此,数学日记的书写可以按此内容分为数学知识的日记、数学思想方法的日记、数学体验的日记和解决问题的日记。

2. 按层次分。对于数学日记的撰写,有的同学仅仅停留在教师当下所传授知识的表层,既不会比较分析教师本节课所传的知识要点,又不能阐述教师举例说明的依据。这类在撰写数学日记初期时每位同学都会经历的过程叫低水平数学日记。有的同学可以在数学日记中自如地与教师展开交流,精准地论述本节课教师所传授的数学概念,对混淆的概念进行辨析,分析其异同点并举例支撑,最终条理清晰地表达整个学习思路。这类在撰写数学日记中后期大部分同学都能达到的效果叫做高水平数学日记。

3. 按环境分。教学日记有外部环境和内部环境。外部环境主要是学生依据教师所教授的内容提出自己的疑问,教师给出解答,这属于师生间的交流;也可以是学生与学生之间就某个问题的一些讨论和见解。内部环境主要是学生对教师教授内容的感想,也是自身内化知识的过程。所以将外部环境交流的数学日记叫做外部交流,内部环境交流的数学日记叫做内部交流。

4. 按思维水平分。根据学生撰写数学日记时的想法,有的学生倾向于记录课堂上的趣事、学习上的烦恼;有的学生倾向于将数学课程按照周期进行总结记录为数学日记;有的学生倾向于将本节课的疑问写入数学日记,静待教师解答。依据这三类不同的思维水平可将数学日记分为记叙型、总结型和对话型三类。

5. 按进行时间分。根据学生记录的时间,数学日记可以是预习日记,如:对下个知识点进行预习的思维过程,以及下个知识点可能运用到的数学方法;还可以是课堂交流日记,如:学生提出对数学课堂的疑惑希望教师进行解答;也可以是课后反思日记,如:对整节课的宏观把握,及时记录反思本节课自身的不足之处并有计划地加以改正。

另外,数学日记还可以按照更多不同的类型产生不同的分类,从而进行有目的地数学写作。

三、数学日记对学生的影响

1. "数学日记"反映学生的数学观和数学教学观

关于数学的定义,学生有各自不同的想法。在数学日记中,有的学生认为数学是死记硬背,有的学生认为数学是逻辑的架构,还有的学生认为数学是有用的工具。这些都反映了学生的数学观和数学教学观,这里面有正确的观念,也有对数学的误解,教师要及时掌握学生的观念从而加以正确的指导,让学生形成积极地数学观和数学教学观。

2. 有助于学生反思数学学习的过程,促进数学学习能力的发展

语言是思维发展的结果,学生撰写数学日记的过程就是对所学的数学知识进行梳理的过程。[5]在梳理中回顾数学知识点,发现自己的不足并反思如何完善自己对知识的接纳过程,教师依据数学日记及时发现学生的不足并进行辅导,促进学生对所学知识进行再加工,通过辨析学生的易错点最终提升学生学习数学的能力。

3. 有利于建构新型的师生关系

学生在数学日记中阐述自己的想法与见解,教师从日记中可以观测到学生的情感并加以安抚,也可以实时了解学生的数学价值观并加以引导,还可以掌握不同学生的兴趣爱好并进行因材施教。教学是师生相互促进的过程,数学日记可以加强师生交流,使得师生相互信赖和帮助,从而构建新型友好的师生关系。

4. 有助于学生展示数学学习的成果,构建全面的评价功能

数学日记促进学生个性化发展,当课外作业为"数学日记",对于数学作业的评价就不再是唯结果论,而是发展性评价和激励性评价相结合。这样有助于学生充分展示自己的学习成果,用优秀的评价体系促进学生的发展。教师依据评价结果对学生进行因材施教,尊重学生的差异化发展。

四、不同角度下的数学日记案例及点评

为了更好的分析数学日记对学生数学学习的影响,下面从具体的案例来阐述数学日记的作用。

(一) 案例一:对数学的困惑(高一学生潘小燕)

学生日记:进入高一已经两个星期了,但是我对数学还是一点兴趣都没有,好烦恼! 虽然老师在课堂上讲的课都能听的懂,但是一到做作业的时候就什么都不会了,我该怎么办呀! 高考中数学占的比重很大的,如果我学不好数学,肯定就和大学无缘啦,哎,好苦恼!

教师点评:很高兴你能认识到数学的重要性,这一点很重要! 对数学没有兴趣是因为没能从数学中获得快乐呀,所以呢,在老师上课的时候不要只是听懂就够了喔,拿起手中的笔,写一写老师在例题讲完后给出的变式练习。慢慢来,相信你很快就可以体会数学的奥妙啦!

案例分析:在本案例中,学生为刚入学的高一新生,面临由初中到高中数学知识的变化,关于数学的困惑逐渐加深,如果没有数学日记,她对数学的困惑可能只是一直埋在心里,最终会导致对数学越来越没有兴趣,更有甚者会放弃数学;而通过数学日记,她可以及时将自己的心理困惑传递给老师,让老师来帮助自己。老师的点评首先肯定了学生认识到数学的重要性,初步建立信任感,其后指出对数学没有兴趣的直接原因,并给出了有效的方法。此外,老师在后面上课的过程中,也会更加关注该学生的学情,出一些力所能及的题目让她体验成功

的乐趣,慢慢提起对数学的兴趣。

(二) 案例二:与老师的矛盾(高一学生雷美花)

学生日记:今天数学老师做了一件让我非常不开心的事情,让我非常的苦恼,数学老师在上课时点我回答昨天我们学过的裂项求和法的基本步骤,我回答不出来,然后老师很生气的说:"我昨天都给你们归纳好了,叫你们好好下去理解,你们就是这样理解的?"语气好凶!其实我并不是记不住裂项求和法的基本步骤,只是不知道该怎么用话把它表述出来,而且昨天晚上我还特意花了半个小时做了两个裂项求和法的题目呢,结果今天老师还骂我,真的无语,感觉对数学没有兴趣了。

老师点评:雷美花同学,老师对于昨天的行为真的很抱歉,在这里向你说一声:对不起!老师昨天主要是因为一连点了前面好几个同学都不会,后面到你的时候太着急啦,其实在老师眼里你是非常棒的孩子,希望你能继续保持对数学的兴趣,老师保证这样的事情一定不会再发生啦。

案例分析:师生矛盾是在日常教学中不可避免的情况,如果不能及时化解师生间的矛盾,学生会逐渐讨厌老师,连带着也会对老师所带的学科丧失兴趣,最终导致学生成绩一落千丈。在本案例中,老师课堂的不恰当行为引起了学生的不满,学生在数学日记中阐述了其中的原委,将自己烦躁的情绪发泄出来。在老师的点评中,老师明确的对自己的行为进行了道歉,并给出了出现这种情况的原因,最后肯定学生在老师心中的地位,巧妙的化解了师生间的矛盾。

(三) 案例三:对数学课堂的回顾(高一学生杨光剑)

学生日记:今天老师给我们讲了一种有趣的复习方式,就是用思维导图来复习一章学过的知识,在老师带我们画完直线的方程这一章的思维导图后,感觉知识在我的脑海里产生了奇妙的化学反应,不同知识点间的联系变得好清晰,我也来试试用思维导图来复习一下前面学习的《圆的方程》吧(图 3)。

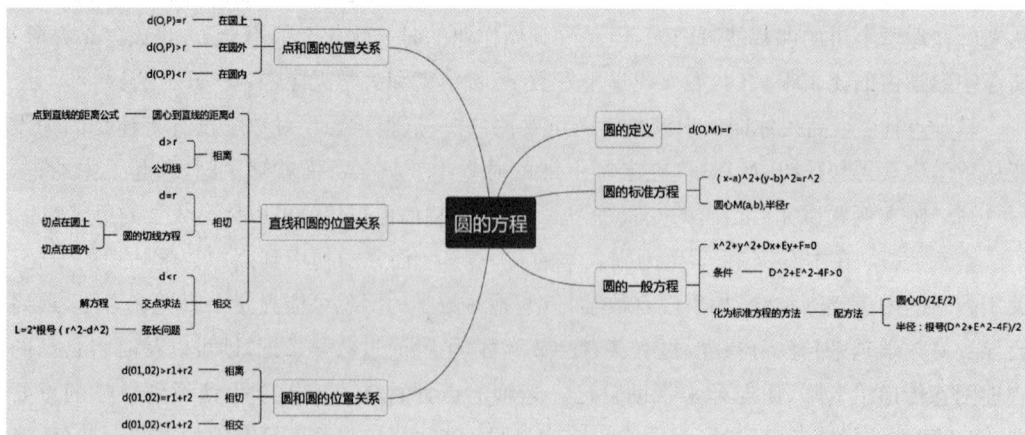

图 3

教师点评：很高兴你能意识到思维导图的妙用,从你的图中老师可以看出你对思维导图的理解已经非常棒啦！希望你能在以后的学习中充分利用思维导图来辅助整理所学的知识。另外老师给一点建议,在每个知识点后面,可以尝试再补充一些经典的例题,这样可以更好的帮你理解和巩固所学知识。

案例分析：关于数学内容的学习及时复习是巩固知识的重要方法。在本案例中,学生通过数学日记的方式对当天的知识进行了复习,并且还利用了所学的思维导图对另外的知识点进行了回顾。由此可见,通过数学日记的方式,学生对思维导图的理解更加深入了。在老师的点评中,老师首先肯定了学生所做的工作,同时又给出了进一步努力的目标,帮助学生更加深入的理解如何正确使用思维导图对数学知识进行归纳总结。

五、关于数学日记的几点思考

教师要根据教学目的和任务,加强对学生数学日记的认识,并制定相应要求评估学生是否达到学习目标。对不同层次的学生做差异化要求,有效地利用学生的最近发展区,使每位同学的数学思维都得到积极地发展。教师要进行数学日记的相关技能培训,学会尊重个体差异,引导学生进行反思并给出相应解决方案,从而激发学生撰写数学日记的热情。

教师在布置数学日记时,应该考虑学生的课业负担,不将数学日记的数量作为评估标准。数学日记是培养学生规范表达的过程,学生可以从中学会语言表达的魅力,将数学日记作为逻辑练习的工具,促进学生批判性思维的形成。教师要学会正确分析学生的数学日记,给予适当的评语,引导学生深入思维内部,从而加深与学生的情感联系,加强师生交流,调动学生学习数学的动力。

教师应该越早把数学日记纳入课后作业越好,低年级学生没有升学压力,可以通过数学日记锻炼自己的逻辑思维,还可以从中掌握数学的价值。学生通过数学日记可以尽早学会观察生活,深入贯彻数学来源于生活、应用于生活并能通过数学来解决生活中的问题。通过撰写数学日记,低年级学生还可以形成反省思维,为未来更好的学习数学奠定了基础,也有助于学生形成与人积极交流和沟通的方式。

六、数学日记能有效促进学生"长见识、悟道理"

"长见识、悟道理"这一数学教育理念源于贵州师范大学吕传汉教授,就数学学科而言,"长见识"是指学生在解决问题中积累一定的活动经验,初步形成或提升某些关键词能力,"悟道理"是指数学活动中感悟数学的思想,领会数学的科学、应用、文化和审美价值。[6]从内涵上看,长见识侧重于教师的引导,而悟道理则更侧重于学生的内省。就小学、初中生而言,很少有学生会在课后主动去思考数学知识的本质,"悟"更无从谈起。而数学日记一方面可以让"悟"数学变为一种习惯,日积月累之下,学生大多都会对数学有更深的认识；另一方面数学日记也为学生的"悟"提供了一种有效的实践方式,学生通过文字、符号、图形语言展开自己对数学的思考,主动构建数学知识之间的联系,从而对数学进行深层次的"悟"。如在案例三中,学生根据教师运用思维导图的方式进行复习,在数学日记中也运用了相同的方式去整合另一章的知识点,形成了自己的思维导图。

参考文献

〔1〕汪晓勤,柳笛.数学写作在美国〔J〕.数学教育学报,2007(3):75 - 78.

〔2〕黄少培.数学教育的"数学日记"〔J〕.数学教学通讯,2006(5):13 - 15.

〔3〕Douglas J. Hacker, Sharlene A. Kiuhara and Joel R. Levin. A metacognitive intervention for teaching fractions to students with or at-risk for learning disabilities in mathematics〔J〕, Zdm,2019(51):601 - 612.

〔4〕Michelle Rogers, Janie Hodge and Jennifer Counts. Self-Regulated Strategy Development in Reading, Writing, and Mathematics for Students With Specific Learning Disabilities〔J〕, Teaching Exceptional Children,2020(53):104 - 112.

〔5〕刘敏岚,朱林秀.关于数学日记的研究述评〔J〕.内蒙古师范大学学报(教育科学版),2009(8):54 - 57.

〔6〕宋运明,严虹,吕传汉.如何引导小学生在数学概念学习中"长见识、悟道理"——融合优秀教师课例的探析〔J〕.兴义民族师范学院学报,2021(3):67 - 72.

以"心灵之花"为载体，促进儿童数学表达力提升

——以"印江土家族苗族自治县新寨镇中心完全小学"为例

杨通文（贵州省印江土家族苗族自治县新寨镇中心完全小学）

2014年1月，贵州师范大学吕传汉教授提出在数学教学中教思考、教体验、教表达（简称"三教"）的教育理念，用"三教"引领"创设数学情境与提出数学问题"教学，培育学生核心素养。那么，如何引领小学生"数学表达"，即"教表达"，我们除了为学生搭建用数学的语言表达世界之外，还鼓励、引领学生写数学"心灵之花"（"心灵之花"指：关注小学生数学学习体验，以日记、作文的形式将小学生对数学学习的得失体验和所认识的数学价值撰写成数学小论文），培育小学生数学表达力。

一、问题提出

为贯彻落实党的十九届五中全会和贵州省委八次全会精神，推动贵州省教育高质量发展，全面提高民族地区教育质量和水平，加快构建高质量体系，促进各民族共同团结奋斗、共同繁荣发展，"十四五"期间，贵州省教育厅实施《民族地区基础教育质量提升行动计划》（以下简称"行动计划"）。

行动计划分为三个子项目：乡村振兴优质特色学校建设支持专项行动（简称子项目Ⅰ，在村级小学、教学点中遴选学校实施）；民族地区中小学高质量发展支持专项行动（简称子项目Ⅱ，在乡镇及以上中小学中遴选学校实施）；民族地区基础学科（领域）质量提升专项课题（简称子项目Ⅲ，在3个自治州、10个自治县的中小学申报者中遴选并实施）。其中子项目Ⅲ的主要任务是以课题研究为载体，培育优秀教学团队；以教研教改为重点，推进学习方式变革；以信息技术为抓手，优化教与学的过程。

中共中央办公厅、国务院办公厅印发的《关于深化教育体制机制改革的意见》明确指出："培养认知能力，引导学生具备独立思考、逻辑推理、信息加工、学会学习、语言表达和文字写作的素养，养成终身学习的意识和能力。"可见以"心灵之花"为载体，引领民族地区小学生数学表达力，教会小学生用数学语言表达，有条理、有结构、有连贯地与伙伴、教师或其他人交流，教会小学生用日记、作文的形式记录数学学习的体验，能够增强数学理解、内化数学知识、促进数学思维、感悟数学与生活的价值，特别是对语言表达和文字写作的素养培育具有促进作用。

印江土家族苗族自治县新寨镇中心完全小学既是子项目Ⅱ实验校，又是子项目Ⅲ课题："基于学习体验的小学数学'四学课堂'教学模式探索"实验校（"四学"指：学什么？怎样学？

学得怎么样？为何学？）。此课题以学生的"心灵之花"为载体，教师从长期关注"教"的研究转向学生"学"的研究，在此课题的探索过程中，我们鼓励、指导学生撰写"心灵之花"，并通过"心灵之花"促进"教"的变革，改进"学"的方式，在实践中升华了小学数学"四学课堂"教学模式。

由此，我们在行动计划子项目Ⅲ中开展了小学生数学"心灵之花"写作实践，以"写"促民族地区新寨镇中心完全小学学生数学表达力。

二、问题解决

"心灵之花"是促进小学生自主学习、学习能力发展非常好的教学方式，是增长小学生数学知识见识的有效途径；是培育小学生思辨能力、学习能力、实践能力、创新能力、交际能力和应变能力的重要举措；更是培育小学生数学表达力的主要策略。民族地区的行动计划子项目Ⅲ新寨镇中心完全小学数学老师是这样做的。

(一) 样板支撑写作

为师生提供小学生数学"心灵之花"写作书籍，如《智力数学》《数学小灵通》《我爱学（数学版）》《小学生数学学习报》《小学数学一点通》《名师教数学》《数学在哪里》等，这些期刊、图书刊登了小学生的优秀数学小论文，一是方便老师遴选优秀写作案例引领学生精读，为老师指导小学生写作数学"心灵之花"提供案例；二是为学生写作数学"心灵之花"引发类比、迁移的数学思考和行动指南，也为暂时写作困难的小学生提供"样板"，让小学生撰写数学"心灵之花"有感悟、有方向、有"依赖"，逐步实现小学生脱离"样板"，自我自觉进行数学"心灵之花"写作。

(二) 升华写作模型

基于小学生数学小论文的期刊的栏目设置，我们重点对期刊中的"数学故事、生活数学、数学日记、趣味数学、巧思妙解、交际讲堂、师生互动、数学天天见"栏目进行写作结构研究，像学语文一样从自然段去分析它先写什么、后写什么、为什么这样去写，从文章思想、结构去领悟这样写的道理，并从同一栏目多个案例中发现不一样的内容却有着同样的思想、结构，从而引领小学生自主升华小学生数学"心灵之花"不同类别的写作模型，让小学生在模型的支撑下"套"出自己满意的数学"心灵之花"小论文，体验写作的成功感，并逐渐走向成熟、拓展。

(三) 学生作品案例

老师，余数好像不对啊！

2021 年 11 月 5 日　　　　星期五　　　　小雨

在今天的数学课上，首先是杨老师通报这次数学科半期质量监测情况；其次是杨老师引导我们盯着试卷上自己做错的题，再次思考、想想错的问题出在哪？现在自己是否知道怎样做，正确的答案又是什么。

临近下课时,我班的周韵语同学举手请教老师问题:"选择题:4.2÷0.8的商是5时,余数是( )。A. 2;B. 0.2;C. 20"鉴于这道题错的人数多,老师进行了全班辅导。具体如下:

除数是小数的除法,根据商不变的性质,将除数转化为整数的除法,即将算式4.2÷0.8转换为42÷8,并列竖式计算,商是5,余数是2(板书过程如右图)。

$$4.2÷0.8=5……2$$
$$42÷8=5……2$$

我一边听一边想。时间很凑巧,老师讲解的话间刚落,下课的铃声就响了,老师也就喊下课了。没有机会表达观点的我,鼓足勇气拦住了老师走出教室门的脚步,我轻声对老师说:"老师,你看,5个0.8相加(0.8+0.8+0.8+0.8+0.8=4)就得4,4再加余数2得6,不等于4.2,余数应该等于0.2才对啊!再说,如果余数是2,2>0.8,余数大于了除数,也不行。"顿时,老师愣住了。

老师连忙说:"我听懂了你的意思,是这样。对不起,谢谢你的提醒,我讲错了。聪明的孩子,你不仅认真倾听、积极思考,而且还能应用数学知识对结果进行检验,说说自己的理解,老师喜欢你这样学数学。"

通过今天的学习,我明白了数学问题的解决有时听着、看去好像有道理、有依据,当你运用数学知识、选择数学方法去检验时,会发现原来并不是这样。因此,我想提醒小朋友们,学数学,经过思考后得到的问题结果,还需要我们运用数学知识、方法去检验结果的正确性。

(本校五年级(3)班学生罗浩宇)

(四)开辟民族文化

基于我校90%的学生是土家族,为了弘扬民族文化美德和精神,促进民族大团结,我们开展了基于土家文化的数学"心灵之花"写作活动,将土家文化引进小学数学课堂教学,启发学生在土家文化中寻找数学的影子,并用数学知识解释土家文化、丰富土家文化、感悟民族自豪,既拓展了数学知识,又增强了对本土民族文化的了解。

(五)优秀作品分享

学生的"心灵之花"优秀作品整理成册供同伴交流,内容亲切、实在、有同感,同时推荐优秀作品到期刊发表。目前期刊发表的小学生数学"心灵之花"小论文有16篇,孩子们既收到期刊,又获得了几十元的稿酬,极大地调动了幼小孩子好了还想更好的数学写作热情和动力。

(六)教师思考案例

对于学生的"心灵之花",我们也像语文老师改作文一样,写好评语,同时透过小学生的"心灵之花"好好教学反思。

1. 教师点评"心灵之花"

像小作者这样聚精会神地听、积极思考地想、大胆质疑地说的数学学习习惯值得点赞和推广。针对老师讲解的小数除法的余数问题,看着听着想着似乎一步步一环环有理有据,思路清晰,却被善于反思、检验的你用数学的思维想到了和用数学的知识、方法检验了结果的错误性,给老师普及了关于在小数除法中余数的知识,老师感谢你!感谢你教我"教"数学、感谢你提醒我的教学"粗心"。同时,老师也希望你以后继续用数学的思维思考世界,用数学的知识、方法检验世界。

2. 教师反思"心灵之花"

不应该在教师身上发生知识性错误的事情却发生了,由此引发了我的教学思考:我主要围绕以下四点开展教学思考:

（1）对教学失误的正面理解;

（2）对认识余数的正确理解;

（3）对教学内容的适时拓展;

（4）对余数的含义教学建议。

案例所述,学生的"心灵之花"我们这样开发与利用,基于学生真实的数学学习获得感,客观地对学生的"心灵之花"做出评价,评价中既有肯定的地方,也要为学生学数学提希望,更重要的是通过学生的"心灵之花"思考我们的"教",在以"心灵之花"培育学生数学表达力时,让我们的小学数学教学发生了"质""量"的变化。

三、问题感悟

感悟一:面对人工智能给基础教育带来的挑战,作为民族地区的小学数学教师不仅要让学生学习数学知识、数学技能,而且要像习近平总书记所说:"增长知识见识,并感悟道理。"由此,选择像语文学科写日记、写作文那样写数学"心灵之花",培育小学生数学学科素养是正确的选择。

感悟二:小学生撰写的"心灵之花"可能显得幼稚,但展示了儿童的心灵之花;它可能带有片面,但显示了儿童的学习视角;它可能会有错误,但启迪了儿童的数学思考;它可能视野不宽,但体现了儿童的素养积淀。更重要的是换一种方式学习数学、理解数学、运用数学、表达数学,进一步内化了数学知识的来龙去脉,激发了学生的学习兴趣,促进了学生数学思维能力的发展,小学生的数学表达力明显提升了。

感悟三:引领学生写"我来教你学数学""我会算""生活中的数学""某某数学概念自我介绍"等这类的数学"心灵之花",感觉学生不仅增长了数学是什么的知识,也增长了数学为什么是这样的见识,还悟出了数学与生活密切相关的道理。同时也减去了反复训练、机械重复、枯燥无味的数学学习行为和内容,较好地落实了"双减"政策中的减轻学生作业负担。

感悟四:换一种方式写"心灵之花"学数学,推荐优秀的"心灵之花"发于期刊,开展"心灵之花"分享会,明显感觉民族地区的我校小学生更加喜欢数学、喜欢数学老师;明显感觉民族地区的我校小学生在数学课上更加喜欢表达,而且表达越来越清楚、有条理;明显感觉民族地区的我校小学生不仅懂得数学知识,还通过写"心灵之花"懂得了一些简单的数学智慧。

综上所述,在民族地区小学数学教学中开展"心灵之花"的写作尝试,既是一种数学学习"减负""增质"的策略,又是一种培育小学生数学表达力的重要策略。

问题驱动，促进学生长见识悟道理

——吕传汉教授国家级教学成果推广应用实践体会

叶育新（福州市鼓楼区教师进修学校）

2020年12月，福州市鼓楼区有幸被教育部确定为全国60个国家级基础教育优秀成果推广应用示范区之一，我区选择吕传汉教授2018年国家级教学成果奖一等奖的研究成果《中小学数学"情境—问题"教学30年实践探索与理论建构》进行推广应用。作为鼓楼区推广应用项目负责人，为促进推广应用工作，我区挂牌成立了十个工作坊，每个工作坊由8—10名研修成员组成，本人也是十个坊主之一。经过与吕教授的接触面谈，聆听吕教授的学术讲座，考察贵州兴义八中基地学校，我组织成员们认真学习和思考吕教授的成果专注和教学主张，我发现，近年来，吕教授又在原有"情境—问题"教学成果的基础上进一步提出数学"三教"（即教思考、教体验、教表达）引导学习长见识悟道理的教学主张，进一步完善和丰富了他的数学教育思想。

对于吕教授所倡导的数学"三教"，我的初步体会是：

教思考，是让学生在学习的过程中就核心问题展开积极主动思考，促进思辨能力的发展；

教体验，是让学生在任务驱动下亲身经历学习的过程，形成积极的情感体验，促进核心素养的积淀；

教表达，是让学生结合思维展开过程准确规范、有条理、有重点的表述自己对数学问题的思考，对同伴的观点进行有根据的评价，在表达、交流中促进交际能力的发展。

从数学课标来看，义务教育数学课程标准要求："尝试从日常生活中发现并提出简单的数学问题，并运用一些知识加以解决。"从以往强调"分析和解决问题"到强调"四能"（即不仅强调"分析和解决问题"，还要强调"发现和提出问题"），这是数学课程目标的一个重要发展，其实质就是重视创新。笔者认为，"数学三教"的核心就是培育数学思维，而数学思维的起点、重点和焦点都在于数学问题。因此，可以从问题驱动入手，让学生充分经历观察、比较、操作、应用、反思等学习过程，实现落实"长见识、悟道理"的育人要求。

一、问题驱动，在观察中长见识悟道理

教师可以让学生进行有目的的观察、有意识的观察、有条理的观察、有步骤的观察、有重点的观察等，在观察中发现问题提出问题。

如，在五年级《观察图形》学习中，教师应该注意让学生进行观察，体会到有序观察的重要性，思考"怎样观察比较科学？"认识到无论是根据实物画出图形，还是根据描述想象实物形

状,都应结合问题学会分别从前后、左右、上下三个维度特征进行有序观察,展开空间想象。又如,在找规律的学习中,学生往往提出问题:"题目中有什么规律? 怎样找到规律?"教师应该引导学生观察题目中数字或图形的特征,从中发现规律并应用规律解决问题。

二、问题驱动,在比较中长见识悟道理

要让学生从比较中发现问题提出问题,教师可从横向比较、纵向比较、同类比较、异类比较等方面把握学习对象的异同点、本质特征和非本质特征。

如六年上册学习了"比的基本性质"后,可以引导学生回顾四年级学过的"商不变规律"以及五年级"分数的基本性质",并提出问题"比的基本性质和之前学过的哪些知识类似?""比、整数、分数的这三个性质(规律)有什么联系和区别?"引导学生找出这三个规律的相同特征,感受内在联系。又如,学习了比的知识之后,可以启发学生提问"比、分数和除法的意义相同吗?"让学生列表比较分数、比和除法的联系和区别,帮助学生完整掌握不同概念的内涵。

三、问题驱动,在操作中长见识悟道理

操作技能分为探索性操作、验证性操作、发散性操作和想象性操作。

如五年级《平行四边形的面积》一课中通过剪拼法求证面积属于探索性或验证性操作。在剪拼平行四边形探索面积公式的过程中,有些学生可能拼不成长方形,由此产生问题:"为什么我不能拼出长方形""怎样剪才能拼出一个长方形?"教师可以让不同学生演示操作过程,引导观察比较,发现只有沿着高剪开,才能将平行四边形剪拼成一个长方形。同理,在圆的面积推导过程中,教师也可以演示不同剪拼份数的例子,启发学生观察"随着剪拼份数的增加,拼成的平行四边形在形状上有什么变化?"让学生发现并感悟到,剪的份数越多,拼成的图形越接近于长方形。

四、结合提问,在应用中长见识悟道理

第二学段学生的数学知识已有所积累,学生有一定的自主性,可以适当摆脱具体事物进行思考。

如在六年级《认识圆》一课中,教师可以让学生收集列举生活中存在的与圆有关的现象:圆桌会议、井盖形状、围观人群等,启发学生提问:"为什么这些形状都是圆形的?"请学生应用圆的知识原理解释"车轴的位置为什么要在车轮中心",还可以将木工画圆、操场画圆和圆规画圆进行方法比较,引导学生聚焦定点与定长两方面思考,进一步领悟圆"一中同长"的特征。

又如,在五年级学习了相关统计知识后,有学生提出问题:"统计图表有什么用处?"教师可以在此基础上进一步提炼问题"能否借助统计图表描述改革开放四十年的居民生活变化?"可以让学生分组收集统计 1978 年以后全国和不同地区人均可支配收入、居民人均消费支出,

人均住房建筑面积、居民预期寿命等统计数据,应用统计图表制作并呈现出来,让学生观察图表,提出问题,并分析问题解决问题,充分感受改革开放四十年来各地居民生活条件的发展变化,促进数学学科融入思政育人。

五、问题驱动,在反思中长见识悟道理

从问题解决的角度来说,回顾和反思是不可或缺的重要一环。教师应注意让学生结合问题进行过程回顾,在反思中提高认识。

如在教学"不规则物体的体积"一课时,笔者安排学生分别测量不规则土豆、灯泡和水滴的体积,得出结论后,让学生分组展示,面向全班演示实验过程,让学生结合提问展开反思。如:

① 操作过程和步骤是什么?

② 得到的结果是什么?

③ 为什么会有不同的结果?

④ 实验的原理是什么?

⑤ 操作方法上有什么需要改进的地方?

⑥ 还可以怎么测量……

结合以上问题,学生对求不规则物体体积的过程进行回顾。在环环相扣、自省互助的推导表达过程中,学生既了解排水法、溢水法、切粒法、榨汁法的应用,对转化思想有了充分感悟,也体验到数学的严谨和理性。

"方法源于思考","思考源于体验","创新源于变通"。一节好的数学课应该是有广度、有深度、有温度的课。在吕教授的带领下,鼓楼区和甘肃酒泉、新疆塔城市等地的教学成果推广应用示范区加强联系,密切合作。在吕教授的指导下,我们的数学课堂正在发生变化,老师亲和睿智、学生愉悦成功、课堂精密高效,重点突出,难点突破,情理交融,真正体现以学生为主体的教学理念。

课堂内外，落实"三教"，促进发展

——吕传汉教授国家级教学成果推广应用实践体会

陈芬（福建省福州市中山小学）

2021年3月18日下午，国家级优秀教学成果《中小学数学"情境—问题"教学30年实践探索与理论建构》推广应用专题会在福建福州鼓楼第二中心小学举行。会上成果持有人吕传汉教授结合习近平总书记提出的新时代教育工作"要在增长见识上下功夫"，提出引导学生课堂教学"长见识、悟道理"的新时代课堂教学理念，并将其作为落实核心素养培育的切入点，提出了"三教"＋"情境—问题"教学方法。他结合自己从教60年的心得体会和丰富经验，深入分析了"三教"教学理念，从基本内容、课堂特征、教学目标等方面告诉大家如何教思考、教体验、教表达。吕教授指出，"长见识""悟道理"是培育学生核心素养的重要理念，是时代进步的必然要求。关注"三教"引领"情境＋问题"学习，就是在走向"长见识、悟道理"之路，就是在走上"中国教育2035"之路。

吕教授在鼓楼区小学数学教师队伍中，以名优教师为"坊主"，设立十个卓越教师"工作坊"，进行"三教"引领"情境—问题"教学促进学生"长见识、悟道理"的推广工作。每个名优教师工作坊再带领8—10名年轻骨干教师组成团队，边研修学习边思考。通过工作坊这样的集群协同发展的方式，既促进优秀教师自身个体的专业成长，又能带动和促进鼓楼区各学校教师的专业成长。成果推广应用立足课堂，在教学中践行吕教授倡导的数学"三教"教育理念，促进学生长见识、悟道理，落实核心素养的培育。我很荣幸地以实践研究者的角色加入"郑圣发卓越教师工作坊"参与基础教育国家级教学成果的推广工作，作为一名参与者，在实践学习的过程中有点滴体会和大家分享。

一、课前——自主学习，整理归纳

美国的教育学家、心理学家杜威的"做中学"理论，提出"从做中学"的内容使儿童关心的并不是那些客观事实和科学定律，而是直接的材料操作和运用，以产生有趣的结果。而教育者要做的就是为儿童提供一个能够"从做中学"的环境，并指导儿童去选择要做的事情和要从事的活动。教师要提供梳理的时间和空间，教学生学会思考，用自己喜欢的方式表达对所学知识的理解。可以纵向连接，形成知识链以及横向连接形成知识面。引导学生用表格、网络图、韦恩图、思维导图等方法，对单元知识、方法进行反思、整理、总结。

例如，人教版六年级下册总复习课《简便计算》。第二天要复习简便计算，前一天布置学生回家自己整理学过的运算定律，整理在复习本上，学生根据自己的掌握情况进行整理，优秀的学生整理更全面、完整。我不仅让学生整理知识,还要求学生提出自己对这块知识的问题,让学生带着问题上复习课。以下是简便计算整理中学生提出的问题:

(1)简便计算时要注意哪些问题?还有没有其他的简算方法?

(2)整数的运算定律是否能用在小数、分数上?

(3)整数、分数、小数在简便计算时有什么区别?

(4)加法交换律、结合律与乘法交换律、结合律有什么共同点和不同点?

(5)乘法分配律的简便算方法,是否可以适用在除法中?

(6)加法结合律的简便算方法,是否可以适用在减法中?

(7)在一个算式中同时用多个运算定律时,应注意什么?

(8)怎么能快速分辨一道题是否能简便计算?

(9)在数字没有明显可以简算的特征时,要简算吗? ……

学生会根据所要复习的内容提出问题,说明真正有思考,这是学生知识内化的重要环节。在上复习课前我会把学生的复习本收上来批阅,对学生整理情况大致了解,对学生所提的问题做到心中有数,这样上复习课就更有针对性。对整理完整的,提有价值的问题给予鼓励肯定,提高学生整理知识的积极性。

面向全体,让每个学生都有收获。实现课标提出的"人人都能获得良好的数学教育,不同的人在数学上得到不同的发展"的培养目标。也是在实践吕教授提出的"三教"引领"情境—问题"教学促进学生"长见识、悟道理"的课堂教学路径。

二、课中——质疑思考,教师引导

在"三教"教育理念的引领下,借助"情境—问题"教学模式,以"长见识、悟道理"为目标,我根据教学内容了解学生学习起点,设计核心问题,引导学生依据不同的学习内容,选择不同的学习方法进行探究、体验、思考、表达,积累学习体验,逐步提高学习能力。

1. 看课题提问题,引发探究。课题就是教学或学习内容的浓缩和高度的概括,有必要让学生通过联想旧知、举例说明、创设情境等方式对课题进行反思,提出问题,引导探究。

例如,六年级下册"圆柱的表面积"。出示课题"圆柱的表面积"可以提什么数学问题?圆柱的表面积是什么?圆柱的表面积怎么算?圆柱表面积有什么用?"是什么?怎么算?有什么用?"就是本节课的核心问题。问题是学生自己提出来的,带着问题探究,更能激发学习积极性,培养学生做到学会提问、因问而学、问学交融。有问题引领就有了学习的目标,边学边思考,发挥主体性,获得知识的同时自主探究能力、独立思考能力也得到提高。

2. 课上对比思考,优化提升。在教学过程中,引导学生依据不同的学习内容选择不同的学习方法进行探究,积累学习经验,提高学习能力。

例如,五年级上册"组合图形的面积",学生计算出队旗这一组合图形的面积之后教师组织对这几种方法进行对比。哪种方法比较简便?在求组合图形面积时要注意什么?不是分割的图形越多越好,要注意相关数据条件能否求出,也就是要根据已知条件对图形进行分割,不是任意分割都能计算的。

　　小结：计算组合图形面积时可以用分割法或添补法,作辅助线把组合图形转化成简单图形来计算面积。渗透优化数学思想,积累计算组合图形面积的经验,培养解决问题的灵活性。

　　3. 用好错误资源,反思辨析。在小学数学学习过程中,学生出现错误是不可避免的,如何利用错例,培养学生自我反思能力,让思维走向深刻。我在教学过程中引导学生思考,尤其是学生的自我反思,有助于学生深度学习的实现。回顾与反思,从可有可无,走向不可或缺。在教学中看到学生的错例,也要反思自己的教学?学生为什么会出现错误?在教学中要注意联系对比,把一些典型错例集中展示交流,让学生对比说理,分析错误原因,学生在思辨中加深对知识的理解和掌握。

　　4. 课末回顾梳理,总结内化。当一节课快要结束时,我会带领学生对整节课的学习进行回顾反思,梳理学习过程,总结经验得失,并做好承前启后的工作,将课内向课外拓展,将今天知识向今后同类知识延伸。反思环节虽然是短短的几分钟,但也是培养学生提出问题能力的良好契机,学生通过题出问题,能够激发自己反思总结意识,提高课内延展到课外探究的能力。

　　例如,六年级下册"平面图形的面积总复习"。课末教师引导学生自我总结,反思这一堂课的学习过程。回顾梳理：这节课的重点、难点是什么?我有什么不懂的地方?这节课的知识与以前学过的知识有什么联系?想一想我们可以怎么去复习知识呢?回顾、总结学习的过程,而不仅仅关注结果,通过对学习过程的回顾,反思自己的思维过程。每天的课堂教学,教师都教给方法使学生"会反思",评价激励学生"善反思",带领学生对学习内容、学习方法、小组合作、同伴交流等各方面进行总结评价、提出建议,逐步培养学生反思的习惯。

三、课后——特色作业,培养能力

　　1. 学生讲题,培养表达能力。课后作业的思考题,鼓励学生报名拍讲题视频讲解,当小老师,学生教学生,培养学生数学表达能力,促进对知识的深度理解。

　　2. 收集错题,自我反思矫正。引导学生收集错题,分为错题原型、错因分析、正确解答三个部分。针对自己平时学习作业中出现的错题进行摘录。教师利用合适的时间进行全班交流,把出错率高的题目进行分享,让学生进行点评交流错因。如何做到举一反三、灵活应用?每个学生在收集错题的过程中学会反思,回头看自己的作业,在分析错因中,找到自己解题中存在的问题,避免类似错误再次出现。

　　3. 探究作业,促进深度学习。结合教学内容,设计适合学生探究的开放性学习任务,让作业成为学生自我表现、自我反思、自我发展的有效方式,学生在完成相应的探究活动中,引发数学思考,感受学习的乐趣,促成其知识的灵活应用,既掌握知识,又对课内知识进行拓展延伸。

　　例如,学完五年级下册第三单元《长方体和正方体》后,让学生走近生活,去探究"乘飞机的行李尺寸规定"中的数学问题：(1)为什么机场行李托运要做这样的尺寸规定?(2)查一查：你知道其他交通工具关于行李尺寸的规定吗？让学生感受长方体体积在生活中的实际应用,同时增加一些生活常识。

六年级下册学完《折扣》让学生走近生活,用数学的眼光去寻找"身边的数学——折扣",了解生活中多种多样的促销方式,体会数学与生活的密切联系。学生在完成探究性实践作业中做到学以致用,拥有学习真正主动权,尝到学习的乐趣,体验到成功的喜悦,同时在应用知识解决问题过程中提升学习能力,培养数学核心素养。

聚焦吕教授"教思考、教体验、教表达"引导学生在数学学习中长见识悟道理,培育学生核心素养的新主张,引发我在教学实践中继续深入思考：

如何让学生获得体验？

如何让学生深度思考？

如何让学生进行表达？

相信在吕教授的引领下,和工作坊伙伴、团队协作,协同发展,师生共同"长见识,悟道理",教学相长,定能进一步促进自己教育教学水平的提升。

《中小学数学"情境—问题"教学 30 年实践探索与理论建构》课题推广活动心得体会

骆春梅（新疆塔城市第五小学）

塔城市第五小学始建于 1914 年，是一所百年老校，有着悠久历史传统和深厚文化底蕴。现有学生 1 635 名，共 18 个民族，其中汉族 804 人、哈萨克族 479 人、维吾尔族 52 人、回族 128 人。

贵州师范大学吕传汉教授研究 30 余年的课题《中小学数学"情境—问题"教学 30 年实践探索与理论研建构》，2018 年荣获国家级基础教育教学成果一等奖。2020 年 3 月在塔城市教科局引领下，我校对此课题进行推广，教育工作者们以极大的热情投入到了这场课题推广的实践活动中。

一、实施前情

2017 年的 6 月，因实际需要，上级领导部门决定让我校搬迁到现校址，完成搬迁的同时还要和六中小学部的 500 多名少数民族师生进行合并，成为一个大家庭。

当时时间紧、任务重，不仅需要尽快完成搬迁，并要在最短时间内建设好新校的校园文化，更重要的是顺利合并六中小学部。原塔城市第六中学是一所哈萨克语学校，很多孩子来自于农牧区，语言表达和交流以哈萨克语为主，缺乏国家通用语言使用能力。

面对这一现状，我作为塔城市第五小学的党支部书记及塔城地区小学数学教学能手培养工作室的主持人之一，无论是从学校规划和长远发展的立场，还是从教育教学、课堂实践的角度出发，找到高效、可行的措施让他们迅速适应并融入进来成为当时重中之重的头等大事。现在回想，那真是一段令人难忘的时光，有无数次的会议筹谋、现场勘察指挥；有无数个辗转反侧、殚精竭虑的彻夜难眠；有焦虑、有担忧，面对家长和社会的期待，更有沉甸甸的责任。

二、实验契机

2020 年，塔城市教科局搭建平台，实行《中小学数学"情境—问题"教学 30 年实践探索与理论研建构》课题推广活动。该课题作为国家级课题，目前已形成成熟理论，在全国十多个省、市进行推广。

贵州也是一个少数民族地区，学校也由多民族学生组成，所以有许多类似的问题和现象存在。那么该课题的引进和实践对我们来说具有极强的启发性和引导性。尤其是倡导的教思考、教体验、教表达的"三教"理念，对正在"摸着石头过河"的我们来说真是久旱逢甘霖。

三、实验做法

　　吕传汉教授的《"三教"引领中小学数学"情境—问题"教学》课题中的"三教"教育理念,是基于创新型人才培养,在学科教学中教学生积极思考、自主体验、善于表达,以此促进学生长见识、悟道理的一种教育理念。该理念符合我们一直追求的高效课堂的本质。

　　我作为"一家之长",一方面要确定学校持续发展的方向,竭力凝聚师生力量,完善各项机制,营造合作交流的和谐氛围,另一方面作为工作室主持人,我带领工作室的成员践行于每一节课堂,通过工作室成员的传、帮、带,让"三教"教育理念生根发芽,遍地开花。

　　课堂内,我带领工作室积极将"三教"理念引入课堂,并确保能落实到各个教学环节。如在"课前三分钟"环节,鼓励少数民族孩子们自己当小主持人,结合本学期所学内容,尤其是近期学习内容为主自行设计 4—6 道题不等,要求难易适中,主持完后由学生进行评价。整个环节不仅引导孩子主动进行思考,表达和交流,并在当主持人的过程中建立起学习的自信。

　　又如在新知学习过程中,教师可以结合主题图、本校或本地实际情况等创设有趣而又富含生活气息的学习情境,激发孩子们的学习兴趣,引导孩子们主动思考、主动探究。在小组合作时,则运用"三教"理念,借助分工汇报、和台下的学生互动,如提出问题、进行评价等形式让孩子们不仅"思考、体验、表达"三者齐头并进。同时还对倾听者提出了要求,要求他们不仅能判断出汇报内容的对与错,还能提出有意义的质疑问题。在评价环节,必须具体指出汇报小组好在哪里,失误在什么地方等。就这样,孩子们慢慢学会了如何进行有效地数学思考,并能提出有意义的数学问题,使得国家通用语言使用能力得到极大提高。

　　结合"三教"理念在课堂中的实施情况,并由此引发的一系列转变,我和学校领导班子经过多次可行性调查、研究、商议,经上级部门同意后,将最初并入我校时保留的少数民族班级解散,把少数民族学生按一定比例分散到各个五小原生班级,进行混合编班,为孩子们提供进一步发展的环境和氛围。

　　为了能快速消除最初的不适和陌生感,我要求课堂内教师多倾听学生的发言,多关注学生的思考,多允许学生质疑,多肯定学习结果等,以保护孩子学习的信心,激发孩子学习的兴趣。

　　课堂外,则要求教务处和德育处各个部门联合起来,借助"主题大阅读""数学绘本""经典诵读""成语接龙""体艺科"等一系列活动的开展,教会学生积极思考、教会学生自主体验、教会学生善于表达,让孩子们在生机勃勃的五彩橡园中,不仅愿意学习,更愿主动学习。

　　在"三教"理念引领下的课内、课外教学实践活动中,促进学生核心素养的培育,努力培养一代又一代拥护中国共产党领导和我国社会主义制度、立志为中国特色社会主义奋斗终身的有用人才。

四、结束语

　　回首 30 多年的工作生涯,不可否认的是有时在前行的过程中,我也会被一些毫无意义的琐事分散精力,扰乱视线,以致中途停顿下来。所以每过一段时间我都会提醒自己:"你的初心是什么？可还记得自己心中的目标?"在不停地反思和追问中我会"去掉浮躁,洗尽铅华,从而守住了心灵深处的一方净土和初心"(魏书生)。继续迎难而上,奋斗不停。

此次吕传汉教授的《"三教"引领小学数学"情境—问题"教学》课题推广活动使我更加坚定自己的初心,正所谓:"术"有万千,"道"最重要。如果说各种教学方法、手段是我们的教育之术,那么不懈地思考、探索和坚持就是我们的践行之道。

我相信:

只要"复杂的事情简单去做,简单的事情重复去做,重复的事情用心去做",长期坚持,自然功成。

幸遇"三教"，再次启航

——塔城市《中小学数学"情境—问题"教学 30 年实践探索与理论建构》课题推广活动感悟

王艳霞（新疆塔城市第二小学）

2021 年 5 月 12 日至 14 日，塔城市开展了《中小学数学"情境—问题"教学 30 年实践探索与理论建构》课题推广活动，此课题荣获 2018 年国家级基础教育教学成果一等奖。这次活动有幸邀请到课题创始人，原贵州师范大学副校长，现任贵州省普通高中课程改革专家组组长、贵州师范大学基础教育师资培训中心专家组组长，2020 年 1 月获贵州省省委组织部授予"全省离退休干部先进个人"荣誉称号的吕传汉教授及其专家团队。吕传汉教授及其专家团队将几十年的研究成果倾囊相授，短短三天时间，我们收获了一笔巨大的财富！

一、沙漠遇绿洲，启航新征程

法国文学家托马斯·布朗爵士有这样一段富有哲理的名言："你无法延长生命的长度，却可以把握它的宽度；无法预知生命的外延，却可以丰富它的内涵；无法把握生命的量，却可以提升它的质。"

83 岁的吕传汉教授通过《"三教"引领中小学数学"情境—问题"学习长见识、悟道理实践研究》的专题讲座，讲述了"情境—问题"教学课题研究的背景、发展。他对教育的挚爱和深厚的教育情怀深深感染了我。这几天，我一直在回顾自己的人生。17 岁的我实现了小时候的理想——考上了师范学校；20 岁走上工作岗位，又努力争做一名优秀教师；工作 13 年之后，参加国培计划使我认识到：改变学生的学习方式首先要转变老师的理念、改变老师的教学方法，我萌发了教师培训的愿望；经过在教研组内摸索、在学校内不断尝试的 10 年，成立了名师工作室，实现了培训、引领教师的夙愿。就在我认为自己可以歇一歇、等退休时，吕教授的到来又激起我对实现人生价值产生新的展望。刚开始看到吕教授专家团队的资料介绍，我很自卑，特别遗憾"为什么这么晚才遇见这样的专家团队？"但是后来又想：这一生能遇见吕教授专家团队，已经很庆幸了，很庆幸在工作 29 年后还能遇到令我醍醐灌顶的人生导师。

吕教授专家团队改变了我的教育生涯规划，原来计划奋斗 30 年的我，现在希望用一生来追求自己的人生价值。

吕教授让我的教育生涯有了新的目标，再次燃起我对教育事业的希望，让我非常想把自己的生命价值最大限度地体现。

二、久旱逢甘雨,学习无止境

杨孝斌教授用渊博的知识,旁征博引给我们详细阐述了"三教"的理念、核心及具体实施办法。专家结合鲜活的实例、示范课,通过议课交流,深入浅出地将"三教"释述得通俗易懂,我们受益匪浅,深受启发!

专家团队深厚的底蕴让我们仰望,也让我们意识到自己理论知识的严重不足,坚定了我们"活到老,学到老"的想法,增加了我们与时俱进的动力。我深深意识到,有了一定的理论支撑,才能从宏观的角度来研究教材、研究学生,才不会被局限于某一个知识点过于追求细节的完美,而忽略了整个知识体系的纵横联系;有了一定的理论支撑,才能理解教材编排的意图,教学时才能抓住核心问题、围绕本质引导学生学习。

"三教"理念诠释了我们一直困惑的"如何将学生的核心素养与学习成绩相统一",这是我们梦寐以求、久而不得的教学模式和方法的体现。我们会继续深入学习"三教"理念,结合课堂实践研究"情境—问题"教学,正确理解教材编排的意图,把握数学本质,围绕核心问题引导学生思考、体验、表达,努力探寻适合学生发展的、有自己个性特色的课堂教学。

三、润物细无声,实践出真知

专家团队的敬业精神和无私分享深深影响了我们。

我以前教《面积和面积单位》时,担心学生接受不了,把面积和面积单位分成两课时教学。杨再志老师的示范课《面积和面积单位》,巧妙利用新旧知识间的联系,不纠缠概念,围绕核心问题,引导学生体验、感悟,不仅学习深入,课堂容量大,而且学生对面积单位运用准确,让我思路大开。

活动结束后,在教《小数的加法和减法》时,我尝试用学生熟悉的课本单价创设情境,并提出数学问题,学生学习兴趣很高。然后运用整数加减法算理和算法迁移到小数加减法,学生学得轻松、明白,一节课完成了原来两节课的教学内容,学生和我都体验到成功的喜悦。

尹侠老师备《三角形三边的关系》一课时,研究几种不同版本的教材内容,挖掘每一道习题的编排意图,不断优化教学设计思路,重视让学生体验知识形成的过程,使每一个环节切实为学生的发展服务。

专家团队真正做到了把学生放在心中、放在眼里,我们许多教师只在理念上以学生为中心,却没有真正落实到课堂上,甚至有时候落实到课堂上,是以假的表象落实到课堂上,没有真正给学生经历学习思考、体验、表达的机会,只是在表象上让学生参与,实质不愿让学生离开自己的掌控。

专家团队结合示范课,详细讲解了每一个环节的设计意图和设计方法,手把手教我们如何备课、如何研究教材、如何在课堂上引导学生思考、体验、表达。专家团队为我们带来了实践的方法,教我们如何把新课改理念融入并落实到课堂中。

我们恍然大悟：核心素养绝不是凌驾于课堂之上的、高高在上的理念，而是我们课堂上每天都接触的内容，对学生核心素养的培养，要落实到课堂的每一个环节上，落实到每一个问题的设计上。我们太需要这样了解一线教师需求的专家团队来指导我们，我们也很有幸能遇到这样优秀的专家团队。

宋运明教授教我们如何撰写论文、心得、案例、反思。他用多年总结的经验方法，结合已经发表的作品，给我们详细讲解撰写论文、反思、案例的方法，推荐可以发表作品的刊物，让我们在重实践轻反思的黑暗中看到了光明。以前我们也写过论文，可是无人指导，写得不规范，也不知道投稿的途径，所以越来越懒于反思教学，没有思考的教学如何谈质量？久而久之，不仅降低了教学效果，而且影响了教师个人成长。立竿见影，我把这次写心得作为一次新的开始，开启自己教学生涯的新征程。

专家团队让我们茅塞顿开，明白了再好的理念也要亲自去落实，一步一步实践积累，才能发现教学中的不足，经过不断改进、完善，才能形成有助于学生发展的、有生命活力的课堂。

数字"0"的禁区

学生：钟子浩（福建省福州市中山小学）

指导教师：黄小海（福建省福州市中山小学）

一、心灵之花

2021 年 12 月 16 日　　　星期四　　　天气：晴

最近，有一个问题一直萦绕在我心头：为什么数字"0"不能当作除数使用，却可以当作被除数使用呢？

之前因为没有时间，只能按老师的要求做，并没有深入地探究。今天我定要把它攻克！

我首先想到的就是验算。假设 $6 \div 0 = 6$，那么反过来 $6 \times 0 \neq 6$，说明一个数除以 0 不等于原来的数，再假设 $6 \div 0 = 0$，但是 $0 \times 0 \neq 6$，说明一个数除以 0 不等于 0。那么可能等于其他的数吗？突然，我灵光一闪，想到用平均分的意义来解决问题，把一个数平均分成几份，取其中的一份可以用除法解决。

于是假设有 6 个圆，把 6 个圆平均分成 0 份（如图 1），会有一个问题。就是没有办法分。因为如果不分的话就是平均分成 1 份，没有办法分 0 份。有了解决第一个问题的经验，说明 0 可以当被除数这个问题就方便多了。把 0 个苹果，平均分成 3 份（如图 2）每一份还是 0，而且经过验算 $0 \times 3 = 0$，所以 0 可以当作被除数，但不可以当作除数。

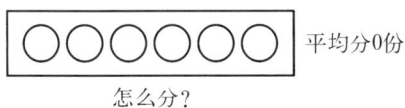

平均分0份

怎么分？

图1

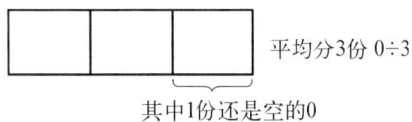

平均分3份 $0 \div 3$

其中1份还是空的0

图2

小朋友们，我讲明白了吗？有看不懂的吗？快拿起笔，一起学数学吧！

二、教师点评

从你的日记中就看出你是一个爱思考的孩子，对于"0 不能做除数"这一看起来"平淡无奇"的数学常识，你进行了深度的思考，不仅会运用除法的意义去证明，还能够借助平均分的知识，通过数形结合的方式直观地说明了 0 为什么不能做除数这一问题，体现了较高的数学素养和知其然更要知其所以然的优良学习品质。

相信通过这次的探究活动,你对 0 的计算有了更深入的认识,而且还积累了自己的探究体验,这都会对你未来的学习有很大的帮助。当然,随着你学习的深入,你会发现,0 有的时候也可以做除数,未来学习的大门已然敞开,还有无数更多有趣的数学奥秘等待着像你这样爱思考善思考的孩子继续去探索,期待你带给老师一个又一个的惊喜。

三、教学反思

钟子浩小朋友在日记中提到"之前因为没有时间,只能按老师的要求做,并没有深入的探究",这句话我深深地触动了我。我们时时在要求学生要思考,却从没有想过学生有没有时间思考?如何把时间还给学生?

(一) 把课堂时间还给学生

关于"0 为什么不能做除数"这部分内容其实在人教版四年级下册《四则运算》单元的例题 3 中已经学习过,为什么课堂学过的内容学生仍然会产生这样的疑问呢?我想最主要的原因应该是课堂留给学生的体验时间不够。很多时候,老师们已经意识到要让学生进行探究活动,但常常是学生还没有深入思考时,老师就开始让个别学霸学生解释道理,个别学生的思考代替了全体学生的体验。这样的学习失去的不仅仅是这部分的数学知识,更多可能失去的是学生对于数学问题的探究经验与探究热情。教师要舍得放手,将课堂时间还给学生,让学生有充足的时间在自身已有知识架构的基础上发芽生长。福建省教研室小教室负责人罗鸣亮老师强调说理课堂,提倡让学生有表达的机会,让知识有建构的过程,就是让老师们将课堂时间更多的提供给孩子去表达,去建构,去体验,而这些重要的过程都需要时间。

(二) 把课后时间还给学生

"双减"政策的出台,让我们将目光不仅聚焦在课堂,同时也开始更多关注学生的课余生活。学生对于学习的思考与体验,不应只停留在课堂,还应该拓展到学生课后的学习生活。作业作为学生课后学习活动的重要组成部分,需要我们进行重新的定位与思考。如何发挥作业的功能,提高作业的质量,吕传汉教授提出的教思考、教体验、教表达的"三教"理念,为我们进行课后作业的设计与布置提供了明确的指导:减少占用学生时间的不必要的机械性重复性的作业练习,增加激发学生积极思考,重视学生自主体验,促进学生充分表达的作业,让学生的课后时间可以进行更多的深入探究,表达交流,从而增长见识,感悟道理。

很多时候,我们太想要达到什么,想要学生学到什么,于是搭梯子、搬凳子,却发现梯子变得需要越搭越高,凳子需要越搬越多。

把时间还给孩子,相信万物成长的规律,只有自己先经历过一段艰辛的历程,才有破茧成蝶后的美丽。

四、评析

　　"0不能作除数"是人教版四年级下册第一单元"乘、除法各部分间的关系"教材中出现的内容。在后续学习商不变的性质、分数的基本性质、等式的性质、比的基本性质这些知识中都有0除外。为什么0不能作为除数呢？或许学生在四年级的学习中老师会直接告诉学生这是一种规定？如果这样的话，有可能到孩子长大后也不知道为什么0不能作为除数。虽然"0不能作为除数"从根本上说是规定性的，是为了避免影响四则运算结果的确定性和唯一性。但是对这些规定上的道理，教师完全可以在初次接触"除数不能为0"时通过举例子等方法介绍、讲解这样规定的道理，但不强求所有学生都理解。

　　随着学习的深入，知识的积累，能力的提升，很欣喜的看到六年级的钟子浩同学现在能通过自己的探究把"0为什么不能作除数"讲明白了。他先通过假设和反证法进行推理得出矛盾，说明"0不能作除数"的结论是正确的。他又从平均分的角度通过数形结合的方式来讲解"0不能作除数，可以作被除数"的道理，有理有据地分析。让学生学会用数学的思维思考现实世界，也是新课标要培养学生学习能力中的一项重要目标。因此教师在平时教学中要重视培养学生的问题意识、探究意识，鼓励学生提出有意义的问题，激发学生去思考，把自己的想法记录下来，学会用数学的语言表达现实世界，培养学生数学核心素养。

（评析人：陈　芬　福建省福州市中山小学）

在《乘法分配律》教学中关注学生的学习体验

学生：方筠婷，薛曜德（甘肃省酒泉师范学校附属小学）

指导教师：杨丽（甘肃省酒泉师范学校附属小学）

新课程标准中明确指出，在数学课程中，应当注重发展学生的运算能力。运算能力主要是指能够根据法则和运算律正确地进行运算的能力。培养运算能力有助于学生理解运算的算理，寻求合理简洁的运算途径解决问题。在运算教学中，应当重视学生是否理解了运算的道理，是否能准确地得出运算的结果，而不是单纯地看运算的速度。因此，要求教师在数的运算教学中，不能仅仅关注于学生运算技能的掌握，更要注重学生理解算理、掌握算法的学习过程，也就是在教学中要注重将算理与算法有机的结合在一起，从而发展学生的运算能力。为此，务必关注学生在《乘法分配律》学习中的学习体验——让学生在自主学习的体验中，促进数学核心素养的培育。

一、心灵之花

(一) 方筠婷同学对乘法分配律的学习体验

今天这节课我们继续学习乘法分配律，老师在上课时，给我们出了这样一道题 $38×29+38$，老师没有直接开始讲课，而是先让我们仔细观察这道题，再留给我们充足的时间和同伴讨论、交流自己的算法。

师：同学们，我想听听同学们的想法？大部分同学都举起了手，迫不及待的要把自己的方法讲给我们听。

方：在有加有减的混合运算中，先算乘法，再算加法。

师：这样计算可以吗？（可以）谁还想说？

小翼同学说：杨老师，在算式的后面乘 1 就行了，$38×29+38×1$。老师接着问：能告诉大家，为什么要乘 1 呢？

（小翼说，是妈妈告诉他这样做的，他也不知道为什么要乘 1？）

师：那谁能帮小翼解释一下呢？

文轩同学自告奋勇地站起来说："我是这样想的，我们学习过 1 乘任何数都得任何数，我给 29 找个小伙伴 1，算式就变成了 $38×29+38×1$，这样就能简便计算了。"

师：同学们，文轩同学用的是什么方法？（转化法）这时，大部分同学都"哦"了一声，看来是听懂了算式后乘 1 的道理。小翼也是连连点头，说到我懂了。

师：还有不同的想法吗？

方：老师，我还有一种方法。我是这样想的：$38×29$ 表示有 29 个 38，再加上 1 个 38，就

是 30 个 38。1 个 38 用算式记录是 38×1,所以:

$$38×29＋38×1＝38(29+1)$$
$$＝38×30$$
$$＝1\,140。$$

这样就能用乘法分配律进行简便计算了。(响起了热烈的掌声)

师:同学们,你们听明白了没有?(全班同学都说听明白了)看来这种解释让同学们更容易理解。

(二) 薛曜德同学对乘法分配律的学习体验

最近,我们在学习运算律有加法结合律、加法交换律、乘法交换律、乘法结合律和乘法分配律,老师每天都会给我们讲解运算律中不同类型的题目,瞧,今天又有新的收获。

老师和以往一样,在黑板上出了一道计算题 72×99,问同学们,你们准备怎么计算这道题呢? 同学开始七嘴八舌的说了起来,可以用竖式计算,之前我们学过的两位数乘两位数的竖式计算。

师:没错,用竖式计算完全可以。能不能结合我们最近新学的知识,想一想,除了用竖式计算外,还可以怎样计算呢? 老师接着给出提示,同学们能不能用简便计算的方法算出结果呢? 老师把问题留给了我们,让我们互相交流探讨新的算法,并把计算过程记录下来。

师:谁能把自己想法清晰的告诉同学们?

有同学说:我是这样想的,先把 72 拆分成(70＋2)的和,用 70 和 2 分别与 99 相乘,再把相乘的积相加。

薛:我们前面学过用拆数法进行计算,所以,我想把 99 拆分成(90＋9)的和,用 90 和 9 分别与 72 相乘,再把相乘的积相加。(问题回答完了,可我的小心脏一直扑通扑通地跳个不停)。

薛:老师,这两种方法都行;不过我还有一种方法,可以让计算变得更简单。

师:老师也迫不及待的说:"能把你的智慧传递给大家吗?"

薛:我发现 99 接近整百数 100,和 100 相差 1,因为 100－1 等于 99,所以我把 99 转化成 (100－1)的差来计算就简单多了。教室里想起了热烈的掌声!

师:那算式变成什么样了?

薛:72×(100－1)。

师:同学们仔细看看,现在这道题能不能用简便方法计算?(能)你知道运用的是什么运算律? 同学们一起说道:乘法分配律。(突然铃声响了)。

薛:哎,今天这节数学课过得好快,我却意犹未尽。

二、教学反思

(一) 关注学习体验,激发学习兴趣

两位同学都关注了《乘法分配律》中对练习题的拓展延伸,学生借助已有的计算基础、通

过数的运算知识的迁移进一步理解算理、掌握算法。明白转变计算方法也能得出结果,还使计算变得更简单。关注学生自主学习的体验——引导学生表达、交流自主学习的体验,既激活了学生的思维,又增强了学生的学习兴趣。正如薛曜德同学所言:"哎,今天这节数学课过得好快,我却意犹未尽。"

(二) 理解算理算法,引导算法优化

在教学中,处理好算法多样化,要关注学生的理解能力,可能一部分学生更适合这样的方法,其余学生更喜欢自己选择的方法,要告诉学生,它们背后的道理是一样的。要重视指导学生理解算理算法,并在算法多样化的基础上,引导学生算法优化,促进学生运算能力的发展。

三、评析

运算在小学阶段的主要表现就是计算。因此,在小学阶段,计算和运算这两个名词常混合使用而不严格区分。运算能力是指不仅会根据法则进行运算,而且理解运算的算理。

本文在《乘法分配律》教学中,关注了方筠婷、薛曜德两位学生的学习体验。并针对学生的学习体验,作了教学反思:关注学习体验,激发学习兴趣;理解算法算理,引导算法优化。这就是把"教"的研究转向"学"的研究,这就是"以生为本"的教育。

关注学生"学习体验"的培养,利于促进学生"必备品格"与"关键能力"的培育。

(评析人:杨伟平 贵州兴义民族师范学院)

分数乘法在生活中的应用

学生：张佟（中国农业大学附属小学）

指导教师：赵欣然（中国农业大学附属小学）

一、心灵之花

（一）问题提出

生活中，为了解决实际问题，很多时候会用到分数乘法的知识。例如，学校组织捐书活动，五（4）班的女生捐了 20 本书，男生捐书的本书比女生多 $\frac{1}{4}$。男生比女生多捐多少本书？这是分数乘法应用中的一个基本问题，除此之外，还有很多更复杂的问题。

（二）问题解决

首先，利用画图的方法来分析这个数学问题。

如图 1，可以这样思考，由题意可知，男生捐书是和女生捐书进行比较的，所以把女生捐书的总数看作单位"1"，用一个长条来表示。然后男生捐书可以看成两部分，一部分是和女生捐书一样多的部分，另

图 1

一部分是男生比女生多女生的 $\frac{1}{4}$。由于男生比女生捐书多 $\frac{1}{4}$，多的是女生的 $\frac{1}{4}$，所以就把女生捐书总数平均分成 4 份，男生比女生多其中的 1 份，此时男生捐书的数量就是这样的 5 份。因为女生 4 份是 20 本，所以 1 份就是 $20 \div 4 = 5$ 本，可以得到男生比女生多捐 5 本。

还可以这样想，因为男生比女生多女生的 $\frac{1}{4}$，也就是多 20 的 $\frac{1}{4}$，就是问 20 的 $\frac{1}{4}$ 是多少，所以可以直接列式 $20 \times \frac{1}{4} = 5$ 本。

（三）一些感悟

通过这次探索学习，我知道了，在遇到一个新的知识点时，可以尝试借助画图的方式来理解和分析问题。当做完一道题时，我们应该明白这道题背后所对应的知识点，学会举一反三，灵活应用。只有这样我们才能轻松的解决更多类似的问题，也才能够有思维的突破。

首先，画图对理解问题很重要。生活中会有很多比较的问题，读完题有时并不能一下子想明白。我们可以根据题意先画出线段图，找准单位"1"，捋清数量关系，分析问题，这样就能

清楚的解决问题了。

其次，要学会举一反三。生活中，还有很多类型的问题。比如，公园买票问题、书包打折问题、节约用水问题等，都是这样的用分数乘法解决简单实际问题（画图理解如图2）。

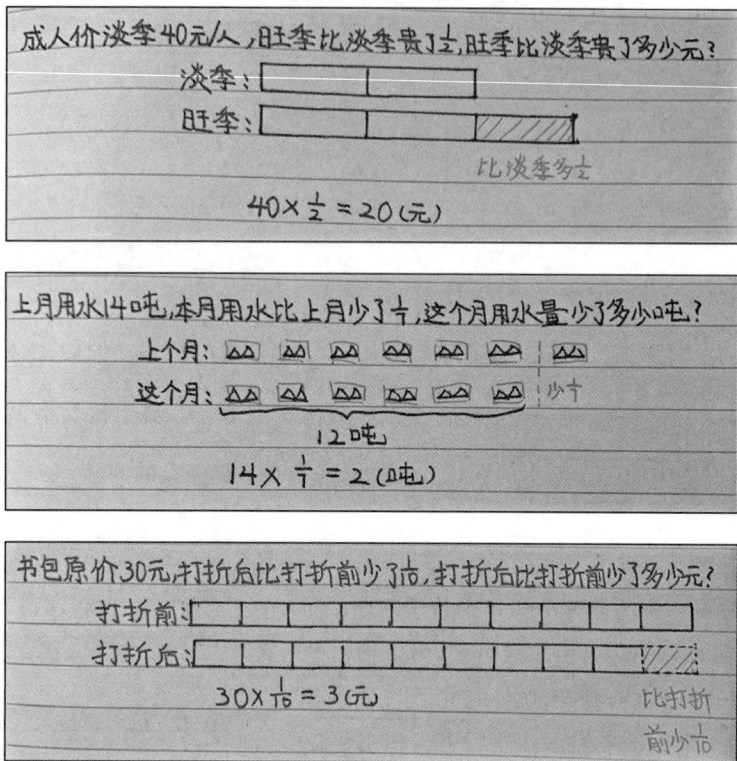

图 2

再次，要进行适当拓展。我还发现生活中不仅会遇到比单位1多几分之几的类型，还会遇到比单位1少几分之几的问题。

二、教师点评

在解决"一个量比另一个量多（少）几分之几"的实际问题时，作者首先给出了两个思路。一是找准单位"1"，明确多的是谁的几分之几，把问题转化成求一个数的几分之几的问题，也就是分数乘法的应用。二是把分数乘法应用问题转化成"份"的问题，先求出一份是多少，再解决问题。这就比较深刻地理解了分数乘法在生活中应用的本质。

另外，作者还能举一反三，举出生活中不同情境类似的例子。归纳一类问题的解题思路，体会分数乘法与现实生活的密切联系。通过这样解决一个问题到解决一类问题，进而学习和领悟其中的原理和方法。这就是数学学习中的长见识、悟道理，真正在数学学习中有所收获。

三、教学反思

通过这个案例,可以感受到学生能够从生活实际出发,借助画图的方式,描述和分析问题,促进思考,发展几何直观。也感受到通过举生活实例的学习方式,可以培养学生的应用意识,提升学生的数学素养。

(一) 以图促思,发展学生的几何直观

面对"一个量比另一个量多(少)几分之几"的新问题,能够借助几何直观,通过画图的方式来描述和分析问题,寻求解决实际问题的思路。通过具体数量图或是抽象的线段图,找准单位"1",分析这种新的数量关系,确定一个量比另一个量多还是少几分之几。还有明确问题求的是一个量比另一个量多(少)多少,还是求的另一个量是多少。以图促思,利用直观模型,更好的理解分数乘法在生活中的应用。

(二) 举一反三,培养学生的应用意识

学生举出一些生活中类似的例子,是一个开放性的问题。关注到学生不仅可以根据不同生活经验,举出不同情境的同类型例子。还能够尝试把"多几分之一"变成"多几分之几"或变成"少几分之几"的情况。举一反三、灵活应用的过程,更是对数学知识本质的理解。在教学中,不仅需要关注学生对于基础知识的掌握情况,更要关注学生能够正确应用数学知识解决生活实际问题,体会数学在现实生活中的应用价值。

四、评析

分数乘法是数学中一个非常基础的知识,在现实生活中也有很多运用。小作者善于观察和思考,在生活中发现了一个需要用到分数乘法解决的问题,进行多种方法解决,然后进行拓展延伸,达到触类旁通。在这个过程中实用知识、增长见识和领悟道理,获得了很成功的数学学习体验。

或许有人不喜欢数学,但他绝对离不开数学。数学的知识、方法、思想、观念广泛地渗透在我们生活的各个方面。小作者通过"分数乘法解决实际问题"这样一件小事,向我们展示了用数学原理解决现实生活问题的简洁性和准确性,增长了分数乘法的见识。

数学教育改革越来越重视培养和发展学生的"数学素养",即会用数学的眼光观察现实世界、会用数学的思维思考现实世界、会用数学的语言表达现实世界。其中,会用数学的思维思考现实世界的表现之一,就是寻找数学基本概念之间、数学与现实世界之间的联系,分析、解决简单的数学问题和实际问题。也从某个角度认识了数学学习、数学思考和数学运用的重要性,这就是悟道理。

(评析人:曾小平　首都师范大学初等教育学院)

多边形面积之间的关系研究

学生：王子菡（北京市西城区师范学校附属小学）
指导教师：王新春（北京市西城区师范学校附属小学）

一、案例呈现

人教版小学五年级下册数学教材第 104 页，有这样一道题目（如图 1），这是一个关于比较平面图形面积大小的问题。题目要求如下：先设法求出下面每个图形的面积，再比较它们的面积，你发现了什么？（记作问题 1）

图 1

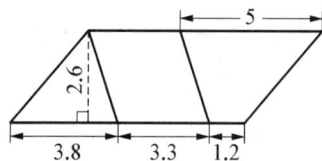

图 2

类似问题在学生学习完多边形的面积后解决问题的情境中出现过很多次。再如，有一块平行四边形的地（如图 2），分成三块，从左到右第一块地种黄瓜，第二块地种西红柿，第三块地种茄子，哪块菜地的面积最大？（单位：m）（记作问题 2）

以上这些问题都涉及到比较平面图形面积大小，在比较面积大小的过程中，我有四种不同的方法。下面我们以问题 1 为例，进行具体的分析。

方法 1：根据需要，测量相应的数据，利用面积公式计算面积，再比较大小。

因为长方形、平行四边形、梯形和三角形这四个图形都在两条平行线之间，所以高相等，因此高只需要测量一次。再测量每个图形的底（如图 3），就可以比较面积大小了。

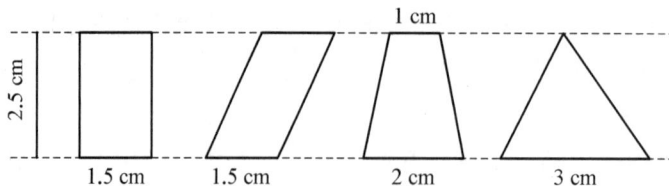

图 3

$S_长 = 1.5 \times 2.5 = 3.75 \text{ cm}^2$，$S_平 = 1.5 \times 2.5 = 3.75 \text{ cm}^2$，$S_梯 = (1+2) \times 2.5 \div 2 = 3.75 \text{ cm}^2$，$S_三 = 3 \times 2.5 \div 2 = 3.75 \text{ cm}^2$。

$S_长=S_平=S_梯=S_三$，因此，这四个图形的面积相等。

方法 2：利用含有字母的式子表示图形的面积，根据表达式比较面积的大小。

决定这些图形面积的关键要素就是底和高。这些图形都在两条平行线之间，所以它们的高都相等，设高为 h。因此只需要知道每个图形中底的长度就可以比较面积的大小了（测量结果如图 4）。

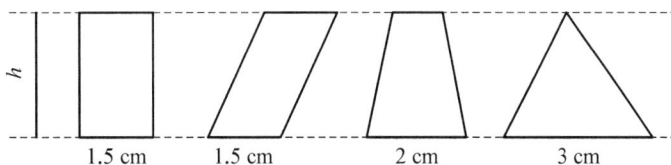

图 4

$S_长=1.5h$，$S_平=1.5h$，$S_梯=(1+2)h\div 2=1.5h$，$S_三=3h\div 2=1.5h$。

$S_长=S_平=S_梯=S_三$，因此，这四个图形的面积相等。

方法 3：把每个图形都等积变形，然后再比较面积的大小。

先比较长方形和平行四边形的面积，长方形的长等于平行四边形的底，长方形的宽等于平行四边形的高，所以长方形和平行四边形的面积相等。

下面只需要比较梯形、三角形和平行四边形面积就可以了。

因为梯形和三角形在推导面积公式的过程中，都与平行四边形有关，沿着这三个图形高的一半割开，把三个图形都转化成平行四边形，再进行比较。

它们的高相等，因此高的一半也相等。只需要测出它们的底即可比较，结果如图 5。通过比较，这四个图形等底等高，面积相等。

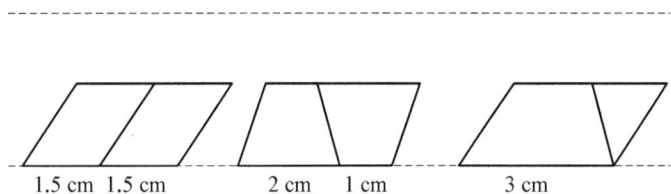

图 5

方法 4：从更大的视角看，长方形、平行四边形、三角形都可以看作特殊梯形，只要比较这些梯形的面积就可以了。

为什么长方形、平行四边形、三角形都可以看作特殊梯形呢？

当梯形的上底和下底一样长时，就是平行四边形。

当梯形的上底和下底相等，且底与腰相互垂直时，就是长方形。

当梯形的上底缩成一个点，就是三角形。

这样我们就可以把这四个图形都看成梯形来比较大小。因为高相同，只需比较"上底"与"下底"的和即可。

$S_{长}=(1.5+1.5)h÷2$，$S_{平}=(1.5+1.5)h÷2$，$S_{梯}=(1+2)h÷2$，$S_{三}=(0+3)h÷2$，$1.5+1.5=1.5+1.5=1+2=0+3$，所以，长方形、平行四边形、梯形、三角形面积相等。

通过以上四种解决问题的方法，我们可以看到各种方法之间有联系也有区别。在平时的数学学习中，我们要认真观察、认真思考、积极探索，发现和找到解决问题的方法。同时，我们不能只满足于一种方法，只要善于思考，一定能找到多种方法，灵活的解决问题。

二、教师点评

在解决这类题目的过程中，班中有不少学生都是借助面积公式分别计算几个图形的面积，再比较面积大小的。小作者在这道题目中呈现出多种不同的方法，借助面积公式直接计算、借助高相等利用面积公式进行推理、通过割补等积变形进行比较、以及统一为梯形的面积公式进行比较。

这些正是由于她深刻理解了数学知识，即对图形面积意义的深刻理解，牢固掌握了各种图形面积计算公式的方法。同时她有主动增长见识，即主动沟通图形之间的联系，利用这些联系巧妙地解决问题。进而通过探究和解决问题的全过程悟出道理，即感受到数学知识、数学方法、数学思维、数学思想融为一体，同时领悟到数学思考没有边界、数学学习没有止境。

三、教学反思

图形面积是小学数学中的重要内容，它不仅对学习数学知识起着基础性作用，同时对掌握数学方法也是基础，更要培养学生灵活的、深刻的数学思维。在学生掌握了各种图形面积计算公式的基础上，教师要引导和帮助学生沟通各种图形的特征及其面积计算公式之间的内在联系。

回顾这些图形在面积推导的过程(如图6)。从左往右看，根据长方形的面积公式，可以推导出其他图形的面积公式。从右往左看，我们在探讨一种新的图形面积时，都能把它转化成已经学过的图形。

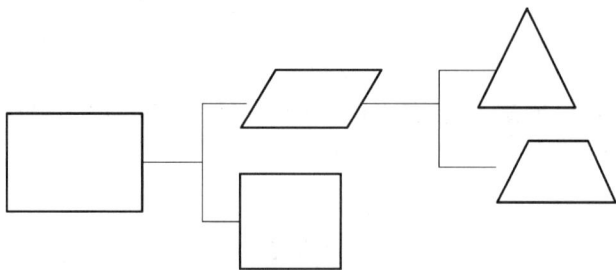

图6

同时，我们可以将其他图形看作梯形在不同条件下的特殊情况，从边的变化角度让学生体会到图形面积的计算公式也有着奇妙的联系(如图7)。进而把这些平面图形面积的计算方法统一为梯形的面积公式 $S_梯 = (a+b)h \div 2$。这无疑是对多边形的面积计算方法及图形之间联系的又一次深化,也让学生感悟数学的神奇与魅力。

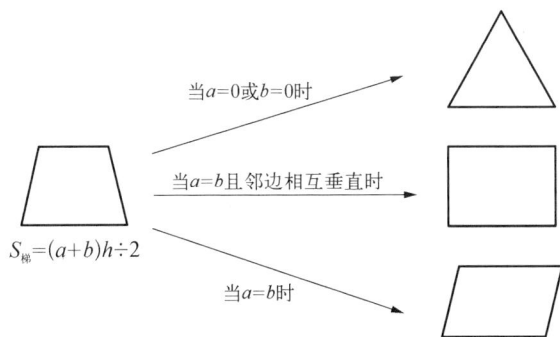

图7

总之,作为新时代的高素质教师,我们需要明白,教学不仅要关注知识,更要关注知识后面隐藏的东西,让学生增长见识、领悟道理。要长见识,就需要接触相关事物,寻求联系、发现规律。要悟道理,就需要多反思、多反省,努力寻求对学习、对生活、对人生有意义的启迪。

四、评析

对任何一个教学问题的解决,教师都会有自己的理解,但是可能会有不同的侧重点。侧重点不同,教学过程的实施也就不尽相同。

在这个类型题目的教学中,有的教师侧重估测面积的大小,发展学生的几何直观;有的教师侧重于基本图形面积公式的巩固;有的教师侧重于图形间的关系;有的教师侧重于如何打通三个公式之间的联系,尝试用梯形面积公式解决三角形和平行四边形的问题。这就是"学知识"的层级,当然,这个"知识"是广义的,不仅包含数学中的核心概念、常用结论,还包括基本思想和典型方法。

在教学准备过程中,教师确定并设计教学重点的过程,其实就是教师钻研教材的过程。首先,教师要选取典型的学习素材,注重学生核心能力、核心思想的渗透和发展,才能从一个较高的站位审视教材、充分利用教材,不能就题解题,达到"长见识"层次。其次,创造性地挖掘已有的习题资源,要善于从一题多用中挖掘知识点之间的联系,拓宽学生学习的广度,将钻研引向深处,达到"悟道理"的境界。

(评析人:曾小平　首都师范大学初等教育学院)

可爱的轴对称图形，真有趣

学生：何诗雅（新疆塔城地区塔城市第二小学）

指导教师：尹双花（新疆塔城地区塔城市第二小学）

一、学习体验

今天，尹老师给我们讲的数学课是《轴对称图形》，我感觉今天的课非常有趣。

小蝴蝶的翅膀，左右那么一对折，哈哈两边翅膀就完全重合了，尹老师说，这种现象就是对称现象，那么这只小蝴蝶图形，对折后两边翅膀完全重合了，这样的图形就是轴对称图形。尹老师又问："同学们，你们看着'轴对称图形'这几个字，有什么想问的吗？"我当时就举手大声问："我想知道什么是轴？"尹老师并没有直接告诉我们答案，反而问我们："那你们就认真想一想什么是轴呢？轴对称图形的轴又在哪里呢？它又有什么特点呢？"这可激起了我们的好奇心和探索欲望。

尹老师通过指导我们折一折、画一画、剪一剪，说一说，使我们明白了什么是轴对称图形的"轴"，它叫做轴对称图形的对称轴。通过找身边的轴对称图形使我们明白了轴对称图形在我们的生活中无处不在。你们可别小瞧我们二年级的小朋友，我们人小力量大，小组合作，齐心协力，学会了用数学的眼光观察身边的图形。

数学课，原来这么神奇呀！轴对称图形，原来这么有趣呀！轴对称图形中还隐藏着这么多的奥秘在里面，我以后一定要认真观察，好好学习，多多发现数学中的小秘密。

回到家中，我很嘚瑟地给爸爸妈妈讲我今天学到的知识，爸爸妈妈直夸我是上课认真听讲的好孩子，我心里乐滋滋的。我对妈妈说："您的夸奖让我高兴极了！我以后上课会更加认真听讲哟。"

二、教师点评

老师看出来了，你上课始终跟着老师提出的问题积极思考，大胆表达自己在解决数学问题中的疑惑，这是学习数学非常可贵的品质，值得其他孩子学习。希望这些好的学习习惯一直保持下去。

在你这段富有童趣的文字中，通过"折、画、剪、说"的表述，可以看出你对轴对称知识掌握得很好。作为你的老师，我也很欣喜。

儿童学数学，正如你所说，因为有趣激发了你的思考，数学变得非常的神奇，它里面的奥秘太多太多了。老师相信，专注学习、独立思考的你，一定会发现数学王国里更多更多的奥秘！

三、教学反思

对于学生来说,书本上获得的知识容易被遗忘,而学生自己动手亲自体验操作过获得的知识却记忆深刻,正如"纸上得来终觉浅,绝知此事要躬行"。在这节课中,我结合教材内容和二年级学生认知特征,将"三教"理念融入课堂,落地在学生思维深处,力求使学生能够在学习轴对称图形相关知识的同时扩大知识视野,感悟对称之美,增长见识。

(一) 想数学:创设情境,激趣导入

本节课教学,趣为先导,从猜一猜游戏开始,创设学习轴对称图形知识的问题情境。选取具有代表性、学生熟悉的心形树叶、蝴蝶和飞机。课件只出示树叶图形的极小一部分,让孩子们猜,再增加一点,再猜……并不断追问:你是怎么想的? 通过猜想、有依据的理性思考表述,使学生初步感知对称是什么样的。通过图形的直观呈现、语言的准确表达,使抽象轴对称图形的知识形象具体,学生在感兴趣的情境中想数学,体验到数学知识来源于身边熟知的日常生活。

当学生初步感知轴对称图形知识后,接着让学生说说自己身边的对称现象,并用课件出示大自然中的对称现象。面对这些美妙可感的情境,孩子们被这种文化氛围陶醉了,流露出的不只是惊喜,还有几分疑惑:对称现象好神奇呀! 它们到底隐藏着什么数学奥秘呢? 将学习主动权还给了学生。

(二) 做数学:动手实践,体验感悟

小学阶段,许多数学知识蕴含在儿童熟悉的生活现象中。本节课教学,通过课件动画演示,沿着树叶、蝴蝶、飞机的轮廓描下来,就得到了三个平面图形。让学生清楚观察理解,轴对称图形是对称现象中抽象出来的平面图形。我抛出问题:它们有什么共同特点呢? 对于这个问题多数学生回答:两边都一样。口说无凭,怎样证明呢? 激起孩子们的探究欲望。

为了引导学生理性证明,孩子们在剪一剪、折一折、画一画、说一说等活动中主动探究轴对称图形的特点。这个教学环节,始终以学生动手操作实践为主,教师通过"导"和"引",实实在在让孩子们动手实践去体验,去思考,在"做"中理解轴对称图形知识。为了证实所有的平面图形都是轴对称图形吗? 我顺势拿出一个平行四边形,问:"它是吗?""是?""不是?"一石激起千层浪! 学生自己动手验证,在动手实践活动中体验"完全重合"和"不完全重合"的区别,为辨别是否是轴对称图形奠定了基础,并让学生感受体验对称之美和不对称之美。经历这样真实的发现过程,在逐渐"做数学"中学会思考学习。

(三) 说数学:有序思考,清楚表达

纵观整节课的教学全程,力图让学生用自己的思维方式自由开放地去发现、去探索、去再创造,培养学生的动手操作、动脑思考,创新意识的培养。教学时,为了让学生充分感知到轴

对称图形的特征,无论课前情境引入,还是课中学生小组合作;无论在学生动手操作实践体验中,还是思考后主动提问;无论学生单独回答问题,还是全班分享交流,我在整个教学进程中,都非常注重孩子用自己的语言清楚地表达自己的想法,分享自己的观点。每个环节,都给学生创设交流表达的机会,适时引导,重视学生"有步骤地想、有条理地说",培养学生语言表达能力。

这节课,仍需有完善之处。例如,因备课时没有充分考虑到孩子年龄小,动手操作会费时,导致课堂教学时间分配上前松后紧,练习量欠少。当个别学生口头表达不清楚时,应再给孩子一些思考时间并给予孩子适当的帮助。在今后教学中,我会在课堂中继续渗透"三教"理念,在体验中思考,在思考中表达,在过程中应用。陪伴学生每天进步,自己教学每天都有新的收获!

四、评析

小学二年级数学中的轴对称图形认识,是儿童学习对称图形的启始课。其实"对称"在数学中既有"形"的特征,也有"数"的特征,如 $a+b=b+a$ 之类。如果提升到哲学的角度看,客观世界具有对称性,引导人类对事实从对称的角度认识客观存在,这与中国传统文化的哲学观一致。

本节课教学,教师根据儿童的认知水平和教材的编排,重在从"形"的角度,引导儿童初步感悟"轴对称图形"的特征:以"轴"分两半,对折能重合。教师在课堂上通过丰富的具有童趣且适合学生动手去"折、剪、画、说"再发现,创造属于自己思考的"轴对称图形",深刻理解概念,真正践行学数学"做中行"的理念,呵护童真,生发智慧,增长见识,感悟原理。同时,教师引导学生主动质疑,带着问题去探究,独立思考后有序表达,表达之后去发现。创设这种民主的课堂氛围,学生学得活、想得宽、理解透,用得好。

何诗雅同学,用儿童"浅而真"的文字,记录了老师在本节课教学中打动小朋友内心主动思考的情节,有"趣"有"疑"有"思"有"悟"。更为可贵的是,与父母交流当天数学"轴对称图形"知识学习,因获父母表扬而主动去喜欢数学老师,更爱上数学,突显了家长对孩子教育的智慧:学校三分教,家庭七分育。在家校合力中,促进学生良好的思维习惯不断向上生长。

(评析人:尹 侠 贵州省遵义市余庆县实验小学)

立方体的个数与视图顺序有关吗

学生：刘尚锟（首都师范大学附属小学柳明校区）

指导教师：黄燕舞（首都师范大学附属小学柳明校区）

一、心灵之花

（一）引言

北师大版小学六年级上册数学教科书第 32 页"搭积木比赛"的"比赛二"是一个构造立体图形的题目。在与同学的交流中，我发现：有的同学先满足上面看到的，有的同学则先满足左面看到的，导致了结果的不同，所以，我想弄清先满足面对于结果会不会产生影响。

（二）问题提出

北师大版小学六年级上册数学书第 32 页"搭积木比赛"比赛二题目如下：

搭一搭，一个立体图形从上面看到的是下左图，从左面看到的是下右图。

搭这样的立体图形最少需要多少个小正方体？最多需要多少个小正方体？

（三）问题分析

这个问题的本质是利用三视图确定立体图形，不过只给了俯视图与左视图。我们可以先找出最少需要几个小正方体，再逐步增加小正方体数量，直到不能增加为止，就得到最多需要多少个正方体。

方法 1：先满足从上面看到的，最少需要 4 个，即为：

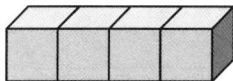

但是这个立体图形从左边看为：

不符合要求,所以要再加上一个正方体,就得到:

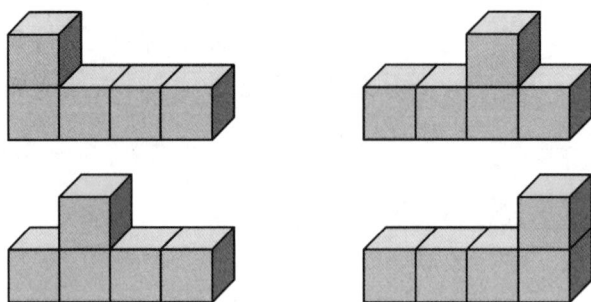

所以最少为 5 个。

再逐步增加到 6 个:

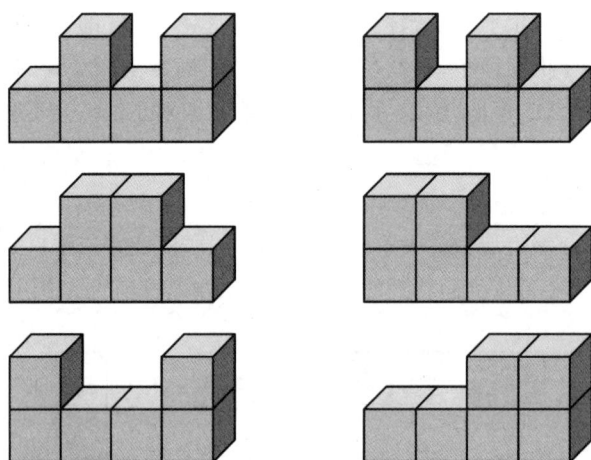

再逐步增加到 7 个:

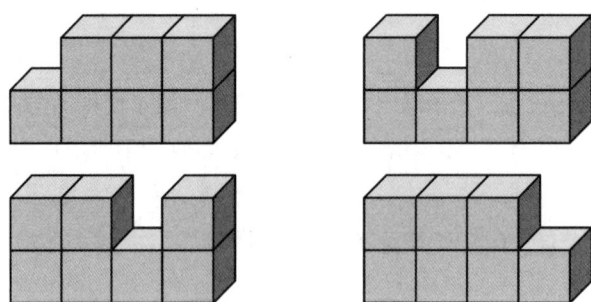

再逐步增加到 8 个:

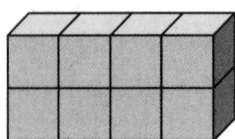

可知,最多为 8 个。

方法 2: 先满足从左边看:

但从上面看不符合,所以要逐步增加小正方体。增加到 5 个时,正好合适:

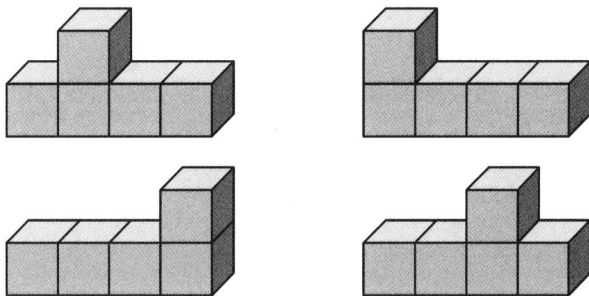

增加到 6 个时,也合适:

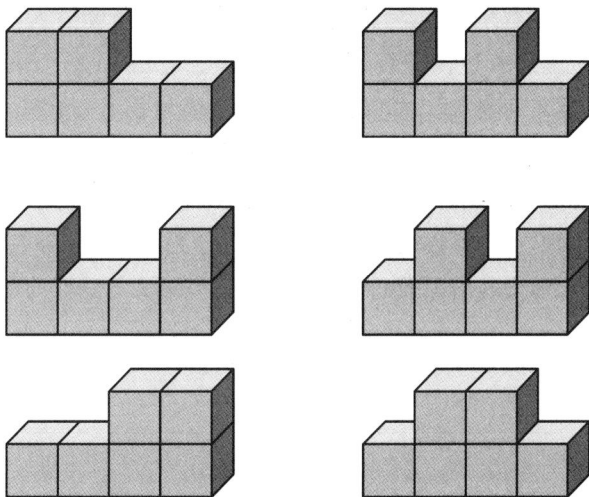

增加到 7 个时,也合适:

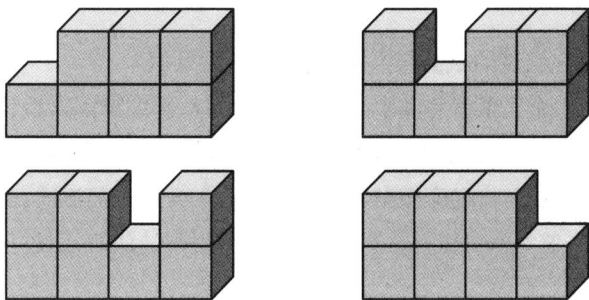

增加到 8 个时,也合适:

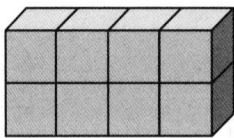

再增加,就不合适了。可知,最多为 8 个。

(四) 结论

先满足什么后满足什么,不会对结果构成影响。所以我们先满足什么都可以,最好在做题时检查一下,有条件可以用正方体搭一搭进行验证。

二、教师点评

在搭立体图形的过程中,很多学生会先选择满足一个角度所看到的图形搭起,然后再满足第二个角度所看到的图形。在搭一搭的过程中,很少会想到从不同的角度搭立体图形,是否会影响小正方体所用的数量。于是,作者通过分别从不同角度搭立体图形进行了多次尝试,并把每一次搭的过程记录下来,最终得到了结论。发现先满足哪个角度都可以,不会影响最终的结果。再经历提出问题与解决问题的过程中,作者增长了关于解决图形问题的见识。

可贵的是,作者在进行搭立体图形的过程中,还发现搭出的立体图形在满足两个角度所看的图形基础上,小正方体的数量最多和最少,找到了小正方体数量的范围。在这个过程中,作者有所感悟、有所发现,悟出了数学的道理与学习的过程。作者能够在实践过程中,发现问题,提出问题并解决问题,表现出很强的研究意识与研究能力。这样的学习过程与学习习惯非常可贵。

三、教学反思

通过学生的问题研究,可以发现学生对于数学问题存在着好奇与探究意识。动手尝试是学生学习过程中很好的学习方法,能够为学生产生问题提供可能性,同时也为学生进一步研究提供路线引导。

1. 要增加学生独立尝试的机会与空间,增长学生的见识

学习过程应该是一个完全参与其中的过程,不能由教师的讲解所替代。只有学生参与了学习过程,才能算是真实发生了学习活动。所以,针对教学内容,安排和设计与学生生活实践相联系的学习活动很重要。借助有效的学习资源,引导学生独立尝试,通过操作、观察、比较和交流等活动,让每一位学生在已有认知的基础上,获得新的认知,通过理解与内化的过程建构起新的知识体系。

2. 鼓励学生在问题引领下展开学习,领悟其中的道理

学习活动的发生往往是在问题驱动下,学生发现问题是重要环节。在课堂上,教师要鼓励学生提出问题和解决问题,围绕问题展开学习,并形成自己的体验。这样的学习才是学生愿意参与其中的,是具有学习动力的。学生在问题引领下的研究,是深度的研究。同时,学生可以多角度论证自己的想法,这样的学习不仅深度而且还是主动的学习。教师在课堂教学中,有意识的引导学生提出有价值的问题,培养学生发现问题的习惯,真正发展数学素养。

四、评析

我们都知道,数学是研究数量关系和空间形式的一门科学,具有高度的抽象性、严谨的逻辑性和运用的广泛性。数学与人类发展和社会进步息息相关,成为古今中外基础教育的一门公共必修课程,受到广泛的重视。

运用数学知识解决具体问题时,不仅需要考虑理想化的计算结果,而且要考虑现实情境的需要。因此,在解决问题时,往往可以从不同的角度进行思考,得到不同的解决方法,其结果会不会不同呢? 这需要去我们进行思考与研究。

作者正是意识到这一点,从不同的视角采用不同的方法解决同一个问题,得到相同的结果,进而领悟到方法对结果没有影响。作者在这个过程中积累了数学运用于生活的基本经验,在能力上、情感态度上都得到了更高层次的发展和优化。这就是我们所主张的学知识、长见识和悟道理。

(评析人:曾小平　首都师范大学初等教育学院)

酷炫扑克，玩转数学

学生：郭思嘉（福建省福州市群众路小学）

指导教师：李文静（福建省福州市群众路小学）

一、心灵之花

今天，李老师和我们一起上了一节关于扑克牌游戏的数学课。课上我们玩了"谁最快"、"谁最大"、"抢最大、最小"三个扑克牌游戏，后面两个游戏给我留下深刻的印象。

"谁最大"的游戏规则是用四个花色的1—9共36张扑克牌，打乱顺序，每方轮流抓2张牌，用抓到的两张牌做乘法运算，积大的一方获胜，积相等则平局。我们一二组欢欢队与三四组乐乐队对抗赛，我代表欢欢队上台抽牌，当我抽出第一张红桃2时，刘剑同学抽出了黑桃9，哇！大牌！乐乐队会赢！台下同学欢呼起来，我的同桌站起来不服气地说："不一定，还要看第二张牌。"老师请我们继续抽牌，我抽了梅花8，刘剑抽中方块4，最后还是乐乐队获胜。第二局，我是4，对方是8，我一阵失落，老师问："猜猜谁会赢？"乐乐队好几位同学都说："我们的8比你们的4大，我们会赢。"我反对："不一定呀，如果你们抽到的第二张牌是A，我们摸到3，我们就获胜。"我的话音刚落，好几位伙伴都支持我的观点。我们继续抽牌，我是6，对方是3，啊！这回双方的积一样大，打成平局。第三局，我是3，对方是7，哎呀呀，今天的运气不太好，怎么老是比对方小，第一桌的王东阳安慰我说："别放弃！后面可能有大牌。"果真这样，我又抽出8，对方是2，这次我们是大赢家。笑声、掌声过后，老师请我们说说你发现了什么？我后面的黄乐馨说："积的大小与两张牌都有关系。"曹东启说："单看第一个乘数不行，积的大小与两个乘数都有关系。"在扑克牌的游戏中，我们有了新的数学思考。

"抢最大"的游戏规则是用四个花色的1—9共36张扑克牌，打乱顺序，每方轮流抓3张牌，用抓到的三张牌做乘加运算或乘减运算，得数大的一方获胜，双方得数相等则平局。我和同桌方语萱玩得很开心，这回我抓到了5、3、6这三张牌，我算 $6×3+5=23$，语萱看了我的牌后笑嘻嘻地说："还有一种算法得数更大。"我仔细地想了想，"对呀，我还可以把 $6×5+3=33$ 或者 $5×3+6=21$。比较这三种算法，$6×5+3=33$ 这种算法得数最大。我用这种方法赢了语萱的"$4×6+2$"。接下来，我把抓到的三张牌先按从大到小的顺序排列，然后用老大×老二＋老三来算，连续赢了好几局。游戏结束后，我和全班同学分享了我的法宝，同学们都夸这种方法管用。我要谢谢我的同桌，她的提醒让我有了新的发现，在游戏中，她不是我的对手，而是我的合作者。这样有趣的扑克牌游戏不仅让我们玩中学，还让我们的友情更加美好。

二、教师点评

计算教学是小学数学教学的重要组成部分,口算教学又是整个计算教学的基础。如果每天布置口算题,一二年级的小朋友面对枯燥的计算总提不起兴趣,又违背了"双减"政策。扑克牌是儿童喜闻乐见的学具,它可以成为提高学生运算能力的数学课程资源,激发学生的学习兴趣,有效提高运算能力,发展学生的数学思维。

小作者在扑克牌游戏中理解游戏规则,重温表内乘法、乘加、乘减的计算方法,还发现了"积的大小和两个乘数都有关系""三个数乘加运算,把较大的两个数相乘加上最小数,得数最大"等规律与策略。在体验活动中她积累了解读游戏规则的数学活动经验,既培养了数学阅读能力,又感悟到推理的数学思想方法。

三、教学反思

上述案例,老师利用扑克牌上的数字,带孩子们研究数学。学生在"玩"扑克牌游戏中不仅重温表内乘法,乘加、乘减的运算,提高运算能力,还运用巧算、观察异同点、直观判断、推理等方法解决游戏中的问题,积累数学活动经验,感悟优化思想,培养数感。既探索和发现数学知识的无穷趣味,又体验游戏背后隐藏的数学思维方法,寓教于乐。

四、评析

以上扑克牌游戏设计精巧,寓教于乐,让学生在游戏中加深表内乘法口诀的熟练掌握。教师充分调动了孩子的学习积极性,孩子们学得很开心,是一节值得学习和研究的好课。在观课的过程中,我主要围绕两个问题思考。

第一个问题,"双减"背景下,我们何去何从?政策出台后,明确规定了一二年级不布置书面家庭作业。我们不免产生这样的担心,"双减"背景下一二年级的课堂要发生怎样的变化?如何保质提质?我其实也一直跟我的团队的老师在思考这个问题,我相信也是很多老师所关心,所焦虑的问题。所以我在想,我们是不是要考虑一二年级数学的基本要素是什么?就我看来,一二年级最重要的两个数学元素有两个:一个是运算能力,一个是问题解决能力。很明显李老师这节课是关于运算能力的培养,运算能力作为核心素养之一,它全面支撑几大学习领域,贯穿不同学段。

我个人觉得运算能力有几个层面,第一是计算的正确性,第二是熟练程度,第三要掌握简便的方法,第四要提升运算的策略。我们看今天的这节课,这节课设计的三个游戏,分别是谁最快、谁最大,还有抢最大抢最小,这三个游戏的设计体现了对计算的正确性、计算的速度、敏捷性、计算的深刻性的关注与培养。从整节课来看,让我印象深刻的有一个环节,就是游戏后老师引导学生交流"四乘以七忘记口诀了怎么办?"学生说有不同的方法,可以用三乘七加七,四个七相加,或者五乘以七减七,这其实就是着眼于算理和算法,让学生去理解。本节课对运算能力的培养还体现在第三个扑克游戏,实际上是关注到计算的策略,老师最后让学生去总结:2、3、7三个数做乘加运算怎样算得数最大,学生总结出"老大"乘以"老二"加上"老三",这其实就是一种基于观察体验学习后学习策略的提炼和提升,我们算是为了不算,教是为了不教。我们无法把所有的计算题都训练过,但是在这里如何很快地把结果最大的算式找出来,我觉得老师的这个处理是有必要的,应该的,甚至还要再继续深化。要创造机会,给予时间让个别学生的感悟上升为大部分学生的共识并应用这种新的策略去深化学习的体验。这样,可以实现体验到经验的深化,在指导应用中升华学生的体验。

第二个问题是我们要建立怎样的课堂价值观。我觉得这节课让学生经历体验、思考、表达。贵州师范大学吕传汉教授倡导的"数学三教",即教体验、教思考、教表达,让学生在"数学三教"中增长见识。我想这节课的体验也很多,比如说,学生对游戏规则的体验,体验规则的公平性,对学习情感的体验,体验游戏胜利的快乐,反思暂时落后的原因。对知识加工的体验,计算就是一种知识加工。我很认同这种体验活动。当然我们单是体验还不够,还要上升为经验,比如第二个游戏中介绍了三种不同情况下的策略(两个算式中,一个乘数相同另一个乘数不同;一个算式中两个乘数分别大于另一个算式中的两个乘数;两个算式的乘数相同,位置交换的算式),可以提炼板书出来。关于思考,我觉得思考离不开好问题、好情境,还有给予充分的时空。在游戏中,李老师提出问题"你猜谁会赢?"我觉得这是一个非常好的问题,这个问题也是很有广度的,学生可以有不同的猜测,实际上这个环节还可以优化。比如,在两组都出示第一张牌后,教师可以提问,认为欢欢会赢的同学请举手,认为乐乐会赢的同学也请举手,接着提问没有举手的同学,为什么你不举手?当学生回答出两种都有可能后,教师可以让学生思考,他说的有道理吗?在什么情况下,欢欢会赢,在什么情况下乐乐会赢?有可能平手吗,请认真想一想,同桌讨论一下。经过充分的思考和讨论,老师可以让学生进行全班交流,在交流中深化思考,在表达中完善认知,体验分类思想。在上课和观课的过程中,我一直赞同和坚持让学生把思考的过程表达出来。重视学生体验,提升经验,让学生会思考,会表达,在学习中增长见识,这是我们可以继续坚持,坚守和共同遵守的价值观。

(评析人:叶育新　福州市鼓楼区教师进修学校)

《年月日》教学课例

瞿宇峰（贵州省习水县温水镇星文小学）

一、教学设计

(一) 知识点

认识时间单位年、月、日,掌握年、月、日之间的关系,知道平年、闰年等有关知识,记住各月及平年、闰年天数,能初步判断平年、闰年,建立时间概念。

(二) 学习背景

1. 教材分析

首先,教材提供了2011年年历卡,它具有特殊意义并让学生初步认识年、月、日,感受数学知识和实际生活的紧密联系,培养学生的爱国主义精神和保护环境的意识。其次,利用年历组织学生进行一系列活动,让学生有目的地观察年历,并回答问题。此外,教材还介绍了拳头点数法和记大月的歌诀。教学时,教师应注意结合学生的生活经验,力求让学生在实际情境中,体会年、月、日的实际意义;注重知识的形成过程,培养学生分析、处理信息的能力和自动获取知识的能力。

2. 学情分析

三年级学生在之前的学习中已经掌握了时、分、秒等时间方面的知识,大多数学生在实际生活中积累了年、月、日方面的感性认识,在解决实际问题的过程中,能独立进行简单的、有条理的思考,并且具有初步的合作意识与合作能力。它是在学生已经认识了时、分、秒等时间单位的基础上进行学习的。有关年、月、日的知识具有常识性,学生在课堂上虽然没有系统学过,但在实际生活中已有一定的经验。

3. 核心问题

探究发现年、月、日之间的关系;发现并掌握大月、小月的判断方法。

(三) 学习目标

1. 认识时间单位年、月、日,掌握年、月、日之间的关系,知道平年、闰年等有关知识,记住各月及平年、闰年天数,能初步判断平年、闰年,建立时间概念。

2. 培养学生认真观察、分析和推理的能力。

3. 对学生渗透热爱祖国等思想品德教育。

(四) 教学重难点

1. 重点：时间单位年、月、日，及平年、闰年。

2. 难点：年、月、日之间的关系；通常每四年一闰年的道理。

(五) 教具准备

教学课件、投影仪、年历等。

(六) 学具准备

学生自备年历卡一套。

(七) 设计思路

1. 本节课的教学设计充分考虑到了学生的实际生活经验和已有的知识储备，教学中不再拘泥于传统的教学模式，教学重难点根据实际情况确定。学生在学习之前，已经通过向家长询问、翻阅课外读物、上网等手段，基本了解和掌握了一部分有关年、月、日的知识。因此在抓住重点的同时，以突破"月大与月小"这一难点作为教学的一条重要的线索展开。

2. 在教学中精心设计问题、练习，结合相关时间事件给学生以"润物细无声"式的思想品德教育，培养爱国主义精神。

3. 教学中，采用灵活的学习方式，培养学生既能独立、又能相互合作获取知识的能力。尊重学生，允许他们用自己的方式来学习掌握数学知识。

二、教学过程

(一) 片段一：创设情境，生成问题

(1) 有个宝宝真稀奇，身穿 360 多件衣，天天给他脱一件，等到年底剩张皮——打一物。（日历）

(2) 72 小时——猜一个字。（　　　）

提示：一日是多少小时？72 小时是几日？

小结：因为 1 日＝24 小时，而 72 小时里面有 3 个 24 小时，也就是 3 日，3 个"日"字合起来就是一个"晶"字。

同学们，我们已经学过了时间单位，小时、分、秒，那么还有哪些时间单位呢？

(3) 带领学生背学过的儿歌："太阳大，地球小，地球绕着太阳跑。地球大，月亮小，月亮绕着地球跑。"并讲解：地球绕太阳转一圈的时间是一年（板书：年），月亮绕地球转一圈的时间大约是一月（板书：月），地球自己旋转一圈的时间是一日（板书：日）。

(4) 这节课我们一起来学习"年、月、日"的知识，年、月、日和我们学过的时、分、秒都是常用的单位。

设计意图：猜谜开头，很快引起学生的注意力，激发了学生的求知欲望，既复习了旧知识

"1 日＝24 小时",又唤起了学生的生活经验,孕伏了新知识。儿歌的朗诵和教师的讲解,将数学知识与有关语文知识、自然科学知识、生活实际经验有机结合,既创造了良好的情境,激发了学生的求知欲,又恰到好处地介绍了年、月、日规定的客观依据。

(二) 片段二:探索交流,解决问题

(1) 教师边出示年历卡边讲:年历卡里面有许多"年、月、日"的知识,请大家拿出课前准备的年历卡(2008)仔细看一看,你们自己的生日是哪一天,请你用铅笔圈出来,同桌可以互相讨论。

(2) 教师出示自学尝试题。

a. 看年卡,一年有几个月? 每个月份各有多少天?

b. 哪些月份是 31 天? 哪些月份是 30 天?

c. 2008 年全年有多少天? 2003 年全年有多少天?

d. 平年 2 月有多少天? 闰年 2 月有多少天?

e. 通常几年一闰,为什么会有闰年?

(3) 学生讨论尝试题,教师边问边板书:

年	月	日
1 年	12 个月	365(366)天
(1、3、5、7、8、10、12)	是大月	31 天
(4、6、9、11)	是小月	30 天
2008 年(闰年)	二月	29 天(全年 366 天)
2003 年(平年)	二月	28 天(全年 365 天)

(4) 教师问:大月中,哪两个月是连续的大月?

(7 月和 8 月,12 月和下年 1 月)

(5) 出示投影图:左拳头图(师生握起左手齐数)。

(6) 怎样才能记住大月和小月呢? 要求学生看课本第 48 页儿歌:一、三、五、七、八、十、腊(腊月,指 12 月)三十一天永不差。

(7) 是不是每年的月份都是这样的呢? (教师边问便打出投影:1998 年的月份)

(8) 教师引导学生边看投影(49 页)边找规律:二月份有 28 天的,也有 29 天的,每 4 年中有一个二月份是 29 天,其他月份相同……

(9) 教师小结:我们把二月份是 28 天的年份叫平年,二月份是 29 天的年份叫闰年,通常每 4 年一闰。

(10) 教师出示 2008 年的年历卡问:2008 年是什么年? 谁能计算出这一年有多少天呢? (组织学生讨论、尝试计算)

(11) 教师边问边板书:

第一种方法:$31×7+30×4+29=366$ 天

第二种方法:$30×12+1×7-1=366$ 天

第三种方法：31×12－1×4－2＝366 天

（12）师：谁能根据闰年的天数迅速得出平年的天数？（366－1＝365）为什么？（因为平年二月份比闰年二月份少 1 天）并要求学生于课本第 49 页小括号中填上结果。

设计意图：将学生引向理解课本有关内容，发挥了学生的主体作用，培养了学生的自学能力。学生通过几张不同年份年历卡的比较观察，很容易发现：年份不同，但每年大、小月的排列顺序不变的规律。在这一教学重点环节中，教师通过让学生数年历卡上的月份，看左拳头图和投影上 1993—2004 年的月份，以直观形成表象，然后抽象出年、月、日、平年、闰年的概念，让学生在观察、比较、尝试练习的基础上找出规律，获得知识，锻炼了能力，同时也使学生较快地掌握了计算方法。

（三）片段三：轻松判断平年、闰年

（1）1997 年这一年是不平凡的一年，你们知道为什么吗？（香港回归祖国）1997 年是平年还是闰年呢？（看不同年份年历卡）引导学生观察闰年的年份数是有什么相同之处？平年的年份数又有什么相同之处？（让学生通过除以 4 后进行观察比较。）

1997÷4＝499……1（有余数）　　　　　　　1996÷4＝499（没有余数）

男生算：1993÷4　　　　　　1998÷4　　　　　　2004÷4

女生算：1994÷4　　　　　　1995÷4　　　　　　1999÷4

（2）教师小结：闰年年份是 4 的倍数，平年年份不是 4 的倍数，但像 1900 年、2100 年这种整百数年份，它们是 4 的倍数，却不是闰年，谁知道为什么吗？（引导学生看课本第 49 页书下注解）

（3）小黑板出示：下列各年，哪些是平年？哪些是闰年？

1994　　　2010　　　2200　　　1998　　　2000　　　1800

（4）课堂质疑

师：同学们，想一想，看看还有哪些地方不清楚？

设计意图：让学生通过尝试练习寻找规律，使学生成为学习的主体。并能通过巩固练习加深评判方法，让学生获得成功的喜悦。

（四）片段四：巩固应用，内化提升

（1）课本第 50 页"做一做"练习十二第 1—3 题，小组内交流讨论。指名汇报，共同订正。

（2）投影出示。

A. 判断：

① 每年有七个大月，五个小月；（　　　　）

② 小明出生于 2001 年 2 月 29 日。（　　　　）

B. 抢答：

① 小明在奶奶家连续住了 62 天，正好是两个月，这是哪两个月？

② 你知道一年中还有哪些节日？

（3）讲述：其他节日的来历，请同学们回去后问问自己的父母、长辈，也可以借阅有关书籍，下星期我们在活动课上进行交流，看谁把这些节日的来历讲得最清楚。

（4）回顾整理，反思提升

提问：通过今天的学习，大家学到了哪些知识？

设计意图：通过综合巩固应用练习，使学生初步消化今天所学知识，同时反思小结，及时反馈学生学习情况，以便课后个性化辅导。

（五）片段五：拓展延伸，课堂小结

师：你们收获了什么？

生：领略了二月份的神奇，知道了一年有 12 个月，平年、闰年的天数及其判断。

师：一节课的时间很快过去了，在短短的 40 分钟里，我们能够学习到这么多有意义的知识，希望大家争分夺秒，在以后更长的时间里，合理安排时间，做时间的主人。

设计意图：唤醒学生珍惜时间的观念，感悟本节课的成功，言简意赅，干脆利落。

三、学习体验

以下是几位学生的学习体会。

马志力：从老师的教学中我不仅知道数学就在身边，还深刻感受到数学的趣味和作用；领略了二月份的神奇，知道了一年有 12 个月，平年、闰年的天数及其判断。

穆浩宇：老师用猜谜开头，很快吸引了我们的注意力，儿歌的朗诵和教师的讲解，将数学知识与我们的生活结合，激发了我们的求知欲。

潘雨嘉：老师让我们通过自己独立尝试寻找规律，给我们充分思考和表达的机会，让我们获得了成功的喜悦！

何鑫忆：老师引导我们理解课本有关内容，让我们成为学习的主人，又培养了我们的自学能力。

四、同伴互助

听课的几位老师提出如下意见。

何林学：听了瞿宇峰老师执教的"年月日"一课，感触很深，他在教学中充分尊重学生的主体地位，激发了学生的积极性。教学中能够引导学生积极思考，采用独立探究与合作体验的方式，给学生充分的"思考、体验、表达"的机会，充分运用"三教"进行小学数学课的教学。

袁建科：瞿老师在本课的教学中，既为学生提供了思维发散的空间，又为学生提供了统一认识的依据；既培养了学生的创新意识，又培养了学生尊重科学的精神。老师要尽可能地为学生提供思考、交流、实践、探索的空间，引导学生经历感悟、体验的过程，使教学充满无穷的可能性，洋溢生命的活力。

欧志刚：瞿老师在教学中尊重学生已有的教学经验，关注学生知识获得过程的学习，通过学生小组合作交流和动手操作的实践活动，培养学生的合作意识，渗透建模的思想，培养学生由具体到抽象的转化思想，并养成良好的交流习惯。

五、教学体验

学生是数学学习的主人，教师是数学学习的组织者、引导者与合作者。如何"把课堂还给学生，让课堂焕发生命的活力"就是教师孜孜以求的问题。下面就结合《年月日》一课，谈谈我的几点思考。

(一) 尊重学生已有的生活经验，贯彻落实"教体验"

学生在日常生活和学习中，几乎天天接触年、月、日的有关知识，每个学生都有一定的知识积累。但需要关注的是，不同的学生在这方面的积累是有差异的。而且，学生关于年、月、日的知识应该也是非系统的，模糊的，甚至也可能有错误的理解，但是都为他们学习年、月、日打下了基础。因此在本节课的设计时，我首先安排时间让学生自己观察年历卡，激起学生学习的兴趣，接着让同学们交流自己了解的有关年、月、日的知识，激活学生已有的知识和经验，为进一步学习年、月、日的有关知识奠定基础。（体现了以学生为主体）

同时，在教学如何记住大、小月的时候，我不是把方法直接教给学生而是先让学生在小组内交流，通过交流会的同学就教给不会的同学。这样做，既尊重了学生的认知基础，又使知识丰富的学生感受到成功的体验。（重视教体验）让学生在相互交流中获得了知识。我既让学生自己寻找熟记大小月的方法，又让学生学习课本中熟记大小月的方法；既为学生提供了思维发散的空间，又为学生提供了统一认识的依据；既培养了学生的创新意识，又培养了学生尊重科学的精神。老师要尽可能地为学生提供思考、交流、实践、探索的空间，引导学生经历感悟、体验的过程，使教学充满无穷的可能性，洋溢生命的活力。

(二) 提供更大的探究舞台，贯彻落实"教思考"和"教表达"

传统教学的探究，是学生在老师的引导下，一步一步得出教师想要的结论。在整个学习过程中，如果学生只是执行教师命令的操作员，这样的教学从掌握知识的角度来说，的确省时高效，可是从发展学生自主获取知识的能力角度进行分析，可以发现，留给学生自主探究的空间过于狭窄，在学习的过程中，学生的思维活动连一点"旁逸斜出"的机会都没有了，创新精神的培养更无从谈起。因此教师还需更进一步放手，让学生充分想象、猜测、探究和验证。在对大小月天数及平闰年内容教学时，教师可以在教学一开始就多出示些年份每月的天数，给学生以充分的时间和空间，让学生通过仔细的观察、分析和讨论，发现每月天数和不同年份二月天数的规律，得出结论。这样做就能避免教师代替学生思维，有效地体现学生的主体地位，体现"问题让学生提、规律让学生找、结论让学生下"的"以学生为主"的教学理念，也能从真正意义上提高学生"发现问题、寻找规律、探索研究"的能力。我在本课的教学设计中改变了这种指令式的教学,以引导学生自主探究作为教学的根本出发点,设计了具有较大探究空间的问题"你发现了什么?"来组织学习活动。学生观察年历卡,根据自己所发现的知识畅所欲言,发现什么就说什么。怎样观察? 发现什么? 按怎样的顺序反馈? 还有什么问题? 这些教师都不越俎代庖、硬性规定,而是留给学生自主思考的时间和空间,尊重学生自主选择的权力(引导学生思考的过程中教学生思考,在回答问题的过程中注重学生表达能力的培养)。

(三)重视学生的爱国思想渗透

而对于本节课要渗透的思想教育我安排在了后面的环节,利用课程资源的有机整合,把抽象的时间和具体事件联系起来,体现对学生态度情感、价值观的关注,又加深对年月日的感性认识。本节课我结合教学内容渗透了这方面的思想教育,力求做到润物细无声。而且说一说生活中有意义或不寻常的日子活动环节,无不体现了爱国思想教育和孝敬父母等一些思想教育,这种思想方面的教育能够在一节数学课中达到了很好的结合,还是挺有成就感的。

当然,本课还存在一些问题。我认为自己在处理一些细节甚至在对学生"自主探索"时,有些地方放的不够,如在教学生记大小月方法时,教师不应过多指导,只要在学生说错时给予纠正就可以了。在以后教学中,还应相信学生,大胆放手,以顺应课改精神,取得更好的课堂教学效果。

六、评析

(一)小学名师评析

1. 本节课充分体现了学生的主体性。课前教师随机发给每人一张年历卡,包括从 2003 年到 2013 年,让学生在小组内说说对有关"年月日"的发现,同时为了避免学生讨论的内容与教学内容太远,这一环节体现了教师的引导作用并突出了学生的主体性。

2. 根据学情来调整教学重难点。在本节课交流过程中,可以看出学生对于大小月的区分没有太大问题,于是老师主要把教学重点放到了记忆大小月和研究 2 月份的特殊月上。通过数左手关节、看书、师生猜月份、同桌猜月份等环节,突出了教学重点,为突破教学难点做好了铺垫。再判别"平闰年"的教学中,老师先让学生尝试发现,再举例验证,引导学生自主完善概括方法,使学生学得更深刻,自然地突破了教学难点。

3. 练习设计既有层次又有针对性。老师每一道练习题的设计都是从不同角度对新授知识进行复习巩固以及知识上的补充,使学生在答题过程中不断运用与巩固所学的知识,并能及时补充遗漏知识点。

4. 授课过程中能够运用激励性评价语言调动学生的积极性,积极参与到本节课的教学中,尤其是对学困生的关注和调动,使其在不同程度上都有所收获。

5. 对于"年、月、日"的认识,由于学生从生活经历和课外书籍中已经了解了一些有关"年、月、日"的知识,所以与其让他们只是对着旧年历去观察、去发现,还不如让他们先把已有的知识运用起来,设计制作 2008 年的日历,在创造性的实践活动中去感悟,去体验新的知识点,将已有的旧知识、经验与新知识融合。

（评析人：何林学　贵州省小学数学乡村名师工作室主持人）

（二）高校专家评析

在本节课中教师重视学生已有的生活经验，重视"三教"理念的落实。符合新时代的课堂学习要求，即促进学生在数学课堂的学习中"长见识、悟道理"。"长见识、悟道理"需要通过学生主动学习实现，在本节课中教师安排时间让学生自己观察年历卡，激起学生学习的兴趣，接着让同学们交流了解的有关年、月、日的知识，激活学生已有的知识和经验，为进一步学习年、月、日的有关知识奠定基础。同时，在教学如何记住大、小月的时候不是把方法直接教给学生而是先让学生在小组内交流，通过交流，会的同学就教给不会的同学。这样做，既尊重了学生的认知基础，又使知识丰富的学生感受到成功的体验。让学生在相互交流中获得了知识。在教学中既让学生自己寻找熟记大小月的方法，又让学生学习课本中熟记大小月的方法；既为学生提供了思维发散的空间，又为学生提供了统一认识的依据；既培养了学生的创新意识，又培养了学生尊重科学的精神，可以看出教师很重视学生的自主体验。

引导学生思考的过程中教学生思考，在回答问题的过程中也注重学生表达能力的培养。比如给予学生以充分的时间和空间，让学生仔细地观察、分析和讨论，发现每月天数和不同年份二月天数的规律，得出结论。有效地体现学生的主体地位，体现"问题让学生提、规律让学生找、结论让学生下"的"以学生为主"的教学理念，也能从真正意义上提高学生"发现问题、寻找规律、探索研究"的能力。本节课中重视学生主体地位，教学生积极思考、自主体验、学习表达，以此促进学生长见识、悟道理。

（评析人：丁祥芝　宋运明　贵州师范大学数学科学学院）

《小数与单位换算》教学课例

一、教学设计

(一) 知识点

义务教育人教版小学数学四年级下册第四单元《小数的意义和性质》中的"小数与单位换算"。

(二) 学习背景

1. 教材分析

单位换算在小学数学教材中有一定占比,每册教材里几乎都有一种量的单位换算,但是情境创设却比较单一,如几张图片下面标注着数量和单位,对于小学生来说有点枯燥乏味。这部分内容学生平时接触较少,比较陌生,而本节课中除了学生要熟悉常用单位字母表示形式外,还要涉及到以前学过的一些常见单位换算及单位间的进率,这已经给教学增加了难度,且还出现单名数、复名数互化,这无疑让学习又遇拦路虎。基于这些原因我将本节课的教学分为四个层次:以生为本,创设情境,抓知识之间的联系;以生为本,创设情境,密切数学与现实的联系;以生为本,创设情境,从认知冲突到理清知识脉络;以生为本,创设情境,应用规律提升解决问题的能力。从而使学生探索各单位名数之间互化的方法,培养学生迁移类推和归纳概括的能力。

2. 学情分析

四年级的学生虽然已经有计量单位之间的进率、小数的意义以及小数点位置移动的规律这些知识,但是在单位换算时将低级单位转化为高级单位,高级单位转化为低级单位,复名数改写成用小数表示的高级单位中的这些名词"低级单位"、"高级单位"学生几乎都没听说过,学生难以招架;其次是计量单位这一知识点不是贯穿教材中的每个单元,而是在特定的单元偶尔出现,学生对字母表示的计量单位不熟悉,给单位换算带来困扰。这样就给教学增加了难度,学生除了完成本节课的任务外,还要记住常用单位的字母表示形式。实际要完成一个单位换算,学生必须要掌握三个知识点:单位间的进率、换算的方法、小数点的移动。这三个知识点,缺任何一个都将出错,所以说此知识点既难学,出错率又高。

3. 核心问题

单位换算的必要性。感受到不同单位、不同形式的数据太乱了,需要改写成统一的形式,以便于比较。

（三）课时目标

1. 掌握低级单位与高级单位之间互化的方法，能够正确地进行单位间的换算，使知识、技能目标能够达成。

2. 通过尝试、交流、探究、归纳总结出低级单位与高级单位之间的互化方法，使学生体验迁移学习的方法和解决问题的思路的多样性，促使学生悟透原理。

3. 学生体会数学与日常生活是紧密相连的，培养学生学数学、用数学的习惯，感悟数学知识在实践生活中的应用价值，激发学生的求知欲，促使学生发散思维能力的培养。

（四）教学重难点

1. 重点：低级单位与高级单位互化的方法。
2. 难点：复名数化单名数，用小数表示的方法。

（五）设计思路

学生初次接触名数的改写，而本节课的重点就是名数的改写。名数改写看似简单，实际涉及多方面知识。如：长度单位、重量单位、面积单位、时间单位等，以及各级单位之间的进率；还要掌握小数点移动规律；数据扩大或缩小进行小数点的移动。内容比较抽象，难度也比较大，为此根据学生的实际情况在设计课例时把这一部分内容先让学生提前进行整理，在上课时进行"课堂精彩三分钟"展示汇报，这样不仅把这部分知识进行复习，而且还进行整理，为新授课埋下伏笔，同时也潜移默化地促使学生自觉进行课前预习；其次，又从学生生活经验和知识背景出发创设情境，引导学生进行积极体验。通过班级小组学生由高到低进行排队的这种直观演示和某班小组学生只有具体身高这一抽象数据进行由高到低排队，使学生发现单位不同，不能直接排队，迫使学生寻求解决问题的方法，从而向学生渗透小数在生活中被广泛应用，体会到数学的应用价值。

二、教学过程

（一）片段一：以生为本，创设情境，抓知识之间的联系

师：谁愿意在"课堂精彩三分钟"给大家展示自己整理好的一些计量单位及它们之间的进率。

生 1：我整理的是长度单位及它们相邻之间的进率

$$千米 \xrightarrow{1\,000} 米 \xrightarrow{10} 分米 \xrightarrow{10} 厘米 \xrightarrow{10} 毫米$$

生 2：我整理的是质量单位及它们相邻之间的进率

$$吨 \xrightarrow{1\,000} 千克 \xrightarrow{1\,000} 克$$

生 3：我整理的是人民币计量单位及它们相邻之间的进率

$$元 \xrightarrow{10} 角 \xrightarrow{10} 分$$

生 4：我整理的是时间计量单位及它们相邻之间的进率

$$小时 \xrightarrow{60} 分 \xrightarrow{60} 秒$$

生 5：我整理的是面积计量单位及它们相邻之间的进率

$$平方千米 \xrightarrow{100} 公顷 \xrightarrow{10\,000} 平方米 \xrightarrow{100} 平方分米 \xrightarrow{100} 平方厘米$$

师：同学们表现的非常好，能在课前积极准备这么多已学的计量单位及它们相邻之间的进率，有用字母表示的吗？ 如果有请上来展示。

生 1：我整理的是长度计量单位及它们相邻之间的进率

$$km \xrightarrow{1\,000} m \xrightarrow{10} dm \xrightarrow{10} cm \xrightarrow{10} mm$$

生 2：我整理的是质量计量单位及它们相邻之间的进率

$$t \xrightarrow{1\,000} kg \xrightarrow{1\,000} g$$

师：这两位同学能用字母表示非常棒。这两个用字母表示的计量单位在前面咱们已经学过，它们将成为咱们今天主要学习的两种计量单位，板书课题"单位换算"。其他的咱们会在今后学到。

师：请这两位同学把你们用字母表示这两种计量单位及它们相邻之间的进率分别写在黑板上左方、右两边，其他同学写在练习本上。

反思： 在学生收集整理资料时就已经对以前学习过的计量单位进行了一次系统性的复习，其次是教师能够很好地利用精彩课堂三分钟让学生展示自己整理的有关计量单位及它们之间的进率，即用字母呈现长度和质量这两个计量单位，这为新授课扫除障碍。

(二) 片段二：以生为本，创设情境，密切数学与现实的联系

师：大家都知道自己的身高吧，请用不同的形式来描述自己的身高，思考后在纸上写一写。

师：准备好的同学就站起来与大家分享。

生 1：我的身高是 1 m 42 cm；还可以表示为 142 cm。

师：非常好，你用两种不同方式来描述自己的身高，还有比他多的吗？

生 2：我的身高是 1 m 58 cm；还可以表示为 158 cm；还可以表示为 15 dm 8 cm。

师：你表现的比他还好，可以用三种不同方式来描述自己的身高，还有比他多的吗？

生 3：我的身高是 1 m 62 cm；还可以表示为 162 cm；还可以表示为 16 dm 2 cm；还可以表示为 1 m 6 dm 2 cm。

师：你表现的比他们都优秀，竟然用四种不同的方式呈现你的身高，还有比他多的吗？

生 4：我的身高是 1 m 56 cm；还可以表示为 156 cm；还可以表示 15 dm 6 cm；还可以表示为 1 m 5 dm 6 cm；还可以表示为 15 dm 60 mm。

师：哇，你竟然用了五种不同方式呈现了你的身高，还有比他多的吗？

生 5：我的身高是 1 m 53 cm；还可以表示为 153 cm；还可以表示 15 dm 3 cm；还可以表示为 1 m 5 dm 3 cm；还可以表示为 1 530 mm；还可以表示为 1.53 m。

师：天呐，你用六种不同方式呈现你的身高，还有比他多的吗？

生 6：我的身高是 1 m 57 cm；还可以表示为 157 cm；还可以表示 15 dm 7 cm；还可以表示为 1 m 5 dm 7 cm；还可以表示为 1 570 mm；还可以表示为 1.57 m；还可以表示为 15.7 dm。

师：你们太优秀，太了不起啦！竟然把自己身高这一个数据用七种形式呈现出来，你们是怎样做到这一点的？

生：自己的身高的数据一直都是那个数据，只是带的单位不同。

师：每个人的身高没有变，也就说每个同学的身高不同表示方法是相等的。谁愿意写在黑板上？

生 7：1 m 48 cm＝148 cm＝14 dm 8 cm＝1 m 4 dm 8 cm＝1 480 mm＝1.48 m＝14.8 d。

师：这位同学说的非常对，自己的身高没有变，只是计量单位发生了变化，像 142 cm、1 530 mm、1.57 m……这样只带一个计量单位的我们称之为单名数的量；像 1 m 42 cm、15 dm 6 cm、1 m 5 dm 7 cm……带两个或两个以上计量单位的我们称之为复名数的量。

反思：加强数学知识与实际生活的联系，用学生最熟悉的身高为例创设情境，让学生用不同的方式呈现自己的身高，这一巧妙的设计不但让学生把自己身高这一个数据用 6 种方式呈现了出来，更难得可贵的是学生已经在悄无声息的过程中对相同数值不同计量单位进行了换算，这为本节课即将要解决不同数值不同计量单位的换算做足了铺垫。同时在这一过程中学生还认识了单名数和复名数这两个量。由于创设的情境是学生最熟悉的身高问题，几乎全班学生都积极地投入到了学习之中，再加上老师的一句"还有比他多的吗"，学生的热情更是一浪高过一浪。

（三）片段三：以生为本，创设情境，从认知冲突到理清知识脉络

师：给学生排队大家都会吧，请第三小组的学生全体起立，谁来给他们在一分钟之内把队排好？

生 1：由底到高把第三组的学生快速地排完了。

生 2：由高到底把第三组的学生快速地也排完了。

师：你们很快就给他们把队排好了，这是为什么？

生：由于他们的身高我们都可以看见。

师：对，他们的身高我们很直观地就可以看到。看一看、比一比就可以知道谁高谁矮。

师：请看大屏（教科书第 48 页的图，只有 4 位小朋友上半身的图片及每个人的身高数据，80 cm、1 m 45 cm、1.32 m、0.95 m），谁能快速给这几个小朋友排排队？（学生都不吭声）

师：为什么大家都不吭声了？

生：因为我们只能看到这组小朋友的上半个身体及每个人的身高数据,而这些小朋友的身高数据又各不相同,我们无法快速给他们排队。

师：那大家想一想,怎么样才能知道谁高谁矮?大家可以小组讨论一下。

(学生讨论,教师巡视。)

师：讨论出办法的同学站起来与大家分享一下。

生1：把表示小朋友的这些身高数据后面的不同计量单位改写成相同的计量单位,问题就解决了。

师：大家同意他这种方法吗?说说同意的理由。

生2：因为以上四个小朋友的身高都不相同,所带的计量单位也不相同,只有把它们改写成相同的计量单位,才方便比较。

师：这位同学的意思是把这些小朋友不同身高数据的计量单位,换算成统一的计量单位,这样就比较容易进行比较,那大家就在练习本上试着改写一下吧。

(学生活动,老师巡视,并参与遇到困难的学生之中。)

师：我看大家都写完了,哪一小组愿意到讲台上分享一下你们的成果。

生1：我们是把这些数据中不是用"米"作计量单位的统一改写成用"米"计量单位的。因为,4个数据中2个已经是"米"为计量单位了,只需把另外2个不是"米"为计量单位改写为"米"作计量单位就行。

师：说说你们是怎样改写的吧?

生2：80 cm＝0.8 m。因为1 m＝100 cm,80 cm里有几个100 cm,就有几米。可以这样计算 80÷100＝0.8 m。

师：你非常优秀,用米与厘米之间的进率,及80 cm里包含几个这样的100 cm,从而解决把计量单位比较小的厘米改写成以米作计量的大单位。

生3：1 m 45 cm＝1.45 m,1 m 45 cm 这个复名数计量单位,我们只需要把45 cm改写成以米作计量单位。思考45 cm里有几个100 cm,就有几米。计算45÷100＝0.45 m,然后把这两部分加起来1 m＋0.45 m＝1.45 m。

生4：因为1.45 m＞1.32 m＞0.95 m＞0.8 m,所以1 m 45 cm＞1.32 m＞0.95 m＞80 cm。

师：这一组同学非常棒,他们把单名数80 cm和复名数1 m 45 cm中小计量单位厘米改写为大计量单位米,像这样把较小计量单位改写为较大计量单位,我们称之低级单位改写高级单位。

师：哪一小组的方法和他们不一样?请也在投影仪上进行分享。

生1：我们小组是把这些计量单位改写为厘米作计量单位。

生2：我把1 m 45 cm改写成了145 cm;因为1 m 45 cm里的1 m＝100 cm,所以100 cm＋45 cm＝145 cm。

生3：我把1.32 m改写成了132 cm;因为1 m＝100 cm,所以1.32 m×100＝132 cm。

生4：我把0.95 m改写成了95 cm;因为1 m＝100 cm,所以0.95 m×100＝95 cm。

生5：因为145 cm＞132 cm＞95 cm＞80 cm,所以1 m 45 cm＞1.32 m＞0.95 m＞80 cm。

师：这组同学也表现得非常棒，他们把这组数据中较大计量单位"米"改写成较小计量单位"厘米"，像这样把较大计量单位改写成较小计量单位，我们称之高级单位改写低级单位。

师：通过这两组同学对单位名数的改写，你们发现有什么规律？

生：我发现把低级单位的数改写成高级单位的数时除以他们的进率；把高级单位的数改写成低级单位的数时乘他们的进率。

师：正如这位同学所观察到的，在名数改写时，一要看清是低级单位的数改写成高级单位的数，还是高级单位的数改写成低级单位的数从而确定方法；二要弄清楚两个单位间的进率；三要确定小数点儿应该向左移动，还是向右移动，移动几位。

反思： 学生经历了单位换算的过程，体验了学习方法和解决问题思路的多样化，体会到了数学知识在生活实际中的应用价值，较好地激发了学生的求知欲望，培养了学生发散思维能力。学生学习单位换算的过程中我使用了尝试教学法，从认知冲突到理清知识脉络，充分尊重了学生的主体地位，较好地发挥了学生在学习中的自主能动性，学生通过这些经历进一步体会了自主学习的成就感，收获更多数学学习的快乐。

(四) 片段四：以生为本，创设情境，应用规律提升解决问题的能力

师：通过刚才的学习，大家已经总结出有关单位名数换算方法，下面看看同学们是否能帮助动物园里的这些动物按照体重由小到大排队去参加动物聚会呢？（课件出示情境图）请同学们独立完成。

斑马：0.75 t，羚羊：228 kg，猴子：35 kg，角马：0.35 t，水牛：1.35 t

（学生独立完成后，全班展示。）

生1：我把较小的单位"千克"改写为较大的单位"吨"，小单位改写为大单位除以进率1 000，得到228 kg=0.228 t；35 kg=0.035 t。

因为0.035 t<0.228 t<0.35 t<0.75 t<1.35 t，所以35 kg<228 kg<0.35 t<0.75 t<1.35 t。猴子、羚羊、角马、斑马、水牛。

生2：我把较大的单位"吨"改写为较小的单位"千克"，大单位改写为小单位乘进率1 000，得到0.75 t=750 kg；0.35 t=350 kg；1.35 t=1 350 kg。

因为35 kg<228 kg<350 kg<750 kg<1 350 kg，所以35 kg<228 kg<0.35 t<0.75 t<1.35 t。猴子、羚羊、角马、斑马、水牛。

师：今天同学们表现的非常出色，其实数学就在我们身边，生活中处处都有数学。同学们要学会从数学的角度去观察、发现生活中的数学，用数学知识帮我们解决生活中遇到的困难，也为我们创造美好生活。

反思： 在教学中给足学生独立探索的时间和空间，让学生应用自己发现的规律解决实际问题，从而大大提升了学生解决问题的能力。同时我还注重了学生思维的条理性和对知识知其然还需知其所以然的教学，使学生对高级单位转化为低级单位、低级单位转化为高级单位的两种方法理解得更深刻。

三、学习体验

宿希瑞：一听说学习单位名数之间的互化，我整个人开始不爽了，课不但枯燥乏味，而且出错率非常高。但是作为学生也只能听从老师的安排，心想老师就看你的本事喽。没想到老师让我们用不同的表达形式说自己的身高，你想谁还不知道自己的身高，但是要用不同的表达形式说自己的身高，有一点点难，害怕说错，出笑话丢人。于是，我在大脑中快速收集学过的长度单位，又快速把自己身高的数据穿插在这些单位之中，然后快速把它记录下来，怕老师突然叫到自己，自己想到的已经被其他学生说了，这一顿忙活，让原本想松懈下来的自己一下投入到了学生之中，别看老师这一看似不起眼的一问，其实里面藏着本节课要解决的问题，单位之间的互化。我们就这样在不知不觉中学习了新课，佩服老师的这一巧问，彻底征服了我。

郑智宸：本节课看起很简单，实际上要完成每一个单位换算，我们要掌握三个知识点：单位间的进率、换算的方法、小数点的移动，缺任何一个知识点都将出错。在这一点上老师没有就知识讲知识，而是给我们创设了大家比较熟悉的情境，即给小朋友们排队，给足我们独立探索的时间和空间。我们在活动时老师也积极参与在其中，给予我们方法上的指导，让我们对知识知其然，还知其所以然，体验了学习方法和解决问题思路的多样化。

四、同伴互助

吴玉桐：今天是我最开心的一天，在同组同学的帮助下，我也像优秀的学生一样自信、阳光地走向讲台，自信满满地向全班汇报小朋友由低到高的排队法。尤其在讲到 1 m 45 cm 这个复名数计量单位改写成以米作计量单位单名数时，由于紧张和不熟练一下子就卡在那儿了，我就傻傻地站在讲台上，其他组的学生已经把手高高举起来了，并且嘴里还说着"我可以替她讲"之类的话。当时的我把希望的目光投向自己的组员和组长时，以求得他们的帮助，没想到组长突然站起来面对着大家说："请大家保持安静，让她安静地思考一下 1 m 45 cm 这个复名数单位在改写成以米作单位时，只需要改写哪个单位就行了，相信她是可以说出来的。"经过组长这么一点，我一下子就明白过来了，快速说到，只思考 45 cm 里有几个 100 cm 就行了，45÷100＝0.45 m，把这两部分加起来 1 m＋0.45 m＝1.45 m，所以 1 m 45 cm＝1.45 m。全班顿时响起掌声，我在掌声中高兴地回到座位上。通过这件事，让我知道学习要脚踏实地学，幸运不一定每次都眷顾自己。

方正焱：今天也是我最高兴的一天，因为吴玉桐在进行小组汇报时一下子卡住了，这对于一个平时都不太敢大声说话的她来说，那是多么的紧张和尴尬。当时其他组的学生已经开始要争夺汇报权，作为组长的我，丝毫没有犹豫，站起来阻止其他同学对她的干扰，同时提醒她思考 1 m 45 cm 这个复名数单位在改写成以米作单位时，只需要改写哪个单位进行了；同时给她鼓励，相信她是可以说出来的。最后她不负众望，为本组争得了荣誉。当时我没有替换吴玉桐就想向成员传递团结协作就一定能取得成功的信心。

五、教学体验

(一) 创设情境,满足不同层次的学生

数学源于生活,又应用于生活。在教学中,我不但充分借助学生已有的生活经验创设情境教学,而且还选择学生熟知自己身高这一事例进行用不同的表达形式呈现。通过课前收集资料对已学各种计量单位知识进行复习,同时为描述自己的身高埋下伏笔。在学生用不同方式呈现身高时渗透小数单位换算知识,这又为今天单名数与复名数互化做足铺垫。这样设计门槛比较低,能满足不同层次的学生,让学困生也能参与进来,又能满足优秀生进行更深层次的思考,使所有学生在不知不觉中完成了学习任务。

(二) 由直观到抽象,使学生感受到改写的必要性

在解决问题的过程中是需要生活经验作为支撑,但不能仅仅停留在生活层面,还需要提升到数学层面思考问题。因此,我在教学时创设了给班级几位同学快速排队这一直观情境,紧接着又利用课件出示只露出半个身子的一些小朋友这一抽象情境,要求学生快速给他们排队,目的是突出改写单位是解决问题的需要,从而使学生感受到改写的必要性。

(三) 发挥学生主体地位,促进学生数学思考

教学中我采取以小组为单位形式进行讨论、交流,利用课件和通过实物投影仪让学生充分展示自己的成果;同时鼓励学生用自己的语言给同学们阐述结果,学生真正理解了才能讲出来,说得明白,充分发挥学生的主体地位,让学生成为学习的主人。教师是一个组织者、引导者,在教学中教师只是引导学生发现问题、分析问题、解决问题,放手让学生自主探究、合作交流,给学生搭建展现自我的平台。学生在这样灵动、充满色彩的课堂上生成智慧,促进数学思考,提升数学的价值。

六、评析

小数与单位换算这部分内容的学习在小学阶段是非常重要的,它是名数改写的基础。因此,如何让学生学得会、理解透,非常重要。而这部分的知识又属于逻辑性强、非常抽象的知识,学习学习上有困难。创设呈现与学生相关的说自己身高的情境,增强了学生的学习兴趣。教师启发:数据乱时怎样就可以更方便比较了,结合具体情境,一步一步启发学生去探究,从而发现规律,水到渠成。至此,学生有了表象的认识,而后,教师又领着学生通过改写单位,把整数变为小数。一步一步,环环相扣,完成了学生自主探究、形成规律的过程。

整个教学过程的设计,都是让学生去探究,去发现,去思考,让学生经历了知识的形成过程,没有直接把知识告诉学生,符合新课程的要求,符合学生的认知规律。教师在教学中,以学生为主体,让学生尝试解答,让学生在小组内交流换算方法,在做完题后做方法交流,都引

导学生积极参与到学习当中,教师对学生的活动进行补充、精讲,老师起到了组织、引导的作用,教学效果良好。教师非常注意数学语言表述的准确性与科学性,及时把学生说错的纠正过来。同时在教学过程中注重学生思维能力的培养,单位换算不仅要用到小数点位置移动引起小数大小的变化,还用到单位的进率,教学中,教师适当地进行铺垫,回忆单位进率,明确高级单位和低级单位,然后进行新课教学,教师对学生的换算进行指导,低级单位到高级单位除以进率,要想进率,移动小数点,这一系列的教学注重了学生思维能力的培养。总起来说教学是很成功的,目标定位准确,教学环节紧凑,学生学习效果好。

(评析人:王 英 宋运明 贵州师范大学数学科学学院)

构建以学生为中心、以明理为主线的数学课堂

——以《一个数除以分数》为例

林安娜（福建省福州市钱塘小学）

怎样的数学课堂是"真课堂"？怎样的数学学习是"真学习"？如何让数学学习真正地发生？

从设计的角度走向关注学生的数学课堂是"真课堂"；从孩子知道是什么走向孩子明白为什么的数学学习是"真学习"；有足够的思考时间，有足够的表达自己想法的机会，有足够和学习伙伴交流的学习是真正的学习。

构建以学生为中心、以明理为主线的数学课堂就要求老师们基于学生的真实问题，暴露学生的真实想法，让学生深入思考知识背后的道理。教师不断制造有利于学生思考、表达的机会，使学生不断明晰知识的由来之理，明白知识的形成之理，明确知识的应用之理。

人教版六年级上册《一个数除以分数》一课是计算教学的难点，学生对于算法的掌握不困难，难在学生对算理的理解。一个数除以分数是学生在学习了倒数和分数除以整数的基础上进行的，学生已经掌握了分数除以整数的计算方法：分数除以整数等于乘这个整数的倒数。根据学生的学习起点，使用以下策略，以学生为中心、以明理为主线开展学习活动。

一、猜想算法，尝试说理

一个数除以分数是学生在学习了倒数和分数除以整数的基础上进行的，学生已经掌握了分数除以整数的计算方法：分数除以整数等于乘这个整数的倒数。教学开始就可以让学生先猜想算法：分数除以整数的计算方法是否能用在整数除以分数中？整数除以分数的计算方法是否能用在分数除以分数中？用你的方法说明道理。

此次猜想和说理，让学生尝试利用已经学过的知识进行猜测，尝试调用已经学过的方法进行验证，给孩子独立思考问题、解决问题的课堂时间和空间，课堂学习的重点是为什么这样算。

二、降低难点，直观说理

教材的教学情境是：小明 $\frac{2}{3}$ 小时走了 2 千米，小红 $\frac{5}{12}$ 小时走了 $\frac{5}{6}$ 千米，谁走得快些？学生运用"路程÷时间＝速度"这个数量关系即可列出算式，两个算式分别是 $2÷\frac{2}{3}$ 和 $\frac{5}{6}÷\frac{5}{12}$。

学生理解 $2\div\dfrac{2}{3}$ 这个算式的算理是这个例题的教学重点。

教材采用画线段图(图1)的直观方式呈现推算的思路:由于 1 小时里有 3 个 $\dfrac{1}{3}$ 小时,所以可以先求出 $\dfrac{1}{3}$ 小时走了多少千米,即先求出 $\dfrac{1}{3}$ 小时走了 2 千米的一半$\left(\text{即}\dfrac{1}{2}\right)$。利用直观图的支持,降低学生对 $2\times\dfrac{1}{2}\times3$ 中每一部分含义的理解难度,完成从"除以一个分数"到"乘这个分数的倒数"的转化。

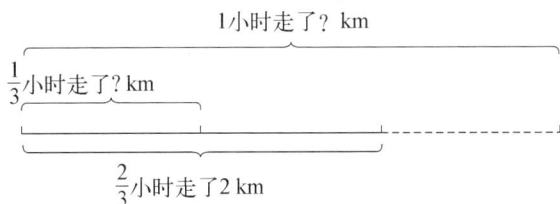

图 1

在教学实践中,利用这个线段图说理是比较困难的。线段图较为复杂,学生自己很难直观作图,不知道从哪里入手,不容易看懂,更无法理解。完全处在被动接受、勉强理解的境地。

此时,对例题进行改编,降低说理难度,让学生能够自主利用直观手段说理是破解难题的有效策略。笔者将教材例题在原有的基础上增加一个条件,小东 $\dfrac{1}{2}$ 小时走了 2 千米,小明 $\dfrac{2}{3}$ 小时走了 2 千米,小红 $\dfrac{5}{12}$ 小时走了 $\dfrac{5}{6}$ 千米,谁走得快些? 将例题改编为三个小朋友比谁走得快些?

三、层层递进,验证说理

(一) 把 $2\div\dfrac{1}{2}$ 作为理解算理的切入点

1. 探究 $2\div\dfrac{1}{2}$ 的算理,初步感受算法。教学过程的第一个问题为:$\dfrac{1}{2}$ 小时行 2 千米,那么每小时行的比 2 千米多还是少? 把你的思考过程表示出来。给予学生充分的时间自主尝试解决,同桌互相交流自己的想法,尝试说理。$\dfrac{1}{2}$ 小时在生活中比较常见,学生可以用生活经验来帮助理解,半小时行 2 千米,那么 1 小时所行的路程应该就是半小时的 2 倍,就是 $2\times2=$ 4 千米。思维水平更高一定的学生可以通过画线段图来说理:$\dfrac{1}{2}$ 小时是把 1 小时平均分成 2 份,表示其中的 1 份。我们已经知道 $\dfrac{1}{2}$ 小时走的是这样的 1 份,那么 1 小时走的就是这样的 2

份。1 份是 2 千米,么 2 份就是 $2 \times 2 = 4$ 千米。算式是 $2 \div \frac{1}{2} = 2 \times 2 = 4$。通过两种思维水平的说理比较,让学生将 $2 \div \frac{1}{2}$ 的算理归纳为:已知一份求两份。

2. 利用商不变性质进一步验证说理。教学过程的第二个问题:能否用学过的知识验证我们的算法是正确的呢?促使学生调用转化的思想,把除数是分数的除法转化为除数是整数的除法来计算:

$$2 \div \frac{1}{2} = (2 \times 2) \div \left(\frac{1}{2} \times 2\right) = 4。$$

学生发现:被除数和除数同时扩大原来的 2 倍,就把整数除以分数转化成了整数除以整数,商不变;或速度不变,时间是原来的 2 倍,路程也应该是原来的 2 倍。从而验证这种算法的合理性。

(二) 把 $2 \div \frac{2}{3}$ 作为理解算理的着重点

1. 探究 $2 \div \frac{2}{3}$ 的算理,进一步感受算法。教学过程的第三个问题为: $\frac{2}{3}$ 小时行 2 千米,那么每小时行的比 2 千米多还是少。把你的思考过程表示出来,小组交流。小组学习中,学生在第一次用直观图形说明 $2 \div \frac{1}{2}$ 的算理的经验的基础上再次用线段图来阐述: $\frac{2}{3}$ 小时是把 1 小时平均分成 3 份,表示其中的 2 份,有 2 个 $\frac{1}{3}$ 小时。如果能把其中 1 份的路程求出来,就能求出 3 份的路程。而已知 2 份的路程,求其中的 1 份,就是乘以 $2 \div 2$。继而要求出 1 小时的路程就是求这样的三份, $2 \div 2 \times 3$。有了这个过度,让学生非常明确在这里就是已知 2 份求 3 份,必须通过先求 1 份再求 3 份。因此 $2 \div \frac{2}{3} = 2 \div 2 \times 3 = 2 \times \frac{1}{2} \times 3 = 2 \times \left(\frac{1}{2} \times 3\right) = 3$。将整数除以分数的算理归纳为根据已知,先求一份,再求几份。

2. 结合乘除法的运算性质进一步验证说理。教学过程的第四个问题:能否用学过的知识验证我们的算法是正确的呢?促使学生调用乘除法运算性质,把除数是分数的除法转化为除数是整数的除法来计算:

$$2 \div \frac{2}{3} = 2 \div (2 \div 3) = 2 \div 2 \times 3 = 2 \times \frac{1}{2} \times 3 = 3。$$

(三) 迁移类推,把 $\frac{5}{6} \div \frac{5}{12}$ 作为学生经历猜想,尝试,验证的自主探索的过程

1. 猜想:整数除以分数的计算方法是否能用在分数除以分数中?

2. 尝试: $\frac{5}{6} \div \frac{5}{12} = \frac{5}{6} \times \frac{12}{5} = 2$。

3. 鼓励学生采用不同的策略来验证。

（1）利用商不变性质转化为除数是1的除法计算。

$$\frac{5}{6} \div \frac{5}{12} = \left(\frac{5}{6} \times \frac{12}{5}\right) \div \left(\frac{5}{12} \times \frac{12}{5}\right) = 2。$$

（2）利用乘除法的运算性质来验证。

$$\frac{5}{6} \div \frac{5}{12} = \frac{5}{6} \div (5 \div 12) = \frac{5}{6} \div 5 \times 12 = \frac{5}{6} \times \frac{1}{5} \times 12 = 2。$$

（3）呈现线段图，依据图来说理。

通过引导学生通过两次猜想验证，把线段图和商不变性质、乘除法的运算性质都作为学生理解一个数除以分数的算理的支撑。沟通了分数除以整数、整数除以分数、分数除以分数三类分数除法算法之间的联系。教师通过设计大问题，引导学生勤于思考，勤于动脑，思考数学之"理"。教师在学生已有经验、知识、困惑的基础上设计教学，顺之而教。循着学生的逻辑，引导学生思考问题背后的数学道理。"勤思"之后，还要鼓励学生大胆表达、阐述自己的理解和想法，也就是"善言"。在师生对话、生生对话中，碰撞出智慧的火花，将数学问题背后的数学道理讲清、讲透，内化为学生自身的知识。

著名教育家苏霍姆林斯基曾经说过："在我们每个人的内心深处，都有一个根深蒂固的愿望，那就是希望自己是一个发现者、探究者，而在儿童的内心深处，这种愿望尤其强烈。"

数学课是说理的课堂，我们不但要教会学生怎么解题、做题，更要讲清问题背后所承载的数学道理。人本好奇，总想问个为什么，这种对现象的追问，对现象的诠释，便有了各种各样的理。这种带有个性理解色彩的理，远离了盲从与机械，趋向了对话与理解。在这个意义上，"理"是交流的基础和前提，也是理性精神的一种反映。在学习上，通过"勤思"，从而明"理"，也就揭示了各种"知识"间的内在联系；弄清了问题背后的本质道理，学生的思维才会真正地参与到教与学的活动中来，学习才会有正确的迁移。数学教育才能使发展学生的数学思维成为可能，在我们的数学课堂上实现以学生为中心、以明理为主线的真正的学习。

四、评析

数学求真，数学讲理。求真，即要追求"真课堂、真学习"，课堂上要有"真实问题、真实想法、真实过程"。讲理，即要坚持"知识有理、师生讲理"，要探求数学知识的"由来之理、形成之理、应用之理"。

林安娜副校长的这节课有没有落实"三教"呢？ 我们可以从几个方面来观察和思考。

1. 从数学思考的角度来看

我觉得这个案例凸显了学习过程中的猜想和改变两个方面。猜想一般要具备两个条件，一是要有基础，二是要有依据。就本节课例来说，"一个数除以分数"的基础是倒数、分数除以整数的计算法则等；所谓有根据就是要借鉴已学过的计算方法。课堂学习中让学生如何学会有根据的猜想，这就是在落实"教思考"。

2. 从学习体验的角度来看

我觉得这个案例注重学生对例题的改变而引发学生学习不同情境的体验。主要有三种改变:一是增加条件"小东半小时走 2 千米";二是改编问题为"三个小朋友谁走得快?";三是借助线段图进行直观说理,降低学习难度。

这样,学生对数学学习经历化难为易、化抽象为直观的过程,感受到数学可学,数学能学。

3. 从数学说理的角度来看

我觉得这个案例中分三个步骤进行了说理:首先是把理解 $2÷\frac{1}{2}$ 作为理解算理的切入点,算理归纳为"已知一份求两份",在这个过程中,学生的说理是从生活经验出发,通过画线段图理解题意,在运用商不变的性质完成说理。其实是把 $2÷\frac{2}{3}$ 作为理解算理的着重点,算理归纳为"先求一份,再求几份",在这个过程中,学生的说理是从借助线段图的直观帮助理解,运用乘除法的运算性质进行问题的分解和转化,即 $\frac{2}{3}$ 小时是 2 个 $\frac{1}{3}$ 小时,1 小时是 3 个 $\frac{1}{3}$ 小时,可以先求 1 个 $\frac{1}{3}$ 小时走几千米(1 份),再求 1 小时即 3 个 $\frac{1}{3}$ 小时走几千米(3 份)。最后,把 $\frac{5}{6}÷\frac{5}{12}$ 作为学生自主探索的过程。基于前面的探索经验,启发学生猜想,再鼓励学生自主尝试,用不同策略加以验证,在进一步说理中检验了学生的学习效果和运用能力。

对于吕传汉教授所倡导的数学"三教",我的初步思考和体会是:教体验,要让学生在任务驱动下亲身经历学习的过程,形成有效的体验和积极的情感;教思考,要让学生在学习的过程中就核心问题展开积极主动、符合逻辑、有所创见的思考;教表达,要让学生结合思维展开过程真实准确、有条理、有逻辑的表述自己对数学问题的思考,对同伴的观点进行有根据的评价。

4. 关于数学体验,我想到——体验什么? 如何体验? 体验如何教?

体验什么,我认为要体验学习过程,体验学习情感。既要在学习过程中体验数学学习和问题解决的步骤、方法、结果;也要在学习过程中体验到数学知识的魅力,体验数学有理,数学有趣,数学有用,形成积极的学习情感体验。

如何体验,我认为要在活动中体验,在反思中体验;数学是活动的数学,在学习过程中,要注意结合观察、操作、运算等数学活动过程进行体验;数学反思则要从学习结果出发,分析原因,围绕学习的成功和失误两方面展开反思。

体验如何教,我认为要坚持亲身经历,调动多种感官;学生是学习的主体,教师要让学生亲身经历做一做,比一比,猜一猜,量一量等丰富多彩的学习过程,调动听、说、读、想、写等多方手段激发学生的感受和体验。

5. 关于数学思考,我想到——思考什么? 如何思考? 思考如何教?

思考什么,我认为要思考数学道理,思考数学方法,思考数学应用,思考数学价值;如何思考,我认为应该坚持问题驱动思考,联系知识思考,基于证据思考,打破常规思考;思考如何教,我认为应该设置核心问题,重视内在逻辑,关注数据分析,鼓励创新意识。

6. 关于数学表达,我想到——表达什么? 如何表达? 表达如何教?

表达什么,我认为要表达过程(即怎么做),表达思考(即怎么想),表达发现(即发现什么)。如何表达,我认为要有序表达(即是什么),有理表达(即为什么),创意表达(即怎么样)。表达如何教,我认为要有主角意识(即正确处理课堂师生关系),有根有据(要符合事实符合逻辑),变换角度(可以借助信息技术赋能)。

7. 如何通过数学"三教"促进"长见识、悟道理"

在长见识方面,一是要长儿童的见识,学会用数学的眼光观察与感悟生活;二是要长数学的见识,在学习过程中掌握数学知识、技能,感悟数学思想方法;三是要长学习的见识,在学习过程中学会学习,掌握学习的一般方法,养成良好的学习习惯等。

在悟道理方面,一是要悟知识的道理,如法则、公式、规律等;二是要悟方法的道理,如逻辑、抽象、模型等;三是悟做人的道理,如爱学习、爱思考、爱祖国等。

(评析人:叶育新　福建省福州市鼓楼区教师进修学校)

"双减"背景下,信息技术助力生本课堂的实践研究

"双减"政策是党中央站在实现中华民族伟大复兴的战略高度做出的重要决策部署,"双减"政策的出台,对愈演愈烈的短视化、功利化教育观念进行了及时的纠偏。从而让我们重新审视教育,思考教育的本质,把我们的目光重新聚焦到育"人"上。

在信息技术席卷各行各业的今天,如何促进信息技术与教育的有机结合,如何借助信息技术更好地实现以生为本的课堂,是我在进行信息技术教学探索的路上一直思考的问题。本次参加鼓楼区信息化教学能手比赛,我执教六年级上册《百分数的认识》,在这节课中我与学校团队的老师们再一次实践着我们在信息化融合道路上的探索。下面通过两个教学片段谈谈我们对信息技术与教学融合的思考。

一、教学片段一:借助信息技术,呈现学生思考

对于百分数与分数相比有什么优越性,有了分数为什么还要学习百分数,这是课前学生提出的疑问,也是本节课教学需要解决的一个重点。如何解决这个教学重点,刚开始我们团队主要思考两种方案。

(一) 第一种方案

用表格的方式呈现一种饮料中三种不同成份的含量(如图 1):

一种饮料三种成份		一种饮料三种成份	
苹果汁	60%	苹果汁	$\frac{3}{5}$
胡萝卜汁	25%	胡萝卜汁	$\frac{1}{4}$
水	15%	水	$\frac{3}{20}$

图 1

一张表格中的含量占比是用分数表示的,另一张表格中的含量占比是用百分数表示的,教师通过提问"你喜欢下面哪种表示方法?说明理由。"引发学生的思考比较,通过说理交流感受百分数便于比较的优势。

（二）第二种方案

问题：你能很快比较出下面三位同学谁的投篮命中率高？同时出示三个小朋友的投篮情况：

小明投篮 20 次，投中 13 次，命中次数是投篮总次数的 $\frac{13}{20}$。

小东投篮 25 次，投中 15 次，命中次数是投篮总次数的 $\frac{15}{25}$。

小刚投篮 50 次，投中 31 次，命中次数是投篮总次数的 $\frac{31}{50}$。

刚开始呈现的是用分数表示的命中次数与投篮总次数的关系，由于分母不同，不好比较谁的命中率高，再呈现用百分数表示的，如下：

小明投篮 20 次，投中 13 次，命中次数是投篮总次数的 $\frac{13}{20}$。（65％）

小东投篮 25 次，投中 15 次，命中次数是投篮总次数的 $\frac{15}{25}$。（60％）

小刚投篮 50 次，投中 31 次，命中次数是投篮总次数的 $\frac{31}{50}$。（62％）

百分数只需要比较百分号前面的数字，学生能够很快地进行比较，再提问："大家觉得百分数有什么好处？"让学生通过交流表达出百分数的作用。

这两种方案百分数与分数的对比明显，两个情境都能够很好地说明百分数的优势，但都是从教师的角度去判断学生可以通过这样的对比，感受到百分数的优越性。如何能够从学生的角度，实实在在地看到，在不同的表示方法的情况下，从学生的生成中明显地看到学生在比较百分数时会比比较分数更容易呢？

于是我们进行了如下的改进：

问题：你能很快比较出下面这种混合饮料中三种成份哪个高吗？

跟学生说明规则，括号中的数据只会出现 3 秒，请同学们快速判断谁的成份最高，并通过反馈器做出选择。

A. 胡萝卜汁含量占饮料总量的 $\left(\frac{2}{5}\right)$

B. 苹果汁含量占饮料总量的 $\left(\frac{1}{4}\right)$

C. 水的含量占饮料总量的 $\left(\frac{7}{20}\right)$

第一次出现的是分数，学生的选择情况如图 2。

图 2 左半部分是题目，右半部分是系统根据学生的选择自动生成的条形图。可以看出选 A 的 14 人达到全部人数的 44％，选 B 的 5 人，占全部人数的 16％，选 C 的 13 人，占全部人数的 40％。我们能够很明确地看到学生的选择没有达成一致。从心理学的角度来说，开头和结尾印象都比较深，所以 A 和 C 选择的人会比较多，中间 B 选择的人较少，学生的选择符合了

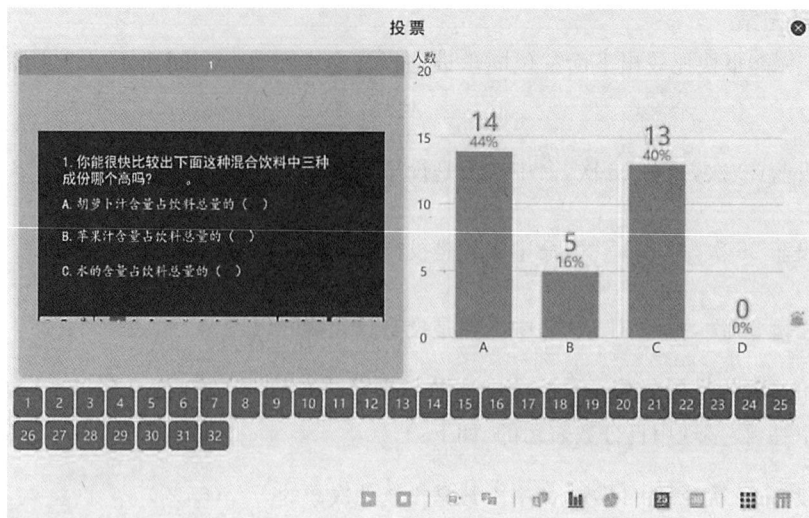

图 2

这个心理学规律,说明大部分学生的选择只是凭借印象而不是真的会比较。信息技术让我们看到了学生的心里所想。

接下来出示百分数:

A. 胡萝卜汁含量占饮料总量的(40%)

B. 苹果汁含量占饮料总量的(25%)

C. 水的含量占饮料总量的(35%)

3 秒后让学生再选一次,第二次的选择,学生的速度明显加快,很快系统生成了学生选择的数据如图 3。

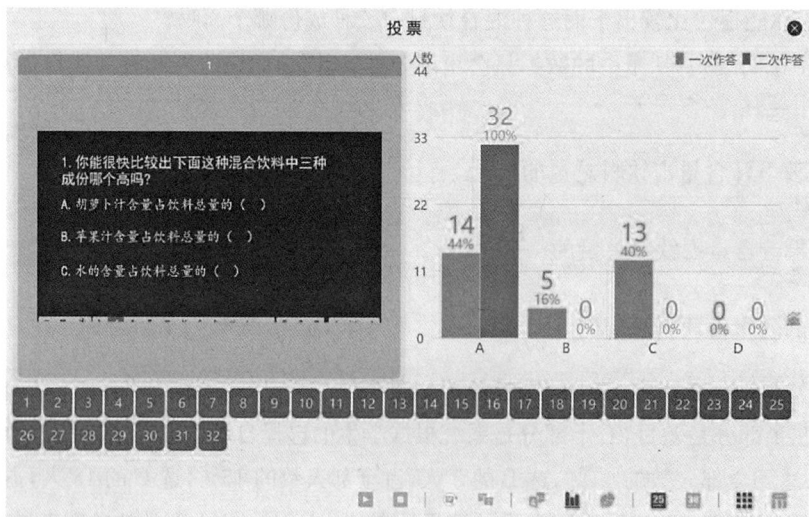

图 3

深色条形是学生第二次作答的结果,我们可以清楚地看到 100％ 的学生快速判断出了正确的结果。教师不再需要通过观察学生的微表情、微动作去揣摩学生的内心世界,不再担心班级的某个角落中是否有学生躲过了老师的"火眼金睛",不再是个别学生的发言生成代表全班学生。在信息技术的帮助下,所有学生的思考变化都在屏幕上清晰可见,教师可以摆脱主观判断,对课堂上学生的学情掌握变得更加精准科学。

二、教学片段二:融合反馈系统,制造认知冲突

根据皮亚杰认知理论,学生认知发展受到同化、调适与平衡等三种历程的影响。也就是学习者在遇到新的知识概念时,首先会将它与旧经验进行同化,若与旧经验相符则认知会达到平衡。若学习者在其自行发展出的概念与新概念或现实情境不符合时,会产生认知冲突,或称为认知失衡。这种冲突会引发学习动机,促使学习者进行概念修正,也就是调适的过程,使新旧概念汇总在新的认知结构中(图 4)。

因此,在教学过程中,教师最重要的工作是,提供新状态,制造认知冲突,引发认知失衡,激发学生的学习动机,使学生自然地去实现调适,经历同化获得新的平衡。在教学百分数与分数在意义上的区别与联系时我进行了如下的教学:

学习任务:选择合适的数填一填,并写出理由。

$\dfrac{77}{100}$ 43％   77％

(1)一本书看了一大半,大约看了全书的(   )。

(2)一根绳子,用去了(   )米。

第(1)小题,"书看了一大半"表示已看的部分超过全书的 50％,所以这个空既可以填百分数 77％ 也可以填分数 $\dfrac{77}{100}$,分数和百分数都能够表示两个量之间的关系;第(2)小题"用去了(   )米"要填的是用去绳子的具体长度,则只能使用分数,不能使用百分数。

学生独立思考后,我拍照收集了不同的答题情况并投放到班级大屏,学生通过反馈器选择与自己相符的作品,全班有 12 名同学选 A,2 名同学选 B,18 名同学选 C。(如图 5)

由于学生的想法有分歧,我要求学生在小组内分享自己作答的理由。

此时每一名学生都有自己原有的答案(旧经验),每个学生就可能听到来自班级里的不同想法,对学生而言,这就是新状态。与自己想法相似或接近的可能就被同化,而分歧较大的就会发现别人想法与自己不同,产生认知失衡,这一段认知冲突过程会促进学生进行概念调适。当每个人都说出自己想法之后,我要求学生再作答一次。深色条形为第二次统计的结果,有 8 个人选择 A,24 个人选择 C,没有人选择 B 了。可以清楚地看到有些学生的想法在讨论过程中改变了。(如图 6)

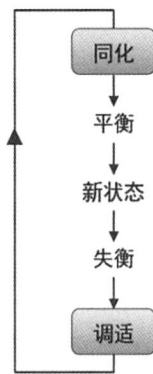

图 4

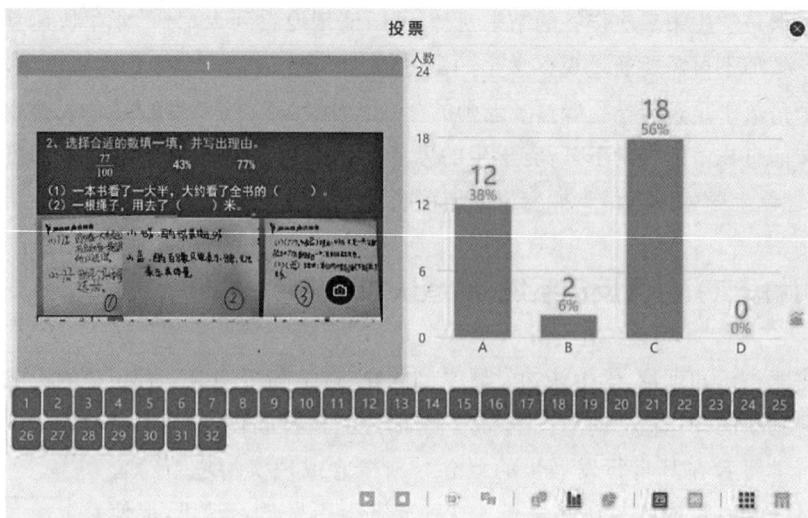

图 5

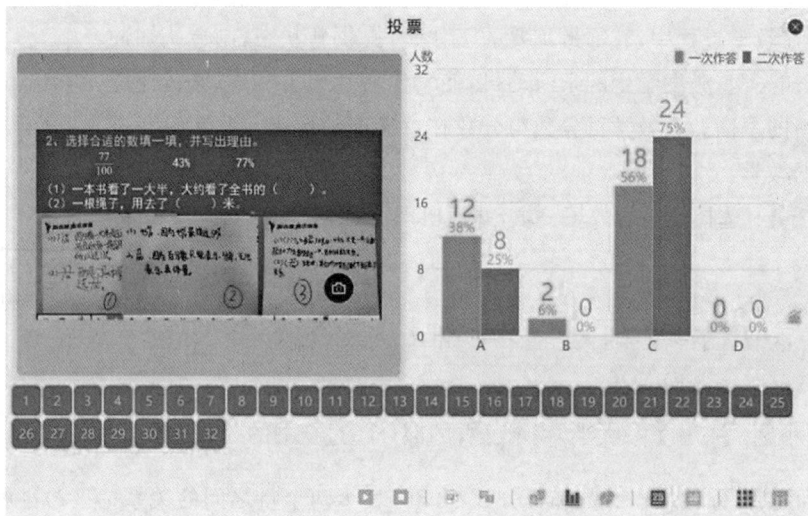

图 6

经过小组对话之后,学生的想法仍然有分歧,于是我再组织全班对话。先分别在第二次选择 A、B 的学生中挑人来回答选择的理由,再由学生自由发言辩论。此时学生们又一次经历了"同化—失衡—调适"的过程。在经历两次新状态、两次失衡、两次调适之后,通过反馈器进行第三次作答 100% 的学生都选择了正确的选项。(如图 7)

在这个过程中教师的工作不再是讲述概念,而是不断地为学生制造认知冲突,激发学生的探究欲望,学生通过积极主动的认识,把新获得的知识和已有的认知结构联系起来,主动地建构知识体系,践行了杰罗姆·布鲁纳所提倡的"发现式学习法"。

麻吉星教学系统创始人王绪溢说:"教学总是要回归到人,数据、科技其实会帮助你更接近'人';当你只用表象时,你会离人越来越远。"

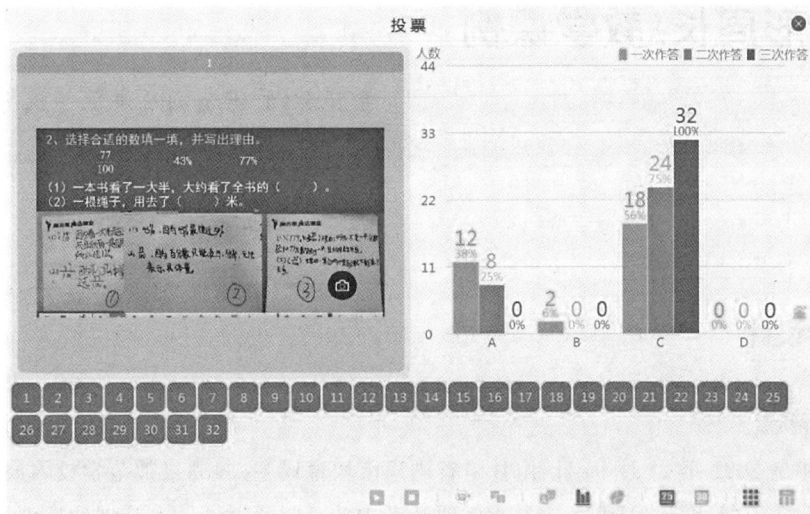

图 7

我认为这句话至少包含了两层含义，一个是告诫我们教学要以人为本，教学所采取的一切手段包括信息技术都是为了学生的发展而服务，脱离了关注学生，所有的教学手段都是徒劳的；另一层意思是相信信息技术能够帮助我们更真实的获得学生的生成，让我们更加了解学生，从而让我们离"人"更近。

"双减"政策减少的是对人性的忽视，增加的是对教育规律的再认识，是对以学生为中心的教育理念的再深化，在信息技术的助力下，相信我们的教育会越来越好。

三、评析

当今教育正处于信息技术迅猛发展的时代，如何将信息技术与教育有机地结合？如何借助信息技术更好地实现"以生为本"的课堂育人教学？是学科教学在进行信息技术教学探索的路上值得认真思考和实践的问题。

本课例展示了六年级上册《百分数的认识》教学中，通过两个教学片段谈对信息技术与教学融合的教学实践。可以看出全班学生学习兴趣浓厚，在自主操作、思考、交流中学习，各自获得自己探究的体验。但作为数学教学，在利用信息技术辅助课堂教学中，如何与"粉笔＋黑板"相配合展示"教"与"学"的数学思维仍值得在教学实践中进一步的探索。

（评析人：吕传汉　贵州师范大学）

《长方形周长》教学课例

李晓燕(甘肃省酒泉师范学校附属小学)

一、教学设计

(一) 教学背景

本节课是 2021 年 11 月 16 日,由甘肃省酒泉市教育局主办,酒泉师范学校附属小学承办的全市小学数学"深度学习"线上主题大教研活动中的一堂研讨课。本节课的授课,秉承吕传汉教授的"三教"理念,让学生在自我建构中长见识、悟道理。在教学中注重以学定教,追溯学生学习的起点,从关注教师的"教"转变为关注学生的"学",进一步把握学生学习的生长点,引导学生进行自我建构,让学生在多种教学活动中,通过思维经验的积累逐步深化对周长的认识。在此基础上拓展提升,发展思维,提炼核心问题,驱动数学思考,促进学生思维的攀升。

(二) 教学目标

(1) 经历探索长方形和正方形周长的计算方法的过程,理解并掌握长、正方形周长的计算方法,并能正确计算。

(2) 能运用长方形和正方形周长的计算方法解决实际生活中的简单问题,体会策略的多样化以及数学与实际生活的紧密联系。

(3) 在测量、计算、交流等学习活动中,加深对长方形周长本质的理解,在独立思考问题中表达自己的想法。

(三) 核心问题

怎样运用长方形周长的计算方法解决实际生活中的简单问题?

(四) 教学重难点

1. 重点:探索并掌握长方形周长的计算方法。

2. 难点:能运用长方形周长的计算方法解决实际生活中的简单问题,感受数学在日常生活中的运用。

(五) 教学方法

教师在创设情境和点拨中引导学生探究学习。

(六) 学习方法

学生自主操作、探究、归纳、合作交流。

(七) 教学流程

聚焦本质、发展量感——合作交流、探究新知——自我建构、思维进阶——增长见识、感悟道理——发展思维、拓展提升。

二、教学过程

(一) 片段一：聚焦本质，增强量感

师手指黑板上的长方形。

师：同学们，你们看到了什么图形？

生：长方形。

师：你还观察到了长方形的什么？

生：它有四条边，四个角。

师：它的边在哪？你能来指一指吗？

（学生跃跃欲试，一位孩子来到黑板前用手描了长方形一周的边线）

师：围成长方形这一周的长度，就是它的什么？

生：长方形的周长。

师：老师把这一周拿下来，展开，孩子们，你们看看，这个长方形的周长实际上就是什么的长度？

生：就是这条线段的长度。

师：对，我们怎么知道这条线段的长度呢？

生：用尺子量。

（老师拿着这条线段，请一个孩子用软尺测量，边用尺子量边问：可以选择什么测量单位呢？）

量出确定长度后，在黑板长方形的旁边板书：周长 70 厘米。

师：我们可以用 70 厘米这个数量来描述这个长方形的周长。

反思：把"一周"从图形中剥离出来，实现"周长"到"线段"的转化，帮助学生更好地理解周长的本质。在建构周长概念的过程中，体会到"周"是测量的对象，"长"是测量的结果，周长的本质即封闭图形一周长度的刻画，伴随度量意识的渗透，增强学生对"周长"量感的体验。

(二) 片段二：合作交流，探究新知

师：同学们桌上也有一个长方形，怎样才能获得这个长方形的周长呢？请同学们想想办法。同桌两人可以合作完成，互相交流你们的想法。

① 学生操作完成。

② 汇报交流

生1：我先量出长方形的一条长是10厘米，宽是6厘米。10×2＋6×2＝32(厘米)。

追问：为什么这样算？

生1：因为长方形有两组对边，并且长度相等，所以把两条长的长度和两条宽的长度加起来就是它一周的长度。

师：这里的6是长方形的什么？10呢？你能把它用文字来表示吗？

生2：长方形周长＝长×2＋宽×2。

生3：我量出的长也是10厘米，宽是6厘米。用(6＋10)×2＝32(厘米)，也就是(长＋宽)×2。

追问：6＋10是什么意思？为什么要×2？

(1) 学生讲解

(2) 电脑演示

(3) 手势表示

生4：还可以把四条边的长度都加起来。6＋10＋6＋10＝32(厘米)。

得出：长方形周长＝长＋宽＋长＋宽。

反思： 在这一环节中，我积极为学生创设主动学习的机会，提供尝试探索的空间，增强学生学习的乐趣，引导学生从不同方面、不同角度思考问题，寻求解决问题的途径，体会方法的多样化。并通过同学间的讨论与合作，得出结论，体现学生是学习的主人。

(三) 片段三：自我建构，思维进阶

师：在劳动课上，我们三年级的孩子接到了一个任务，要给校园的花坛围上围栏。三(3)班的同学围长方形花坛的围栏(图1)，三(4)班的同学围正方形花坛的围栏(图2)，还没开始行动呢，他们就争论起来了，都说自己班要围的围栏长。孩子们，请你们评评理，到底谁的围栏长？你们能说服他们吗？

图1

图2

生：我用(6+4)×2＝20(米)，算出这个长方形花坛围栏的长度，用5×4＝20(米)算出正方形花坛围栏的长度。

追问：为什么要乘4？

学生异口同声：因为正方形有四条边！

师反问：长方形也有4条边啊，你怎么算长方形周长时不去乘4呢？

学生恍然大悟：正方形四条边的长度都相等！

板书：正方形周长＝边长×4。

师：现在你能用计算结果来说服这两个班的同学了吗？

生：三(3)班和三(4)班的同学们，我想对你们说，你们两个班虽然花坛的形状不一样，但周长是相等的，所以围栏的长度也是相等的。

小结：周长相同，形状不同。

反思：会用数学的眼光观察现实世界——归类于周长问题，计算长方形和正方形围栏的长度，就是计算这两个图形的周长。会用数学的思维思考现实世界——通过计算周长来比较，长方形和正方形花坛的形状不同，但周长相同。会用数学的语言表达现实世界——强化周长的应用意识，将思维外显。

(四) 片段四：增长见识，感悟道理

1. 如果把一个长方形花坛的一面靠墙，可以怎样围？分别需要多长的围栏？

① 说一说，分析题意

师：墙是10米，告诉我们这个信息是什么意思？

生：墙长10米，比长方形的长和宽都长，所以长和宽都可以靠墙。

② 摆一摆，理解题意

师：我们可以模拟一下，假设你手中的长方形是花坛，尺子立起来当墙，摆一摆长方形一面靠墙，可以有几种摆法？可以同桌合作完成。（如图3）

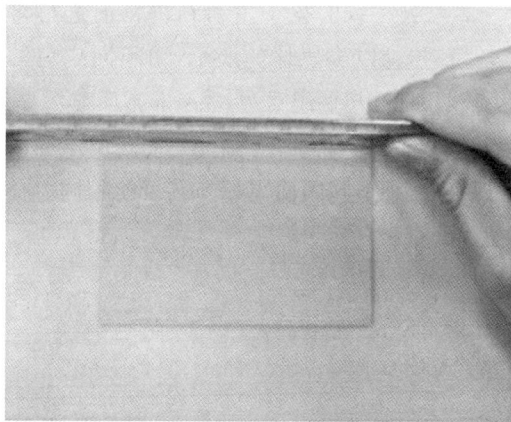

图3　长边靠墙

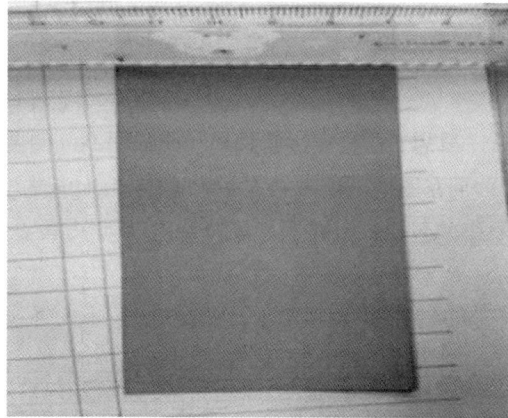

图4　宽边靠墙

③ 算一算,解决问题

我们知道这个长方形花坛的长是 6 米,宽是 4 米,你能计算出这个围栏有多长吗? 请同学们在作业本完成汇报交流:你是怎么算的?

生 1:4+6+4=14(米)。

生 2:4×2+6=14(米)。

生 3:(4+6)×2−6=14(米)。

④ 师:我们来看第二种情况,宽边靠墙(如图 4)。你能计算出现在围栏的长度了吗?

生 1:6+4+6=16(米)。

生 2:6×2+4=16(米)。

生 3:(4+6)×2−4=16(米)。

师:认真思考,我们这次靠墙围围栏和刚才给花坛围围栏有什么不同?

生:少围了一条边。

追问:为什么少一条边?

生:因为靠墙的那面不用围。

小结:所以我们学习数学一定要结合生活实际,具体问题具体分析。

2. 我发现了这样的一组围栏,你们觉得哪个花坛的围栏长?(如图 5)

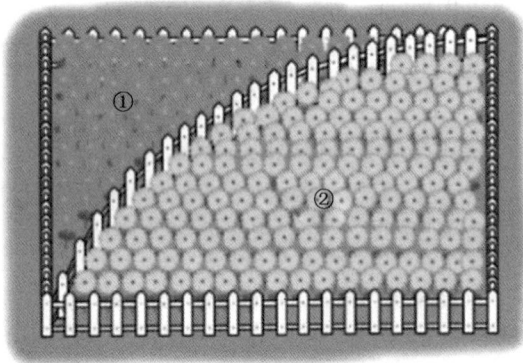

生 1:我觉得②号花坛的围栏长。

生 2:我不这样认为。我觉得两个花坛的围栏一样长。因为这两个花坛组成了一个新的长方形,而长方形对边相等,并且中间一条边是共用的,所以周长相等。

(大部分学生本来是认同生 1 的想法的,但是听了生 2 的发言,马上觉得生 2 说的有道理。还有部分孩子面露疑惑,和生 2 想法一致的孩子主动到讲台前进行讲解,再辅以多媒体的演示,用不同颜色的线段标注出两组对边,效果非常明显)

图 5

反思:通过对比周长相等而面积不等的两组花坛,让学生在讨论中感悟:面在图形的内部,周在图形的边缘。周有长短之分,面有大小之别。大小不同的面周长却有可能相同。在思维的碰撞中激起了智慧的火花,从而增长见识、感悟道理。

(五)片段五:发展思维,拓展提升

师:你能用一根 12 厘米的绳子围成一个正方形或长方形吗? 试试看!

鼓励学生在方格纸上画出图形。

师:在围的过程中,你是根据什么确定长方形的长和宽的? 你发现了什么?

生:根据周长 12 厘米来确定长方形的长和宽,我发现长和宽加起来是 12 的一半。

师：那么，长和宽加起来是 12 的一半，有几种情况呢？这说明了什么呢？

生：有两种情况，长 5 厘米宽 1 厘米，长 4 厘米宽 2 厘米，当长宽都是 3 厘米的时候就是正方形了，说明了周长相等的长方形，形状有可能不相同。

反思： 根据周长来找边长，发展了学生的逆向思维，驱动数学思考，学生的思维有了进一步的攀升。

三、学习体验

张馨月同学： 在上课之前我并没有注意到长方形旁边的毛线，在课堂中，李老师像变魔术一样从长方行边上扯下了一根长长的毛线，我都惊呆了。原来老师把长方形的周长给藏到这了呀。这个场景给我留下的印象很深刻，长方形的周长并不是摸不到、看不到的，它是实实在在存在的。

庄旭成同学： 在探究长方形周长的计算方法时，李老师让我们自己想办法。这可难不倒我。我和同桌先动手测量，得出了长方形的长是 10 厘米，宽是 5 厘米，长方形对边相等，只需要量一条长和一条宽的长度就可以了。然后把两条长和两条宽加起来，20 加 10 等于 30 厘米，就是这个长方形的周长。我特别喜欢这样的动手操作活动，感觉这样的课堂才有意思，真希望每节课都有这样的操作活动！

方洲同学： 李老师给我们出了这样一道题，比较①号和②号花坛谁的围栏长，这道题真是太挑战我的思维了。刚开始我也想当然的认为是②号花坛的围栏长，那不是明摆着呢吗？②号花坛看起来就是大呀。我周围的同学和我想的都一样。但是有一些同学有不同的想法，随着同学们的争论，我逐渐明白了，原来这两个花坛组成的是一个长方形，长方形的两条长和两条宽是相等的，所以上下两条边相等，这两条边分别是这两个花坛其中的一条边。同样的道理，左右两条边也是相等的，这两条边也分别是两个花坛的另外一条边。最重要的一点，这两个花坛中间斜着的那条边是共用的，也就是说这条边的长度是不变的，这样算下来，把花坛三条边的长度加起来，可不就是周长相等了吗？可见，我们有时候眼睛看到的不一定是对的，这两个花坛看起来虽然大小不同，但是周长却是相等的。让我明白了，周长相等的图形，大小不一定相同！

岂皓宇同学： 在做靠墙围围栏这道题时，题目还告诉我们了一个信息：墙长 10 米。刚开始我觉得这是一个多余的条件，不是让我们计算围栏的长度吗？跟墙长几米有什么关系呢？通过和同学们讨论，我明白了，只有确定了墙的长度，墙长 10 米比长方形围栏的长 6 米、宽 4 米都要长，才能把长方形的长边靠墙或者是宽边靠墙，这道题才有两种围法。所以我们在分析问题的时候，不能小看每一个条件，往往是不起眼的一句话隐含着重要的信息。

四、同伴互助

裴吉全主任： 聆听了李老师的这节课，受益颇深。李老师重新整合了教学内容，使数学更贴近学生的生活,同时整堂课充分体现了"三教"引领"情境—问题"的教学模式,注重"教思考、教体验、教表达",不失为节好课。在教学设计上注重让学生经历知识形成过程,通过学生动眼观察、动手验证,动脑思考,动嘴表达,让学生成为积极的行动者、参与者和合作者,实现了知识的学习、互补和再创造。下面我就从学生学习获得方面做以下点评:

1. 知识由抽象到具体的转移自然、直观

李老师在教学中借助实物和多媒体辅助教学,弥补了学生感性认识的不足,实现从抽象概念到具体直观的有效转移。如:在课堂引入时,通过从长方形卡纸边缘抽出线段的情境引入,让学生清晰直观地看到长方形的四条边连接了起来,形象地揭示出什么是长方形的周长;在探究"长方形周长计算方法"环节,利用动画演示让学生来理解,长方形的周长计算为什么要用长加宽的和乘以2,深化了学生的表象认识,在促使学生形成概念的同时又使得学生受到启发,调动了学生学习的积极性。

2. 让学生充分经历知识的建构过程

对学生而言,知识的获取不应该只是教师直接给予的,而是在充分经历数学的过程中逐步建构的。从长方形边缘抽出线段情境引入后,马上提出问题:如何得到长方形的周长? 通过让学生动手测量认识周长,并指导学生探索有效的解题方法,做到对数学知识灵活运用。此环节中,学生展示交流了3种不同的算式及每个算式的意义,不同的计算方法探究,既发展了学生的思维能力,又培养了学生解题方法多样化的能力。

3. 让学生体会到生活中处处有数学

课程标准指出:要加强课程与学生生活和现实社会的联系,使课程与学生生活和现实社会更有效地融合起来。本节课在完成对长方形计算方法的学习后,马上通过为花坛围围栏等生活中的实际问题,对知识进一步进行内化,指导学生用所学的教学知识去解决实际问题,培养学生的数学意识和实践能力。通过这样的教学活动,使数学问题生活化,学生摸得着、看得见,理解透彻,记忆深刻,既学会了数学知识,又解决了实际问题,还让学生在操作中逐步学会了数学化的思想。

4. 让学生大胆的进行数学表达

数学核心素养的培养要求学生会用数学的语言来表达现实世界。数学表达能力就是学生将自己在学习基础知识、掌握基本技能过程中"想到的"东西,"说出来"给别人"听",对问题发表看法,讲道理,相互促进、相互提高的能力。通过让学生自主参与长方形周长计算方法的探究,交流不同的计算方法,把对知识的获取与发展数学语言表达能力有机结合起来,既帮助学生巩固所学的计算方法,又发展了学生思维,给学生成功的体验。在解决为花坛围围栏等实际问题的过程中,让学生有根有据有序地分析、推理,说出操作过程,交流解题思路,不仅调动了学生的学习积极性,培养了学生的数学表达能力,而且使教师能及时获得反馈信息,了解学生对知识掌握的程度。

冯玉梅老师:首先本节课充分体现了把课堂还给学生的教育理念。整堂课中学生围绕老师的提问开展讨论,发表自己的见解。在教学设计上注重了学生经历知识的形成过程,动脑思考,动手验证,突出学生的主体性。李老师引导学生在生动具体的观察、操作、交流等活动中,进一步加深对长方形周长实际意义的理解,充分展示长方形周长计算方法的思考和探索过程,淡化周长算法的总结、归纳和记忆,激发学生思考的兴趣和探究的热情。在探究过程中,让学生成为积极的行动者、参与者和合作者,通过合作交流,使不同的想法,不同的观点得以展现。这一理念突破了以往重视学生对长方形周长计算方法的总结和掌握,使学生最终能正确计算各种长方形的周长,却忽视学生是否真正理解长方形周长的实际含义,是否能灵活地运用周长的计算方法解决问题的做法。

其次突出计算图形周长的一般方法,注重探索过程的展示交流。李老师将重点放在长、正方形周长计算方法的探索和展示上,最终呈现了三种不同的方法。对学生而言,这三种方法没有好坏之分。李老师鼓励学生选择适合自己的计算方法,淡化公式的机械化记忆,避免死套公式的现象,体现了对学生个体的尊重。

五、教学体验

(一) 从关注教转变为关注"学"

在以往的教学中,我们往往过于重视教师的"教",而忽视学生的"学"。本节课备课初期,我按照教材编排循规蹈矩上,只注重了教师的"教",而弱化了学生的"学"。后来在备课组老师的集体智慧下,大胆整合教材,顺着学生的思维灵活取舍,每一次重塑的过程,都是重新审视课堂、努力钻研教材、认真分析学生的过程。像这样,在课堂教学中引导学生动手做数学、开口说数学,就在时刻体现"以学生为主"的教学理念。反思自己的课堂,在平时的教学中,更要以学定教,追溯学生学习的起点,让学生真正成为学习的主人。从而使学生在课堂中做思维体操,让学生真正会思考、会表达,长见识、悟道理。

(二) 教体验促进学生素养积淀

有这样一句话:我听到的,我就忘了。我看到了,我就记得了。我做过的,我就理解了。本节课在探究长方形周长的计算方法时,积极为学生创设主动学习的机会,让他们通过量一量、算一算、说一说等活动,寻求解决问题的途径,主动从不同方面,不同角度思考问题,体会策略的多样化。

在解决靠墙围围栏这个问题时,因为学生生活经验的缺乏,他们并不是很清楚什么是靠墙围围栏。我索性就地取材,让孩子们把手中的长方形当作花坛,把尺子立起来当作墙,通过这样的动手操作活动让学生深刻理解了靠墙围长方形围栏的不同方法,最终解决问题。这样的活动,是让学生在任务驱动下亲身经历学习的过程,形成有效的体验和积极的情感。通过一系列的操作活动,促进学生深入思考,而这样的体验,恰恰是最受学生欢迎的。

(三) 教表达促进交际能力培养

吕教授曾说过,教表达是让学生结合思维展开过程,真实准确、有条理、有逻辑的表达自己对数学问题的思考,对同伴的观点进行有根据的评价。课堂中留有充分的时间让孩子畅所欲言、各抒己见,虽不乏精彩的发言,但是部分学生的表达还存在条理不清、逻辑性不强的问题。这也提醒自己,在今后的教学中,应重点关注学生的表达,怎样让学生会表达是值得我思考与研究的问题。让学生不但会以数学的眼光观察现实世界,会用数学的思维思考现实世界,更要会用数学的语言表达现实世界。

六、评析

本节课秉承"三教"理念,让学生在自我建构中长见识、悟道理。在教学中从关注教师的"教"转变为关注学生的"学",进一步把握学生学习的生长点,引导学生进行自我建构,让学生在多种教学活动中,通过思维经验的积累逐步深化对周长的认识。

教表达、教学生说数学是教师普遍存在的短板,许多课堂虽然有很多精彩的亮点发言呈现,但是学生的表达还存在站起来过于急躁、表达内容碎片化、表达没有条理几个问题,所以课堂中老师应充分留白让学生去思考,并留给学生安全、温暖的发言环境,在平时的教学中训练学生的表达,因此,我们在教学生表达的路上还有很多值得研究和努力的地方。

在教学中,过程远远重于结果,学习过程会促进学生学会学习、学会思考,过程将留给学生终生有用的东西。所以,在课堂中我们应充分关注学生,关注学生的学习状态,及时捕捉学生所给的信息,调整自己的教学预设。

(评析人:陈 燕 甘肃省酒泉师范学校附属小学)

《认识面积》教学课例

孙定敏（贵州省习水县大坡镇中心小学）

一、教学设计

(一) 知识点

人教版义务教育教科书数学三年级下册第五单元《面积》61—62 页的内容。

(二) 学习背景

1. 教材分析

义务教育数学课程标准中把空间与图形作为义务教育阶段培养学生初步的创新精神和实践能力的一个重要的学习内容。这部分内容是在学生初步认识长方形和正方形的特征以及初步掌握周长计算方法的基础上进行教学的，是从学习长度到学习面积，也就是从线到面的一个过程，是空间形式发展上的一次飞跃。教材通过学生观察、比较、触摸所熟悉的物体表面的大小来帮助理解面积。面积的学习，是学生第一次接触，相对较难，学生学了这部分内容后，不仅为以后进一步学习长方形、正方形、圆等平面几何图形的面积打下基础，而且能发展学生的空间观念，培养学生初步的观察能力、动手操作能力和交流能力。

2. 学情分析

学生在一二年级时已经认识了物体的面，真切感知过面是什么，也认识了长方形、正方形、平行四边形这样的平面图形，在此基础上引导学生认识"面积"这个抽象的概念。同时"面积"又是学生进一步学习平面图形或物体的面所必备的基础知识。而三年级的学生具有一定的动手操作能力、新旧知识迁移的能力，这些能力有利于本节课的学习。

3. 核心问题

理解面积的含义，初步建立面积概念，学会比较物体表面和平面图形面积的大小。

(三) 课时目标

1. 学生通过观察、操作、估计、比较等活动了解面积的含义。

2. 学生初步学会比较物体表面或平面图形的面积大小，初步掌握数方格比较面积大小的方法，渗透"度量"意识。

3. 学生在学习活动中，增强数学思维能力，促进学生发展初步的空间观念，培养学生主动探索与合作学习的意识和能力。

(四)教学重难点

1. 重点：认识面积的含义,初步建立面积概念,学会比较物体表面和平面图形面积的大小。

2. 难点：理解面积的含义,探索比较面积大小的方法。

(五)设计思路

创设情境导入——涂一涂、比一比,丰富对面积的认识——多次比较、加深对面积的认识——练习应用、巩固对面积的认识——回顾总结、拓展对面积的认识。

二、教学过程

(一)片段一：创设情境导入

1. 猜手掌面的大小活动

师：老师带了两幅画,你们想看吗?（生答：想）那请同学闭上眼睛,不许睁开哟。（老师把两幅图贴在黑板上,让同学睁开眼睛）猜一猜：几号是老师的手掌印,几号是学生的手掌印? 为什么?

生：老师的手掌大,学生的手掌小。

师：准确的说法是老师的手掌面大,学生的手掌面小。

展示手掌面,板书：面。

2. 引出物体表面

老师拿课本：手有手掌面,且有大有小,教室里还有什么物体有表面?

摸一摸：数学课本也有面,这是数学书的封面,我们称它课本面,拿出你的数学书,和老师一起摸一摸课本的封面。（手要贴着封面,按一定的顺序,慢慢的摸,摸课本封面的全部）

比较一下：课本面和你自己的手掌面,哪一个面大? 哪一个面小?

生：数学书封面大。

师：你会摸出课桌面么? 课本面大还是课桌面大? 黑板面大还是课桌面大?

3. 引出面积

师：我们发现物体表面有的大,有的小,物体表面的大小叫做它的（停顿一会）——面积。

（板书：物体表面的大小,叫做它的面积,生齐读）

教学反思：通过猜手掌面的大小活动的情景导入,引出物体的表面和面积,从孩子已有的认知出发,建立知识之间的联系,开启学生的思维,引发学生积极思考,使学生做好学习新知识的心理准备同时提高学生学习的兴趣。

(二)片段二：涂一涂、比一比,丰富对面积的认识

1. 用物描形。（数学书的封面、杯子的底面）

想一想,如果把数学书的封面画在黑板上,会是一个什么图形? 这个杯子的底面呢? 学生回答后教师把这两个面描在黑板上。

2. 涂图形。

请两名学生比赛,把图1中的两个图形涂上红色和蓝色。这个比赛公平吗? 不公平,长方形比较大。

3. 再次认识面积。

什么是长方形的面积呢? 长方形的大小就是长方形的面积。圆形的面积指的是哪一部分的大小呢?

4. 出示不封闭的情况,要求学生涂色。(引导质疑:无法涂色表示出面积)板书:封闭图形的大小,叫做它的面积。

5. 课件出示4个图形:正方形、长方形、三角形、圆形。

除了长方形和圆形,老师还带来了一些图形。一起涂色,说面积(例如:圆形的面积指的是红色部分大小)。

教学反思: 利用课件的演示和在老师的追问下调动学生积极思考,并将明确面积指的是封闭图形的大小,然后通过一起涂四个图形的颜色并分别说出四个图形的面积指的是哪一部分,进一步理解面积的含义初步建立面积概念。

(三) 片段三:多次比较,加深对面积的认识

1. 初次比较:图2中的四个图形,谁的面积最大? 谁的面积最小?

学生观察后回答教师,小结:像这样,面积大小相差很大的图形,我们通过观察就可以比较出面积的大小的方法叫——观察法。(板书:观察法)

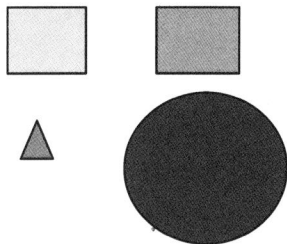

2. 再次比较:估一估,剩下的这两个图形(图3)谁的面积大?(面积大小接近)

谁的估计正确呢? 你有什么办法证明? 学生回答后课件演示。像这样,把两个图形重叠在一起比较面积大小的方法叫——重叠法。(板书:重叠法)

图3

3. 第三次比较:课件出示下图后问:这两个图形(图4),谁的面积大?

图4

观察法、重叠法都不容易比较出它们面积的大小，怎么办？

4. 学生小组合作

先想一想，再把自己的方法在小组内说一说。如果有困难，看看老师提供的工具，能否帮助你解决这个困难？

合作要求：A. 独立思考，组内交流。B. 明确分工，合作操作。C. 主动汇报，认真倾听。

学生小组活动，教师巡视指导。

5. 小组汇报（一人操作，另一人汇报）

6. 课件回顾展示：圆形、三角形、正方形测量比大小（图5）

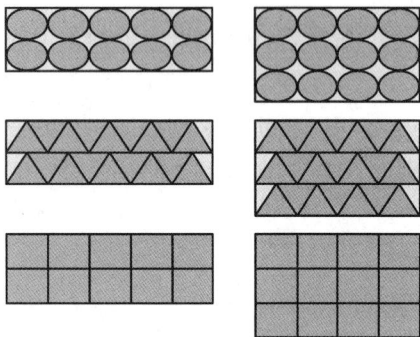

图 5

师追问：哪一种比较好？为什么？

生答：用正方形测量的那种方法好，因为用正方形测量刚好铺满。

小结：其实用正方形测量的这种方法就是用数方格的方法，所以以后我们用数方格的办法来比较叫——数方格法。（板书：数方格法）

7. 小游戏：（分男女生进行游戏）

师展示：两张大小一样的长方形卡纸，可画的格子大小不同，要求学生猜大小。

师追问：两种大小不一的方格比较，这种方法行吗？

师：也就是说我们用数方格比较大小时要用统一的单位来比较。

教学反思：本环节是本节课的重点，学生经历3次比较图形面积的大小，依次得出观察法、重叠法、数方格法。第3次比较时，发现有两个图形面积的大小，无法用观察法和重叠法进行比较。激发学生思考，再引导学生借助老师提供的学具，小组合作交流，进行测量比较。让学生体验比较面积大小策略的多样性，最后通过追问：哪一种比较好？

为什么？让孩子们知道用正方形测量的方法好，因为用正方形测量可以刚好铺满。感知用正方形进行测量的优点，从而得出数方格法。这样基于学生的认知基础，循序渐进，使学生的操作、思考、交流方向更明确。

（四）片段四：练习应用，巩固对面积的认识

1. 下面是从同一幅地图上描出的三个区域的平面图（图6），比较这三个区域的面积大小。

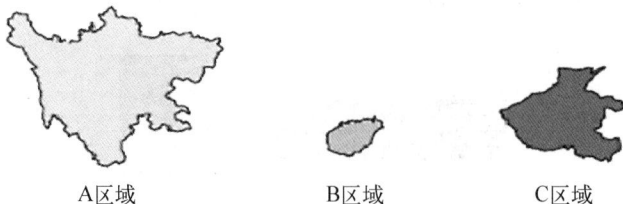

A区域　　　　　　B区域　　　　C区域

图 6

2. 数一数,下面图 7 中哪个图形的面积最大?

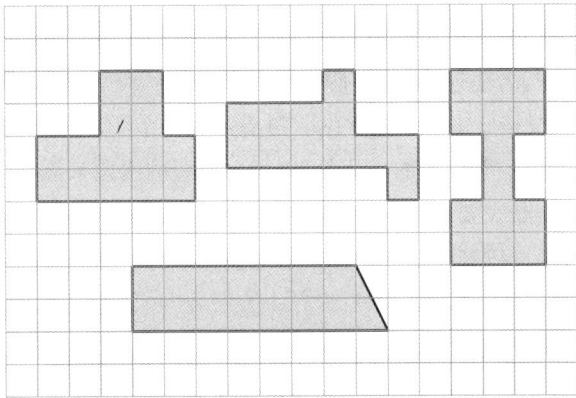

图 7

3. 和老师一起先描出图 8 中每个图形的一周,再涂色表示出它们的面积。

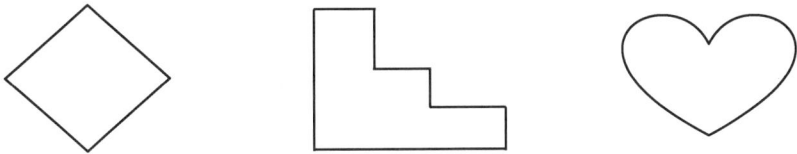

图 8

教学反思:出示不同层次的题目让学生思考,特别注重因材施教,面向全体学生,使基础差的学生也能有表现的机会,培养其自信心,从而激发学生的学习热情。体现了新课程标准中提出的"人人都学有价值的数学,让不同的人在数学上得到不同的发展"这一理念。结合学生的年龄特点,在这一环节,我设计了三个题型,让学生经历由易到难的过程掌握本节课的内容。第 1 题,学生通过比较三个省的面积大小,激发学生的学习兴趣。让学生体验数学来源于生活且适用于生活,进一步培养学生对知识的应用意识。第 2 题主要是考察学生对数格子方法的应用。第 3 题主要是引导学生体会面积和周长的区别。

4. 根据面积、长度的测量类推出角和立体图形的测量工具(图 9)。

图 9

要知道一个图形面积的大小,可以用一个小的正方形来测量。

要知道一条线段的长短,可以用一条短的线段来测量。

猜一猜,要知道一个角的大小,可能用什么图形来测量?

要知道一个长方体的大小,又可能用什么图形来测量?

教学反思:这里设疑拓展主要是让学生明白要知道一个图形面积的大小,可以用一个小的正方形来测量。要知道一条线段的长短,可以用一条短的线段来测量。要知道一个角的大小,可以用一个小角来测量。要知道一个立体图形的大小,可以用一个小正方体的来测量。感知面积的大小,同时通过线到面到体的一个空间想象能力的培养。

(五)片段五:回顾总结,拓展对面积的认识

1. 什么是面积的含义呢?比较面积大小的方法常见的有哪些?

2. 你对自己今天的表现满意吗?你觉得今天谁的表现最好?为什么?

教学反思:引领学生全面回顾梳理本节课的学习内容,帮助学生积累学习经验,为学生的后续学习打下基础,不断提高学生解决问题的能力,感受成功的喜悦。

板书设计:

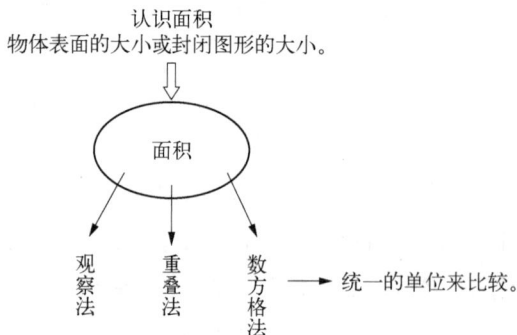

三、学习体验

学生1:老师在开始上课时,让我们班的同学闭上眼睛,不许睁开。老师就把两幅图贴在黑板上,让同学睁开眼睛,猜一猜:几号是老师的手掌印,几号是学生的手掌印?这个太简单了,同学们一下子就猜出来了。不过我很感兴趣,因为学到了很多有关面积的知识。

学生2:老师给我们每个小组准备了一个信封,很想知道里面装的是什么?结果打开一看里面是一些图形,有三角形的纸片、圆形的纸片和正方形的纸片等,我不知道老师为什么要给我们准备这些东西?原来是让我们动手操作,小组合作,我们每个小组都合作得很好,太有意思了……

学生3:今天的课堂上,老师让我们小组合作,动手操作,比较两个图形谁的面积大,用之前老师教的观察法和重叠法都不容易比较出它们面积的大小,怎么办呢?我们通过小组合作

发现,原来可以用三角形的纸片、圆形的纸片和正方形的纸片来比较两个图形面积的大小。但是用正方形测量的那种方法更好,因为用正方形测量可以刚好铺满。原来用正方形测量的这个方法就叫数方格法,我很喜欢这样的课堂。

四、同伴互助

同伴 1: 整堂课的设计我都很喜欢,只是学生在自主、合作、探究的比较两个图形的面积大小以后,学生上台汇报时没有充分展示他们的思维过程,主要原因是我觉得在这里老师放手得还不够,留给学生汇报的时间有点少。如果注意到这两点,那么这节课将更加完美了。

同伴 2: 本节课,最大的亮点是孙老师先后让学生经历 3 次比较图形面积的大小,依次得出观察法、重叠法、数方格法。第 3 次比较时,发现有两个图形面积的大小,无法用观察法和重叠法进行比较。激发学生思考,再引导学生借助老师提供的学具,小组合作交流,进行测量比较。让学生体验比较面积大小策略的多样性,最后老师通过追问:哪一种比较好? 为什么? 班上的孩子知道用正方形测量的方法好,因为用正方形测量刚好铺满。感知了用正方形进行测量的优点,从而得出数方格法,很好的突破了本节课的重难点。但是在板书时应根据学生的汇报及时板书这样效果会更好。

五、教学体验

(一) 激发学生兴趣,体验知识内涵

兴趣是最好的老师,缺乏学习兴趣,会使学习变得枯燥乏味。反之,如果学生对所学内容产生浓厚的兴趣,就能激励他学习。数学的思想是要让学生从创设的数学情境中获得感悟。在教学过程中,教师要抓住学生的年龄特点(由于三年级的孩子好奇心强,对新鲜事物很感兴趣)创设恰当的数学情境,激发学生兴趣,掌握知识内涵。在《认识面积》这一课的教学中,我选择了两个情境:一是通过猜手掌面的大小活动,让学生感知面,增强了学生对新知识的认识;二是通过学生动手操作,小组合作,交流讨论,让学生体验比较面积大小策略的多样性,最后通过追问:哪一种比较好? 为什么? 孩子们知道用正方形测量的方法好,因为用正方形测量刚好铺满。感知了用正方形进行测量的优点。从而得出数方格法。学生亲自经历用图形测量得出比较面积的方法。增强了学习的自信,感受成功的体验,促进学生思维能力的提升,让学生由"要我学"变为"我要学",从而达到了进一步理解面积的含义,探索比较面积大小的方法以及体会解决问题策略的多样性的教学目标。

(二) 注重操作体验,培育学生素养

《认识面积》一课,目标是学生通过观察、操作、估计、比较等活动了解面积的含义。学会比较物体表面或平面图形的面积大小,初步掌握数方格比较面积大小的方法,渗透"度量"意

识。学生在学习活动中,增强数学思考能力,促进学生发展初步的空间观念,培养学生主动探索与合作学习的意识和能力。

"三教"引领小学数学课堂,目的是通过"教思考、教体验、教表达",培育学生核心素养。本节课紧扣这种先进的教学理念,通过"猜手掌面的大小活动、涂一涂、比一比,丰富对面积的认识,多次比较,加深对面积的认识",让学生充分参与到学习之中,从操作体验中感知"面积、知道比较面积的方法",在小组活动的过程中用三角形的纸片、圆形的纸片和正方形的纸片去测量、去交流、去讨论,在交流讨论中总结出用正方形测量的那种方法最好,因为用正方形测量刚好铺满。其实用正方形测量的这种方法就是数方格的方法,孩子们知道在以后的学习中我们就可以用数方格的办法来比较面积的大小。就这样学生在交流讨论中相互质疑,在质疑中产生新的思考。这正是"三教"理念的有力渗透"没有思考就没有体验,没有体验就难以表达,表达是思考和体验的结果;在思考中体验,在体验中思考,因有所思考和体验而更准确的表达;并在体验和表达中产生新的思考。"

在教学中也存在一些不足,我们不妨多给学生充足的时间和空间,把学生放在主体地位上,多让学生自己去探索、去建构数学模型,这样学生经历了自我探索、自我发现的过程,学生学习的积极性和主动性也充分发挥出来,同时也树立学习的自信心,学习效率也自然高了。

六、评析

这是在学生初步认识周长的基础是进行的一节几何概念教学课,从长度到面积,是空间认识发展上的一次飞跃,为面积单位教学及以后学习其他平面图形的面积提供了思维基础。学生在日常生活中能够感受到物体表面和封闭图形有大有小,但要上升到数学的认识,尚需要大量丰富的表象和大量的实践操作,以达到对知识的理解的目的。

本节课上,孙老师充分利用学生已有的生活经验,引导学生逐步认识和体会,直观地理解面积的含义。孙老师选择了两个情境:首先通过猜手掌面的大小活动的情景导入,让学生感知面,增强了学生对新知识的认识,引出物体的表面和面积,从学生已有的认知出发,建立知识之间的联系,引发学生积极思考。二是通过学生动手操作,涂一涂、比一比,丰富对面积的认识,出示开口图形,学生在对比中理解封闭图形的大小叫做它们的面积,以完整的认识面积的含义。多次比较,加深对面积的认识,学生经历 3 次比较图形面积的大小,依次得出观察法、重叠法、数方格法。让学生充分参与到学习之中,从操作体验中感知"面积、知道比较面积的方法",在小组活动的过程中用三角形的纸片、圆形的纸片和正方形的纸片去测量、去交流、去讨论,学生在交流讨论中相互质疑,在质疑中产生新的思考,这正是"三教"理念的有力渗透。最后通过追问:哪一种方法比较好? 为什么? 学生亲自经历用图形测量得出比较面积的方法,感知了用正方形进行测量的优点,用正方形测量刚好铺满,从而得出数方格法。增强了学习的自信,感受成功的体验,促进学生思维能力的提升,从而达到了进一步理解面积的含义,探索比较面积大小的多样化方法。本节课体现了"三教"理念思想,通过"教思考、教体验、教表达",培育学生核心素养。

(评析人：阮莲花　宋运明　贵州师范大学数学科学学院)

参考文献

[1] 中华人民共和国教育部.义务教育数学课程标准(2011年版)[M].北京：北京师范大学出版社,2011.

[2] 杨孝斌,吕传汉.论数学教育对中小学生核心素养的培育[J].兴义师范学院学报,2015(5)：74-79.

[3] 严虹,游泰杰,吕传汉.对数学教学中"教思考、教体验、教表达"的认识与思考[J].数学教育学报,2017(5)：26-30.

《长方体的体积》教学课例

潘婧（甘肃省酒泉师范学校附属小学）

一、教学设计

（一）知识点

1. 长方体的体积＝长×宽×高
2. 正方体的体积＝棱长×棱长×棱长
3. 长方体、正方体的体积＝底面积×高

（二）学习背景

1. 教材分析

长方体的体积是在学生已经认识和学习了长方体、正方体的基本特征，体积的概念以及体积单位的基础上进行教学的。由计算平面图形的面积扩展到研究立体图形的体积计算，是学生空间思维发展的一次飞跃。长方体、正方体的体积计算，是学生形成体积的概念、掌握体积的计量单位和以后计算各种形体体积的基础。

2. 学情分析

本节课是在学生直观认识了长方体、正方体的特点，认识了长方体、正方体以及它们的展开图，理解了长方体、正方体表面积的含义及其计算方法的基础上来开展学习的。

3. 核心问题

猜猜长方体的体积与什么有关？如何探索长方体体积的计算公式？

（三）课时目标

1. 结合具体情境和实践活动，探索并能掌握正确计算长方体长方体、正方体体积的方法，解决一些简单的实际问题。

2. 在观察、操作、探索的过程中，提高学生动手操作能力，发展空间观念，感受数学和实际生活的密切联系，体验学数学、用数学的乐趣。

（四）教学重难点

1. 重点：长方体和正方体体积的计算。
2. 难点：长方体和正方体体积计算的实际应用。

(五) 设计思路

先让学生回顾计算长方形的面积与长和宽的关系——设疑：长方体的体积又与谁有关系呢？——观察三组图形的长、宽、高与体积有什么关系。——小组操作，用体积相等的小正方体摆出四种不同的长方体并用表格记录每种长方体长、宽、高以及所用的正方体个数与体积大小的关系。——观察交流表中数据时同学们发现了正方体的个数与体积的联系，从而推导出长方体体积的计算公式。

二、教学过程

(一) 片段一：猜一猜

教师引导学生在回想长方形的面积与长和宽有关后，让学生大胆猜一猜长方体的体积可能与什么有关？

学生可能会说因为长方体的表面积与长方体的长、宽、高有关，所以我认为长方体的体积就与长方体的长、宽、高有关。

长方体的体积与什么有关系？让学生在小组内进行讨论。

学生通过看图，教师引导学生分别体会"宽、高不变，长变短了，体积变小了"，"长、高不变，宽变短了，体积变小了"，"长、宽不变，高变短了，体积变小了"，通过比较，学生感知长方体的体积与它的长、宽、高有关系，为进一步自主探索长方体体积的计算方法打下良好的基础。

反思：这一环节，主要体现了"三教"理念中的"教思考"，教会学生根据生活情境进行观察，积极、大胆并有依据的思考、分析问题。猜测长方体的体积可能跟什么有关？让学生通过猜测，激发学生的学习兴趣和探索欲望，让课堂变得有趣、开放。从而培养学生的独立思考能力，使其深化对所学知识的理解，促进学生"长见识、悟道理"，提升其数学核心素养。

(二) 片段二：摆一摆

学生猜想长方体的体积等于长乘宽乘高，为了验证学生的猜想，让学生通过用小正方体摆长方体的活动，探索长方体体积的计算方法。

给学生准备同样大小的小正方体，以小组为单位，摆一摆，摆出 3 个不同的长方体，每次都要把小正方体用完。

看一看，摆出的长方体每排有几个？有几排？有几层？一共有多少个小正方体？体积是多少？记录员把每次的数据记录到学习单上的表格里。

表 1

| 序号 | 每排小正方体个数 | 每层的排数 | 层数 | 小正方体数量/个 | 体积/立方厘米 |
	长/cm	宽/cm	高/cm		

反思：这一环节，主要体现了"三教"理念中的"教体验"，让学生在动手操作探索活动中，通过利用小正方体摆长方体或正方体，对数据进行记录与分析，学生会很快发现长方体体积与长、宽、高之间的关系，正方体体积与棱长之间的关系。可以结合学生实际生活来学习，让学生在动手动脑中去获取新知，变抽象为直观，变被动接受为主动探索获得新知，整个学习过程轻松又愉快。

(三) 片段三：想一想

活动结束后，请小组代表上讲台汇报，组长根据摆出长方体或正方体活动记录汇报每排小正方体个数、每层的排数、层数、小正方体个数、体积，第二名学生根据汇报情况在白板上写出相应的数据，第三名学生用学具在讲台投影下摆出对应的长方体或正方体。

让学生将不同的长方体都进行汇报，教师在黑板上进行统计，然后让学生根据统计的数据，仔细观察，说一说自己的发现，让有想法的同学可以在小组内说一说。

学生会说小正方体的个数就是长方体的体积；长方体的长、宽、高是体积的因数；宽和高都是1，长越长，体积越大；用的正方体越多，体积就越大……

当学生说到这些，尽量把问题抛给学生来作评价：有道理吗？或你们同意他的发现吗？让学生多一些互动。

让学生在思考看看其他的数据，是不是也有这样的特点。

得出结论：长方体的体积＝长×宽×高；正方体的体积＝棱长×棱长×棱长；长方体、正方体的体积＝底面积×高。

也会发现这个结论不仅对于上面的长方体和正方体成立，对于任意一个长方体和正方体也都成立。

练习一：让学生根据要求摆一摆。

(1) 体积是 6 立方厘米。

(2) 1 排 5 个，3 排，2 层。

(3) 1 排 2 个，2 排，2 层。

练习二：计算体积。

图一：已知长方体的长、宽、高，计算长方体的体积。

图二：已知长方体的底面积和高，计算长方体的体积。

图三：已知正方体的棱长，计算正方体的体积。

反思：以上这个环节，主要体现了"三教"理念中的"教表达"，让学生积极思考、自主体验、善于表达，以此促进学生长见识、悟道理的一种教育理念。在我们的教学中往往会出现学生心里都很清楚，但不知道怎样去表达，教师就可以引导学生"说"交流加深思考，引导学生尽量说完整，并根据要求用体积是 5 立方厘米的小正方体摆出长方体或正方体，学生说出每排几个、几排、几层。也就是长方体的长是几、宽是几、高是几，长方体的体积＝长×宽×高，即 $V=a×b×h$。另外主要是引导学生知道只确定长方体的体积时，长方体的长、宽、高是不确定的。正方体的体积＝棱长×棱长×棱长，即 $V=a×a×a=a$ 的立方。在表达中，学生可以不知不觉对所学知识有了全新的理解，恍然大悟，这样更能培养学生的口头表达能力、小组合作学习的能力和自信心,让学生从内心深处真正喜欢这样的学习。

三、学习体验

学生1：在课堂上,我们通过利用同样大小的小正方体摆出不同的长方体或正方体的活动,在记录时,要想找到长方体的长、宽、高各是多少,就必须知道一行要摆几个小正方体(即表示长方体的长),摆几排(即表示长方体的宽),摆几层(即表示长方体的高)。然后观察,用一行要摆的小正方体个数×摆的排数就等于一层小正方体的个数,再用一层小正方体的个数乘摆的层数,就等于所有的小正方体个数。也就是用长方体的长×宽算出底面积,再用底面积×高,就能的得出长方体的体积。所以就得出长方体的体积=长×宽×高,再根据正方体是特殊的长方体,得到正方体的体积=棱长×棱长×棱长,或长方体、正方体的体积=底面积×高。回家后,我用尺子量出了家里的长方体纸巾盒的长是18厘米、宽是12厘米、高是8厘米,根据老师讲的方法：长方体的体积=长×宽×高,我很快就知道了长方体纸巾盒的体积=18×12×8,得出是1 728立方厘米。

学生2：每次在课堂上,老师让我回答问题时,我总是比较害怕说错。今天的这节课,我们利用同样大小的小正方体摆不同的长方体和正方体的活动,我们小组摆出了一个长方体,根据摆出的长方体,我数出了每排小正方体个数是4个、每层的排数是2排、层数是2层,小正方体数量一共是4×2×2＝16个,所以这个长方体的体积是16立方厘米,我按照这个思路,将记录的信息一字不落地进行了汇报,老师还夸我说的比以前流畅了,上课回答问题我再也不怕了。

四、同伴互助

同伴1：在实际的教学中,有的学生只知道正方体体积的计算方法是"棱长×棱长×棱长",而不知道是为什么？所以,教师一定要利用学生在动手操作时摆出的正方体给学生加以强调,因为正方体是特殊的长方体,得出正方体体积的计算方法是"长×宽×高",由于正方体的长、宽、高相等,所以正方体的体积=棱长×棱长×棱长。

同伴2：在练习二计算体积练习中,教师应该让学生先了解底面积的概念,然后计算图形的底面积,最后再根据底面积(长×宽)和高计算长方体的体积,这样学生就会理解底面积是怎样来的,为什么要用底面积×高来计算长方体或正方体的体积。教师可以再换一个底面,利用得出的公式在计算长方体的体积,让学生再看看是否和第一次计算的结果一样,培养学生自我反思、检查的良好学习习惯。

五、教学体验

1. 动手实践,验证猜想
本课一开始就根据核心问题给学生设置了悬念,在这个过程中,我引导学生经历了猜想—迁移—验证—寻求正确的解决问题的方法,充分体现了"学生是数学学习的主人"的教育理念。

让学生在课堂上亲身体验,通过动手摆不同的长方体、正方体,通过记录数据观察得出长方体的体积等于长、宽、高的乘积。引导学生用自己的语言去表达,培养学生的独立思考能力;让学生在动手中观察,在动手中思考,在动手中想象,灵活运用这种教学方法进行教学,学生学习的积极性、主动性和创造性都得到充分地调动。促进学生由被动地学习向主动地学习转变,由苦学向乐学转变。小学数学课堂教学质量明显提高。

2. 联系生活,拓展思考

课后小结时教师鼓励让学生用自己的语言对本节课所授知识加以总结、整理,分享自己的所见、所闻、所感、所悟,深化学生的思考,反馈教学的信息。

课后让学生撰写学习体验,并设计课外活动题让学生走出课堂思考:回家量一量,算出冰箱、衣柜、纸巾盒等长方体、正方体物体的体积。

让学生感受数学知识与日常生活的联系。利用多种活动埋下伏笔,为后续教学服务,还可以拓宽学生的视野,提升学生的学习能力。

六、评析

数学知识,是人对客观世界数、量与形的符号化的思维产物。

本课例在"长方体的体积"的教学中,引导学生用体积相等的小正方体摆出四种不同的长方体,并用表格记录每种长方体长、宽、高以及所用的正方体个数与体积大小的关系。从而让学在动手操作中,探索并获得长方体、正方体体积的计算方法的"再发现"。不仅获得长方体、正方体体积的计算方法的知识,更重要的是获得探究这种计算方法的自己的学习体验。

数学学习中的这种学习体验的点滴积累,就在促进学生探究能力的培养。

(评析人:杨伟平　贵州兴义民族师范学院)

在"做""比"中澄清概念本质

——以"周长、面积的概念"教学为例

杨通文（贵州省印江土家族苗族自治县新寨镇中心完全小学）

乌申斯基说："比较是一切理解和一切思维的基础。我们正是通过比较来了解世界上的一切的。"教育家陶行知说："不在做上用功夫，教固不成教，学也不成学。"贵州师范大学吕传汉教授指出："在数学教学中教思考、教体验、教表达（简称'三教'）的教育理念，提倡教学生'做数学'，在'做数学'中发展、积淀学生个性化的素养。"由此，笔者认为"做""比"既是知识再发现的一种策略技巧，又是知识获取的一种思维方式。尤其是学生易混淆的数学概念，运用"做""比"的策略和思维路径去逐步辨析、思考、澄清，既能促进深度辨析、再发现数学概念的同与异，又能灵活运用概念的本质内涵解决现实事件和解释现实现象。现以"周长、面积的概念"教学为例。

一、问题提出

认识周长后再认识面积时，却发现部分学生对周长、面积的概念十分混淆，分不清问题解决的指向到底是求周长还是求面积，特别是形如"一块长方形菜地，长 6 米，宽 3 米。四周围上篱笆，篱笆长多少米？如果一面靠墙，篱笆至少要多少米？（人教版三年级数学上册第 88 页第 7 题）""一辆洒水车每分钟行驶 200 米，洒水的宽度是 8 米。洒水车行驶 6 分钟，能给多大的地面洒上水？（人教版三年级数学下册第 74 页第 8 题）"的情境并没有指明道姓地求周长、面积的"形"，却有着紧密联系生活现实求周长、面积的"神"，学生更是胡乱地套用周长或面积公式去"蒙"出横式来，而且三年级的孩子习惯会通用"长×宽"（人教版数学三年级只涉及到长方形、正方形的周长和面积学习）去解决类似的平面图形、生活情境的周长或面积问题。到底是什么原因让学生难以理解"周长""面积"概念的本质呢？

二、问题剖析

出现上述这样的学习困惑，归根到底是学生对周长、面积概念的本质理解处于浅层状态，仅停留于概念的字、词理解，从表象上看学生均能从书上描述的概念仿效式地热闹表达不同物体的周长、面积是什么，实则对物体周长、面积所指的本质内涵却没有入心入脑，导致出现解决关于周长、面积的问题时，思维处于"徘徊"状态。以探讨"长方形的周长、面积概念理解及运用"为例。

1. 概念理解表象。浅显化、"套路式"的语言表征并不能真实地检验学生内在的思维。学生在课堂上能够结合具体情境快速替换、语言流利地表达周长(封闭图形一周的长度,就是它的周长)、面积(数学书封面的大小就是数学书封面的面积)概念,很有可能是基于书本表达格式的套用或前人描述经验的模仿或归纳,不一定是从理解概念内涵深处发出来的自我内心声音。教学被这一时的热闹而淹没了数学研究的本质,老师忽略了观察、分析学生的学习体验,误了学生对周长、面积概念的深度理解。

2. 彼此同时存在。周长、面积两者同时长在同一物体上,有周长的地方就有面积,反之,有面积的地方也就有周长,给学生理解、区分周长、面积增添难度。

3. 面积公式易记。周长多少、面积大小都与边有关联。比如同一长方形都是用它的长和宽去解决不同的问题(周长、面积),为学生的区别理解又增加了一定的难度;长方形的面积公式($S=ab$)比周长公式($C=(a+b)\times2$)简单、易记,部分学生会因学了面积而永久记得面积公式,慢慢忘记周长公式,自然解决问题都通通用面积公式,这也可算是对周长、面积概念的理解不深入。

4. 理解思维局限。部分学生只是记住了公式,但对于公式的来历并不清楚,会生搬硬套地用公式算。但有些问题不能灵活运用公式或信息去解决问题,因思维局限,学生错误地拼命找长、宽的量,如"搭一个邻边之和是 12 米的长方形钢框架,需要多少钢条?"不知长和宽的问题,部分学生就难住了。

5. 概念理解浅层。学生对周长、面积概念的理解多半是基于身边物体在观察、交流中浅层理解,没有引领学生经历多层次活动的体验、感悟,因而出现"看了就忘记了""多了就混淆了"的学习状态。

三、问题建议

数学学习反对"坐中学",提倡"做中学"。教师在"做"上教,学生在"做"中学,以"做"为支架,让学生经历数学操作过程,获得体验,生成感悟,从而自我自觉地深刻悟出道理、创造数学、运用数学。

(一) 周长、面积概念教学建议

周长、面积的概念教学人教版分别安排在三年级数学上、下册分开教学,笔者对数学概念的教学建议:一是不过早地揭示概念的定义,避免出现"灌输式"学习现象;二是不借助多个物体来刻画概念,追求课堂热闹;三是不要给学生留下概念学习是"无用"的感觉。因为这样的概念教学学生没有体验、没感知、没价值,何来感悟,何来动力。

1. 周长概念教学建议

首先以实物(既有直边沿的物,又有曲边沿的物)为载体,引领学生沿物体的边沿一周"摸一摸、描一描、量一量、算一算"操作活动;其次引领学生说一说,体验研究的对象长在物体的边沿上,是一条可直可弯、有长短、可测量、可计算的线,当学生对这条线的物理属性有着深刻的感悟后,顺势揭示长在谁的什么地方的怎样一条线在数学上叫做谁的周长,并启发学生借助身边的物体边说边演示周长在哪里;最后呈现生活中关于解决周长的生活情境问题,并引领学生说说我们为什么要研究物体的周长。

2. 面积概念教学建议

首先以实物(既有规则物,又有不规则物)为载体,引领学生沿物体的表面"摸一摸、涂一涂、摆一摆、数一数、算一算"操作活动;其次引领学生说一说,体验研究的对象长在物体的表面上,平平的、有大小、可拼图、可测量、可计算的面,当学生对这个面的物理属性有着深刻的感悟后,顺势揭示长在谁的什么地方的怎样一个面在数学上叫做谁的面积,并启发学生借助身边的物体边说边演示面积在哪里;最后呈现生活中关于解决面积的生活情境问题,并引领学生说说我们研究了物体的周长,为什么还要来研究物体的面积。

(二) 周长、面积对比教学建议

常言道:"没有对比,就没有伤害。"意思是经历对比之后就能真实地发现彼此事物间的本质异同,获得对事物的本真认识。笔者认为数学学习有时也是在对比、思考中,获得知识间一样与不一样的认识,理解、内化数学知识本质。

1. 在表格中对较同与异

以表格的形式回顾、对比周长、面积的同与异,在对比中澄清周长与面积的本质,深度理解周长、面积。如下表。

表1

图 形	类别	相同点	不 同 点				
			位置	形状	计算方法	单 位	用途
▮	周长	同一物体	边沿	一条线	$C=(a+b)\times 2$	长度单位	……
	面积		中间	一大片	$S=ab$	面积单位	……

2. 在图形中比较非本质

三下学了面积后,再次审视三上关于周长的练习题,进行拓展、变式。如图1的长方形分成了两部分,哪个部分的周长长?(人教版三年级数学上册第88页第8题)哪个部分的面积大? 并说明理由。引领学生通过直观图形的观察、思考、交流、发现①的周长=长+宽+公共曲边,②的周长=长+宽+公共曲边,所以①②两部分的周长相等。面积直观发现①大于②;此时,教师再作图形的变式,拉动、变形曲线,再次引领学生探讨上述问题,获得只要这条曲线的两头连接长方形的对角顶点,公共曲线边长什么样子,分成的两部分周长始终都一样长,面积的大小会发生变化。同时也发现周长相等的两个图形,面积不一定

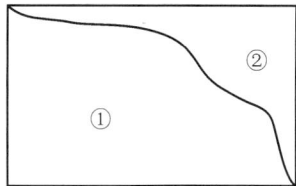

图1

相等。

这样基于对原有课本练习题的再次"咀嚼",在变式的比较中凸显周长、面积概念的本质,排除图形大小与周长的干扰,清除周长与面积概念的模糊。

3. 在情境中比较价值性

数学概念的学习不能停留在是什么的理解层面,而应引领学生从概念的本质出发思考在现实生活情境中有何用,既理解数学,又悟出数学在身边的道理。

笔者设计了下面一组情境,说说我们研究的是物体的周长还是面积。

(1) 我们土家族人过赶年,用同样大小的小方桌拼成长方形或正方形。怎样拼,才能使坐的人更多?

(2) 一个边长是 20 米的正方形鱼塘,占地多少?

(3) 分针每走 1 分钟,在钟面上所扫描的地方是多少?

(4) 我沿着篮球场的四周走了一圈,知道我走了多长吗?

通过生活常识的情境问题思考,学生发现有的问题是研究周长,有的问题是研究面积,由此对比了周长、面积的区别和用途,体会到周长、面积藏在生活中,生活中处处有关于周长、面积的数学,以此促进学生更加深刻理解周长、面积的概念和数学的现实应用价值。

综上案例所述,对于抽象的小学数学概念教学,要基于一定的教育教学思想策略路径,切记模仿说、机械用的表层热闹学习方式。要抓住概念的本质内涵,用结构化、一致性的数学思维联系生活思考怎样教,创设有价值的活动,进行操作的感悟、思维的对比、现实的运用,让学生在观察、思考、交流中有体验地获得数学的再发现,建构数学概念,发展数学思维。

四、评析

吕传汉教授倡导在数学教学中教思考、教体验、教表达。本节课通过长方形周长和面积的教学的对比分析,阐述了在数学中教学要抓住概念的本质内涵,要教会学生在观察思考、交流中有体验地获得数学,建构数学概念,发展数学思维,帮助学生在"做数学"中发展数学学科核心素养。

周长和面积都是与长方形的长、宽有关的概念,学生在没有理解两者的本质内涵时容易将两者混淆。杨老师通过分析周长和面积教学时出现的学习困惑的原因,发现学生对数学概念的理解仅停留于字词,没有理解其本质内涵,因此在解决问题时,难以准确区分和使用两者。在教学时能够通过在表格中对较同与异,在图形中比较非本质,在情境中比较价值性"三种方式能够帮助学生深入理解长方形的面积和周长两个概念促进学生的深度思考和深度学习,在比较的过程中不断加深学生的数学体验。让学生通过"做"和"比"理解概念的本质,帮助学生区分周长和面积。通过"做数学""说数学",促进学生的数学思考,帮助学生感悟数学,培养学生的数学思维。

(评析人:赵　阳　宋运明　贵州师范大学数学科学学院)

如何引导学生在数学学习中"长见识、悟道理"
——《线段 直线 射线》案例探析

骆春梅（新疆省塔城地区塔城市第五小学）

2018 年 9 月 10 日，习近平总书记在全国教育大会上指出新时代教育工作要在六个方面"下功夫"。其中之一是，"要在增长知识见识上下功夫，教育引导学生珍惜学习时光，心无旁骛求知问学，增长见识，丰富学识，沿着求真理、悟道理、明事理的方向前进。"把"知识"和"见识"并列为"知识见识"是个新观点，"悟道理"是个新要求；与此同时，贵州师范大学吕传汉教授主张用"教思考、教体验、教表达"的教育理念引领中小学数学"情境—问题"教学促进学生"长见识、悟道理"，紧扣新时代教育要求的脉搏，二者殊途同归；2020 年初，塔城市教科局搭建平台，实施《中小学数学"情境—问题"教学 30 年实践探索与理论研建构》课题推广活动，很荣幸我们工作室作率先参与了此次推广，我很珍惜这难得的机会，积极带领工作室成员们学习"三教"相关理念，并将这一先进的理念引入课堂教学中。

自 2020 年 12 月课题申报到实施，有近一年的时间。教科局教研室为了掌握"三教"课题推广应用的实际情况，在今年 11 月 10 日组织"三教"引领小学数学"情境—问题"学习长见识、悟道理实践研究优质课比赛。这对于我们工作室来说既是一次机会，又是一次检验，于是，我们推选苏锦莲老师代表工作室参加此次比赛。

一、课前思考

在优质课比赛前期，为了更好地体现"三教"理念，让学生更好地"长见识、悟道理"，我们选择了《线段 直线 射线》作为比赛课题，并认真的做了备课、磨课、研课活动。

1. 教材分析

《线段 直线 射线》是义务教育教科书人教版数学四年级上册第三单元角的度量第 1 课时的内容。本课时教学内容作为单元教学起始课，是学生在二年级已经初步认识线段，掌握线段的特征，并会画线段的基础上进行教学。

2. 学情分析

学生在二年级上册结合长度单位的认识对线段已有初步的认识，但仅在于帮助学生感知到线段的可测性，没有归纳提炼到线段的本质特征。对于射线和直线，学生在日常生活中经历过一些感性的例子，对线段的几何特征没有抽象。因为四年级学生的抽象意识还不够成熟，因此课上可采用想象与实例相结合的方式，发展学生的数学空间观念。

3. 教学目标

（1）知识技能目标：引导学生进一步认识线段，认识直线与射线，并能用字母表示。

（2）长见识目标：在学习过程中能正确区分线段、直线和射线，掌握它们的联系和区别，初步渗透无限性和唯一性极限思想。

（3）悟道理目标：经历观察、操作、想象等活动，渗透观察、比较和概括的学习方法，初步培养学生关于线段、直线和射线的空间观念。

4. 教学重点

线段、直线和射线的特征及三者之间的关系。

5. 教学难点

对直线可以无限延长，经过一点可以画无数条直线，经过两点只能画一条直线的无限性和唯一性极限思想的认识、感悟。

6. 设计思路

对于"线段、直线、射线"的教学内容，是学生首次对"图形与几何"领域核心概念抽象意识的学习，教学中以情境化的现实蕴含"抽象、推理、建模"的数学思想。作为数学教师，如何引导学生体会、理解线段、直线、射线的本质特征，如何在自然流露的教学过程中，以情境为载体、以问题为导向、以学生独立思考为根本，发展每位学生进行过程化的思维，形成良好的思维品质和关键能力，本节课中，引导学生通过自主探究、合作交流、动手操作等数学活动深刻理解线段、直线、射线的特点，感悟"三线"图形的特点，在辨析中理解图形的特征，加深学生对这三种图形的理解，为今后学习角及角的度量、垂线等知识打下基础，同时借助多媒体课件辅助演示，形象直观，便于学生理解。

二、磨课研课

初备后，9 月 23 日，我们工作室组织了第一次听课、磨课活动。在听课过程中，我们发现苏老师在本节课中，课件展示多，学生思考少；引导比较多，学生表达少。针对这种情况，因此在磨课时，我结合"三教"理念对她进行了指导，在提出问题"从一点出发可引射线吗？能画多少条？先让学生理解关键词"从一点出发"的含义，在此基础上放手让学生探究、体验，有了前面的体验感受，后面"过一点可以画多少条直线"自然是水到渠成。其他工作室成员也就苏老师在各线特点的描述、概括方面提出了自己的意见和建议。

11 月 4 日，我们组织了第二次听课、磨课活动。苏老师将"三教"理念融入课堂，在归纳出线段特点后，引发学生思考：数学中，除了线段是直的，还有哪些线也是直的？在学生回答直线、射线后，接着抛出问题：关于直线和射线你们想知道什么？学生已有了线段的学习经验，能够积极主动地提出它们长得什么样？有什么特点？有端点吗？……学生带着这些问题思考，探究的积极性也提高了。但我发现对于为什么线段可测量，射线、直线为什么不可测量，探究时间有些少，没有在学生回答后，再次追问为什么，从而引发学生更深入的思考。在磨课中我对这个问题进行了分析，为了加深对三线特征的理解，工作室成员也对三线之间的相同点和不同点作了对比，课后练习题"猜一猜"也进行了调整。

三、课后反思

2021 年 11 月 10 日,塔城市四个数学工作室全体"三教"课题实验教师和八位参赛选手都早早相聚于塔城市第二小学博艺楼的会场,参加教科局计划组织的"三教"引领小学数学"情境—问题"学习长见识、悟道理实践研究优质课比赛,在为期一天的听课、议课、评课活动中我们收获颇丰。

在《线段、射线、直线》课例展示中,苏老师按照"情境—问题"教学模式的环节"创设数学情境—提出数学问题—解决数学问题—注重数学应用"逐步展开,把"提出问题—解决问题"贯穿课堂教学始终,融合"三教"教学理念,培养学生对"三线"图形抽象理解的意识。学生在课堂中能够积极思考、主动体验、大胆表达,教学效果很好。

最后,苏老师的这节课荣获了一等奖,在评课议课中,教科局领导及各校听课教师给予了苏老师这节课充分的肯定,这让我们备受鼓舞,但在感受收获时,更多的是反思,在本节课中苏老师在数学语言的表达上还需再严谨些,直线特点的探究再放些手,相信孩子,给孩子更多的时间讨论、体验、感悟,学生的主动性挥发会得更充分。

数学核心素养的培养是"悟"出来的而不是"教"出来,理解和把握与"长见识、悟道理"的教学之道,是数学教学深入改革的方向,如何在课堂教学中进一步引导学生"长见识、悟道理",任重而道远。我一直相信一句话:用心去做,没有做不好的事。我想,只要自己用心,因不足而学习,因困惑而探索,一步一个台阶,在"三教"理念引领下"长见识、悟道理"的路上,一定能够留下一行美丽的足印。

四、评析

从线段到直线再到射线,不仅知识层面凸显了层层递进,还激发了学生的学习兴趣。按照"情境—问题"教学模式的"创设数学情境—提出数学问题—解决数学问题—注重数学应用"逐步展开,把"提出问题—解决问题"贯穿于课堂教学始终,融合"三教"教学理念,培养学生对"三线"图形抽象理解的意识。重视发挥学生的想象,培养学生的空间观念。在教学中,通过教学把线段的两端无限延伸,得到一条直线,把线段的一端无限延伸,得到一条射线。

在这两种线的教学中,让学生通过画一画、想一想,理解无限延伸的意义,培养学生的想象能力和空间意识观念。学生亲身、清楚去理解线段、射线和直线概念,掌握这三种线的特征及它们的异同点,并且感悟这三种线。这节课的设计合理,自然,在课中提供主动探索的时间、空间,给学生讨论的机会。动手实践、自主探索、合作交流是学生学习数学的重要方式。为了让学生动起来,在动的过程中学习数学,在动的过程中体验知识的形成过程。整堂课目标制定清晰,完成了教学目标。

(评析人:王 英 宋运明 贵州师范大学数学科学学院)

《平行与垂直》教学课例

钟杨(贵州省习水县第二小学)

一、教学设计

(一) 教材分析

《平行与垂直》这节课是人教 2011 课标版小学四年级数学上册第五单元"平行四边形和梯形"第 1 课时,新授课。

本课的教学内容是同一平面内两条直线的特殊位置关系,即平行与垂直。注重联系现实素材,借助直观感知帮助学生建立几何概念。同时还借助一些动手操作的活动来帮助学生建立空间观念。在"图形与几何"领域中,平行与垂直对学习平行四边形和梯形有很重要的作用,也是后面进一步学习长方体、正方体等的基础。

(二) 学情分析

学生已经认识了直线、线段、射线的特点,会用三角尺、量角器、线段、直线、射线和角,画等直线及角的基础上进行教学的,是认识平行四边形和梯形的基础。平行与垂直是指在同一平面内两条直线的两种特殊位置关系,在生活中有着广泛的应用价值。通过本节课学习,不仅让学生充分感知和理解平行与垂直的本质特征,而且培养学生学习数学的兴趣。

(三) 教法与学法

几何初步认识无论是线、面、体的特征还是图形的特征、性质,对于小学生来说,都比较抽象,所以我运用直观教学法进行教学。在本节课中,教师以想象活动导入,让学生大胆画线、观察分类、感知特征,从而自主探究,动手操作,认识平行与垂直。同时通过想一想、画一画、分一分、说一说、摆一摆、折一折等方式进行学习和巩固。

(四) 知识点

平行与垂直。

(五) 教学目标

1. 必备知识:通过自主探究活动,让学生理解平行与垂直这两种特殊的直线间的位置关系,认识平行线和垂线,正确辨析平行与垂直。

2. 关键能力:通过观察、操作、讨论、思考、归纳等活动,让学生领悟分类的数学思想,积累数学活动经验,发展空间观念。

3.核心价值、学科素养:让学生建立符号意识,能正确表达平行和垂直的关系,体会符号的简洁性。

(六) 教学重难点

1.重点:正确理解相交、互相平行和互相垂直的概念。

2.难点:理解平行与垂直概念的本质特征。

(七) 核心问题

让学生理解平行与垂直这两种特殊的直线间的位置关系,认识平行线和垂线,正确辨析平行与垂直,能正确表达平行和垂直的关系,体会符号的简洁性。

(八) 设计思路

1.情境导入:想象活动→大胆"画"线→导入新课;

2.实践探究:尝试分类→理解相交和不相交→理解平行的概念→理解垂直的概念→生活中的平行与垂直现象;

3.在操作中巩固提升:说一说→摆一摆→折一折;

4.课堂小结:畅谈收获,质疑;

5.作业布置:找一找。

二、教学过程

(一) 片段一:情境导入

活动 1:想象活动

摸摸长方形纸片,闭上眼睛想象:把这个面变大会是什么样子?变大、再变大、变得无限大,在这个无限大的平面上出现了一条直线,又出现了一条直线,想象一下这两条直线的位置是怎样的?

活动 2:大胆"画"线

睁开眼睛,把想象的两条直线画在这个平面上。

学生独立完成,教师巡视,选出有代表性的作品贴在黑板上。(学生可能画出不同的位置情况的两条直线,如果学生没有画出图 1 的几类情况,老师可以进行补充。)

师:同学们都画得很好,接下来咱们就一起来探究两条直线之间的这两种位置关系。
(板书课题:平行与垂直)

反思:让学生从现实生活中入手,创设了纯数学知识的问题情境,引导学生进行空间想象,动手把两条直线的位置关系画到纸上,既让学生自行感知两条直线的位置关系,又激发了学生的学习欲望和参与意识。

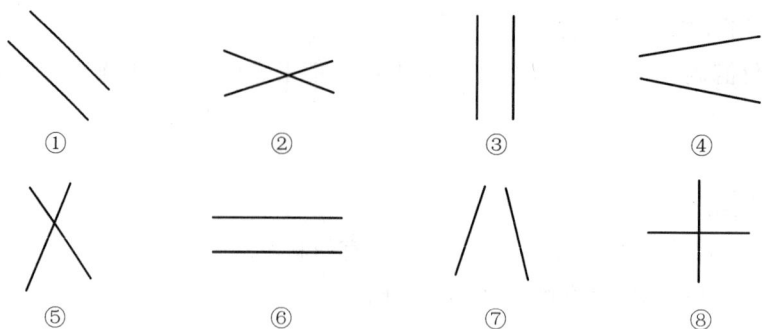

图1

(二) 片段二：**实践探究**

活动1：尝试分类

师：仔细观察这些作品中两条直线的位置关系，如果让大家将它们进行分类，你们想怎么分呢？你们为什么要这样分？

学生观察作品(图1)，先在小组内互相说一说，再在全班交流。

生1：②⑤⑧分为一类，它们交叉到一起去了；①③④⑥⑦分为一类，它们没有交叉。

生2：②⑤⑧分为一类，它们交叉到一起去了；④⑦分为一类，它们快要交叉了；①③⑥分为一类，它们不会交叉。

生3：②④⑤⑦⑧可以分为一类，因为不管是已经交叉还是快要交叉，最后都会交叉；①③⑥分为一类，它们不会交叉。

学生踊跃发言……

师：大家觉得哪一种分法更合理？说说理由。

反思：这个分类探究的过程对于一部分学生来讲是很有挑战性的。通过先独立思考、再分组交流的过程，让学生充分发表自己的意见和想法，在倾听和交流中不断优化自己的分类方法。通过学生动手操作、亲身体验、合作交流，初步理解同一平面内两条直线的位置关系。

活动2：理解相交和不相交(教学例2)

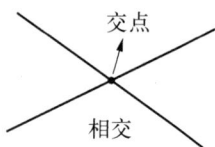

图2

师：课件出示图2，在数学中，我们把两条直线交叉这种情况叫"相交"，它们相交的点叫交点。

师追问：你们说的像图④和图⑦这样快要相交是什么意思呢？引导学生明确：把这两条直线向两端延长后就能相交。(图3)

师：图①、图③和图⑥是确定不会相交的吗？延长后也不会相交吗？在纸上画画看。

学生在纸上延长图①③⑥中两条直线的长度，确定是不会相交的。(课件同步出示图4)

师生小结：看样子在一张纸上画出两条直线，它们的位置关系可能是相交，也可能是不相交。

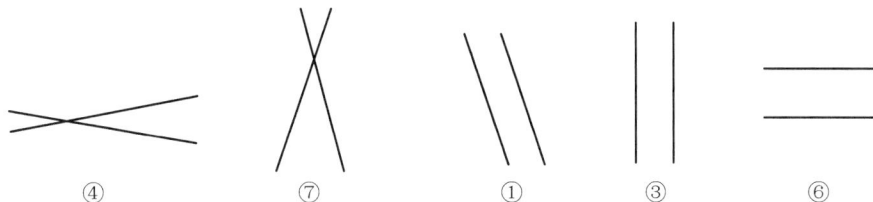

④　　　⑦　　　①　　　③　　　⑥

图3　　　　　　　　　　　图4

反思：让学生自主探究,展示、交流,通过讨论、辨析统一分类的依据,确定两条直线的位置关系,唤起学生的认知经验。

活动3：理解平行的概念

（1）介绍互相平行

师：数学中,我们把像图①、图③、图⑥这种不相交的位置关系叫"互相平行",你能用自己的话说一说什么叫平行线吗?

生4：总也不相交的两条直线叫平行线。

生5：向两端无限延长后也不相交的两条直线叫平行线。

师：怎样表达更严谨呢?请大家自学教科书P56的内容,找出你们认为重要的或者是难以理解的词。

学生自学后交流汇报。

生6：互相。

生7：同一平面内。

（2）理解"在同一平面内"

师：这两条直线互相平行吗?为什么?（出示图5）

引导学生体会"同一平面内"和"互相平行"的含义。

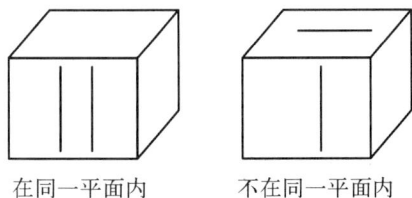
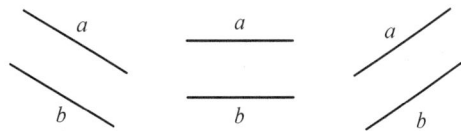

在同一平面内　　　不在同一平面内

图5　　　　　　　　　　图6

（3）介绍平行符号

课件出示教科书P56下面的图。（图6）

师：图中的直线 a 与直线 b 互相平行,我们用符号"//"来表示平行,a 与 b 互相平行,记作 $a // b$,读作 a 平行于 b。这样的表示既直观又简洁。（适时板书）

反思：学生通过自主阅读、交流,进一步明确概念中的"互相平行"数学表述,让学生经历由具体到抽象,建构概念的全过程。

活动4:理解垂直的概念

(1)课件出示五幅两条直线相交的图片(图7)

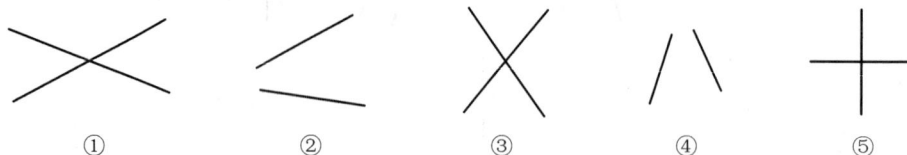

图7

师:你们认为这五幅图中哪一幅比较特殊?

生8:图⑤,它是两条直线直直地相交。

生9:图⑤,其他的图片中两条直线相交所成的角都是锐角和钝角,只有图⑤是直角。

师:我们把像图⑤这样相交的情况叫"互相垂直"。你们能用自己的话说一说什么叫互相垂直吗?

师:关于垂直的概念书上也有准确的描述,请大家自学教科书 P57 相关内容,找一找关键词。

生10:互相垂直。

生11:垂足。

师:你们怎么来判断两条直线相交是不是成直角呢?

生12:用三角尺上的直角来比一比。

生13:用量角器量一量。

(2)介绍垂直符号

师:垂直和平行一样,也可以用符号表示,就是"⊥"。直线 a 与直线 b 互相垂直,记作 $a \perp b$,读作 a 垂直于 b。(适时板书)

反思:学生通过自主阅读、交流,进一步明确概念中的"互相垂直"数学表述,让学生经历由具体到抽象,建构概念的全过程。

活动5:生活中的平行与垂直现象

师:请大家观察我们的教室,能看到互相平行和互相垂直的现象吗?指一指,说一说。

生14:找出教室中的各种平行和垂直现象(可以让学生上前边摸边说或边指边说)

反思:让学生找一找、摸一摸、指一指教室中的平行与垂直现象,有助于加深学生对概念的理解。

(三)片段三:在操作中巩固提升

活动1:说一说

出示教科书 P61"练习十"第1题(图8)。

1. 下面每个图形中哪两条线段互相平行? 哪两条线段互相垂直?

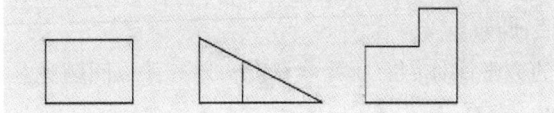

图 8

同桌之间先互相说一说哪两条线段是互相平行的,哪两条线段是互相垂直的,再进行全班交流。可尝试标上字母,再用符号表示出来。

反思: 通过交流哪两条线段是互相平行的,哪两条线段是互相垂直的,巩固对平行与垂直的理解。

活动2: 摆一摆

出示教科书P61"练习十"第2题(图9)。

2. 摆一摆。
(1)把两根小棒都摆成和第三根小棒互相平行。看一看,这两根小棒互相平行吗?
(2)把两根小棒都摆成和第三根小棒互相垂直。看一看,这两根小棒有什么关系?

图 9

学生以小组为单位用小棒摆一摆,在组内说一说它们的位置关系,再全班交流。

反思: 通过摆放与已知小棒平行或垂直的两根小棒,让学生发现这两根小棒也互相平行。借助摆小棒活动,一方面深化学生对平行与垂直的认识和理解,另一方面也借助直观操作发现规律。

活动3: 折一折

出示教科书P61"练习十"第3题(图10)。

3. 折一折。
(1)把一张长方形的纸折两次,使三条折痕互相平行。
(2)把一张正方形的纸折两次,使两条折痕互相垂直。

图 10

让学生折纸后交流不同的方法,使学生直观感受到各种情况的垂直和平行。

反思: 第(1)题折的方法很多,最简单的方法就是沿着长方形的长边或短边对折两次。第(2)题则可以沿边对折或沿对角线对折。这样的练习操作简便,开放性强,有助于培养学生思维的灵活性。

(四) 片段四：课堂小结，质疑

师：同学们，今天的数学课你们有哪些收获呢？还有什么问题呢？

学生分享本节课的收获，质疑解答。

反思：让学生学会总结知识、分享所获，体验成功。提出问题，互相交流，把所学知识进一步"消化"，变成自己内在的东西，这才是教师"引领"的价值所在。

(五) 片段五：作业布置

找一找：

师：生活中的平行与垂直现象还有很多，就看你能不能发现它们。去找一找生活中平行与垂直的现象，下一节课来和大家分享吧。

反思：让学生感知数学与生活的密切联系，进一步加深对概念的理解，培养学生的观察能力，激发学生学习数学的兴趣。

板书设计：

平行与垂直

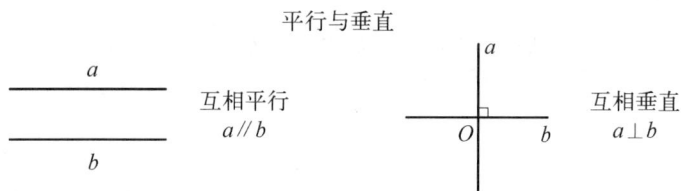

互相平行
$a /\!/ b$

互相垂直
$a \perp b$

反思：板书是整个教学思路的"灵魂"。新颖紧凑的板书，简洁明了地概括教学的重点、难点，既给师生一种全面的知识，又为教学渗透了教学思想方法。

三、学习体验

1. 学生王紫霖：画一画就懂了

今天我们学习了《平行与垂直》这一课，课堂上我们展开想象，然后把想到的两条直线用三角尺画在了纸上。通过展示，我发现同学们的想法还真不少，有的同学画的两条直线是交叉了的，有的同学画的两条直线虽然没有交叉，但是把直线画来延长后就会交叉，这两种情况都可以叫做相交。

还有的同学真的很会画，他们画出的两条直线无论怎么延长也不会交叉，这种情况叫做这两条直线互相平行。那不平行的两条直线就一定能相交吗？我们展开了争论。有位同学的想法说服了我：如果把一条直线在教室前面的黑板上横着画，把另一条直线在教室后面的黑板上竖着画或斜着画，这两条直线既不互相平行，也不是相交。

垂直是最特别的相交，因为这是成为直角的相交。画平行与垂直，需要利用三角尺才能画得更规范美观，我还学会了用字母表示两条直线的互相平行与互相垂直的位置关系，在我们的生活中平行与垂直的现象有很多,如果生活中没有平行、没有垂直,很难想象会有什么后果。数学知识能帮助我们理解和解决生活中的问题,让我们努力学习数学吧,加油!

2. 教师点评

王紫霖同学,你真是一位努力好学的好孩子!你能通过想象、操作、观察、分类、讨论、思考、归纳等活动,理解相交、互相平行、互相垂直等,还会用字母表示它们的位置关系,还能找出生活中的互相平行与互相垂直的现象,并且知道它们的作用。

更可贵的是,你的学习兴趣在提高,你能把我们学到的数学知识直观地画出来,说出来,并且能找出生活中的一些平行与垂直的现象,相信你以后一定会学好数学。

四、同伴互助

贵州省习水县"三教"引领"情境—问题"教学研讨活动为我搭建了平台,给我这次执教《平行与垂直》的机会。以下是听课教师给我的一些建议。

2018年基础教育国家级教学成果一等奖获得者、贵州师范大学原副校长吕传汉:高效的课堂教学,要让学生在情境中去发现问题和提出问题、分析问题和解决问题,获得再发现,也不能局限于课堂教学,要让学生走出课堂后也能有思考。

贵州师范大学数学科学学院教授、博士杨孝斌:通过把长方形或正方形纸对折引入,初步了解平行的特征,举例说出生活中的平行的现象,然后换一个方向对折,引出垂直的现象,说出垂直的特征。教师站在学生的立场,再往前走一点。

贵州省特级教师、贵州省小学教学名师尹侠:平行与垂直是生活中常见的数学现象,让学生在平面上画出两条直线,想怎么画就怎么画,教师要善于抓住"不同类",引导学生进行分类探究,去理解相交、互相平行与互相垂直。沿着桌子的两条长摸一摸、沿着一条长和一条宽摸一摸,去感知两条直线的位置关系。

五、教学体验

(一) 重点突出、重视操作

本课的教学内容操作性极强,在教学过程中,让学生通过想一想、画一画、分一分、说一说、摆一摆、折一折等方式进行学习,结合自主阅读,明确语言的规范性,从而正确理解和表达互相垂直与互相平行。

(二) 注重表达能力的培养

活动不仅可以激发学生学习的兴趣,而且有助于学生更好地理解和运用知识,本节课在这一点上体现得比较突出。让学生上台讲,其余学生重复讲,让学生进行完整的语言表达,对今后的数学学习和生活都有很好的价值。

六、课后反思

(一) 教思考

在课堂教学中让学生理解平行与垂直这两种特殊的直线间的位置关系这一核心问题的引领,联系学生的生活实际创设问题情境,提高认知兴趣,激发学生思维,让学生从初步认知到深入理解,最终达到学以致用。

(二) 教表达

在本节课的教学设计中,主要体现在学生独立学习和小组合作探究、汇报,教师适时引导学生完整表达,在学生汇报结束后,回答其他学生的质疑。同时注重师生良好关系的建立,多关心鼓励学生,树立信心,能创造良好的学习交流氛围。

(三) 教体验

在新知转化成旧知的过程中,放手让学生去想象两条直线,让学生通过画一画、分一分、摆一摆等方式,发现新知识,体验平行与垂直的特征,然后通过例举生活中的平行与垂直的现象,联系生活实际进行学习,再到巩固练习中的找一找、摆一摆、折一折进行练习,让学生操作体验,提高学生对数学探究发现的兴趣,将新知内化。

七、评析

《平行与垂直》这节课是人教 2011 课标版小学四年级数学上册第五单元"平行四边形和梯形"第 1 课时,新授课。是在学生学习了直线及角的知识的基础上教学的,是认识平行四边形和梯形的基础。垂直与平行是同一平面内两条直线的两种特殊的位置关系,而且在生活中有着广泛的应用。

钟老师在教学中主要体现了以下特点:注重生活经验,从已有知识入手。教师以想象活动导入,让学生大胆画线、观察分类、感知特征,从而自主探究,动手操作,认识平行与垂直。同时通过想一想、画一画、分一分、说一说、摆一摆、折一折等方式进行学习和巩固。注重引导和提问,启发学生思考,调动学生的积极性,体现了三教理念。教思考,联系学生的生活实际创设问题情境,提高认知兴趣,激发学生思维。教表达,主要体现在学生独立学习和小组合作探究、汇报,教师适时引导学生完整表达,在学生汇报结束后,回答其他学生的质疑。教体验,让学生通过画一画、分一分、摆一摆等方式,发现新知识,体验平行与垂直的特征,然后通过例举生活中的平行与垂直的现象,联系生活实际进行学习,再到巩固练习中的找一找、摆一摆、折一折进行练习,让学生操作体验,提高学生对数学探究发现的兴趣,将新知内化。体现了新课标中知识来源于生活,来源于学生的对世界的认识。让学生体会到生活中处处有数学,数学学习的重要性,培育学生的学习兴趣。让学生学会用数学的思维思考现实世界,也是新课标要培养学生学习能力中的一项重要目标。

因此教师在平时教学中要重视培养学生的问题意识、探究意识,鼓励学生提出有意义的问题,激发学生去思考,把自己的想法记录下来,学会用数学的语言表达现实世界,培养学生数学核心素养。

(评析人:阮莲花　宋运明　贵州师范大学数学科学学院)

参考文献

[1] 严虹,游秦杰,吕传汉."三教"引领中小学数学教学培养核心素养探究[M].贵阳:贵州人民出版社,2018:3-13.

[2] 邓清,夏小刚.数学思维视域下"教表达"的再认识与思考[J].数学教育学报,2019(5):47-50.

在情境体验中长见识、悟道理

——《认识三角形和四边形》单元情境教学案例

程琴（甘肃省酒泉师范学校附属小学）

《义务教育数学课程标准(2011版)》指出："教学活动是师生积极参与、交往互动、共同发展的过程。""数学教学应根据具体的教学内容,注意使学生在获得间接经验的同时也能够有机会获得直接经验,即从学生实际出发,创设有助于学生自主学习的问题情境,引导学生通过实践、思考、探索、交流等,获得数学的基础知识、基本技能、基本思想、基本活动经验,促使学生主动地、富有个性地学习,不断提高发现问题和提出问题的能力,分析问题和解决问题的能力。"在教学实践中,践行"长见识、悟道理"的理念很好地阐释了依托教学中的问题情境,去引导学生通过实践、思考、探索、交流等,主动获得数学的基础知识、基本技能、基本思想、基本活动经验,显得尤为重要。

一、教学设计

(一) 学习背景

在酒泉市推广的全国基础教育成果吕传汉教授团队研究实践的《"三教"引领学科"情境—问题"教学促进学生"长见识、悟道理"探究》课题成果中指出"长见识、悟道理"是一种教育理念;"情境＋问题"教学是一种基本的教育模式:设置情境—提出问题(老师筛选问题)—解决问题—注重应用。"情境—问题"教学模式升华为"三教"模式后,课堂教学三部曲为:第一步,情境激趣,提出问题;第二步,过程学习,增长见识;第三步,表达交流,感悟道理。在执教北师大版教材中,利用情境教学,提出数学问题,激发学生主动探索思考和解决问题,在数学课堂教学中,长见识、悟道理,促进学生思辨能力的发展。

基于"情境—问题"的基本教学模式,经过为期八个多月的理论学习和课堂实践研究过程,从最初的"情境＋问题串"的初探模式展开数学实践教学,一开始依托北师大版教材的情境激趣导入,鼓励学生从情境中发现问题、提出问题,引导学生自主解决问题。到目前把"情境＋问题"的教学模式能够巧妙的结合课堂需要和学生的需要融入在课前、课中、课后。有情境的教学导入,有情境的课堂新授,有情境的知识拓展,极大的激发了学生学习的兴趣和求知欲望,并且让社会生活走向课堂、走近学生,学生在亲历体验中善于发现问题,敢于主动表达,从而提升了学生的表达、交流能力,从中获得了学生自己的体验、感悟。从而渐进到"三教——三会"的教育理念实践中来:通过情境融入,课堂实践;过程学习,增长见识;表达交流,感悟道理的递进模式,循序渐进的走向课题成果的实践应用的初探路上。

（二）课时目标

1. 知识技能要求：经历量、摆、拼等直观操作活动，认识三角形、平行四边形和梯形的特征，以及它们之间的联系，进一步发展空间观念。了解三角形、四边形的分类情况，探索三角形三边之间的关系和三角的内角和，在亲历探索发现的过程中，体验数学思考与探究的乐趣，激发数学学习的兴趣。

2. 长见识、悟道理要求：通过生活情境体验学习，增强对三角形和四边形特点的认知，训练学生根据不同的分类标准对图形分类；促进学生在情境中产生推理学习的欲望，培养敢于表达、善于交流的数学能力。通过感受量、摆、拼等直观操作活动在探索图形性质中的作用，增长体验三角形生活实际应用的见识，体验自主获得新知的喜悦。感悟三角形和四边形紧密联系生活的作用。

（三）教学重难点

1. 掌握把图形按一定的标准进行分类，并找出分类依据。

2. 认识直角三角形、钝角三角形、锐角三角形、等边三角形、等腰三角形，体会每一类三角形的特点。

二、教学过程

下面以北师大版四年级下册《认识三角形和四边形》的单元备课系列课程为例，从中展示如何在情境体验中引导学生长见识、悟道理。

（一）案例一：《图形分类》教学片段，猜想——验证三角形、四边形特征

在《义务教育数学课程标准（2011年版）》的目标中提出让学生在历经观察、探索等活动中开展推理。可见推理是基于数学的猜想，并且随着学生学习的不断深入而不断发展。在教学中我们应该创设教学情境激发学生的认知冲突，引发学生产生推理的欲望，在推理的过程中增长见识，表达交流，感悟道理。

1. 情境一

在引导学生学习三角形的稳定性和四边形的易变形性时，教师创设了生活中学生熟悉的情境——行进中的自行车车轮（图1）。

师：我们平时最爱骑的自行车，他的车轮是什么形状的？

生：（异口同声说）圆的。

师：为什么车轮是圆形的？不是方的，不是三角形的？

提出自行车的车轮为什么是圆的？引起学生思辨的兴趣，激发学生想要表达的欲望，给学生思考的时间和交流的

图1

空间。

生1：如果车轮是其他形状，自行车就会摔倒。

生2：因为地面是平的，所以车轮要用圆滑的轮子。

……

这时候，学生面对自己这么熟悉的情境非常的兴奋，开始利用自己已有的知识经验大胆的猜想，勇敢的表达。

师：其实车轮设计成圆形主要有两个原因，分别是省力和平稳。

1. 圆心到圆周上任意一点的距离都是相等的，这个相等的距离叫做半径，当车轮在地面上滚动时，车轴离开地面的距离就总是等于车轮半径，这样行驶起来才会平稳，不会产生颠簸。

2. 圆形的车轮在行驶的过程中可以减小与地面的摩擦力，提升加速度，同时还可以提高自行车的工作效率。

生：原来车轮设计成圆形，藏着我们不知道的秘密。

反思： 自行车的车轮是圆形的，这是学生非常熟悉的生活情境，但是学生也许没有想过这个问题，今天在学习三角形的稳定性时，提出这个问题，是给学生产生一个认知冲突：在三角形的稳定特征中与此制造一个对比冲突，让学生觉得这个情境引发的问题既熟悉又难解决。学生对此知识的解决有一定难度，但却激发了他的猜想欲望和思考动机。从而学会"前联后延"，学会猜想，主动猜想。

顺其自然进入下一个与知识点有关的教学情境——我们每天上学进进出出的伸缩门运用了什么原理？

2. 情境二

大家再来看，我们每天上学、下学进进出出的伸缩校门（图2）。

图2

师：为什么我们每天进出的校门能伸缩自如？你想过吗？

学生面对每天进进出出的非常熟悉的伸缩门这一情境呈现在课堂中，觉得既有趣又好奇，真的会想伸缩门为什么会伸缩自如？利用了什么原理呢？

师：播放伸缩门伸缩的视频。学生观看前后对比，看一下伸缩门关闭的时候门上的这些框架是什么形状？

生1：是菱形的。

生2：是四边形的。

生3：当伸缩门打开的时候，四边形越来越接近长方形，当伸缩门关闭的时候，四边形越来越趋于菱形，最后几乎近似成一条线。

师：它的伸缩与这些菱形框架有关系吗？

生：课堂上老师让我体验了四边形框架可以随意边形的活动，我觉得伸缩是因为四边形具有易变性的特征。

师：打开的时候，这些框架怎么就没了？（你就这样说服我吗？我有点质疑）

反思：这一情境教学对学生很有启发性，有的学生也许会想，每天进进出出的伸缩门真地没去关注过为什么会伸缩？有的学生基于一定的生活经验也许会知道伸缩门利用了平行四边形易变形的原理。这些都值得学生去猜想，去交流。有数学情境引发的数学猜想，是数学的发现点，更是学生体验知识的过程。

3. 情境三

维修工叔叔在修理一把摇摇晃晃的凳子的情境视频(图3)。

图3

师：为什么摇摇晃晃坏了的凳子，工人叔叔用一根斜的木杆就固定稳当了呢？

生1：利用了三角形的稳定性。

生2：原来的不稳固的凳子侧面是长方形框架，容易变形，修理后就分成两个三角形，三角形具有稳定性，所以凳子修理后就变得牢固了。

对比：没有修理之前和修理之后发生了什么变化？

师：你怎么就知道三角形不易变形呢？

提出问题，为什么摇摇晃晃的凳子经过修理就牢固了？这是学生非常熟悉的一个情境，凳子的边框斜着定了一根木杆，就变成三角形了。三角形具有稳定性。

基于以上的三个学生熟悉且生动的教学情境，助推学生不断地去猜想，引发认知冲突，激发学生的求知欲望,从而迫切地想去推理验证得出结论。

师:大家猜想的都很有道理,但是依据在哪里呢?理论来源于实践,大家想不想把你们的猜想进行验证。

实际动手操作切身体验:

师:好!拿出你们准备的小棒,两组做三角形框架,研究晃晃荡荡的凳子为什么加了一根木杆就稳当了?两组搭一个四边形框架,研究伸缩门为什么能伸缩。

反思:这个活动顺理成章的到了验证推理三角形的稳定性和四边形的易变形的特点环节,是水到渠成的教学基点。

在验证推理环节中,教师让学生通过手中小棒和皮筋动手做四边形和三角形,通过自己的办法再次验证推理三角形具有稳定性,四边形具有易变性形。

学生汇报自己是如何验证操作的。在此过程中学生有了体验的过程,有了交流的空间,有了表达的时间。学生有了操作体验的过程逐渐从数学的猜想走向数学的发现,得出数学的结论。学生在情境问题教学模式中,增长见识,体悟道理,学会知识的应用,是数学课堂最好教学效果。

(二)案例二:《探索与发现:三角形边的关系》教学片段

师:来看3线段,探索长度为4厘米,6厘米,10厘米的3条线段能否围成三角形?快用你们手中的小棒代替线段摆一摆吧。

生1:长度为4厘米,6厘米和10厘米的这3根小棒摆不成三角形。因为这2根短的加起来和长的一样长,如果2根小棒抬起来一点就够不到一起了。(边说边展示,图4)

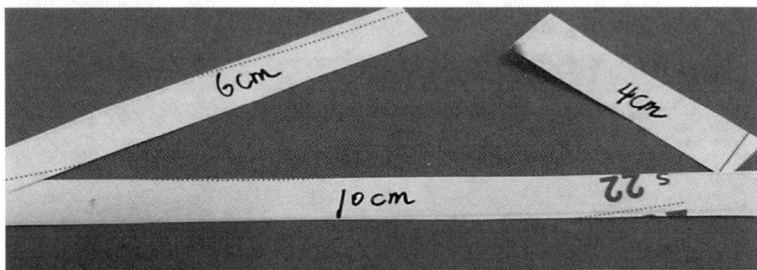

图4

师:大家同意吗?谁有不同意见?

生2:长度为4厘米,6厘米和10厘米的这3根小棒能摆成三角形。他们可以拼接在一起。(边说边展示,图5)

师:哦,谁说的对呢?大家来说一说。

生3:接过了生2手中的三角形。我同意生1的观点,看生2摆成的三角形,这根10厘米的小棒已经弯曲变形啦,长度发生了变化。生3说着把2根较短的4厘米和6厘米的小棒接头处打开并与10厘米的小棒重合在一起。大家看当10厘米的小棒不弯曲时,刚好跟这2根4厘米和6厘米的小棒重合在一起,因为:4+6=10(厘米),刚好重合,所以摆不成。

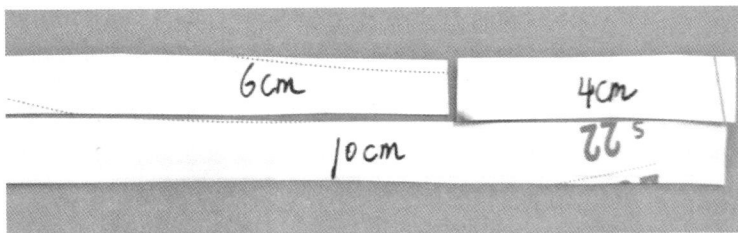

图 5

师：生 3 说的太棒啦，他用算式表示了这 3 根小棒之间的关系，当 2 根较短的小棒长度之和等于长的小棒时摆不成三角形。其实生活中也有这样的场景，让我们一起来看看吧。

播放情境视频：《天津海河开启桥》(图 6)。

图 6

师：壮观吧！看完了视频，你有什么发现？

生 4：原来生活中就有这样的场景啊！通过看视频我发现，当 2 根较短小棒长度加起来和长的相等时确实摆不成三角形。只有当 2 根较短小棒长度加起来比长的长时才能摆成三角形。

师：大家同意生 4 的观点吗？

生 5：我完全同意。原来世界上最大的立转式开启桥是我们国家修建的，真是太牛啦！

生 6：我也同意生 4 的观点。天津海河开启桥开启时轮船可以从海上通过，合拢时上面还能走汽车，这个设计太厉害啦！

师：厉害吧！老师也为我们国家有这样壮观的桥梁而自豪！同学们想不想将来也成为了这样厉害的建筑设计师？

生：想！

师：那就好好学习数学吧，生活中处处有数学，老师也希望不久的将来同学们可以运用所学，为建设社会主义现代化强国作出自己应有的贡献！

反思：学生在动手操作，用小棒摆 3 组线段时已经有了自己的探索和体验，对 3 组线段能否摆成三角形产生了分歧，到底能不能摆成？同意谁的观点？从而引发更激烈的思考和探究欲望，当学生用自己的语言表达观点时，已经发现了三角形三条边在长短上的某种关系。进而引导学生通过比较、计算发现三角形的三边关系。旨在给学生搭建一个探究与展示的平台,培养学生的思维能力、发现问题能力、动手实践能力和语言表达能力。同时,利用天津海河开启桥这一情境,对学生进行社会主义核心价值观教育,引导学生好好学习,为美好生活努力奋斗。

以上案例能恰当的在教学过程中嵌入生活情境,学生在熟悉的生活情境中产生知识认知的冲突,极大地激发了学生学习的兴趣,学生喜欢"情境—问题"的教学模式,乐于在生活情境的诱导下一步一步去思考去操作去探索,获得主动学习的自觉体验。吕教授解释到"见识是知识积累与实践的产物,见识比知识重要。学习不仅仅是学习知识,更多地是领悟和感受知识。悟道理就是领悟、理解了某篇文章、故事、情境、原理、定理或结构中所包含的哲理。"在教学中根据学生的知识需求和课堂结构的需要,我们可以在开课前、课中、课后根据教学需要设置适应学生学习的教学情境,不但增长了学生的见识,还引发学生思考的基点,引伸学生解决问题的途径,引导学生正确的数学表达,从中感悟获得知识的体验。

三、学习体验

学生1:在学习《图形分类》时,老师出示了我们最熟悉的生活情境视频,修理坏了的凳子,其利用三角形的稳定性特征固定已坏了的凳子,感觉非常的新奇,数学原来就在我们身边。

学生2:老师出示了骑自行车的视频后,提出一个问题"自行车的车轮为什么是圆的?"我突然蒙住了,自行车经常都骑,自行车的车轮为什么是圆的,我从来没去思考过,课后我赶紧查了资料才明白,主要是因为省力和平稳,圆心到圆周上任意一点的距离都是相等的,这个相等的距离叫做半径,当车轮在地面上滚动时,车轴离开地面的距离就总是等于车轮半径,这样行驶起来才会平稳,不会产生颠簸,圆形的车轮在行驶的过程中可以减小与地面的摩擦力,提升加速度。

学生3:我每天都进出校门,可我从来没想过伸缩门为什么会伸缩,通过今天的课堂,我才明白伸缩门是利用了四边形易变性的特性。我要养成会思考、会观察的习惯。

学生4:我第一次知道"开合大桥",第一次知道桥可以这样造,真让我大开眼界。

学生5:课堂上,老师出示"开合大桥"的视频,震撼到了我,三角形的稳定性居然能解决水运难题,让我增长了见识。

四、教学体验

教学环境是影响学习的外在因素,也是制约学生发展的基本条件。创新意识是不可能教出来的,而是日积月累地熏陶、生态化地滋养出来的。因此营造课堂环境是培养学生数学综合素养得到发展的有效途径。把课堂数学情景和实际应用情境巧妙的结合起来,激发学生的生活经验,促使学生主动考虑数学答案在实际情境中的真实意义,突破数学答案的禁锢。促进学生长见识、悟道理。

（一）营造宽松民主的开放学习环境

首先，全方位营造自由、安全和谐的心里环境。改变教师强势与话语霸权，建立民主平等、友好协商式的教学关系，给学生自由表现和张扬个性的时空，使每个学生的周围不时涌现激发其灵感的同伴。

其次，创造开放的教学环境。鼓励学生大胆质疑与猜想，勇于标新立异；教师不轻易否定和无视学生的奇特想法，充分肯定其中的合理之处。

再次，设计问题情境，促成创新活动。教师要千方百计地给学生提供创新的刺激，因为没有刺激就没有反应，要使学生打开思维的闸门，释放创新的潜能，关键是要设计适当的问题情境，促成学生发现问题、提出问题、解决问题的源动力。从而促进学生主动体验、乐于思考、善于表达的数学能力的培养。

（二）长见识悟道理中促进深度学习

按照吕传汉教授"三教"引领学科"情境—问题"教学促进学生"长见识、悟道理"的教学实践理念，转化为自己的教学行为，应处理好情境的切入点、情境的使用价值与学生的参与学习的能力关系：

教师要注重启发学生积极思考；

教师要当好数学活动的组织者、引导者、合作者；

教师要善于引导学生在自主探究过程中学习；

教师要创造性的使用北师大版教材，积极开发生活资源为教学服务，为学生提供丰富多彩的学习素材。

教学要关注课堂中学生情绪状态，参与状态，思维状态，生成状态。努力呈现一节节精彩的育人课堂。

五、评析

数学教学应根据具体的教学内容，注意使学生在获得间接经验的同时也能够有机会获得直接经验——即学生个体的学习体验。本文在《认识三角形和四边形》单元情境教学案例中，展示了引导小学生在生活情境的体验中长见识、悟道理的学习体验。这种学习体验的积淀，必将促进学生分析问题与解决问题能力的成长。

"长见识、悟道理"需要通过学生主动学习实现，教学一定要调动学生自主学习积极性；探索、尝试、实验和实施有利于学生主动学习的教学形态，是当前学科教学最值得关注的事。

关注学生在学习中"长见识、悟道理"的培育，有利于促进学生人文底蕴、科学精神素养的培养，有利于学生实践创新素养的培养，有利于促进学生学会学习素养的培养。因此，也有利于促进学生创新能力的培养。

（评析人：杨伟平　贵州兴义民族师范学院）

项目化学习方式，让学习真实发生

—— 以"认识钟表"为例

郭秋燕（福建省福州市钱塘文博小学）

小学数学项目化学习是以数学的核心概念和原理为中心，综合编排小学数学知识并与其他学科相整合，学生借助多种资源相互合作，通过在一定时间内解决一系列相关问题来学习数学知识、获得数学技能，提升数学素养与综合能力的新型学习方式。

《义务教育数学课程标准(2011年版)》指出"数学教育既要使学生掌握现代生活和学习中所需要的数学知识与技能，更要发挥数学在培养人的思维能力和创新能力方面不可替代的作用。有效的教学活动是学生学与教师教的统一，学生是学习的主体，教师是学习的组织者、引导者与合作者。"

可以看出，数学教育所关注的，恰恰是项目化学习能体现且擅长的。将项目化学习引入小学数学教学中，不仅能够落实课程标准的内容要求，还能使学生在做项目中积极思考，丰富学习体验，培养学生的表达能力、合作能力、创新精神和良好的道德品质。

下面，我以人教版一年级上册《认识钟表》教学为例，阐述项目化学习的课堂实践。

一、项目化学习研究的目标

人教版一年级上册第七单元《认识钟表》是学生第一次正式、系统地接触有关时间的知识，主要目的是结合学生的生活经验，让学生学会看钟表，学会认读钟面上整时的时刻，教育学生要珍惜时间。

为了更好地了解学情，我们发布了前测问卷，从问卷中我们了解到大部分学生会认识生活中的电子钟表和机械钟表，只有58%的学生平时自己看电子表或钟表知道时间，但对于时间的两种表示方式并不熟悉。由此可见学生对钟表的认知起点并不是零。由于生活经验的积累，他们已经具备了相当多的关于钟表及时间的感性认识，但还缺少对钟面的观察经验。

《义务教育数学课程标准(2011年版)》中强调"数学教学活动必须建立在学生的认知发展水平和已有的知识经验基础之上"。学生的生活经验是小学数学教学的重要资源，我们应该有效利用。

基于以上分析，我们力求将数学教学回归自然，以人作为课程融合创新价值取向的出发原点，使课程教材真正成为育人的载体，使教育真正成为人的教育。因此确立了以下项目活动目标：

1. 通过项目化学习方式，在日常生活中观察钟面的特点、认识影子与时间的关系，了解计时器的发展历史和自然界中的时间。

2. 能动手实践自制钟表和制作创意计时工具，会记录自己的一天。

3. 体验自主学习、深入探究全面发展的乐趣,发展珍惜时间的观念。

二、项目的设计与应用

以《认识钟表》为例,我们设计了四大项目:钟表里的时间、我的一天、影子与时间、时间文化的认识(图 1)。

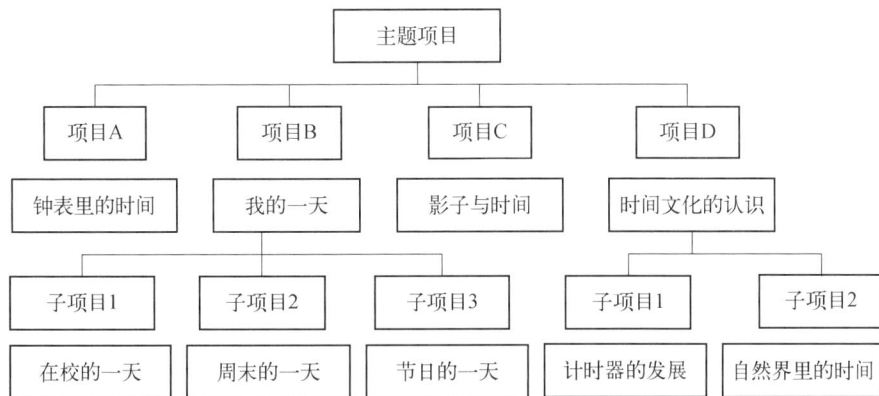

图 1

(一) 项目 A: 钟表里的时间

时间与我们的生活形影不离,"钟表里的时间"活动中,通过浸润式的教学方式,让学生在现实生活场景中认识时间,感受时间的温度。

实施路径:(1)在班级观察钟表,记录时间并与同学进行交流。(2)在家中观察钟表,认识时间并于父母进行交流。(3)制作创意钟表,学生通过独立创造,动手实践,加深对钟表的认识。"钟表里的时间"体现数学与综合实践活动的融合。

成果展示(图 2):

图 2

项目结论：(1)钟面上有 12 个数字,有 12 个大格,60 个小格。(2)钟面上有三根针,粗又短的是时针,细又长的是分针,跑的最快的是秒针。(3)分针指向 12,时针指向几就是几时。

对比传统教学,学生参与体验项目 A 的活动后,对钟面上四个特殊的数字有较深刻的印象,一开始学生按照数字从小到大的顺序排列,发现要么空间不够,要么空间空余太多,学生经历动手制作钟面后,感悟到要想准确找准数字的位置,必须先固定 12、3、6、9 四个数字的位置。学生在观察钟表的基础上经历制作钟表,领悟出时针、分针和秒针的特点,增强了对钟面的认识。

(二) 项目 B：我的一天

小学生的思维方式以形象思维为主,依据这一特点,在教学认识钟表前有必要让学生主动观察钟表,将钟面时间和生活联系在一起。开展了记录"我的一天"的实践活动,让学生主动参与新知识的探究全过程,充分开展观察、操作、探索与合作交流,促进知识的内化,发展创新精神与实践能力。

实施路径：(1)引导学生观看关于一天时间安排的微课视频——《我的一天》。(2)教师利用钉钉软件或者小黑板等现代化信息手段发布主题活动,学生们观看微课视频后选择适合自己的方式进行记录"在校的一天"、"周末的一天"和"节日的一天"。记录方式可以是列表,也可以绘简笔画的形式,还可以是插入照片的方式呈现。记录时可以用钟面记录、也可以选择用电子表示法记录活动开始和活动结束的时间。记录"我的一天"活动,体现数学与生活的融合。

成果展示(图 3、图 4)：

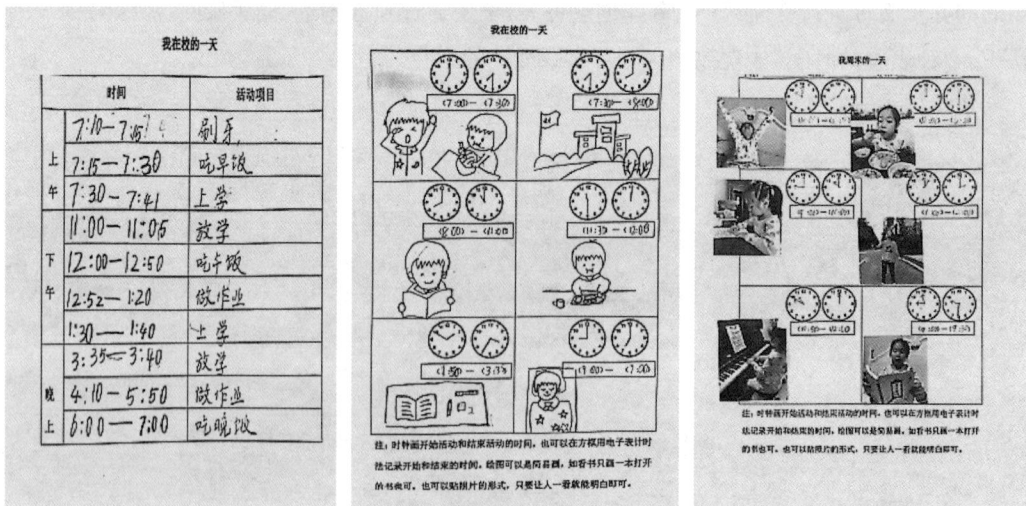

图 3

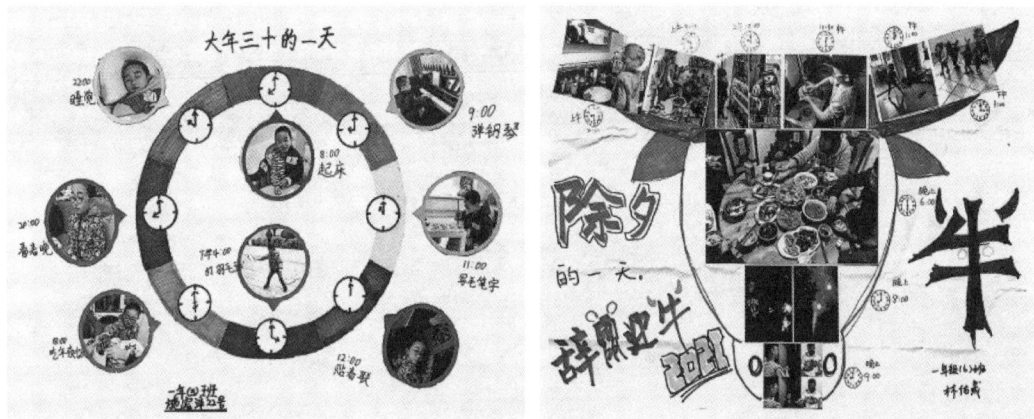

图4

项目结论：通过记录"我的一天"活动，学生感受到时间的宝贵，懂得合理安排自己的时间，珍惜每分每秒。

开展记录"我的一天"活动，学生能够体会数学源于生活，能够领悟数学学习的意义，并且能够对现实问题进行数学化的思考，如：课上我展示学生的作品抛出驱动性问题：为什么都是9时，做的事情却不同？这一驱动性问题引发学生的认识冲突，引发学生深入探究、积极思考和有效表达，从而明确一天有两个9时。

(三) 项目 C：影子与时间

太阳影子对生产、生活各个方面都具有重要的影响。开展观察影子与时间的活动，能够让学生留意大自然界里的时间，激发学生的探究欲望和学习兴趣。

实施路径：这个项目分为3个活动：（1）太阳与影子。背对太阳，早上、中午、下午同一地点用卷尺测量出三个时刻影子的长度并记录，思考影子都是一样长吗？（2）模拟影子的变化：利用打印好的图纸、一个6厘米高的小雕像或玩具、小型手电或其他小型照明物，将手电筒放在图纸边缘处进行打光来模拟太阳，观察影子的变化。（3）影子模拟器：打印出图纸制作好影子模拟器后，将太阳转动到不同的时刻处，就能观察到该时间下影子的方向和长度。三个活动从直观到抽象，层层递进。团队的老师还制作了有趣的视频微课——《我和太阳做游戏》，视频中介绍了活动的操作步骤，让参与的学生更加清晰地了解到具体应该如何操作，提高了探究的可操作性和趣味性。"影子与时间"的活动体现数学与自然科学的融合。

成果展示：太阳与影子（图5、图6）。

项目结论：太阳刚升起时，物体的影子最长，随着太阳的升高，影子会越来越短，在中午时分，影子最短，然后太阳向西方落下，影子越来越长。

学生经历观察太阳下的影子长短变化，感受到自然界里也蕴含着时间的秘密。影子与

图 5

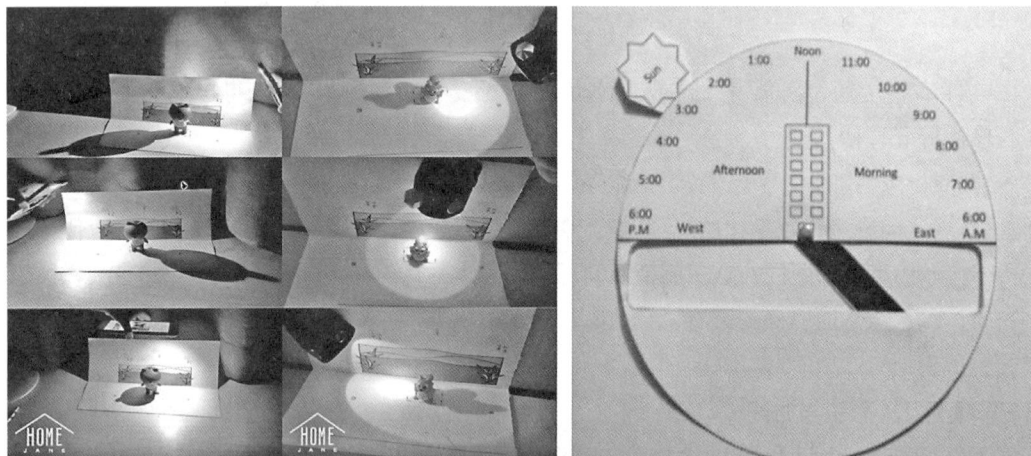

图 6

时间的活动将数学知识与学生的真实生活连接起来,给知识世界和生活世界架起一座桥梁,让学生学会用数学的眼光看世界,用数学知识解决生活中的问题,体验数学学习的意义与价值;同时将真实情境贯穿于数学学习的全过程,可以将数学知识生活化、情境化和结构化。

(四) 项目 D:时间文化的认识

"时间文化的认识"主题活动意在让学生初次接触"时间"相关知识时,能对"时间文化"的发展建立起初步的认知结构。

实施路径:(1)推送系列微课《时间博物馆奇遇记》和《自然界里的时间》,让学生通过观看视频了解计时器的发展和自然界里的时间,感受古人的智慧。(2)通过问卷调查的方式,收集学生观看后的感受和想法。(3)创意设计"表示时间的计时方式"。"时间文化"的活动设计方案,通过深度挖掘时间的历史、计时器的演变,让学生从时间背景的角度去认识时间,体现数学与历史文化的融合(图7)。

成果展示：

| 日晷模型 | 沙漏计时器 | 水滴计时器 | 铜漏壶模型 |

图7

项目结论：学生感受到古代的劳动人民和现代的科学家用聪明的智慧制造出了许多计时工具，让我们可以方便快速地看时间。

义务教育数学课程标准明确要求把数学文化渗透在数学教材中。数学文化作为数学教育内容的重要组成部分，其实质是以数学学科为核心，统整融合自然、人文、社会等学科。数学文化在数学教育中的渗透不仅是数学教育发展的趋势，也是新一轮数学课程改革得以顺利实施的需要。数学文化教学本就存在一种整合思想，强调跨学科互动与知识的整合。在教学中，渗透计时器的发展史和自然界中的时间，鼓励学生动手制作创意计时工具，有利于培养学生的创新精神及分析、解决问题的实践能力；有利于提高学生学习数学的兴趣，丰富教学内容，拓宽学生的视野；有利于培养学生全方位的认知能力和思想境界，感受数学的应用之美。

四个项目活动的设计体现了学科之间的渗透，改变课程过于强调学科本位的现象。我们根据学生的认知规律，不仅要从现实生活题材中引入数学，而且要注重数学应用的多学科性。

三、项目化学习丰富了学生的学习体验

在"认识钟表"中，学生经历自制钟表、记录"我的一天"、探索影子与时间的关系、了解了计时器的发展与演变、设计属于自己的"表示时间的方式"，从一系列的体验活动中获得了对时间的深度理解，培养了学生创新精神，提高了研究兴趣，发展了学生自主学习能力，领悟了时间的宝贵，让学生获得更立体的成长。

（一）通过项目化学习的模式发展学生自主学习的能力

"认识钟表"以项目化的学习方式开展，发展学生的研究意识和自主学习能力。学生的研究成果在课堂上呈现，增强了学生的学习自信，也提升了表达与协作的能力。项目化学习对真实世界的关注会让学生自发地投入学习，逐步养成善于发现问题、勇于提出问题并敢于解决问题的自主学习样态。

(二) 通过多样化的表达方式培养孩子们珍惜时间的意识

学生通过对时间的多样表达,在充分感受时间文化的同时实现情感升华,增强珍惜时间的意识,通过成果分享,让学生感悟时间在一天天的流逝,产生珍惜时间的意识。

项目化学习能够丰富和改变学生的学习方式,让学生在主题式的体验活动中长见识、悟道理,引发学生积极思考,促进学生合作与表达,自主探索数学的奥秘,让学习真实发生。

四、评析

项目化学习能够丰富和改变学生的学习方式,让学生在主题式的体验活动中长见识、悟道理,引发学生积极思考,促进学生合作与表达,自主探索数学的奥秘,让学习真实发生。郭老师的项目化学习教学很好地融合了"三教"并在认真研读课标的基础上把时间相关的文化融合进教学中。在教学中,渗透计时器的发展史和自然界中的时间,鼓励学生动手制作创意计时工具,有利于培养学生的创新精神及分析、解决问题的实践能力;有利于提高学生学习数学的兴趣,丰富教学内容,拓宽学生的视野;培养学生全方位的认知能力和思想境界,感受数学的应用之美。项目化学习是以学生的"学"为中心,在合作、研究中,学生自主发现数学的秘密,引导学生从学会到会学,展开真实的学习、深层的学习,引导学生在学习体验中长见识、悟道理,培养学生的合作能力、创新精神和良好的道德品质。

(评析人:丁祥芝　宋运明　贵州师范大学数学科学学院)

磨课中积淀，反思中成长

——基于教研员共享教研《数字编码》磨课历程

林燕（福建省福州市屏山小学）

为了进一步实现优质师资共享，促进教育均衡发展，鼓楼区推进教研员出任"共享教师"，笔者有幸得到共享教师——鼓楼区进修学校叶育新副校长的指导，执教人教版数学三年级上册《数字编码》，历经 7 次上课，6 次修改，磨课过程中有困惑，有反思，有收获，下面谈几点体会。

一、磨——课前调查

教学困惑：学生课前调查情况不同，问题意识不够，教学中该如何处理？

学生的能力水平程度、对待作业的态度、家庭情况、家长的配合度以及重视程度等因素，影响制约着学生的课前调查情况。三年级的学生调查收集信息的能力有限，需要家长的辅助。磨课中，我采用了两种方式布置课前调查，第一种直接布置"请记录你的身份证号码以及相关资料"；第二种发布调查问卷，发放学习单，"请根据调查问卷，填写学习单"，调查问卷如图 1。

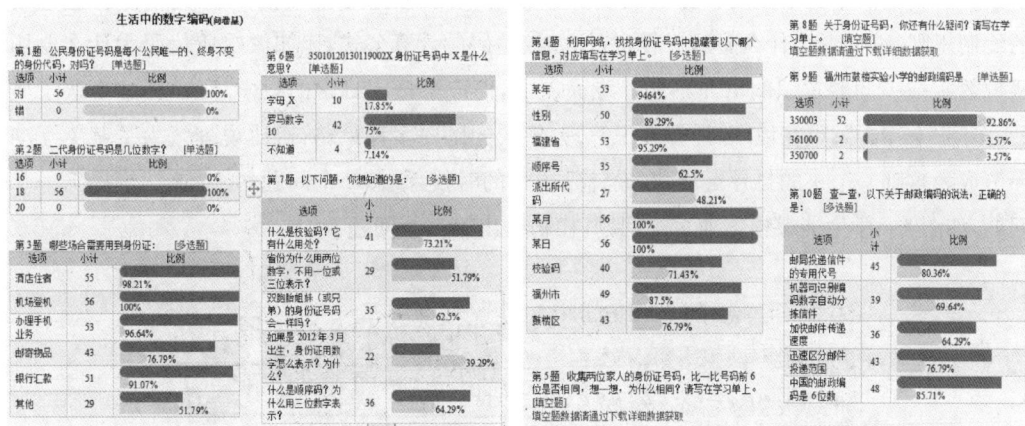

图1

结果发现，第一种适合自觉性高、觉悟高的孩子，他们能具体地写出调查资料，如图 2；第二种更面向全体，学生可根据学习单的提示，记录相关信息，如图 3。

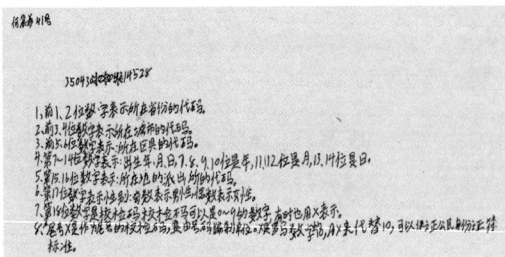

图2

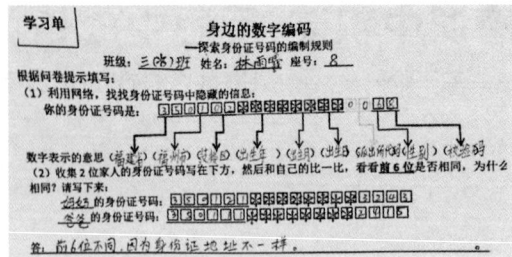

图3

　　检查学生的调查情况后,发现有的班级90％以上学生能记录出自己的身份证号码以及相关信息;有的班级只占全班人数不到50％;还有的班级只有十几个人有认真在做课前调查。学生参与调查的人数、是否有认真调查等原因,都会降低课上互动交流的效率。执教时,设计"关于身份证号码,你还有什么疑问?"的提问环节,预设几个问题,意图是帮助学生深入了解身份证号码的组成、特征等相关资料。磨课中发现,会提问题、会思考的学生极为少数,回答的处理方式是播放课前录制的音频,往往是自问自答的开展讨论居多。课后与同事交流,表示这种处理过于机械化,有疏离感,只有少数学生会认真听,讲等于没讲。

　　教后反思:为什么只有少数学生会提问题,如"为什么地区码编在前,生日码编在后?""性别码为什么女生用双数表示,男生用单数表示?"如何培养学生的问题意识,让学生会思考、善动脑?

　　教研员指导:重在说理,提问从模仿开始。

　　学生从一年级到三年级,都在学着如何解决各类问题,教材改革后,常常在一道解决问题的第(3)小题,以"你能提出数学问题并解答吗?"这种形式让学生提出问题。教师通常会让孩子模仿前面的两小题来提问。提问从模仿开始,学生学着提问题。本节课,关于身份证号码的编制规则,编码者为什么要这样规定,比如校验码的计算公式,比如派出所代码为什么要用两位数字……问题意识的培养不是一蹴而就的,而应渗透于日常的教学环节,让学生敢于质疑,多问"为什么";重在说理,计算要说算理,解决问题要多种策略,对比说理。为了避免互动环节成为教师一个人的自导自演,在设计学习单的时候,添加2个问题,并要求学生提出一个问题,如图4。学生能够根据前2个问题,模仿提出第三个问题。

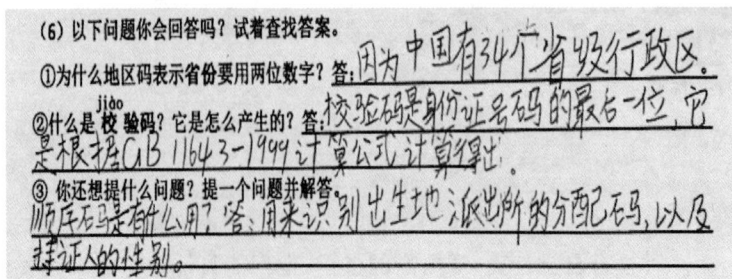

图4

二、磨——课上交流

教学困惑 1：活动课和概念课，课型不同，师生、生生如何课上交流？

教材中《数字编码》这节课，以"你知道邮政编码和身份证号码中数字或字母表示的含义吗?"作为教学导入;教参、网课大都以介绍身份证号码的编制规则和方法开始本课教学。因为身份证号码是我国每个公民都具有的身份代码，是最贴近学生个人的数字编码，课前布置学生调查自己身份证号码的编制规则，能较好地扩大学生的参与面和激发学生探究积极性。第一次试上，学生交流汇报，说出自己收集到的信息，教师引导解决疑问，如"为什么用35 表示福建省? 为什么福州市用两位数字 01 表示? 为什么出生日期是 8 位数字? 6 月为什么用 06 表示? 顺序码是几位数字，包括哪几部分? 校验码是怎么产生，有什么用处……"每个数字都详细解读，所花时间超过 20 分钟，导致操作编码环节仓促开展，课堂结尾草了事，将编码活动课上成了认识身份证号码的组成概念课。课后，挑选中下程度的学生交流，70% 左右表示只清楚知道出生日期的 8 位生日码，对于身份证号码中最后四位数字的意思仍很模糊。

教后反思：为什么半节课都在交流身份证号码的编制规则，还有这么多学生不懂？怎样设计，能既清楚介绍身份证号码的编制规则，又能让学生体验编码，运用数学知识解决实际问题的过程？身份证号码这 18 位数字是否需要一一解读？

教研员指导：基于学情，解读详略得当。

每一年，对孩子而言，过生日是一件大事，每个孩子都清楚知道自己的生日日期，而身份证号码第 7~14 位就是孩子的出生日期，他们很容易就能和自己的生日对上号，只要让孩子明确生日码是 8 位数字，是因为编码的规范性特征。身份证号码剩下的 10 位数字中，前 6 位是出生地址码，本地生源的出生地址就是居住地址，学生理解起来也比较容易，让学生了解自己的出生地址是用哪 6 位数字表示即可。重点是解读身份证号码的后四位数字，学生缺乏生活经验，对于顺序码和校验码比较陌生，部分学生会将第 15、16 位派出所代码认定为顺序码，而确切的是顺序码包括派出所代码和性别码，是三位数字组成。最后一位数字，是校验码，"校"是校对的意思，校验码的来源、用处等解读较花时间。磨课中发现，学生在解读的时候，常喜欢从生日码和性别码开始，互动交流太跳跃，其他学生表示自己都懂，就不愿意再认真倾听。教师应引导学生从左往右依次作出说明。

教学困惑 2：如何让信息技术更好地为课堂服务？

网络视频资源丰富，备课时，笔者通过筛选、截取等技术手段，准备几个 1 分钟左右的视频，视频一"身份证号码表示的信息"在课前播放，设计意图：1. 动画能吸引学生注意力;2. 课前没有调查的学生可以观看动画有个初步了解;3. 为编码规则的互动交流作铺垫;视频二"警察为什么要查验身份证"，设计意图是导入身份证上有什么重要信息可以让公安机关抓获罪犯;视频三"双胞胎的自我介绍"，学生观察双胞胎的身份证号码，发现相同点和不同点，理解数字编码的唯一性;视频四"身份证信息泄露或盗用，会有什么后果？";视频五"生活中的数字编码"让学生了解生活中的编码有哪些；学生音频"介绍邮政编码"等。这些音、视频的使用，可以改变课堂枯燥、单调的气氛，能帮助学生解读身份证号码的信息以及更好地了解数字编码的特征。

为了增强师生互动、生生互动，立足生本课堂，笔者利用麻吉星高效互动学习教学系统，设计挑人、投票、评价等环节，采用计分板给学生个人和小组双向计分，麻吉星系统的好处是可以将学生的课堂生成形成数据，将教师的操作流程记录下来供课后研讨。教学中因操作不熟练，活动设计冗繁且不合理，导致拖堂严重。

教后反思：这么多视频是否都要播放？如何结合麻吉星系统有效地教学？

教研员指导：立足简约，在舍弃中集中。

视频既占内存又占课堂时间，课堂容量大，时间很紧，前3次课没能把教学环节上完，第4节课只留下视频二、视频三、视频五、音频，舍弃视频一，考虑到让学生在课前保持神秘，让有收集信息的学生能够充分展示；视频二将播放时长控制在关键的15秒；舍弃视频四，因为学校组织开展网络安全教育平台的学习，学生信息安全意识很强，视频播放就显得多余。

利用麻吉星系统设计2次挑人：1.挑人上台指一指并说一说地址码；2.挑人汇报林老师的身份证号码。挑人的设计意图旨在用简单的问题随机提问学生，面向全体学生，要求全员参与。在学生动手编码环节设计2次投票：1.利用学生课上生成的学号码，提出"你的学号码和他设计的一样或你认为他设计的学号码更合适的，请投票"，完成第一次投票；2.在同桌或小组交流后，教师选项挑人说理，开启第二次投票。课的结尾设计1次评价，评价的内容围绕这节课发言、纪律、讨论等课堂表现，并说反思。

三、磨——课中操作

教学困惑：尝试编码操作环节，怎么调动学生的内驱力？编码能力、信息素养如何体现？

创设制作学生卡的编码环节，用中学生、大学生的校园卡作为情境引入，"请大家运用所学的数字编码知识，来帮咱们学校的每名同学设计学生卡。"学生没有使用学生卡的经验，编码积极性不高，出现用座号当作学号的情况，没有将数字编码唯一性的特征内化。学生卡上要求学生简单绘制自画像，再设计学号，学生对于绘画有很大的兴趣，操作时间全部用来画自画像，留给编码的时间很少。

教后反思：设计前先思考本节课能带给学生什么，为什么要编码？编学号码的用处是什么？编学号码需要哪些信息？

教研员指导：问题驱动，思考有理有据。

数学是"活"的，数学知识的"活"在于它能解释生活中的现象，能解决现实中的问题。思维也应该是"活"的，数学思维是有逻辑的，课堂思考的起点可以从问题驱动，围绕一定的逻辑，有条理有依据的展开观察和思考过程。——鼓楼区进修学校叶育新副校长

创设与学生生活经验相关的情境，如"你们瞧，新的一年开学了，我们学校迎来了300多

名新生。现在,谢老师接到学校布置的任务:为了方便学生考勤(是否到校)打卡以及满足学生图书馆借书需求,要给学校全体学生制作学生卡。要求:1.体现学生基本信息;2.学号要保证一到六年级不变;3.编码要简洁、规范、唯一。设计要点:1.考虑编码的顺序;2.用几位数字编码。先给一年1班1号的小男生阳阳编制学号码"。引导学生找出编学号码的用处是"打卡和借书",分析3点要求,学生会根据给出的信息,生成以下几种编码:① 1 1 1 2021 3 ② 2021 1 1 1 3③ 2021 01 01 3(最后一位性别码用单数表示)。通过询问学生每个数字表示的意义以及"年级每年都在变,如何保证学号一到六年级不变?"让学生思考学号码的编排顺序第②、③两种将入学年份放在前比较合理,又因为入学年份从小学一年级到毕业都不会变,可以用入学年份代替年级。最后一位性别码,在打卡和借书两个用途上属于不重要的信息,可以省略,体现编码的简洁性。最后,教师及时小结反思编码的过程,再让学生动手操作,根据相同的编码规则编制自己的学号码,而后抛出问题"每个学校都有一年1班1号学生,要如何区分?"学生提出要加上表示学校的编码。教师设计、开发、生成适合学生特点的问题,引领学生在解决问题的过程中,思考有理有据,有更多地投入,使学生真正"动起来",在活动中积累经验,提升数学能力和素养。

四、磨——练习设计

教学困惑:实践课应设计怎样的课堂练习、课外练习?

"双减"政策,明确要求减少学生作业总量和时长,小学数学课堂的结构因此改变,40分钟的课堂,30分钟授课,10分钟练习。《数字编码》从了解身份证号码引入到动手编码,课的容量大,课上留给练习的时间很少。本课设计两道单选题,第①道关于邮政编码的问题,能做对的学生只有30%不到,如图5。

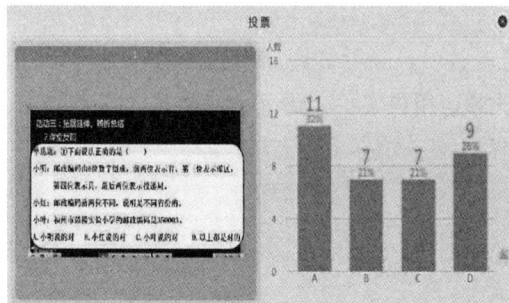

图5

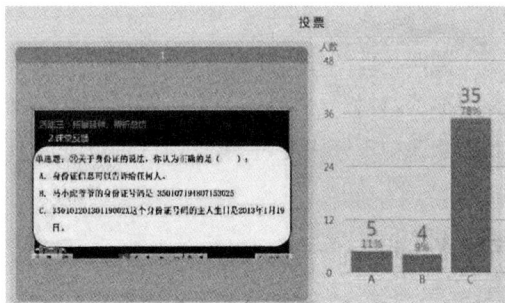

图6

第②道关于身份证号码的问题。回答正确的有78%,如图6。

从数据统计图可以看出,第一道题学生正确率低,因为关于邮政编码的编排,学生只花了不到2分钟时间,理解不透彻。第二道题学生正确率高,说明对于身份证号码的编制规则学生很明确,第二道题在此处练习难度较低。

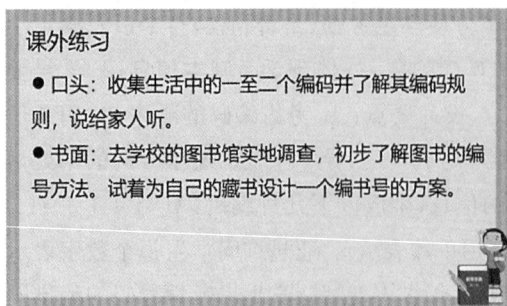

课外练习

● 口头：收集生活中的一至二个编码并了解其编码规则，说给家人听。

● 书面：去学校的图书馆实地调查，初步了解图书的编号方法。试着为自己的藏书设计一个编书号的方案。

图 7

课外练习采取口头和书面两种形式，如图 7。

教后反思：怎么合理利用课堂仅有的 10 分钟时间？练习的设计要达到什么目的？

教研员指导：侧重体验，以生活事例为载体

综合与实践活动课要突出"综合"，这种综合不仅表现为数学内部各分支之间的综合，数学与学生日常生活实际的综合，还表现为解决问题的过程要求学生的各种能力、方法、工具的综合。它应该给学生一个综合应用以往学过的所有数学知识、方法，去解决一个生活实际问题的机会。以"数字编码"为主题的活动课，目的是通过日常生活中的一些事例，使学生初步体会数字编码思想在解决问题中的应用，通过观察、比较、猜测来探索数字编码的简单方法，让学生学会运用数字进行编码。生活中的数字编码应用广泛，可从中选取或设计开放式的练习。如图 8、图 9。

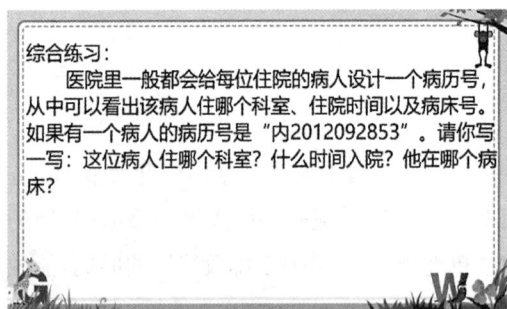

综合练习：

医院里一般都会给每位住院的病人设计一个病历号，从中可以看出该病人住哪个科室、住院时间以及病床号。如果有一个病人的病历号是"内2012092853"，请你写一写：这位病人住哪个科室？什么时间入院？他在哪个病床？

图 8

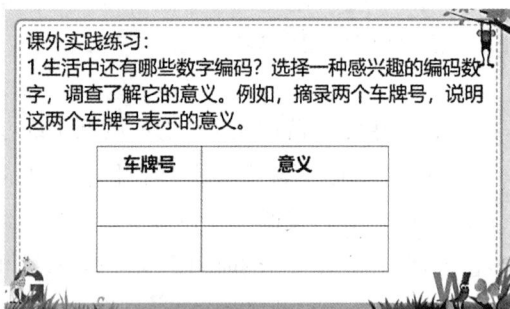

课外实践练习：

1.生活中还有哪些数字编码？选择一种感兴趣的编码数字，调查了解它的意义。例如，摘录两个车牌号，说明这两个车牌号表示的意义。

车牌号	意义

图 9

磨课不能只停留在当下，反思也要与时俱进。教研员指导的磨课，笔者对教学目标的把握更准了，对教学内容的确定更精了，对教学方式的运用更实了。要上一节优质的课，需要教师在磨课中不断积淀，在反思中促进自身专业成长。

五、评析

如何在教学中提升教学水平，促进教师专业发展和学生学习质量的提升？本课例给出了很好的教研指导的实践例证。

1. 一课多上，在磨课中提升教学质量

执教老师，在共享教师——鼓楼区进修学校叶育新副校长的指导下，对人教版数学三年级上册《数字编码》，经历 7 次上课，6 次修改，在反复磨课过程中，针对教学中的困惑和教学反思的问题，在教研员及时的、有针对性的指导下，不断地改进课堂教学，提升了课堂教学质量。

这种一课多上,在磨课中提升教学质量的教研指导,是一种提高教师教学水平的有力措施,是促进学生发展的有力举措。

2. 教学反思,及时指导提升专业水平

"教师的成长＝经验＋反思"。教学反思,是教师教学的一种"元认知"思维,它可以促进教师教学水平的提升;教研员的及时指导,可以帮助执教教师少走"弯路"。教学中主动的教学反思加上教研员的及时、针对性的点拨、指导,可以促进"经验型"教师向"专业型"教师的转化,有利于促进教师专业水平的提升。

(评析人:杨伟平　贵州省兴义民族师范学院)

参考文献

[1] 闵慧,杨永彬.基于专家指导下磨课:教师成长的"催化剂"——《爱如茉莉》磨课历程[J].中小学教师培训,2011(3):37-39.

[2] 景盛."磨课"三思[J].中小学管理,2007(3):34-35.

"情境—问题"在阴影面积教学中的美育融合

杨薪意（四川省成都市行知小学校）

一、课前思考

在小学，基本图形的面积学习通常分三步完成。三年级学习长方形、正方形面积，五年级学习平行四边形、三角形、梯形面积，六年级学习圆的面积。圆是曲边图形，所以，五年级是学生在小学阶段对直边图形面积学习的一个小结阶段。

在以往的教学中，老师们普遍有这样的体会，单独学习一种图形时，学生对面积的整体掌握都还不错。但是，一旦图形组合，一旦遇到没有直接给出公式中的数据，一旦需要学生自己观察图形，寻找相关数据信息时，部分学生就会蒙圈，甚至困难到无从下手。然而，一经启发，他们又都会恍然大悟，似乎思维一下子又活过来！但是，若换一个图形或者把图形转换一个角度，他们的思维又蒙圈了。

为什么学生思维像"过山车"一样呢？

一次偶然，在帮助一个学生解析一道阴影面积问题时，笔者找到了学生蒙圈的原因。原来在读题的时候，他们很容易被"阴影"两字吸引。看图的时候就会受限"阴影"，只关注"阴影"部分。其实，这个现象，成人也容易发生。那么，如何引导学生多视角来观察"阴影图形"呢？

笔者想到了美术里的正负形带来的视觉冲击力、想象力和创造力。意识到：一个人在欣赏一幅画时，会有自己独特的色感体验。这种体验对人的大脑会产生不同的刺激。这样，同一幅图形，会因为观察者对色块的不同图像处理，映射在头脑里的信息就会不同，看到的图像也就不同。

比如，图1中的这些美术平面设计正负形，它们都是由原来的图底关系转变而来的。正形就是有明确边缘线的形，负形就是含在阴影里的需要暗示出来的形。以左上第一张图为

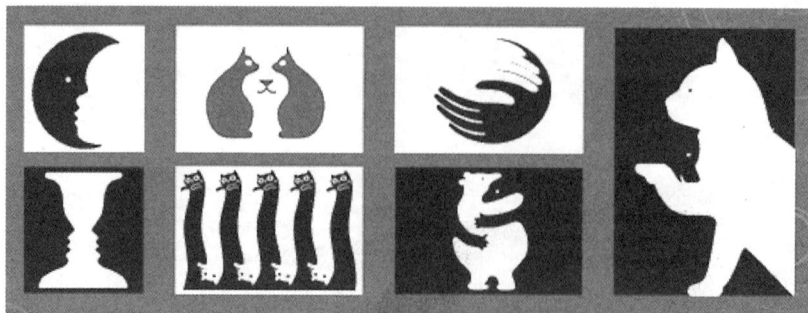

图1

例：当我们把白色的部分作为正形时,黑色就是负形,我们就能看到人脸;当我们把黑色的部分作为正形时,白色就是负形,我们就能看到月亮。

在数学里,"阴影面积"通常在纸质上都是采用"黑白"两种色块来体现几何图形的线条、形状和空间关系的。比如图2。

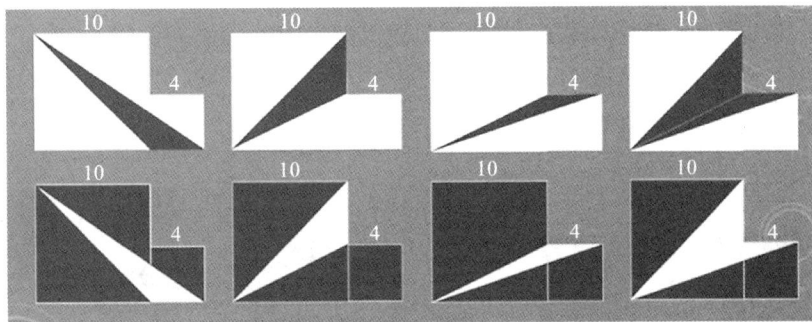

图 2

黑白分明,更突出了白色的清亮,黑色的凝重。学生第一眼往往会被"黑色"吸引。比如:左边上下一组图,排除颜色的干扰,图形完全一样。但是一旦加上色彩,学生就会认为下图复杂,阴影部分不规则,不能求解。

这个现象,提醒老师,不要轻易地评价学生:你怎么就看不到这里有一个三角形呢? 他很有可能是真的看不到。因为他脑子里想的是"要求阴影面积",他的眼睛早就被"阴影"两字牵住,这让他优先将黑色部分视为正形(即要计算的阴影部分),将空白部分视为负形(即不需要计算的空白部分)。

这种看图的惯性思维,束缚了学生对正负形主次的调节力,导致他们找不到图形之间的联系,进一步也得不到相关的数据;没有数据,自然不能求解。不能求解,这在学生的内心里同样也产生了很大的阴影。特别是那些看上去就不规则的阴影,有的学生甚至看都不想看,瞥一眼,就直接放弃。

找到症状,笔者想,是不是可以结合美术欣赏课的教学,帮助学生用欣赏正负形的眼光来欣赏"阴影图形",缓解"阴影图形"带给部分学生的负面心理阴影,在发现图形与图形之间的关系中,感受图形结合创造出来的美。更重要的是,通过欣赏、建构提升学生的空间感知能力。于是,有了这节智育与美育融合的教学尝试。

二、课堂实践

(一) 片段一:设置数学情境(观察、分析)

师:(谈话引入)今天,我们的学习,从欣赏几张美术画开始。

在这张画上(图3),你看到了什么?

生七嘴八舌,反馈出两种结果:月亮;一张脸。

图 3

师：（故作诧异）难道你们看到的不是同一张画？

生：（自由表达）

教师引导，形成共识：我们的眼睛在观察时，会受颜色影响，不同的色调会带给我们不同的视觉冲击力。当我们把白色的部分做背景，我们就能看到月亮；当我们把黑色的部分做背景，我们就能看到一张脸。这样的平面设计图，在美术上称为正负形。

师：来，眨眨眼，再看看。现在你能同时看到月亮，又看到人脸吗？

生：能！

师：能干！我们再来欣赏几张（图4）。

图4

这些画，为什么会产生这样的视觉效果呢？它们都有什么共同特点？

生：（自由表达）

共识：黑白分界的曲线，既是白色图形的轮廓（如月亮），也是黑色图形的轮廓（如人的侧脸）。在数学上，我们把像这样的线条，称为"公共边"。

设计意图：通过对正负形的鉴赏，帮助学生积累观察图形的认知经验，为接下来欣赏"阴影几何图形"做好视觉准备。

（二）片段二：提出数学问题（猜想、探究）——独立研习，探寻新知

师：数学里也有一些图形，出示图5。你第一眼看到了什么图形？

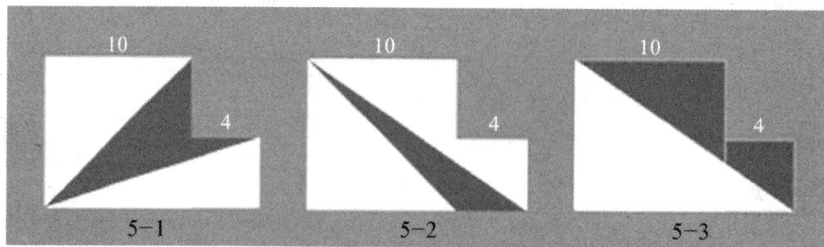

图5

思考：这些图形，又有什么特点？

生：（自由表达）

师：在数学里，我们通常把图形中黑色的部分称为阴影。如果大正方形的边长是 10，小正方形的边长是 4。在这三张图中，你认为哪一个图形的阴影部分的面积不好求？

生 1：我感觉第二个图形(图 5 - 2)不好求，因为它太细了。

生 2：我觉得第一个(图 5 - 1)不好求，阴影部分不完整(即：不规则)。

生 3：我觉得第三个图形(图 5 - 3)不好求，阴影部分是由一个三角形和一个梯形组成的。三角形那条竖着的边有多长不知道。

师：你说的有道理。刚才生 1 认为图 5 - 2 不好求。你能跟他说说，你对图 5 - 2 的认识吗？

生 3：图 5 - 2 虽然看着细长，但是如果把那条最短的边看作底，它的长度正好是小正方形的边长，它所对应的高就是大正方形的边长。图 5 - 2 阴影部分的面积就是黑色三角形的面积，利用三角形公式就可以算出来。

$$(图 5 - 2) S_{阴} = S_{黑三角形}$$
$$= 底 \times 高 \div 2$$
$$= 4 \times 10 \div 2$$
$$= 20。$$

生 1：哦，原来如此！谢谢你！我来跟你说说图 5 - 3。它虽然不规则，但是，那块白色三角形是规则的。我们只要用整体面积减去白色三角形的面积，剩下的就是阴影部分的面积了。

$$(图 5 - 3) S_{阴} = S_{大正} + S_{小正} - S_{白三角形}$$
$$= 10 \times 10 + 4 \times 4 - (10 + 4) \times 10 \div 2$$
$$= 116 - 70$$
$$= 46。$$

师生交流，形成共识：换一个角度观察图形，就可以通过图形面积关系进行等量代换，获得所需要的数据解决问题。

生 2：谢谢你的分享，让我一下子明白了，图 5 - 1 的阴影面积其实也是容易解决的。你们看，图 5 - 1 中这两块白色三角形的面积是可以求出来的。像刚才的方法一样，用整体面积减去这两个白色三角形面积，剩下的就是这块阴影部分的面积。

$$(图 5 - 1) S_{阴} = S_{大正} + S_{小正} - S_{2个白色三角形}$$
$$= 10 \times 10 + 4 \times 4 - [(10 + 4) \times 4 \div 2 + 10 \times 10 \div 2]$$
$$= 116 - 78$$
$$= 38。$$

师：集体的智慧是强大的，在同学们相互启发之下，这三幅图形的阴影部分的面积都变得非常容易了。我想请大家再多看一眼图 5 - 1，除了生 2 的观察视角，还能不能换一种观察视角，同样也能解决问题呢？

(三)片段三：解决数学问题(求解、反驳)——同伴研讨,探究解惑

生4：我一开始把阴影部分分割成这样两块三角形(图5-1-1,图5-1-2)。但是,发现这样分割后找不到完整的三角形信息。于是,我连接了这两个点,把阴影部分同样分割成两块三角形(图5-1-3)。①号三角形是底为($10-4=6$),高为10的三角形,②号三角形是底为4,高为4的三角形。

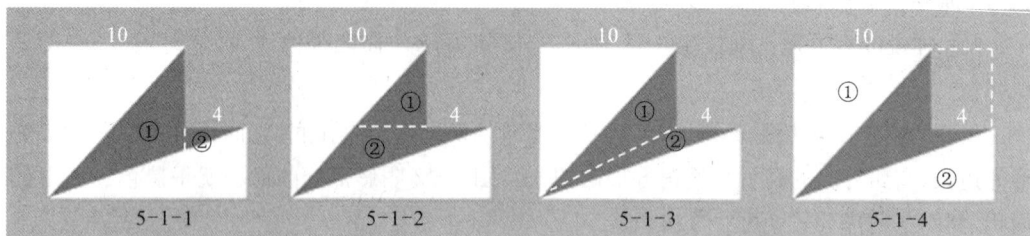

图6 不同观察视角的图形建构

(图5-1) $S_{阴} = S_{①三角形} + S_{②三角形}$

$$= (10-4) \times 10 \div 2 + 4 \times 4 \div 2$$

$$= 38。$$

师：棒极了! 生4同学让我们了解到重构图形时,我们需要有一个不断调整视角的过程。在这个过程中,我们需要充分利用已知的信息来构建新图形,让已知信息成为新图形的数据。

生5：我的方法是把右上角补齐(图5-1-4)。这样,阴影部分就是一个大的长方形面积减去两块白色三角形和一块填补的正方形的面积。

(图5-1) $S_{阴} = S_{大长方形} - S_{2个白三角形} - S_{1个长方形}$

$$= (10+4) \times 10 - [10 \times 10 \div 2 + (10+4) \times 4 \div 2] - 6 \times 4$$

$$= 140 - 78 - 24$$

$$= 38。$$

设计意图：通过设问"除了生2的观察视角,还能不能换一种观察视角,同样也能解决问题呢?"促使学生带着欣赏的眼光,审辨的视点,结合图形特征逆向思考,发现静态的图形通过"分割""添补"可以巧妙地搭建起图形之间的联系,认识并体会到"分割""添补"能帮助我们重构图形,获得相关的数据,解决貌似"无法解决"的一般问题。

(四)片段四：注重数学应用(学做、学用)——集体研述,探索提炼

师：图7中的阴影面积有多大,你们能用刚才的看图经验解决吗?

建议大家先在题单上照样子画一画,再给出你的理由。

生6：我采用的是分割重构。把阴影部分分割为三个三角形。

$$S_阴 = S_{①三角形} + S_{②三角形} + S_{②三角形}$$
$$= 10 \times 10 \div 2 + 10 \times 4 \div 2 + 10 \times 4 \div 2$$
$$= 50 + 20 + 20$$
$$= 90。$$

生7：我用的是添补重构。把左下角和右上角补齐，形成一个边长为(10+4)的大的正方形，减去3个三角形即可求出阴影部分的面积。

$$S_阴 = S_{大正方形} - S_{3个三角形}$$
$$= 14 \times 14 - 10 \times 10 \div 2 - (10+4) \times 4 \div 2 - (10+4) \times 4 \div 2$$
$$= 196 - 50 - 28 - 28$$
$$= 90。$$

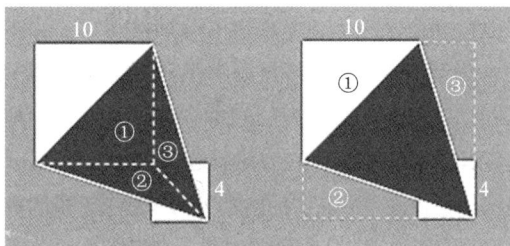

图7

师：精彩！老师要为同学们的思考力和对图形的重构力点赞。今天这节课，同学们的分享，也让我对图形的认识有了新的视角。面对一个"新"图形，我们在欣赏它的同时，可以通过"色块调整""分割""添补"等方式转换我们的视角，重构它的结构，通过找寻图形之间的关联，找到我们需要的信息。

设计意图：通过改变图形结构，设计新任务，进一步沟通图形之间的联系。在"观察初识—复察重构"的过程中，提升学生识图能力和品鉴水平，体会图形之美。在问题解决的过程中，提升学生的空间观念、推理意识和应用意识。

三、课后反思

美国著名发展心理学家、哈佛大学教授霍华德·加德纳博士认为人类的智能是多元化的，每个人都拥有不同的智能优势组合，包含语言智能、数理逻辑智能、空间智能、身体运动智能、音乐智能、人际智能、内省智能和自然探索智能八项。为了满足不同学生的个性差异，帮助学生以美术欣赏的眼光感受设计之美，以数学思辨的眼光感受几何之美，消除学生对阴影图形的心理恐慌。在轻松的状态下通过视角调整，看到不同的图形结构；感受到图形变幻的结构美。在美的感召下，进一步认识平面基本图形的特征，厘清平面图形之间边、角、高、面积的空间关系，为今后解决较复杂的阴影面积问题积累看图经验。本节课遵循新课标理念，通过"三研三探"的活动设计,就空间观念、推理意识和应用意识的培养,展开了循序渐进的课堂实践。

(一)独立研习,探寻新知,着力空间观念的培养

新课标指出:空间观念主要是指对空间物体或图形的形状、大小及位置关系的认识。培养学生的空间观念有助于学生理解现实生活空间物体的形态与结构,是形成空间想象力的经验基础。课堂上,教师以问题提出的方式引发学生"独思":"哪一个图形的阴影面积不好求?请给出你的理由。"调动学生在观察、分析、解释的过程中,认识到以不同的视角观察同一个图形,可以看到不同的"图形结构",获得新的信息,从而解决貌似"疑难"的简单问题。

(二)同伴研讨,探究解惑,着力推理意识的培养

推理是数学的重要思想。在小学阶段培养学生的推理意识,有助于学生通过简单的归纳或者类比,猜想或者发现一些初步的结论,体验数学从一般到特殊的论证过程,有助于学生养成讲道理、有条理的思维习惯,增强交流能力,是形成推理能力的经验基础。课堂上,教师引导学生"猜想、探究、求解、反驳",以"群策"的力量,展开逆向思考,拓展学生思维,帮助学生体会重构图形的方法多样化。让学生不仅能看懂图,厘清图形之间的联系,更能讲明其中的道理。摒除学生以往"只关注阴影"的单视觉看图习惯,认识到"减去空白"也好,"分割"也好,"添补"也好,都是一种看图的视角,感受到"分割""添补"是重构图形,搭建图形之间联系的一种数学眼光,也是图形欣赏的一种艺术眼光。

(三)集体研述,探索提炼,着力应用意识的培养

学数学关键在于用数学。应用意识的培养有助于学生建立不同学科之间的联系,用学过的知识和方法解决简单的实际问题,养成理论联系实际的习惯,发展实践能力。学生"会用数学,用好数学"不是一蹴而就的,需要在日常的教学中潜移默化。本节课,教师通过改变图底结构,设计新任务,帮助学生在"观察初识—复察重构—建立联系—回顾反思"的过程中,固化习得的新的识图经验和感受,认识"分割"是"化整为零","添补"是"添零为整"。不论是"分割"还是"添补"都需要灵活利用已知信息重构图形。

基于学情考虑,本节课是学生在学习了平行四边形、三角形、梯形面积之后的一节拓展课,其学习的目的就是帮助学生学会看图,学会分析图形与图形之间的关系。故而,本节课的重点不是算,而是学会构建图形结构。从边长分别为 10 和 4 的大正方形、小正方形的基本图底的数据上,也可以看到,本节课会构建图形比会计算重要。这点符合李文馥等人对我国儿童空间表象的研究,认为发展儿童空间表象能力在于会判断物体的位置关系,而影响儿童空间表象能力的因素主要包括儿童的知觉经验和对客观特征的熟悉。

需要特别说明的是,本节课的图形始终是由一个大正方形和一个小正方形构成,这样的教学设计基于两个想法。一是想带给学生更多的情境创意和问题提出的机会,学生课后可以由一个大正方形和一个小正方形自行设计出更多的图底,产生更多的正负形几何结构。二是

"人永远是目的",是全部教育活动的出发点和归宿。脑科学告诉我们,新的知识,新的生成总是会以异样的状态与我们脑中已有的认知结构产生碰撞,碰撞成功就意味着大脑完成了同化、顺同和平衡,我们的大脑认知才得以更全面的智能建构。因而,重视不同学生智能结构的差别,设计适合不同类型学生的学习活动,使每一个学生的潜能都得到充分地开发是好的课堂教学必须呈现的一种生命状态。

数学教育的终极目标是会用数学的眼光观察世界,会用数学的思维思考世界,会用数学的语言表达世界。本节课最大的亮点就是将过去观察"几何图形"的教学方式以欣赏和重构重新定位。用欣赏的愉悦舒缓学生对几何图形抽象的畏惧,在重构的思辨催生下提升学生的艺术眼光和数学眼光,发展学生的空间观念、推理意识和应用意识。

四、评析

本节课是学生在学习了平行四边形、三角形、梯形面积之后的一节拓展课,学习目的是帮助学生学会看图,学会分析图形与图形之间的关系。故本节课的重点不是算,而是学会构建图形结构。为此,在数学情境教学的设计上有两大亮点:

一是智育与美育融合,把"冰冷"数学变成学生"火热"的思考;

二是"三研三探"的教学,让学生在探究学习中获得知识的再发现。

正如作者所言,脑科学研究告诉我们,新的知识、新的生成总是会以异样的状态与我们脑中已有的认知结构产生碰撞,碰撞成功就意味着大脑完成了同化、顺应与平衡,我们的大脑认知才得以更全面的智能建构。因此,本节课的图形始终是由一个大正方形和一个小正方形构成。既带给学生更多的情境创意和问题提出的机会,又让学生课后可以自行设计出更多的正负形,产生更多的图形结构。给学生有一定挑战性的思考促进深度学习的发生。

结合美术欣赏的教学,帮助学生用欣赏正负形的眼光来欣赏"阴影图形",缓解"阴影图形"带给部分学生的负面心理阴影,在发现图形与图形之间的关系中,感受图形结合创造出来的美。这是一节将数学教育与美育融合的教学尝试的好课! 也是将数学课程与思想政治理论课同向同行,形成协同育人效应的一种教学尝试!

(评析人:吕传汉 贵州师范大学)

参考文献

[1] 李文馥,徐凡,郗慧媛.3—7岁儿童空间表象发展研究——并与8—13岁儿童空间表象特点比较[J].心理学报,1989(4):419-427.

[2] 陶西平.最好的未来——一种视角改变着教育[J].北京教育学院学报,2012(4):1-3,11.

一课两上论得失

——有理数加法教学与反思

王黎（贵州省黔西南州晴隆县学官民族中学）

  从教 21 载,公开课教学的机会却少之又少,在我县举办了 2021 年"英华教育奖励基金"送教送培(光照镇)活动,我有幸参与了该次活动。

  本次培训方式采用"同课异构"＋"一课两上"＋"议课研课"、"课例示范"＋"议课研课"、"校本教研＋写作培训"三种模式。在贵州师范大学基础教育师资培训中心专家组组长吕传汉(85 岁高龄)教授的全程指导下,我亲身经历了教体验、教思考、教表达(简称"三教")＋情景——问题的教学模式,通过"一课两上"让我体会了教师常说的"上一节课容易,上好一节课却很难"的真正含义。

  本次培训中,数学组共有七位同行参加了"一课两上"活动,我执教了七年级上册的《有理数加法》第一课时,感触颇深。下面是本人在这次"一课两上"公开课的教学片段与反思,与同行们一同探讨。

一、第一次上课片段

  在选定好教学内容后,首先我对教材进行了认真的研读,准确把握了教材的编写意图。基于对教材的理解和学生知识的掌握,我进行了以下教学。

  师:同学们,前面我们学了有理数的分类,有理数按性质来分,分为哪些?

  生:正有理数、0、负有理数。

  师:从这三种数中任选两个数进行加法运算,共有哪些类型?

  生 1:正有理数＋0;负有理数＋0。

  生 2:(补充)0＋正有理数;0＋负有理数。

  生 3:(补充)正有理数＋负有理数。

  师:还有吗? 想一想。(两分钟过去了,没有人回答,教室里鸦雀无声,有的同学开始把头埋下来,不敢看我,生怕我点他起来。我着急,于是想到用统计表引导学生应该行吧,于是我在黑板上画出了下列表格)。

  请同学们填表。(几分钟过去了,还是没人能填,我想,要是引导填表,学生的问题更多,这样又偏离了教学目标,思虑再三后我擦掉表格,我直接把答案给了学生。跟学生说,这个表以后再学,我们今天重在研究有理数的加法法则。接着说,其实除了同学们说的这五种之外,还有……,并出示:

表1

	正有理数	0	负有理数
正有理数			
0			
负有理数			

正＋负；负＋正；正＋0；0＋正；负＋0；0＋负；0＋0，于是，有理数的加法共有：正＋正；负＋负；正＋负；负＋正；正＋0；0＋正；负＋0；0＋负；0＋0，我们把"正＋正"与"负＋负"统称为同号两数相加，"正＋负"与"负＋正"统称为异号两数相加；"正＋0""0＋正""负＋0""0＋负""0＋0"统称为一个数与0相加。)下面我们分别研究它们的运算法则。

师：(出示：一个物体做左右方向运动，我们规定向右运动记为正，向左运动记为负。向右运动5 m记为5 m，向左运动5 m记为—5 m。)请看下面的问题：

如果物体先向右运动5 m，再向右运动3 m，那么两次运动的最后结果是什么？可以用怎样的算式表示？

师：如果我们把第一次运动的起点看作原点，第一次运动的终点看成第二次运动的起点，那么第二次运动的终点与原点的相对位置就是这两次运动的结果，你能在数轴上表示这两次运动的过程和结果吗？试试看。(5分钟过去)

师：(展示学生作品，引导学生观察列出的式子：5＋3＝8)这是我们前面列出哪种类型的加法运算？

生：正＋正，我们在小学学过。

师：(出示：如果物体先向左运动5 m，再向左运动3 m，那么两次运动的最后结果是什么？)可以用怎样的算式表示？(有了前面的经验学生很快找到答案)

生：$(-5)+(-3)=-8$。

师：同学们观察，这两个算式中和的符号与两个加数的符号有什么关系？和的绝对值与两个加数的绝对值之间又有什么联系？

生：和的符号与两个加数的符号相同，和的绝对值等于两个加数的绝对值之和。

师生归纳：同号两数相加，取相同的符号，并把绝对值相加。

二、第一次上课的教学反思

本课的教学设计是想让学生亲身经历一个由整体到个体再到整体的知识构建过程，先使学生思维局限性暴露无疑，再通过老师的引导点拨悟出正确的组合法与分类法，然后进行分类讨论归纳出有理数加法的运算法则。但在教学活动中我发现，学生的思路模糊，答不出我想要的答案来，几个环节下来，我和这些孩子们都特别辛苦，虽然给足了学生思考的时间，但学生的思考是漫无目的、不着边际的，难以找到我想要的答案。总的来说，虽然本节课的教学目标达成了,但我感到劳心劳力,孩子们学得也不轻松,我和他们都在磕磕碰碰中度过,特别辛苦。同行们告诉我,"你提的问题有点抽象,所以每一个问题都需要老师不间断地引导才能得出答案,学生们没有尝到成功的喜悦,渐渐地他们失去了学习兴趣,甚至个别孩子表现出知难而退的想法。你应该重新组织一下提问的语言与方式;吕传汉校长告诉我,"你一直在牵着学生走,没放手让学生去探究,下来你设计一个贴近学生生活的情境来探究法则,设计的情境要让学生一看就懂,并且要简单好操作,用时大约 8 分钟左右,可以提高学生的课堂参与度。"

　　课后,结合吕传汉校长和同行们的建议,我理智地审视这堂课,决定将前面的教学设计推倒重来。我再次翻开数学课程标准,上面"教学必须建立在学生的认知发展水平和已有的知识经验基础之上"一句话提醒了我,前面教学设计中确有超出学生认识发展水平之嫌,引入时离开了学生的生活实际,导致他们融入不进来,所以整堂课师生压抑。于是我挖空心思地寻找生活素材,力求课堂上能调动学生们的学习兴趣。在我绞尽脑汁都无招时,听了阳光书院尹慧梅老师的课后,发现她的课堂学生学习轻松兴趣很高,我把我的难题向她请教,热情的她看了教材之后跟我说:"你就叫两个同学上去表演这个(如果物体先向左运动 5 m,再向左运动 3 m,那么两次运动的最后结果是什么? 可以用怎样的算式表示?)问题中的情境。"一下让我恍然大悟,找着了思路后,我把教学的重点放在语言的表达上,反复推敲每个问题怎么问,每个环节应该怎么问怎么说,才能简单易懂。因为,语言是沟通师生智慧、情感、兴趣的桥梁。对学生学习的评价更是至关重要,精彩恰到好处的评价能推波助澜,也能拨开迷雾,让课堂更富张力与活力。一切准备就绪后,我进行了第二次课堂教学。

三、第二次上课片段

　　师:(出示)

$(+5)+(+3)=$____;

$(+6)+(+2)=$____;

$(+1)+(+2)=$____;

$(-5)+(-3)=$____;

$(-6)+(-2)=$____;

$(-1)+(-2)=$____。

　　师:同学们,这些算式你能计算吗?

　　生:第一个等于 8,第二个也是 8,第三个 3,第四个?(没答上来)

　　师:下面我们来做一个走路的游戏,哪两位同学愿意上来活动一下,这个游戏就是按要求走路。(李林林、梁福平两位同学自告奋勇地走了上来,我走到全班同学的后面)

　　师:让李林林和梁福平并排站一起(李林林在左,梁福平在右),第一次李林林向左走 5 小步(每一步的大小一样)。

　　师:此时李林林在梁福平哪边? 离他多远?

　　生:左边 5 小步的地方。

师：物体作左右方向运动，我们规定向右运动记为正，向左运动记为负，此时李林林的位置记为什么？

生：—5。

师：在你的草稿上记下来，接着第二次，李林林再向左走 3 小步，(等走后)记为多少？

生：(记下)—3。

师：李林林两次运动后最终在梁福平哪边？离他多远？记为多少？

生：(记下)—8。

师：由此可知上面的算式中(—5)+(—3)=？

生：等于—8。

师：继续刚才的游戏(让这两位同学重复以上的游戏(方向不变，步数改变)，其他同学根据以上经验直接写出(—6)+(—2)=，(—1)+(—2)=的结果)，得出：

$$(+5)+(+3)=+8,$$
$$(+6)+(+2)=+8,$$
$$(+1)+(+2)=+3,$$
$$(-5)+(-3)=-8,$$
$$(-6)+(-2)=-8,$$
$$(-1)+(-2)=-3。$$

师：观察上面这些算式中和的符号与两个加数的符号又有什么关系？和的绝对值与两个加数的绝对值呢？

生：和的符号与两个加数的符号相同，和的绝对值等于两个加数的绝对值之和。

师：我们把两个加数都是相同符号的加法运算简称为同号两数相加，下面我们一起归纳同号两数相加的运算法则。

师生活动：同号两数相加，取相同的符号，并把绝对值相加(板书)。

师：两个有理数相加，除了同正、同负外，还有别的类型吗？

生：可能有一正一负，还可能有一个加数是 0 的情况。

师：漂亮，也就是说，还有异号两数相加；一个数与 0 相加。下面我们一一研究它们的运算法则。

四、第二次上课的教学反思

本节课我的设计意图是：通过这堂课向学生传递一种理念——数学就在我们身边，用生活实际解释数学问题，反之数学知识可以简单的解决生活中许多复杂的问题。

整堂课学生的学习情绪高涨，正是基于生活实际的学习场景，从学生现有的知识出发，由浅入深，由特殊到一般的知识构建过程，让学生能得心应手地回答问题，一次次地让学生尝试到成功的喜悦，从而更好地激发了孩子的学习兴趣与学习动机，让我赢得了这节课。

"教中自有千中粟，教中自有黄金屋，教中自有颜如玉，平生勤向窗前读。"这是名师尹侠的经验总结。是的,不经历地狱般磨课、研课的痛苦,一次次地修改教学设计与课件,一次次地尝试与探索,一次次承受教学失败的折磨,哪来的精彩课堂。

五、评析

王黎老师对有理数的加法进行了两次教学,从第一次的师生疲惫的数学课堂,到第二次学生积极主动的课堂,可以看出教师对于这节课设计的质量有了很大的提升,更加突出了学生的主体地位。在第一次课时,教学设计超出了学生的认知发展水平,引入时离开了学生的生活实际,整个课堂教师是牵着学生走,没有让学生充分思考,导致学生难以融入,所以整堂课的气氛较为压抑。通过反思和专家指导,第二次课王老师的设计立足于学生的认知发展水平和已有的知识经验基础,通过精心的设问,通过简单的操作演示,让学生感知数学知识的形成,发挥了学生的积极主动性。正是基于生活实际的问题情境,从学生现有的知识出发,由浅入深,由特殊到一般的知识构建过程,让学生在问题解决中学习数学,在情境中理解数学的本质,使得学生尝试到成功的喜悦,从而激发了学生的学习兴趣与学习动机。

教师在课堂中践行了吕传汉教授的"三教"教育理念。教师通过不断设问,为学生创造了思考的平台,对比于第一次课,第二次的课堂通过学生的演示,真实地为学生创造了更多的"思考""体验"和"表达"的机会,为学生营造了轻松的课堂氛围,最终通过师生合作,得出了负数加法的计算法则,让学生体会到成功的乐趣,有效提升学生的学习兴趣。

(评析人:赵　阳　宋运明　贵州师范大学数学科学学院)

《有理数的乘法》教学课例

杜金(贵州省习水县醒民镇中学)

一、教学设计

(一) 教学背景

本节课是 2020 年 9 月 23 日,在 2020 年秋季学期举行的醒民镇中学第三次理科教研活动时上的汇报课,授课班级是我任教的班级。通过参加"国培计划(2018)"吕传汉智库专家工作坊"三教"教学实践跟岗研修,深知学生的核心素养的重要性,那是一经习得便与个体生活、生命不可剥离的,并且具有较高的稳定性、有可能伴随一生的素养。所以我从孩子们刚进初中校园时就开始重视他们的核心素养,作为班主任的我,重视孩子们的能力全面发展,在数学课堂上,培养其小组合作能力、发散思维能力,让孩子们逐步通过小组合作来发现问题和解决问题,从而提升数学核心素养。

(二) 教学目标

1. 在理解有理数乘法的意义的基础上,掌握有理数乘法的法则,能够熟练掌握有理数乘法的运算。

2. 渗透数形结合的数学思想方法。

3. 鼓励学生先独立思考,再合作交流,并从中获得成就感,获得学习数学的经验。

(三) 核心问题

如何形成有理数乘法法则?

(四) 教学重难点

1. 重点:让学生认识有理数乘法法则的形成,并会运用法则进行计算。

2. 难点:有理数乘法法则的形成过程。

(五) 教法

情境引导法,讨论探究法。

(六) 学法

小组合作探究。

248   中小学数学语文学习中的长见识悟道理

（七）教学流程

情境引入——实践感知——思维导图——类比探究——课内拓展——课堂小结——分层作业。

二、教学过程

（一）片段一：数学建模，我会"构"

师：我们小学学过正数与正数相乘，正数和 0 的乘法运算，与加法相似，引入负数后，乘法有哪些情况？（学生都跃跃欲试，兴奋地举起手）

生 1：有正数乘以正数，正数乘以负数，负数乘以负数，正数乘以 0，负数乘以 0。（学生鼓掌）

师：大家同意他说的几种情况吗？还有补充的吗？

生 2：我同意他说的这些情况，但我可以举例子，比如 3×3，$3 \times (-3)$，$-3 \times (-3)$，$(-3) \times 0$。（学生鼓掌）

师：两位同学说得非常好，除了正数和正数、正数和 0 的乘法运算外，还有正数和负数、负数和负数、负数和 0 的乘法运算。并且还特别举出了例子，那么刚才同学举出的式子该如何计算呢？它们的运算法则是什么呢？这正是我们本节课要完成的任务之一。我们将逐步探究出有理数的运算法则。请大家看问题：

（多媒体演示：一只训练有素的青蛙每跳 3 厘米，规定向东跳为正，向西跳为负；和跳动的方向一致的次数为正，否则为负。）

下面让这只在数轴原点待命的青蛙，完成如下操作，并请同学们思考：如何用所学过的知识来列式表示？

发令：向东跳，并且连续跳 4 次。

生 1：记作 $3 \times 4 = 12$。

生 2：它们是有方向的，应该记作 $(+3) \times (+4) = +12$。

师：虽然正数可以不加符号，此题是关于方向性问题，正数加上"+"是极好的。

发令：向西连续跳 4 次。

生 3：$(-3) \times (+4) = -12$。

发令：向东跳，可是青蛙不听话，反向跳了 4 次。

生 4：$(+3) \times (-4) = -12$。

发令：向西跳 4 次，青蛙还是不听指挥，又反向跳了 4 次。

生 5：$(-3) \times (-4) = 12$。

发令：向东或者向西跳 4 次，结果青蛙累了，没有跳。

生 6：$(+3) \times 0 = 0$ 或 $(-3) \times 0 = 0$。

设计意图：从农村学生的实际生活和年龄特征出发，设置"青蛙运动"情境，激发学生的参与意识和求知欲。

（二）片段二：观察分析，我会"思"

师：现在请同学们观察、比较(1)—(4)式中，等号左边两个因式和等号右边的数各是什么符号，它们的绝对值有联系吗？

(1) $(+3) \times (+4) = +12$，

(2) $(-3) \times (+4) = -12$，

(3) $(+3) \times (-4) = -12$，

(4) $(-3) \times (-4) = +12$，

(5) $(+3) \times 0 = 0$ 或 $(-3) \times 0 = 0$。

（带着 2 个问题小组讨论 2 分钟）

生 7：(1)式是正数乘正数，积为正数；

(2)式是负数乘以正数，积为负数；

(3)式是正数乘以负数，积为负数；

(4)式是负数乘以负数，积为正数。

师：这是(1)—(4)式的符号情况，上面所有式子的绝对值关系呢？

生 8：等号左边的数的绝对值之积就是等号右边数的绝对值。

生 9：因数绝对值积就是积的绝对值。

生 10：零和任何数相乘都等于零。

生 11：两数相乘，同号得正，异号得负，并把绝对值相乘。

师：归纳的得很好，还有补充的吗？

（没有同学举手）

师：既然大家没有要补充的了，我们一起来整理。

（教师多媒体展示）

有理数乘法法则：两数相乘，同号得正，异号得负，并把绝对值相乘；任何数同零相乘都得零。

（三）片段三：知识应用，我会"做"

师：以小组为单位，每位同学出两道有理数乘法运算题，同组交换做出答案，小组推荐你们觉得优秀的题目给大家，四个组分别推荐一位中心发言人上来给同学们讲解。（学生埋头做，计时 3 分钟）

生 12、生 13、生 14、生 15 分别上讲台通过希沃展台展示推荐题目，并讲解。

生 14 举例互为倒数的两个数相乘，积为 1。大家验证。

师：同学们通过探究，总结出有理数的乘法法则，并自主出题运用的乘法法则，大家很棒！现在再合作讨论下面问题：（老师多媒体展示）

若 $a > 0, b < 0$，则 $ab($ $)0$；

若 $a < 0, b < 0$，则 $ab($ $)0$；

若 $ab > 0$，则 a, b 应满足什么条件？

若 $ab<0$,则 a,b 应满足什么条件?

(学生独立思考 3 分钟,小组讨论 2 分钟)

生 16:若 $a>0$,a 就是正数,$b<0$,b 就是负数,异号相乘得负数,则 $ab(<)0$。(同学们鼓掌)

生 17:若 $a<0$,$b<0$,a 和 b 都是负数,同号相乘得正数,则 $ab(>)0$。(同学们鼓掌)

生 18:因为两个正数相乘时,积为正数,这里的 $ab>0$,说明 ab 都为正数。(同学们鼓掌)

生 19:我不同意生 18 的说法,因为只要是同号相乘,积都为正,所以应该有两种情况,要么 ab 同为正,要么 ab 同为负。(同学们热烈鼓掌)

生 20:因为若 $ab<0$,说明 ab 为负数,只有异号两数相乘为负数,说明 a 和 b 异号,所以有两种情况,即 $a<0$,$b>0$ 或者 $a>0$,$b<0$。(同学们热烈鼓掌)

(四)片段四:思维导图,我会"画"

师:上面的问题,大家分析总结得很全面,我们可以通过两个因数的符号来确定积的符号,也可以通过积的符号来分析得到两个因数的符号。接下来请大家将有理数的乘法运算相关知识的思维导图画出来,小组相互讨论一下,构思一下,看看别人总结的知识点与你总结的有什么不同?(小组讨论 5 分钟)

师:请鸿鹄志小组代表拿着你们的思维导图用投影展示给大家看一下,并说出你认为最特别的地方。

生 21:除了乘法运算法则外,刚才我们讨论的四种情况也很重要,比如若 $a>0$,$b<0$,则 $ab<0$。

生 22:我认为刚才的四种情况就是乘法的运算法则的符号形式。

生 23:几个数相乘,如果其中一个数是 0,我们就直接得结果为 0。互为倒数的两个数相乘,积是 1。

生 24:如果是 2 个以上的不是 0 的因数相乘,先确定积的符号,如果负因数是奇数个,结果就是负数,如果负因数的个数是偶数个,结果为正。(此时,同学们响起了热烈掌声)

生 25:我们在学习数学时,要尽量的用数学语言来表达,用符号语言来表达一些公式或者法则。

通过画思维导图,学生间相互交流讨论,总结有理数乘法法则相关的知识点。

设计意图:学生通过动手动脑与合作交流,增强归纳总结的能力。

(五)片段五:实战练习,我会"做"

同学们总结得很全面,你一言我一语,你思考,我们讨论,你观察,我发现,大家齐心合力,小组讨论探究,可爱的你们会发现奇迹的,你看,不就有同学发现新规律了吗?几个不为 0 的因数相乘,先确定积的符号,如果负因数是奇数个,结果就是负数,如果负因数的个数是偶数个,结果为正。下面,大家一起来验证他的说法:

$$2\times3\times(-4)\times(-5),$$
$$2\times(-3)\times(-4)\times(-5),$$
$$(-2)\times(-3)\times(-4)\times(-5)。$$

设计意图：这个知识点本来应该由老师设置情境引出，但本班学生数学素养并不差，老师就希望由学生提出来，大家验证，让提出问题的同学感受成功的喜悦，从而感染其他同学去探究问题，创新问题。

(六) 片段六：课堂小结，我会"想"

师：请三个小组的代表说说自己通过本节课的学习，你最大的感悟是什么？

生26：这节课我学习了两数相乘，同号得正，异号为负。也就是我会计算有理数的乘法运算了。

生27：我可以用字母符号来表示有理数的运算法则。若 $a>0$，$b>0$，则 $ab>0$；若 $a<0$，$b<0$，则 $ab>0$；若 $a>0$，$b<0$，则 $ab<0$；若 $a<0$，$b>0$，则 $ab<0$。$abcdefg$ 乘以 0 都得 0。（同学们窃笑）

生28：除了刚才两位同学说的之外，我知道几个不为 0 的因数相乘，负因数的个数是奇数个时，它们的积确定符号为负，负因数的个数是偶数个时，它们的积确定符号为正。我觉得遇到负数就有种倒霉的感觉。（同学们哄堂大笑）

（学生七嘴八舌，都想发言，下课铃声响起）

分层作业：必做题：教材 30 页第 1、3 题。

选做题：随堂练习 47 页第 4、6 题。

三、学习体验

学生1：这节课是我们 3 班班主任兼数学老师杜金老师带领我们学习的，整节课我都很兴奋，因为我都在很积极地思考并回答老师提出的问题，底下同学们都十分积极地回答杜老师的问题，我们鸿鹄志小组在讨论问题时，小组成员都很给力，我觉得他们的思维好强，"如果是几个以上的不是 0 的因数相乘，先确定积的符号，如果负因数是奇数个，结果就是负数，如果负因数的个数是偶数个，结果为正"，这个规律就是我们组长发现的，在老师叫我们自己出题时，我们组就已经讨论并且验证过这个规律了，老师在走动检查时就表扬我们组了，可是老师没有在全班同学面前表扬我们，我和我的组员都在等待着，终于，老师叫我们构思思维导图，机会来了，终于，杜老师叫我们小组上去展示思维导图，全班同学还验证了我们组发现的规律。后面又让我们再次巩固了知识点，同时，我觉得我们的数学老师有点套路我们，有时有点小懒。总的来说，我认为这节课是很成功的，我很喜欢杜老师的这种教学模式。

学生2：我是筑梦小组的组长，今天的这节课是探索有理数的乘法运算，我们小组收获满满，本组共 6 个成员，我们组一共举手 7 次，第 1 次举手是基础较好的同学，第 4 次举手是基础中等的同学,第2、3、6、7次举手是基础不太好的那位同学,她举手4次,老师叫了她2次回答问题,并且回答对了,我们组也加了双倍积分。我很喜欢我们老师的小组合作学习模式,老师说过,小组团结且优秀,班级才团结且优秀。所以,我们小组事事团结,我们小组数学基础最差的同学都能得心应手应用有理数的乘法法则,并且她还能总结出本节课所学知识点,我觉得这就是我们小组本节课学习的成功之处,也是老师教学的成功之处。老师还会对没有理解的知识点重新清理思路,还引导我们验证,让我们有参与感。

学生3:我是神习小组的成员,这节课让我觉得我有参与感,老师不断地给我们抛出问题,我们不断地像游戏通关一样,一关过了还有很多关,并且其他组的同学也帮老师给我们设置关卡,这正是我的同学们在老师的带领下,逐渐地有了探究能力和发现问题的能力,也是小组合作学习成功的体现。这节课我收获颇丰,唯一遗憾是我在那个角落给老师挥手,老师没有看到我举手,因此没有叫我,奈何课堂太短。

四、同伴互助

同事1:听了杜金老师执教"有理数的乘法"一课,感触很深,杜老师以"青蛙跳"情景问题推进教学,激发了学生的积极性。课堂上杜老师引导学生积极思考,合作体验,给学生充分的表达机会。在课堂上,杜老师体现出"教思考、教体验、教表达",更重视学生的核心素养。课堂教学以"学生独立思考、交流探讨、巩固提升"等环节较好地让学生在教学过程中将"思考"、"交流"、"体验"等的落实,教师通过问题展示促进学生发现问题、提出问题、分析问题和解决问题的学习体验,学生在教师的引导下较好地达成本节课的教学目标。

同事2:本节课真正地体现了以学生为本,学生是主体,老师为引导者。课堂上,同学们的表达能力反映了老师在以前的教学中重视听他们说,把有关问题留给学生,不仅让学生养成独立思考的习惯,更提高了学生善变的能力。课堂上学生能够正确运用数学语言表达自己的思想,而且能做到简洁、完整、准确、有条理,这也证实了老师的付出。教学中学生通过小组合作画出思维导图并展示,激发了学生学习数学的兴趣,提高了数学活动参与的积极性。

五、教学体验

在本班采取小组合作学习模式和精准扶持学困生模式。数学课堂上紧绕"三教"教学思想,重视发展学生的数学核心素养,课堂中小组合作探究问题促进学生动手和思考,小组成员发言时,希望能得到其他小组同学的肯定和掌声,但其他组的同学往往是本着找毛病的态度在倾听,采取小组分层加积分的策略,促使基础较差者举手回答问题。有三分之二以上的学生得到表达能力的训练。从课堂上举手发言同学的层次来看,有97%的同学完全掌握本节课知识,还有3%要在作业中才能肯定。数学课堂以学生为主体,发展学生核心素养为宗旨。老师巧妙地有效的提问,创造宽裕的课堂空间,鼓励学生表达,促进学生成长。

六、评析

以"青蛙跳"情境问题引入教学,能够较好地激发学生学习的积极性,将学生的思绪拉入课堂中来,积极引导学生思考,培养学生养成独立思考的学习习惯;在课堂中注重学生的合作体验,通过小组合作培养学生的合作意识,同时给予学生充分的表达机会,展现"教表达"。引导学生积淀发现问题、提出问题、分析问题和解决问题的学习体验,将学生带入体验学习的过程中以及激发学生的学习思考,充分将"教思考"和"教体验"运用其中。运用完整、准确、有条理、简洁的数学语言表达自己的思想;真正地体现了以学生为本,学生是主体,发展学生核心素养为宗旨,老师为引导者。

在课堂教学中以"学生独立思考、交流探讨、巩固提升"等环节充分展现了"思考""交流""体验"的落实。在教师的教学下,学生掌握了有理数乘法的法则,并能够熟练掌握有理数乘法的运算;教学过程中教师渗透数形结合的数学思想方法;通过鼓励学生先独立思考,再合作交流,并从中获得成就感,获得学习数学的经验。学生在教师的引导下较好地达成本节课的教学目标。整个过程体现了"教思考,教体验,教表达"。

(评析人:王 英 宋运明 贵州师范大学数学科学学院)

参考文献

[1] 严虹,游泰杰,吕传汉.对数学教学中"教思考、教体验、教表达"的认识与思考[J].数学教育学报,2017(5):26-30.

基于学生学习体验的数学教学思考

——以"有理数的乘方"教学为例

朱敏龙（江苏省南京市第二十九中学初中部）

贵州师范大学吕传汉教授主张数学教学中教思考、教体验、教表达（简称"三教"）的教育理念，并一直用"三教"引领"创设数学情境与提出数学问题"教学，进而培育学生核心素养。"三教"是对课堂教学本质属性的高度概括，没有思考就没有体验，没有体验就难以表达，表达是思考和体验的结果；在思考中体验，在体验中思考，因有所思考和体验而更准确的表达；在体验和表达中产生新的思考。学习体验是数学思考和数学表达的纽带和桥梁，因此在课堂教学中，教师应创设情境，把握数学学习的教学起点，找准学生具有普适性的活动体验，让学生在课堂进程中能充分利用不同体验学习知识，形成技能，掌握思考方法，从而促进学生"长见识、悟道理"。笔者以执教"有理数的乘方"一课为例，谈谈在"三教"理念引领下，基于学生学习体验的教学在助力学生数学核心素养培育上的实践与思考。

一、学习体验过程的教学分析

（一）在情感体验中引发认知冲突，培养抽象能力和模型观念

情境1： 古时候，有一个乞丐捡到了一副象棋，献给了自己的国王，国王从此迷上了下棋。为了对乞丐表示感谢，国王答应满足乞丐一个奖励的要求。乞丐说："我缺少的是粮食，就在这个棋盘上放一些米粒给我吧。第1格放2粒米，第2格放4粒米，第3格放8粒米，第4格放16粒米……一直放到第64格即可。"国王心想，就只要一些米粒呀，欣然应允。

根据学生的回答，填写表1。

表1

格　数	大米粒数	记　作
1	2	2^1
2	$4=2\times2$	2^2
3	$8=2\times2\times2$	2^3
4	$16=2\times2\times2\times2$	2^4
…	…	…
64	$?=2\times2\times2\times\cdots\times2\times2$(64个2相乘)	2^{64}

情境 2：中秋节前，有一个聪明的乞丐，有一次他讨了一块月饼，他想，如果我第一天吃这块月饼量的一半，第二天再吃第一天剩下月饼量的一半……依次每天都吃前一天剩下月饼量的一半，这样下去，我就永远不用再去讨饭吃了。

由学生的分析，填写表 2。

表 2

天　数	月饼的量	记　作
1	$\dfrac{1}{2}$	$\left(\dfrac{1}{2}\right)^1$
2	$\dfrac{1}{2}\times\dfrac{1}{2}=\dfrac{1}{4}$	$\left(\dfrac{1}{2}\right)^2$
3	$\dfrac{1}{2}\times\dfrac{1}{2}\times\dfrac{1}{2}=\dfrac{1}{8}$	$\left(\dfrac{1}{2}\right)^3$
4	$\dfrac{1}{2}\times\dfrac{1}{2}\times\dfrac{1}{2}\times\dfrac{1}{2}=\dfrac{1}{16}$	$\left(\dfrac{1}{2}\right)^4$
5	$\dfrac{1}{2}\times\dfrac{1}{2}\times\dfrac{1}{2}\times\dfrac{1}{2}\times\dfrac{1}{2}=\dfrac{1}{32}$	$\left(\dfrac{1}{2}\right)^5$
…	…	…

教师：刚才我们得到了一些运算的式子，它们有什么共同特征呢？

学生：都是一些相同因数的乘积运算。

教师：你能举一个类似的生活或学习中的事例吗？

学生：小学我们学过正方形的面积计算公式是边长乘以边长，就是边长的平方；正方体的体积计算公式是边长乘以边长再乘以边长，就是边长的立方。

学生：拉面师傅做的拉面根数就是从 1 根拉一次变 2 根，再拉一次，2 根变为 4 根，根数不断翻倍。

学生：生物课上老师介绍过有一种细胞的分裂，1 个分裂成 2 个，2 个分裂成 4 个，4 个分裂成 8 个……

学生：我了解到现在的智能手机内存有 16G、32G、64G、128G 等，超大内存是 256G，它们之间有这种倍数关系。

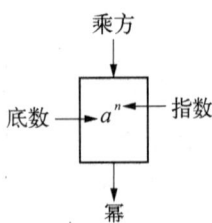

图 1

教师：原来这种运算在生活和学习中大量存在，这就是我们今天要学习的"有理数的乘方"。如果 n 个 a 相乘该如何表示呢？

学生：$\underbrace{a\cdot a\cdot a\cdots\cdots a}_{n\text{个}a}=a^n$。

教师：a^n 读作"a 的 n 次方"，其中 a 叫做底数，n 叫做指数，乘方运算的结果叫做幂。（一边介绍相关概念，一边画出框图，如图 1）

教学分析:"情感体验"来源于学习环境的刺激。引入创设两个情境,"乞丐得到奖励"的故事得出的是相同正整数相乘的运算式,学生发现底数大于 1 时,数值越来越大,经观察第 8 格是 256 粒米只盖过瓶底,但 64 个 2 相乘的结果却不可思议了,此时产生一种认知冲突和对数的震撼。故事"乞丐吃月饼"取材于两千多年前庄子说过的"一尺之棰,日取其半,万世不竭",当时正值中秋佳节,选择了月饼让学生分割,活跃了课堂气氛,在活动中学生再次认识相同正分数相乘的运算式,底数小于 1,数值越来越小,发展数感与极限的思想。两个故事形成鲜明的对比,由此初步体验乘方的特征和结果,建立"乘方"模型的雏形。接着,通过提问与追问,让学生感知乘方的特征;通过举例和列式,让学生体会这种运算在生活和学习中大量存在,有研究的必要性。如何简单地表示这种特殊的乘法运算? 以此触及学生的"最近发展区",类比小学学过的平方、立方和四则运算知识,引出运算简单的记法,进而得出乘方概念,并介绍底数、指数、幂等相关名称,从而构建了"乘方"的数学模型。由观察、比较、分析、归纳、概括等一系列体验活动,经历由"特殊到一般"的过程,从而培养学生的模型观念和抽象能力素养。

(二) 在行为体验中操作探索发现,发展运算能力和推理能力

(1) 例题 读一读算式,指出底数和指数是什么? 它表示什么意义? 并求出运算结果。

① 3^4;② 4^3;③ $(-3)^4$;④ $(-4)^3$;⑤ $\left(\dfrac{3}{5}\right)^3$;⑥ $\left(-\dfrac{2}{3}\right)^4$。

(2) 变式 计算并比较① 3^4 与 4^3;② $(-3)^4$ 与 -3^4;③ $(-4)^3$ 与 -4^3;④ $\left(\dfrac{3}{5}\right)^3$ 与 $\dfrac{3}{5}^3$,你有什么想法?

(3) 练习 计算:① 1^{365};② 0^{2022};③ $(-0.3)^3$;④ $\left(1\dfrac{1}{2}\right)^2$;⑤ $\left(-\dfrac{2}{3}\right)^4$;⑥ $-\left(\dfrac{2}{3}\right)^4$;⑦ $-\dfrac{2}{3}^4$;⑧ $-\left(-\dfrac{2}{3}\right)^4$。

教学分析:"行为体验"以操作和发现为载体,重直接经验,重知识理解。本节课的教学重点是有理数的乘方运算,故在运算环节笔者设计了一个例题、例题变式和课堂练习。首先,通过例题的计算与讲解,不但能及时了解学生对乘方相关概念及其意义的理解与掌握程度,而且还培养了学生转化思想和逆向思考的能力。其次,通过让学生表示底数为分数的乘方形式,观察有没有填加括号,让学生自己发现问题,同时为后续辨析练习埋下伏笔。接着,通过讨论有理数幂的符号规律,让学生在反思中学会归纳和表达,并会用所得到的结论验证运算结果,进一步提高学生的乘方运算能力。然后,结合例题变式展开交流讨论,重点关注对括号和负号的认识和理解。"底数有无括号、有无负号,如何读,表示什么意义,对比运算结果",让学生在思辨中不断感悟,提升数学运算能力和推理能力素养。最后,通过课堂练习及时反馈学生的学习情况,进一步提升学生乘方运算能力,同时培养学生相互合作的意识,养成解后反思的习惯。

（三）在认知体验中交流反思感悟，关注人文情怀和应用意识

课堂小结：（1）回顾本节课的学习历程，谈谈你的体会？（2）观察下列式子（图2），谈谈你的认识！

$$1^{365}=1；$$

$$1.01^{365}=37.8；$$

$$0.99^{365}=0.03.$$

图 2

学生踊跃发言，教师根据学生的回答构建本节课的思维导图，在思考"为何学""学什么""怎么学"中引导学生梳理所学知识、提炼思想方法、关注易错点。同时由问题（2）让学生在学到知识的同时，领悟做人的道理，有学生比喻为"乘方精神"：每天被动学习，不思上进，一年后是原地踏步；每天进步一点点，但结果却是惊人的；每天比别人差一点，失之毫厘，差之千里（图2）。做人也是这样，脚踏实地，一步一个脚印，就会铸就辉煌的人生！

教学分析： "认知体验"产生于学习者的内省反思。课堂小结是提炼、是升华，回顾本节课的学习历程，画出思维导图，谈谈自己的收获，这是过程化小结。学生自由发言，小结生成丰富，既有本节课的知识梳理，也有重点、关键点与易错点，还能从数学思想与方法及活动经验的层面进行了小结。通过观察式子，谈认识，让学生充分感受数学的价值和魅力，学生自我感悟"乘方精神"，自主构建数学人文情怀，自然形成数学核心素养，从而彰显数学的教育价值。

二、基于学习体验的教学思考

数学思考和数学表达离不开数学体验。数学体验是以数学学习的知识、技能、思想方法和情感、态度、价值观为载体，并通过学生个体的思考获得的思维积淀。学生这种学习体验积淀到一定程度后就会积聚深化为自己独特的数学领悟，使得自身能够迅速理解数学知识，逐步掌握数学思想方法，最终形成自己的数学素养。

（一）基于学习体验的教学有助于形成正确的价值观念

学习体验活动包括由环境刺激产生的情感体验活动、实物操作产生的行为体验活动和内省反思产生的认知体验活动，不仅有外部操作中的发现、验证和探索，还有注重内隐感知、领悟和自我建构[1]。本课在特定的教学环节创设了不同的数学体验活动，让相应数学学科核心素养在学习体验中孕育生长点。如本课引入阶段的两个有关乞丐的故事情境，在发展数感的过程中凸显乘方的研究价值，情境刺激产生了情感体验；定义建构阶段遵循了属性下概念的建构过程，让学生穷举实例，基于属性一生二，二生三，三生万物，从有限到无限体现了定义的必要性，内隐感知和自我领悟产生了认知体验；计算巩固阶段通过例题解决与变式，在归纳乘方的计算及符号规律的揭示过程中，进一步理解乘方的意义，一系列操作练习产生了行为体验；小结思考阶段经历回顾本节的学习过程，总结了重点、易错点、思想与方法等，通过内省反思产生了认知体验，感受数学的无穷魅力与人文价值。

基于学习体验的教学活动，通过创设贴近学生的教学情境，提出合适的数学问题，引发学

生思考与交流,从而把握数学的本质,领略数学的科学价值、应用价值和文化价值,有利于促进学生人文底蕴、科学精神素养的培育,形成正确的价值观念。

(二) 基于学习体验的教学有助于培养必备的思维品质

学习体验的基本结构是"操作(实物或模拟)—发现(结论或问题)—反思(结论解释或问题解决假想)—归纳(概括、拓展、迁移)—应用(知识、方法、经验、创新)"[2]。本课学生经历了观察、比较、分析、归纳、概括等一系列体验活动,在交流与展示中学生倾听、欣赏、思辨,真正实现了数学知识与技能的"学会",数学思想与方法的"会学"和数学活动经验积累的"乐学"。如课堂小结环节,帮助学生实现了深度学习和深度理解,让学生体验到知识获得的成就感和人生的感悟,学生概括的"乘方精神"充满鼓舞和激励,激发了学习的内驱力,提升了思维品质。

借助体验活动开展的数学学习,就是一个动手操作与动脑思考紧密结合、主动探究与意志努力相互促进的学习过程,其显著效能是能激发学生的学习兴趣,调动内在动机,由此引发智力参与,同时获得成功之后的成就感又能使兴趣得以持续,产生一种学习上的"动车效应"[3]。因此,学习体验活动有利于学生体验成功获得感,磨炼学习意志力,增强学习自信心;有利于养成独立思考、合作交流、反思质疑的学习习惯;有利于形成坚持真理、修正错误、严谨求实的科学态度,从而培养必备的思维品质。

(三) 基于学习体验活动的教学有助于提升数学的关键能力

学习体验的深度决定了学科素养提升的广度和高度。学生数学核心素养水平的达成不是一气呵成、一蹴而就的,只有提升数学的关键能力才能促进数学核心素养的阶段性和连续性发展。理解乘方的意义是本节教学的重要目标,本课在引入环节提出问题:"如何表示这种特殊的乘法运算和运算的结果呢?"由此引发学生运用"类比"和"特殊到一般"的思想方法,在交流互动中积累了从具体到抽象的活动经验,从而体验数学抽象的过程,促进学生对于"抽象能力"素养的领悟。培养学生有理数的乘方运算能力是本节教学的另一个重要目标,在运算环节设计了例题、例题变式和课堂练习,通过"读算式、说意义、算结果、议规律、辩不同"等体验活动,培养学生正确的运算能力,自然渗透"转化""整体""分类"等数学思想方法,提升学生数学的表达能力。

通过教师精心设计的学习体验活动,能够促使学生深化理解相关表层数学知识,进而对蕴涵于其中的数学知识与技能、数学思想方法、情感与观念等内容有所感悟和体会。因此,学习体验活动有利于学生掌握基础知识、形成基本技能、感悟思想方法和积累基本活动经验,为发展学生数学关键能力提供重要支柱。

三、评析

数学思考和数学表达离不开数学体验。数学体验是以数学学习的知识、技能、思想方法和情感、态度、价值观为载体,并通过学生个体的思考获得的思维积淀。学生这种学习体验积淀到一定程度后就会积聚深化为自己独特的数学领悟,使得自身能够迅速理解数学知识,逐步掌握数学思想方法,最终形成自己的数学素养。

本文阐述了在"有理数的乘方"教学中,让学生经历在情感体验中引发认知冲突、在行为体验中探索发现、在认知体验中反思感悟,在体验中"长见识、悟道理",培育学生抽象能力、模型观念、运算能力和推理能力等核心素养。从而促进学生在学习体验中逐步形成正确的价值观念、培养必备的思维品质和提升数学的关键能力。

(评析人:吕传汉 贵州师范大学)

参考文献

[1]张爱平,沈雪英.融入数学体验活动的教学实践与思考——以"作一个角等于已知角"为例[J].数学通报,2019(4):33.

[2]赵齐猛.在数学体验的过程中考查核心素养[J].中学数学教学参考(中旬),2017(10):35.

[3]董林伟,等.初中数学实验的理论与实践研究[M].南京:江苏凤凰科学技术出版社,2016.

《二元一次方程组》教学课例

——"三教"+"情境—问题"教学方法初探

罗明建(贵州省晴隆二中)

一、教学设计

本课例源于 2019 年 4 月 4 日贵州省晴隆县紫马乡紫马中学举行的"贵州省张南程乡村名师工作室教学研讨交流活动"中的一节教学交流示范研讨课。执教班级：紫马乡紫马中学七年级(4)班,执教课题：义务教育教科书人教版数学七年级下册第 88～89 页《二元一次方程组》第一课时。

(一) 教学目标

1. 理解二元一次方程、二元一次方程组的概念。

2. 知道二元一次方程、二元一次方程组的解的含义,会检验一对数是不是这个方程组的解。促进学生观察能力、分析能力以及逻辑思维能力发展,进而渗透数学建模思想、化归思想,感受数学的内在美等。

(二) 教学重难点

1. 重点：二元一次方程、二元一次方程组的概念。

2. 难点：二元一次方程、二元一次方程组的解的含义。

(三) 用"三教 + 情境问题"教学模式的逻辑思路

营造情境,引发猜想——实践探究,生成新知——去掉情境,抽象性质——步步深入,深化新知——开阔视野,渗透传统文化(鸡兔同笼)——梳理总结,拓展延伸。

(四) 学情分析

学习成绩不是太好的学生比较集中,相当多的学生缺乏积极主动的学习精神,作业不认真,一切依赖于老师,面对我教学班级实际情况,对如何转变学生的学习态度,让他们对数学学习产生兴趣,提高他们的学习积极性,就成了一个关键问题。为此我运用了"三教"引领"数学情境＋提出问题"的教学理念对此班进行教学,在教学过程中应用"探究式＋启发式"教学方法。

首先,让学生回答一些简单的问题(如学生在考试的过程中希望自己能得到多少分数,从想得到的分数中,我们应该做对多少题,基于此拉近学生与老师之间的距离。接着让学生阅读观察引言中的情境问题,问他们想到了什么。同时,还将学生分组,自己讨论"想到了什么?"的问题。鼓励他们大胆、充分、流利地表达自己的看法和想法,经过几分钟时间的讨论与回答,大多数学生都获得了成功的体验,增强了自信心,有几位还能主动提出自己的见解和想法,为继续进行"教学情境+提出问题"教学理念奠定了良好的基础。

(五) 教材分析

这节课的主要内容是二元一次方程和二元一次方程组的定义及二元一次方程组的解的探索,是在学生学习简易方程、一元一次方程的定义与性质的基础上进行学习的,在教学内容上起着承上启下的作用。"承上",即承接解一元一次方程,因为在探究二元一次方程组的"公共解"的过程中要用到解一元一次方程的相关知识。"启下",是因为它为我们今后学习用"代入消元法、加减消元法"解二元一次方程组和解三元一次方程组奠定了基础,并借此渗透数学"化归思想"。

二、教学过程

(一) 情境导入,初步认识

师:大家希望考试能得多少分?

生1:满分,100分。

师:想得到满分(100分),那么我们应该做对多少道题?

生2:全部做对。

师:在这个过程中我们做错了几道题呢?

生3:一道都没有做错。

生4:做错了0道题。

师:这个过程是怎样得到的?

生5:错误题数=全部题数—正确的题数。

师:同学们回答得很好,也很精彩。(追问)我们应该如何解答下面这个问题呢?

一份数学试卷,只有25个选择题,做对一题得4分,做错(或不做)一题倒扣一分,某同学做了全部试题,得了70分,他一共做对了_____道题。(请列出式子,并说出理由)

生6:我的式子是 $4x-(25-x)=70$,其中 x 为做对的题数,$25-x$ 是做错的题数,$4x$ 是做对题数的分数,$-(25-x)$ 是做错(或没有做)的分数,应得分与所扣分数的和为70。

生7:我的式子是 $4x=70+(25-x)$。其中 x 是做对的题数,$4x$ 是做对题数的得分,$25-x$ 有两层含义,① 表示做错或没有做的题数;② 还有一个含义是做错或没有做的题数的分值,只是把 $1×(25-x)$ 中的1省略不写。

师:同学们还有其他的做法吗?

生8:老师我的做法是:设做对 x 道题,做错或没有做的是 y 道,可得式子:$x+y=25$,

$4x-y=70$。其中第一个式子表示的含义是：正确的题数＋错误的题数＝总题数；第二个式子表示的含义是：答对题数的得分－错误题数的得分＝最后得分。

设计意图：通过利用与学生息息相关的内容，来引导学生用熟悉的事例和简单的数量关系引入代数式，改变以往直接说出课题的方法，以学生感兴趣的问题引入课题。特别是最后一位同学用两个未知数来表达数量关系中的相等关系，为引入二元一次方程（二元一次方程组）起到了画龙点睛的作用。

① 自学内容：课本第八章引言部分的内容

篮球联赛中，每场比赛都要分出胜负，每队胜一场得 2 分，负一场得 1 分，某队为了争取较好的名次，想在全部 10 场比赛中得到 16 分，那么这个队胜负场数应分别是多少？

② 自学时间：2 分钟。

③ 自学要求：认真阅读课本，在重要的地方做好标记。

④ 在上面的问题中，能否根据题意，列出一元一次方程呢？又能否根据题意，直接设两个未知数，列出简易方程呢？

生 1：能，由题目中的数量关系和相等关系，我这样列方程：设胜 x 场，则负$(10-x)$ 场，根据题意得：$2x+(10-x)=16$。

生 2：（迫不及待）老师，我的列式和他的不同，我是这样做的：设胜 x 场，负 y 场，根据题意，得：$x+y=10$，$2x+y=16$。

师：还有其他的式子吗？

生 3：有，我是这样列的。设胜 x 场，根据题意，有 $2\times10-(10-x)=16$。

师：有些同学在下面小声讨论了上面几位同学的方法，好像对第三位同学的式子不理解。这位同学，你能说出你的理由吗？

生 4：假设每一场都胜利，则总得分应为 20 分，再减去总失分$(10-x)$，最后等于他所得到的分数 16。

师：大家还有不同的式子吗？ 和第一位同学一样的请举手（15 位）；和第二位同学一样的请举手（26 位）；与第三位同学一样的请举手（1 位）；还没有列出式子的同学请举手（1 位）。

师：第一位同学和第三位同学列出的式子是什么？

生 5：一元一次方程，只含有一个未知数，并且未知数的次数是 1，它又是一个等式。

师：第二位同学的式子呢？

生 6：有两个未知数，未知数的次数是 1。

生 2：含有未知数的项的次数都是 1。

设计意图：以具体的例子引导学生讨论交流，归纳出二元一次方程的概念。培养学生的观察能力和归纳能力，改以往直接写出概念，由学生交流、归纳出二元一次方程的概念。通过学生交流、合作，培养学生在独立思考的基础上积极参与对数学问题的讨论，同时为下面对二元一次方程赋予实际意义做准备。

师：下面对第二位同学的式子进行分析（结合引言中的问题）。

(1) 引言中的问题所包含的两个等量关系是：① 胜的场数＋负的场数＝总场数；② 胜

场积分＋负场积分＝总积分。若设胜场数是 x，负场数是 y，则可列出方程 ① $x+y=10$；② $2x+y=16$。

师：第二位同学的式子满足上面的关系，它是一元一次方程吗？

生 1：不是。因为它含有两个未知数。

师：回顾一元一次方程的定义，什么叫"元"？什么叫"次"？如何给这个方程下一个定义呢？

生 2：观察上面的式子，并结合一元一次方程的定义：含有两个未知数，并且含有未知数的项的次数都是 1。如方程 $x+y=10$ 和 $2x+y=16$，两个方程共含有 2 个未知数，并且含有未知数的项的次数都是 1，我们把这样的方程叫做二元一次方程。

师：同学们归纳得非常好。那么当我们把两个这样的二元一次方程合在一起时，如何来表示呢？这样的式子又叫做什么呢？

生 3：写成一排。

生 1：不对。应该用大括号把它们括起来。

学生 2：这样写也不对，应该用大括号的左边部分，不要右边部分，即 $\begin{cases} x+y=10, \\ 2x+y=16。 \end{cases}$

归纳：像 $\begin{cases} x+y=10, \\ 2x+y=16 \end{cases}$ 这样，由两个二元一次方程组成的一组方程叫做二元一次方程组。

师：同学们对上面的问题分析得非常漂亮，非常精彩。这就是我们这一章所要学习的内容：(板书)二元一次方程组。

设计意图：让学生从已有的一元一次方程的知识中过渡到二元一次方程，体会它们的区别和联系，能归纳出二元一次方程的概念，并由此产生二元一次方程组的概念。学生能说出二元一次方程组的表示方法，体现"三教"中的教思考、教表达。

思考：判断下列方程组哪些是二元一次方程组，哪些不是二元一次方程组，为什么？

(1) $\begin{cases} x=2, \\ y=-3; \end{cases}$ (2) $\begin{cases} x+y=7, \\ xy=12; \end{cases}$ (3) $\begin{cases} \dfrac{1}{x}+\dfrac{1}{y}=-5, \\ \dfrac{1}{x}-\dfrac{1}{y}=9; \end{cases}$

(4) $\begin{cases} s+t=8, \\ 2t+w=7; \end{cases}$ (5) $\begin{cases} x+1=3, \\ 3x+2y=10。 \end{cases}$

教学说明：(1) 可提示学生找出题目中两个等量关系，然后指示学生设出两个未知数，设出两个二元一次方程，从而引出二元一次方程的概念，对于二元一次方程的概念，一定要讲解清楚"含未知数的项的次数都是 1"，要指示学生将"项"字打上着重号，并举例帮学生理解。

(2) 帮助学生理解二元一次方程的概念，要对(2)、(3)、(4)不是二元一次方程组的理由阐述清楚：(2)(3)都不满足"含未知数的项的次数都是 1"，(4)所含的未知数多于 2。

(3) 帮助学生理解二元一次方程组的概念，虽然二元一次方程组在教材里没有严格下定义,但是学生一定要学会判断具体的方程组是不是二元一次方程组。要对(2)、(3)、(4)不是二元一次方程组的理由阐述清楚:(2)中的第二个方程不是二元一次方程,(3)中的两个方程都不是二元一次方程,(4)含有 3 个未知数。

(二) 思考探究,获取新知

1. 自学指导

(1) 自学内容:课本 P_{89} 的内容。

(2) 自学时间:2 分钟。

(3) 自学要求:回顾什么叫一元一次方程的解,讨论怎样检验一个数是否是方程的解。

2. 自学

同学们可结合自学指导进行学习。

(1) 自学参考提纲:

① 完成"探究"中需要解决的问题。

② 使二元一次方程两边的值相等的两个未知数的值,叫做二元一次方程的解。如果不考虑方程 $x+y=10$ 与上面实际问题的联系,试再写出这个方程一个不同的解 $x=-1$,$y=11$。 一般情况下,二元一次方程的解_____(填"唯一""有限多个"或"有无数个")。

③ 一般地,二元一次方程组的两个方程的公共解,叫做这个二元一次方程组的解,方程组 $\begin{cases} x+y=10, \\ 2x+y=16 \end{cases}$ 的解是 $\begin{cases} x=6, \\ y=4 \end{cases}$。

④ 判断:是方程组 $\begin{cases} x+y=7 \\ 3x+y=17 \end{cases}$ 的解是(   )。

(A) $\begin{cases} x=5, \\ y=2 \end{cases}$ (B) $\begin{cases} x=6, \\ y=1 \end{cases}$ (C) $\begin{cases} x=4, \\ y=5 \end{cases}$

【解析】∵ A、B 是方程 $x+y=7$ 的解,A、C 是方程 $3x+y=17$ 的解,∴ A 是方程组 $\begin{cases} x+y=7, \\ 3x+y=17 \end{cases}$ 的解。

思考:什么是二元一次方程?怎样理解二元一次方程、二元一次方程组的解?

设计意图:让学生经历从一元一次方程的解过渡到二元一次方程的解,然后再从二元一次方程的解引入二元一次方程组的解,从中明白知识迁移的重要性,学习的过程是从简单到复杂,一些复杂的问题总是要从简单问题入手,从简单问题到高级问题递进的过程,从已有的知识经验中去解决未知的问题。从而明白学习知识要循序渐进,又从复杂问题回到简单问题,从高级问题回到简易问题的过程。在这个问题中主要体现"三教"中的教思考、教表达、教体验。

(2) 归纳结论

重要定义:

① 二元一次方程:含有两个未知数,并且含有未知数的项的次数都是 1,像这样的方程叫做二元一次方程。

② 二元一次方程组：把含两个未知数的一次方程合在一起,就组成了一个二元一次方程组。

③ 二元一次方程的解：使二元一次方程两边的值相等的两个未知数的值,叫做二元一次方程的解。一般来说,一个二元一次方程有无数个解,二元一次方程的解不能叫做根。

④ 二元一次方程组的解：二元一次方程组两个方程的公共解叫做二元一次方程组的解。

(三) 运用新知,深化理解

(1) 下列方程组中不是二元一次方程组的是_____(填序号)。

$$① \begin{cases} \dfrac{x}{2}+\dfrac{1}{6}=y, \\ x-y=2; \end{cases} ② \begin{cases} x=2, \\ y+1=0; \end{cases} ③ \begin{cases} x+y=7, \\ xy=6; \end{cases} ④ \begin{cases} \dfrac{1}{x}+y=1, \\ x-y=2; \end{cases} ⑤ \begin{cases} x+y=7, \\ y+z=2. \end{cases}$$

设计意图：这个环节的教学自主性很强,可以让学生在小组内完成,也可以采用分组的方法进行。小组合作期间,教师巡视,对优胜者给予鼓励,让他们体验成功的快乐;对尚有困难的学生应给予指导,鼓励他们探究下去。最后教师可展示优秀者作品,或在黑板上进行评析,尽量让学生能掌握二元一次方程与二元一次方程组的解法。

(四) 深化新知,学以致用

1. 基础巩固、课堂练习

(1) 下列方程中,是二元一次方程的是(　　)。

(A) $3x-2y=4z$　　(B) $6xy+9=0$　　(C) $\dfrac{1}{x}+4y=6$　　(D) $4x=\dfrac{y-2}{4}$

(2) 下列方程组中,是二元一次方程组的是(　　)。

(A) $\begin{cases} x+y=4, \\ 2x+3y=7 \end{cases}$　　(B) $\begin{cases} 2a-3b=11, \\ 5b-4c=6 \end{cases}$　　(C) $\begin{cases} x^2=9, \\ y=2x \end{cases}$　　(D) $\begin{cases} x+y=8, \\ x^2-y=4 \end{cases}$

(3) 练习：课本 P89"练习"。

设计意图：强化学生对二元一次方程和二元一次方程组的概念的理解,加深学生的学习记忆。在这个过程中让学生表达出自己的理解,能说出题中的是与不是二元一次方程组的理由。

2. 拓展延伸

问题：我国古代数学著作《孙子算经》中有"鸡兔同笼"问题："今有鸡兔同笼,上有三十五头,下有九十四足,问鸡兔各几何?"能用二元一次方程组表示题中数量关系吗? 试求问题的解。

解：设笼中有 x 只鸡,y 只兔,由题意,得 $\begin{cases} x+y=35, \\ 2x+4y=94, \end{cases}$ 解得 $\begin{cases} x=23, \\ y=12. \end{cases}$

答：笼中有 23 只鸡,12 只兔子。

设计意图：主要是让学生对中国古代文化有所了解,知道我国古人对方程的研究已经有上千年的历史,培养学生的爱国情怀,了解我国数学文化的源远流长。主要是在渗透用方程的思想来解决实际问题。让学生说出这个解的理由,为下面讲解二元一次方程组的解法(代入消元法、加减消元法)的知识做准备。

三、学习体验

陈豪同学：老师先是利用情景导入我们要学习的内容，然后再由他循循善诱地讲解那些我们未知的地方。又叫学生上黑板上去做题，并把自己的思路说出来与同学们一起分享。我觉得老师上课非常好，同时这节课也让我学到了很多的知识。

杨清政同学：通过这节课的学习，我得到了许多有益的收获。学习了二元一次方程组后，让我在生活中也不那么的迷茫"鸡兔同笼"了，如今让我感觉非常的简单。老师的教书风格也很有趣，既不让我们厌烦，而且也不枯燥乏味。反而让我们感觉到学习很轻松、学习的过程更是一种愉快的享受过程。

熊小花同学：罗老师讲课讲得很精彩，也很清楚明白，教学过程也让人觉得简单易懂。各位同学都听得津津有味，同学们也积极举手回答问题。通过这节课的学习，我知道了什么叫二元一次方程、二元一次方程组以及如何确定二元一次方程组的解。并且知道了如何判断二元一次方程(组)的条件。老师在即将下课之前也给我们讲了怎样设未知数、怎样求解。罗老师的课上得非常精彩，我期待着老师下一次的课，也很感谢老师给我们传授知识。

四、同伴互助

张南程老师：老师的教学过程符合循序渐进的教学原则，这有利于学生对未知问题的理解突破，从而使教学有序推进，整堂课听起来自然流畅，特别是让学生在自主学习的过程中去寻找实际问题中的等量关系。让学生学会运用二元一次方程组的知识去解决实际生活中的数学问题，让学生经由实际问题转化为数学建模的过程，领悟数学中的建模思想，在教学过程中进一步渗透"三教"＋"情境—问题"的教学方法。让学生进一步认知二元一次方程组的应用价值，培养学生的创新探究意识和动手实践能力，本节课总体上来说实现了教学目标。

五、教学反思

本课的教学重点是了解二元一次方程、二元一次方程组的概念，及二元一次方程组的解的概念，本节课运用知识联系实际的教学方法，激发了学生的学习兴趣，提高了学生的学习效果，并且注重练习，及时巩固知识，加深了学生对二元一次方程组的印象。

在本节课上，有的同学对二元一次方程组的概念混淆不清，而对上面方程组的选择题中的答案五花八门，全部选对的同学很少，在选对的同学中能说出理由的又更少，基本上都说得不是很透彻。而对于二元一次方程组的解的理解中更是很难理解，主要是对什么是二元一次方程的公共解没有理解，从而不会做，只有理解这个解满足一个方程就行了，不会检验这个解是否也满足第二个方程。在今后的教学过程中要注意加强定义的理解(特别是"公共解"的理解）。同时也对后面继续学习如何解二元一次方程组做好知识的准备。

在本节课上，只有一位同学能对"鸡兔同笼"的解说出理由：由①式通过移项得：$x=35-y$，然后把 $x=35-y$ 代入②中，得 $2(35-y)+4y=94$，这样就得到一个一元一次方程，解这个一元一次方程得：$y=12$，然后把 $y=12$ 代入①中得：$x=35-y=35-12=23$，从而得出这个二元一次方程组的解。这位同学的解答过程非常的完美，我们前面讲二元一次方程组的解是过猜想、检验而得到方程组的公共解，从而得出解。可是这位同学能从已有的知识和方程组的特别之处想到解法（代入消元法），很聪明。在此过程中还能站在讲台上面向全班同学讲出解题的思路，并说出为什么这样做的原因，给迷茫中的同学指出一条光明之路，非常精彩，得到了全体同学出自内心的奖励：鼓掌。

六、评析

教师的语言能力、动作思维，以及与学生交流的亲和力都是值得肯定的。让学生在充分思考和完成的基础上，对不同的式子进行对比，有助于学生进行观察、思考、辨析并发现和提出问题，使学生的思维得到充分的展示、碰撞和交流。当学生不能发现问题的时候，教师给予必要的提示或引导，使问题得到解决，这充分体现了学生的主体地位和教师的主导地位，同时也体现了"三教"+"情境—问题"的教学方法。最后，执教教师在课后反思中，对本节课教学的有关理论依据、起立！思想方法都加以说明。可以看出，这位教师在成长过程中受到大环境的影响，得到很好的发展，在自身发展和群体互动机制下得到很好的体现。

本节课的教学过程中，用学生熟悉的场景引出数学问题，激发学生的学习兴趣，把学生引入课堂，让学生从探究的角度来探讨二元一次方程组的有关概念，体现了学生的自主、探究、启发合作的学习方式。同时注重加强学生之间的交流，学生与老师之间的交流，在轻松的教学环境中录求答案，从而获得新知。

纵观整个教学过程，教师只是作为课堂的引路人，引导学生进入角色，充分调动学生探究意识，培养学生的探究习惯，激发学生探索数学知识的兴趣。在教学中充分体现"三教"的思想，让学生理解数学来源于生产生活，又服务于生产生活。

（评析人：郁　军　贵州省贵阳市南明区师资培训中心；吕传汉　贵州师范大学）

参考文献

［1］严虹，游秦杰，吕传汉."三教"引领中小学数学教学培养核心素养探究［M］.贵阳：贵州人民出版社，2018：3-13.

［2］林群.义务教育教科书《数学》（七年级下册）［M］.北京：人民教育出版社，2018：88-89.

［3］易良斌.中学数学教与学——研究与引领［M］.北京：光明日报出版社，2015.

《平方根》教学课例

一、教学设计

本课例是笔者 2019 年 10 月 22 日在南京市鼓楼区参加"国培计划"贵州省吕传汉、张佩玲智库专家工作坊研修团队与习水县、印江县、晴隆县乡村"种子"教师高端访学活动中上的一节示范研讨课。执教班级：南京市鼓楼区第二十九中八(6)班，执教课题：苏科版八年级上册第四章第 1 节平方根(第一课时)。

(一) 学习背景分析

1. 教材分析

本节课源于苏科版义务教育教科书八年级上册第四章第一节"平方根"的内容，是在学生学习了七年级乘方运算的基础上安排的，也是学习实数的准备知识。由于实际计算中需要引入无理数，使数的范围从有理数扩充到实数，完成初中阶段数的拓展。运算方面，在乘方运算的基础上引入开方运算，使代数运算得以完善，因此，本节课有助于了解 n 次方根的概念，为今后学习根式运算、方程、函数等知识作出了铺垫，提供了知识的积累。

2. 学情分析

从学生的基础来看，学生已掌握部分完全平方数，能说出一些完全平方数是哪些有理数的平方，同时对乘方运算也有一定的认识，有助于开展本节教学活动。另外，此阶段的学生具有很强的好奇心、强烈的"自我"和自我发展的意识，对新鲜事物和新内容特别感兴趣，但缺乏学习方法。

3. 核心问题

如何把握开平方的运算？

(二) 教学目标

1. 知识与技能

了解平方根的概念，会用根号表示一个数的平方根。

2. 核心素养

"长见识"的要求：会根据开平方与平方的互逆关系，用平方运算求一些非负数的平方根。

"悟道理"的要求：在平方根的运算与性质的探究、交流、表达中，感悟"转化"的数学思想。

(三)教学重点

理解平方根的概念和意义,会求一些非负数的平方根。

(四)教学难点

理解开平方与平方互为逆运算,会用开平方运算求一些非负数的平方根。

(五)设计思路

创设情境,引入新课—合作交流,探索新知—典例剖析,应用新知—学以致用,巩固提升—总结反思,知识梳理—优化作业,拓展应用。

二、教学过程

(一)片段一:创设情境,引入新课

师:同学们,知道右边这幅图(图1)取自哪里吗?

生1:太行山。

生2:武当山。

师:NO! 这张图是贵州梵净山景区的景点之一,而我就来自贵州梵净山下的印江三中。

情境1:现在,我们学校(梵净山下的印江三中)要修建一个边长为3米的正方形花坛(图2),请问:它的面积是多少?

生:面积是9平方米。

图1

师:哦! 很棒! 你是怎样列算式的呢?

生3:根据正方形面积的计算公式,可得 $3 \times 3 = 9$(平方米)。

生4:还可以列为:$3^2 = 9$(平方米)。

师:很好! 请问:在 $3^2 = 9$ 中,从左到右是一个已知什么? 求什么的运算?

生5:乘方运算。

生6:是一个已知底数和指数;求幂的乘方运算。

师:哦! 太棒了!

生:鼓掌!

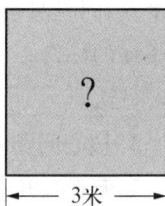

图2

情境2:反过来,如果要修建一个面积为16平方米的正方形花坛(图3),它的边长又等于多少米?

生7:4米。

师:怎样列算式呢?(学生陷入沉思)。

生8:列方程求解,如果设正方形的边长为 x 米,则有 $x^2 = 16$,求出 x 值即可。

图3

生 9：（　）$^2 = 16$。

师：在你们列的式子中，已知什么？求什么？

生 10：已知指数和幂，求底数。

师：哦！不错！那括号里可填什么数？

生 11：4。

师：除了可填 4 外，还可以填什么？

生 12：还可以填 -4，因为负 4 的平方也等于 16。

师：对！在不赋予这个式子实际意义的情况下，括号里还可以填 -4。

情境 3：如果正方形花坛的面积为 a（$a > 0$）平方米时，它的边长又是多少米？（图 4）

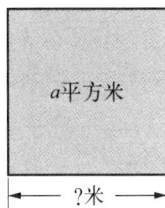

图 4

生 13：与情境 2 进行类比，可列（　）$^2 = a$，这也是一个已知指数和幂，求底数的一种运算。

师：太棒了！同理，在不赋予这个式子实际意义的情况下，括号里可填什么？

生：陷入沉思。

师：这就是我们这节课要学习的内容——4.1 平方根（板书课题）。

设计意图：从学生已学的平方运算（情境 1）过渡到开平方运算（情境 2）。即：从已知底数和指数，求幂的运算，过渡到已知指数和幂，求底数的一种新运算。追问，当已知的面积不是一个常数，而是一个字母 a（情境 3）时，求底数就出现了困难，从而导入新课——4.1 平方根。这就是为什么要学平方根的原因之一。

（二）片段二：合作交流，探索新知

探究 1：求下列问题中 x 的值。

(1) $x^2 = 4$ 中 $x = $ _____。

师：x 等于多少？

生 14：$x = \pm 2$。

师：很好！

(2) $x^2 = 0.36$ 中 $x = $ _____。

师：x 等于多少？

生 15：$x = \pm 0.6$。

师：太棒了！在这里，我们把 ± 2 叫做 4 的平方根，± 0.6 叫做 0.36 的平方根。

追问：对于一般地，什么是平方根？

生 16：x 叫做 a 的平方根。

师：还有补充吗？

生 17：如果 $x^2 = a$，那么 x 叫做 a 的平方根。

师：太棒了！

讨论：在 $x^2 = a$ 中，a 的取值范围是什么？（合作交流 5 分钟后回答）

生 18：a 可以是正数。

生 19：a 可以是 0。

生 20：因为任何一个数的平方都不可能为负数，所以 a 的取值范围一定是非负数。

师：对！到现在为止（在实数范围内），负数没有平方根。于是我们定义：如果 $x^2 = a$（$a \geqslant 0$），那么 x 叫做 a 的平方根（二次方根）。

（3）$x^2 = 11$ 中 $x = \underline{\quad?\quad}$。

师：x 等于多少？

生：陷入沉思。

追问： 怎样表示 11 的平方根呢？

生 21：$\pm\sqrt{11}$。

师：对！数学上，用式子 $\pm\sqrt{11}$ 表示 11 的两个平方根；请问：4 和 0.36 的两个平方根又怎样表示？

生 22：4 的两个平方根可记作 $\pm\sqrt{4}$；0.36 的两个平方根可记作 $\pm\sqrt{0.36}$。

师：哦！太棒了！

追问：（4）$x^2 = a$（$a > 0$）中，满足条件的 x 的值有几个？又记作什么？

生 23：因为 $a > 0$，a 是正数，所以满足条件的 x 值有 2 个；类比前面的（1）（2）（3），可记作 $\pm\sqrt{a}$。

师：太棒了！正数 a 的两个平方根记作 $\pm\sqrt{a}$，读作正、负根号 a；它的两个平方根还可以分开写。即：正数 a 的正的平方根记作 $\sqrt{a}$，负的平方根记作 $-\sqrt{a}$。$\sqrt{a}$ 读作"根号 a"，$-\sqrt{a}$ 读作"负根号 a"。

理解： $\sqrt{a}$ 也可以写成"$\sqrt[2]{a}$"，其中"$\sqrt[2]{}$"因为有个 2，所以叫"二次根号"，它是求平方根的运算符号，而这里 a 叫被开方数，2 为根指数，根指数 2 可以省略不写。另外，$\sqrt{a}$ 是一个算式，而不是一个计算结果。如：3 的平方根记作 $\pm\sqrt{3}$；4 的平方根记作 $\pm\sqrt{4} = \pm 2$。

设计意图： 由探究 1 的（1）（2）引出平方根的定义，然后由（3）引出平方根的运算符号，再由（4）引出平方根的记法和读法。即：在探究 1（1）（2）的求值中，把 ± 2 叫做 4 的平方根，± 0.6 叫做 0.36 的平方根的描述中，使学生初步感知平方根的定义，然后追问：对于一般的式子，又该怎样去定义平方根？进而让学生与（1）（2）进行类比，得出广义的平方根。再由（3）$x^2 = 11$；$x = \underline{\quad?\quad}$，在表示（运算）11 的平方根时，遇到了困难，又因所需，从而引入新的表示（运算）符号，于是 $\pm\sqrt{11}$ 就自然出现了，即用式子 $\pm\sqrt{11}$ 表示 11 的两个平方根；类比可知，4 的两个平方根可记作 $\pm\sqrt{4}$；0.36 的两个平方根可记作 $\pm\sqrt{0.36}$，然后再追问：在（4）$x^2 = a$（$a > 0$）中，当已知的不是一个数，而是一个字母时，又该怎样表示它的两个平方根？于是，很自然地得出 a 的平方根的通用记法，即 $\pm\sqrt{a}$（$a \geqslant 0$），然后，再转向对式子 $\pm\sqrt{a}$ 的读法进行探讨，并统一规定其读法。另外，如果将 $\pm\sqrt{a}$ 分开，又该怎样记？怎样读？然后再补充，对 $\sqrt{a}$ 的另一种记法"$\sqrt[2]{a}$"，其中"$\sqrt[2]{}$"因为有个 2，所以叫"二次根号"，以及什么是被开方数，根指数。最后，指出 $\sqrt{a}$ 是一个算式，而不是一个计算结果，并举例说明。

（三）片段三：典例剖析，应用新知

例1：下列各数有平方根吗？

9，5，$\dfrac{9}{25}$，0，$-\dfrac{4}{9}$，-8，-36。

（1）如果有，请写出来；如果没有，请说明理由。

（2）观察计算结果，你能得出什么结论？

解：（1）如果有，请写出来；如果没有，请说明理由。

生24：9的平方根是$\pm\sqrt{9}$，即±3；

生25：5的平方根是$\pm\sqrt{5}$；

生26：$\dfrac{9}{25}$的平方根是$\pm\sqrt{\dfrac{9}{25}}$，即$\pm\dfrac{3}{5}$；

生27：0的平方根是$\pm\sqrt{0}=0$，于是0的平方根是0。

师：太棒了！

生28：后三个都没有平方根，因为负数没有平方根。

师：对！太棒了！到现在为止（在实数范围内），负数是没有平方根的。

（2）观察计算结果，你能得出什么结论？

生29：负数没有平方根。

生30：正数有两个平方根。

生31：正数有两个平方根，它们互为相反数；0的平方根是0。

师：太棒了！

追问：这里，我们把求一个数的平方根的运算叫什么？

生：开平方。

师：对！我们把求一个数的平方根的运算叫做开平方。

设计意图：用吕教授的"三教"理念，让学生对例(1)进行先做后分享，目的在于规范学生的解题格式；例(2)让学生根据自己的计算结果，结合提问引发思考，在学生讲述自己所悟的过程中，逐步培养学生的表达能力，进而得出平方根的性质。然后再通过追问，扩充新的一种运算——开平方。即：求一个数的平方根的运算叫做开平方。

例2：根据指定的运算，在图5、图6中写出对应的数字。

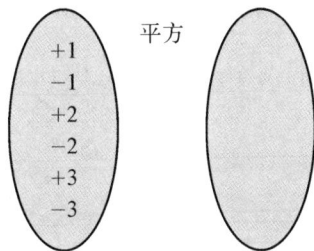

图5

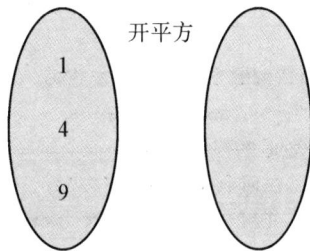

图6

下面是廖珊珊同学的解答(图7、图8,通过手机终端上传到希沃展台,呈现给同学):

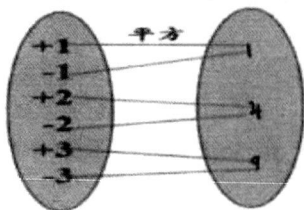 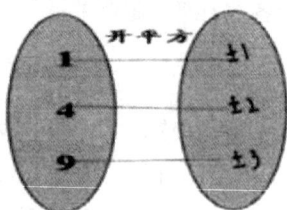

| 图7 | 图8 |

师:做的很好!

追问:从上图的运算中,你能得出什么结论?

生32:从上图的第一组数据可知,正负1的平方数都是1;正负2的平方数都是4;正负3的平方数都是9。

师:哦!不错!还能得出什么结论呢?

生33:从上图的第二组数据中可知,1的平方根是正负1;4的平方根是正负2;9的平方根是正负3。

师:对!还有吗?

生34:从上图的两组数据可知,平方运算与开平方运算是互逆的两种运算。

师:太棒了!

设计意图:让学生根据指定的运算,经历填写的过程,体验运算规律,结合各自的所悟、思考追问中的可能结论,因观察的角度不同,于是,在同学们的不断补充、完善的过程中,就有了生32、生33、生34的三个结论。

(四) 片段四:学以致用,巩固提升

1.判断下列说法是否正确,对的在括号内打√,错的打×。

① −5 是 25 的平方根;   (   )

② 25 的平方根是−5;   (   )

③ 任何数都有两个平方根;   (   )

④ 任何一个非负数的平方根都不大于这个数;   (   )

⑤ 任何数的平方都是非负数,所以非负数的平方根也是非负数。 (   )

下面是任佳乐同学的解答(图9,通过手机终端上传到希沃展台,呈现给同学):

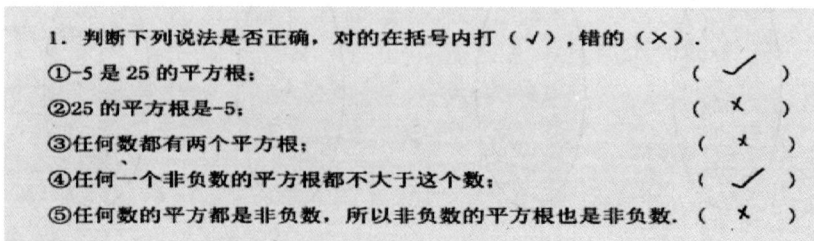

图9

师：请任佳乐同学讲一下你的理由。

任佳乐：① 因为 25 的平方根是 ±5,所以 -5 是 25 的平方根是对的。

② 因为 25 的平方根是 ±5,所以 25 的平方根是 -5 是错的。

③ 因为负数没有平方根,所以任何数都有两个平方根是错的。

④ "不大于"就是"小于或等于"。如：4 的平方根是 ±2,而 ±2 都小于 4,所以任何一个非负数的平方根都不大于这个数是对的。

⑤ 例如：4 的平方根是 ±2,所以非负数的平方根也是非负数是错的。

师：同学们,任佳乐回答的怎样? 是否正确? 还有补充吗?

生 35：任佳乐同学的④做错了。因为,0.25 的平方根是 ±0.5,而 $0.5>0.25$,所以④任何一个非负数的平方根都不大于这个数是错的。

师：哦! 不错! 但除了 0.25 不满足外,还有吗? 如果有,这样的数多不多? 请讨论它们有何特点?（五分钟后,各小组派一名代表发言）

一组,代子涵同学发言：我们组一致认为这样的数是分数。

二组,卢妃同学发言：我们组一致认为这样的数是小数。

三组,张金保同学发言：我们组一致认为这样的数是真分数。

四组,李宁同学发言：我们组一致认为这样的数是小于 0 的小数。

师：还有补充的吗!

生 36：都不对! 我认为用分数表示,就应该是正真分数。

生 37：如果用小数表示,就应该是小于 1 的正小数。

生：掌声!

师：哦! 太棒了!

2. 写出下列各数的平方根。

81, 289, 0, $2\frac{1}{4}$, 2.56, $(-4)^2$。

下面是吕朵同学的解答(图 10,通过手机终端上传到希沃展台,呈现给同学)：

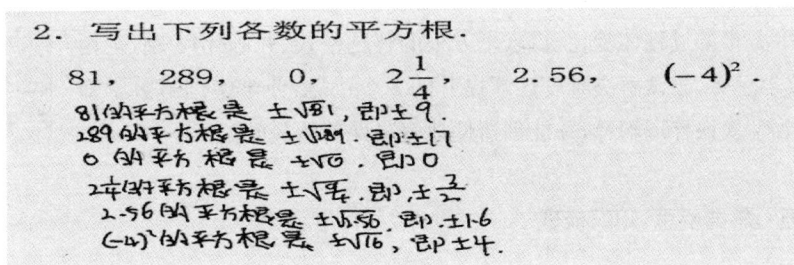

图 10

师：请吕朵同学讲一下后三个的理由。

吕朵：因为 $2\frac{1}{4}=\frac{9}{4}$,所以求 $2\frac{1}{4}$ 的平方根就是 $\pm\sqrt{2\frac{1}{4}}=\pm\sqrt{\frac{9}{4}}=\pm\frac{3}{2}$;

因为 $1.6^2 = 2.56$，所以 2.56 的平方根是 $\pm\sqrt{2.56}$，即 ±1.6。

因为 $(-4)^2 = 16$，所以求 $(-4)^2$ 的平方根就是求 16 的平方根，即 $\pm\sqrt{(-4)^2} = \pm\sqrt{16} = \pm4$。

师：太棒了！请问：还有补充吗？

生 38：吕朵同学没写解。

师：是的！解答时，我们必须规范书写。

3. 求下列各式中 x 的值：

(1) $x^2 = 14$；　　　　(2) $4x^2 = 49$；　　　(3) $3(x+3)^2 = 27$。

下面是代翔同学的解答（图 11，通过手机终端上传到希沃展台，呈现给同学）：

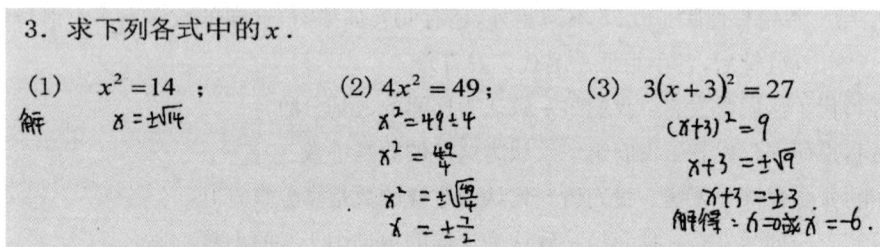

图 11

师：代翔同学做得怎样？有补充吗？

生：做得很好！没有补充了。

师：（追问）现在，你能回答课前遇到的问题吗？即：已知正方形花坛的面积为 a（$a > 0$）平方米，求它的边长是多少？（图 12）

生 39：正方形的边长为 $\sqrt{a}$ 米。

师：哦！太棒了！

设计意图：第 1 题，学生通过做题的过程体验，获得对平方根的概念、性质、易混、易错点的理解并掌握；第 2 题，通过探寻正整数、正分数，正小数、零、负数的平方根的过程体验，获得求平方根的解题格式、并固化；3 题，运用解方程的数学思想，尝试解决难度逐渐提升的 3 个小题，使学生理解数学知识，形成用数学知识合理解释，并能创造性地解决课前的提问。

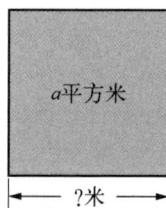

图 12

（五）片段五：总结反思，知识梳理

课堂小结：

1. 你有哪些收获与同伴分享？

生 40：我知道"$\pm\sqrt{}$"是求平方根的运算符号，以及平方根的读法和写法。

师：很棒！

生 41：我知道了平方根的性质，即：正数有两个平方根，它们互为相反数；0 的平方根是

0；负数没有平方根。

师：太棒了！

生 42：我会求一些数的平方根。

师：太棒了！

……

2. 你还有疑惑要与老师或同伴探讨吗？

生 43：请问老师：怎样才能又快又准地找到 289 的平方根？

师：一种方法是熟记 20 以内的数的平方，这是数学的基本功，记熟了，就能很快找到；另一种方法是用小学学的短除法；还有一种方法是用"估算—猜想—确定"的三步曲，第一步，先分别算出相邻两个整十的数的平方，如：$10^2 = 100$，$20^2 = 400$。第二步，因为 $100 <$ $280 < 400$，如果用 x 表示这个数，所以有 $10 < x < 20$，又因为在 10 与 20 之间的这些数中，只有 13 和 17 这两个数平方后个位数字是 9，于是，猜想：x 不是 13 就是 17，但具体是多少？第三步，只需计算一次，如：$13^2 = 169 \neq 289$，那么，一定是$17^2 = 289$，于是，确定 $x = 17$。

设计意图：通过学生与老师和同伴分享收获、探讨疑惑的过程体验，检测学生的新知获得与掌握情况，树立学生与人交流、合作、分享的意识，从而培养学生的语言表达能力。

（六）片段六：优化作业，拓展应用

课后作业：

1. 教材 97 页 4.1 习题第 1 题、3 题。

2. 若一个正数的平方根分别是 $2a - 1$ 与 $2a + 5$，求这个数。

选做：已知 $(x + y + 2)(x + y - 2) = 45$，求 $x + y$ 的值。

设计意图：通过优化作业的巩固练习，变式训练的过程体验，检测学生的新知掌握情况，培养学生思考、探究、表达的综合能力。

三、学的体验

学生 1：今天，听了曹老师的数学课，收获很多。整节课有计划、分步骤地引导着我们，按照教学内容的逻辑关系去设计问题，在不断追问中寻思着，一点也不枯燥。在探究平方根的概念、记法、读法、性质的过程中，循序渐进地导出相应的知识，显得很是合情也合理。在小组合作时，曹老师参与了我们的小组讨论，与我们进行交流、互动，使这节课变得更加生动有趣，尤其是他那不时幽默风趣的语言，促使我的思维始终保持在高速运转的飞轮状态，而且曹老师的目光总在不断的扫视着全场的每一个角落，与我们进行友好地交流着。然而，在不经意中，下课的铃声响了，曹老师的一声口令："下课！欢迎在座的各位同学到贵州做客，我在梵净山下等你！"当他挥手再见时，我真有些不舍！总之，我受益匪浅，从中弄清了开平方运算产生的原因和必要性，还知道了求平方根的运算依据和求解的过程与方法，同时也感受了贵州老

师的热情与不一样的教学风格！我真想去贵州走走……

——八（6）班张丹妮

学生2：今天早上，在我们班上了一节十分精彩而不寻常的数学课——平方根。这是一位来自贵州老师的课，自然与我们本土数学老师的风格不同，他以一张贵州景区图片切入课堂，使得去过贵州的我感到极其亲切。课堂上，曹老师用我们熟知的生活实践为情境问题加上图形、符号和生动的语言描述，把我们带进了探寻平方根的世界。在他循循善诱地讲解与追问中，讲述了我们为什么要学习平方根？学平方根的哪些内容？怎样学习平方根的相关知识？在练习环节，他借助手机终端，与我们形成三维一体的人机互动，使得练习过程不再枯燥、乏味，很有深度，真的很棒！总之，这节数学课真的不错，我的收获很多，期待……

——八（6）班刘星雨

四、同伴互助

曹老师的这节，亮点很多，在片段二"合作交流，探索新知"中，由探究1的（1）（2）引出平方根的定义，由（3）引出平方根的符号，再由（4）引出平方根的记法和读法。紧接着，就对"$\sqrt{a}$"和"$\sqrt[2]{}$"进行深入解读，"$\sqrt{a}$"的另一种记法"$\sqrt[2]{a}$"，其中"$\sqrt[2]{}$"因为有个2，所以叫"二次根号"，以及什么是被开方数、根指数，最后指出"$\pm\sqrt{}$"是求平方根的运算符号；在片段五"总结反思，知识梳理"中，当有学生向老师提问：怎样又快又准地找到289的平方根时，曹老师给出了三种不同的解决方法，一是熟记20以内的数的平方；二是用短除法；三是"估算—猜想—确定"的三步曲，其中重点讲了第三种。第一步，先分别算出相邻两个整十的数的平方，如：$10^2=100$，$20^2=400$。第二步，因为$100<280<400$，如果用x表示，所以有$10<x<20$，又因为在10与20之间的这些数中只有13和17平方后个位数字是9，于是猜想：x不是13就是17，但具体是多少？第三步，只需计算一次，如：$13^2=169\neq289$，那么，一定是$17^2=289$，于是确定$x=17$。总之，在整个教学过程中，曹老师能够做到让学生在学中做、做中思、思中练，可见曹老师对教材的研读之深，在课前做了周全的预设，实属不易。这也很好地诠释了吕教授的"三教"理念。

——省级乡村名师、高级教师张银强

五、教学体验

（一）注重问题意识，渗透数学思想

课堂教学中，数学问题是数学的心脏。以问题为牵引，情境为载体，创设启发性、挑战性的情境问题，引发学生进行思考，在思考中触发学生对旧知识的巩固和再现，并感知、探究新旧知识之间的内在逻辑关系；再提出问题，验证猜想，解决问题，在提出问题的过程体验中，促进学生问题意识的培养；在对问题的解决中，经历知识的发现与生成的探究过程，注重问题意

识的探究能力。本课例在探寻平方根的概念、记法、读法、性质、计算中,渗透类比、猜想、抽象、概括、归纳、演绎的数学思想方法,进而促进学生对本节知识的深刻理解和掌握。

(二)注重探究过程,强化学习体验

用问题引导课堂,诱发学生对问题进行探究,在探究过程中,把课堂还给学生,把问题抛给学生,让学生自主探究、分析解答问题。在老师适时、适当的引领、同伴间的合作交流中,展示不同的思想方法,说理表达,互助纠错的过程体验、感悟知识的生成过程;在探究思考中,抓住问题的闪光点,进行讨论、补充、及时评价,让学生在轻松活跃的氛围中掌握数学知识,获得学习体验;在探究活动中,当思维出现碰撞、意见出现分歧、争辩时,将进一步对问题进行探究、推理、论证,说理,体验数学的严谨性,积淀更多的学习体验,并带着问题离开课堂进行深耕。

(三)注重情感交融,促进学生表达

在生生间的合作,师生间的交流中,要营造轻松愉悦的学习氛围,离不开师生间的情感交融、亲切友好地沟通。在课堂教学中,有良好的情感驱动,必将促使学生真诚地投入到自主探究的学习中,相互交流、感知、领悟、知识的生成过程。本节课在教学中,注重学生语言的精练、准确,如学生在探索平方根的性质时,生 30 回答正数有两个平方根,不够准确全面时,又请生 31 给予补充。在片段四,判断④任何一个非负数的平方根都不大于这个数的对错时,四个小组的代表发言表达不够精准时,其他同学也做了补充。在片段五,你有哪些收获与同伴分享时,其他同学也做了相应的补充,进而促进学生主动思考、积极体验、精准表达。

六、评析

曹老师的这节课,围绕吕教授的"三教"理念开展教学,遵循概念课的授课特点,按照概念、记法、读法、性质、应用等知识的先后顺序,分六个片段"创设情境,引入新课""合作交流,探索新知""典例剖析,应用新知""学以致用,巩固提升""总结反思,知识梳理""优化作业,拓展应用",逐一呈现。在片段一"创设情境,引入新课"中,学生通过解决情境问题,就会发现,用曾学过的知识满足不了现实生活的需要,于是,必须学习(补充)新的知识——平方根,从而让学生认识到学习平方根的必要性。在片段二"合作交流,探索新知"中,通过一个探究活动得出平方根的概念,再用三个追问得出平方根的记法和读法,然后用一个讨论:在 $x^2 = a$ 中,a 的取值范围是什么? 即讨论成立的条件,进而为在片段三"典例剖析,应用新知"中,得出平方根的性质,做了前期铺垫。总之,本节课的教学目标已达成,教学过程极其流畅,设计思路极其清楚,课堂预设与生成处理得极其合理,学生在轻松活跃的教学活动中,获得足够的知识体验与情感交融,这是一堂好课。

(评析人:王为峰 南京市古楼区教师发展中心主任)

参考文献

［1］严虹,游秦杰,吕传汉."三教"引领中小学数学教学培养核心素养探究[M].贵阳：贵州人民出版社,2018：3 - 13.

［2］谢学智."三教"引领乡村中学数学教学培育核心素养课例选编[M].贵阳：贵州人民出版社,2018：3 - 17.

［3］辛继湘.体验教学研究[M].长沙：湖南大学出版社,2005.

问题引领课堂，激发数学思考

——以《分式》教学体验为例

何波涛（贵州习水县第四小学）

一、教学设计

（一）内容解析

本节课的教学内容是分式概念以及掌握分式有无意义的条件。它是在学生掌握了整式的概念及整式四则运算的基础上，并以学生已经学习过的分数知识为基础，从生活实例抽象出数学式子，通过类比的数学思想方法引出分式的概念，把学生对"式"的认识由整式扩充到有理式。本课时为该章节的第一课时，属于概念课教学，它是后续学习分式的化简和运算的基础，具有承上启下的衔接作用。学好本节课的内容，是以后学习函数、方程等内容的关键。基于以上内容分析，确定本课时的教学重难点，课时核心问题陈述如下。

教学重点：分式的概念及意义。

教学难点：理解并掌握分式有意义的条件。

核心问题：何谓分式？

（二）教学目标

（1）理解并掌握分式的概念，分式有、无意义及分式值为0的条件；

（2）通过对分式（数）与分数（式）的类比，让学生亲身经历从分数到分式概念生成的过程，渗透了整式与分式的区别，初步学会运用类比转化的数学思想方法来研究数学问题；

（3）学生通过类比方法的学习，提高对事物之间是普遍联系又是变化发展的辩证观点的再认识，能够体会到数学的应用价值。

目标解析：通过日常生活实例，建构数学模型，类比分数的相关知识理解分式，在讲练的学习过程中潜移默化渗透转化类比数学思想，让学生体会和感悟在数学学习过程中是如何获得新知的。

（三）教学诊断

本节课的导入，首先是通过学生熟悉的生活情景，发现有些数量关系仅用整式来表示是不够的，引发认知冲突，激发学生学习新知识的强烈愿望，在此基础上，引导学生类比分数的概念给出分式的概念。由于学生可能会用学习分数的思维定式去认知、理解分式，但是在分式中，它的分母不再是具体的数，而是抽象的含有字母的整式，会随着字母取值的变化而变化。这对于学生而言会有一定的认知障碍,尤其是对于分式何时有意义这一问题,学生学习起来比较有障碍。因为分式的分子、分母都是整式,不再是具体数值。当考虑分式有意义,即分母不为 0 时,对分母需要因式分解后才能解出分式有意义的条件,学生接受起来就更加困难了。

(四)教学支撑

在进行本节课的教学时,学生已经学习了分数的概念、分数有意义的条件,这些内容是学生理解、归纳分式概念及分式有意义的条件的基础,因此教学时应充分注意利用这一有利条件,引导学生运用类比的数学思想多进行归纳与概括。另外,信息技术(如多媒体课件、投影仪)的使用也为突破教学难点、启发学生思维、增加课堂容量提供了有力的支持。

(五)教学思路

通过“创设情境,提出问题——实例剖析,生成概念——解析新知,巩固训练——反思总结,巩固提升——优化作业,拓展应用”五个环节引领本节课教学。

二、教学过程

(一)片段一:创设情境,提出问题

1. 问题展示,学生独立完成

(1)面积为 10 cm² 的长方形,长为 7 cm,宽为_____cm;

(2)长方形面积为 S,长为 a,宽应为_____;

(3)1 500 米跑步测试,如果某同学跑完全程的成绩是 t 秒,那么他跑步的平均速度是_____米/秒。

(4)一箱苹果售价 30 元,总重 m 千克,则每千克苹果的售价是_____元。

完成上述四个小题后,同桌相互交流,并观察所填的结果在表达形式上有何特征?

问题 1:观察式子,(1)$-ab$;(2)$\dfrac{a}{3c}$;(3)$9x+4$;(4)$\dfrac{1}{5}$;(5)$\dfrac{1}{b}$;(6)$\dfrac{x-y}{3}$;(7)$\dfrac{4}{a-b}$;

(8)$-t$;(9)$\dfrac{a}{200+b}$。这些式子有哪些特点呢?

设计意图:因为数学源于生活,服务于生活,因此引入生活实例,其中第一道小题的答案是分数,而最后三个小题的答案就已经无法用整式来表达了,分母中出现了字母,从而引发认知冲突,激发了学生的探索兴趣,让学生通过观察、类比分数,从而得出分式的概念。

(二)片段二:实例剖析,生成概念

问题 2:观察 $\dfrac{a}{3c}$,$\dfrac{1}{b}$,$\dfrac{4}{a-b}$,$\dfrac{a}{200+b}$ 等式子的特点,并与分数相比较,有哪些相同点和

不同点?

师生活动:观察式子,小组讨论得出这些式子的特点,并试着概括描述出分式的定义。

分式:形如 $\dfrac{A}{B}$(A,B 是整式,且 B 中含有字母,$B \neq 0$)的式子,叫做分式。其中 A 叫做分式的分子,B 叫做分式的分母。

设计意图:组织学生讨论、合作交流,类比分数,分析探究,从而引出分式的概念。引导学生建立已有知识与新知识之间的联系。

(三)片段三:探索发现,巩固训练

1. 例题解析

例 1:判断下列代数式中,哪些是整式? 哪些是分式?

(1) $\dfrac{1}{x}$; (2) $\dfrac{x}{2}$; (3) $\dfrac{2a+b}{3a-b}$; (4) $\dfrac{2a-5}{3}$; (5) $\dfrac{x}{x^2-y^2}$; (6) $\dfrac{c}{3(a-b)}$。

师生活动:学生独立完成,同桌交互检查,由学生分享交流。

设计意图:反复强调分式的分母中含有字母。强化分式的概念,加深学生对分式本质特征的理解。

练习:

1. 填空:

(1) 当 x _____ 时,分式 $\dfrac{2}{x}$ 有意义;

(2) 当 a _____ 时,分式 $\dfrac{a}{a-1}$ 有意义;

(3) 当 m,n 满足关系 _____ 时,分式 $\dfrac{m+n}{m-n}$ 有意义。

师生活动:由学生独立思考完成解答。

设计意图:通过填空题,强化学生对分式有意义的条件的理解。让学生知道无论分式的表达形式是简单还是复杂,只要满足分母不为 0,分式就有意义的本质特征。

例 2:当 x 取什么值时,下列分式有意义?

(1) $\dfrac{2}{3x}$; (2) $\dfrac{x}{x-1}$; (3) $\dfrac{1}{5-3b}$; (4) $\dfrac{x+y}{x-y}$。

练习:当 x 取什么值时,下列分式有意义?

(1) $\dfrac{1}{2x}$; (2) $\dfrac{x-2}{x+2}$; (3) $\dfrac{x+2}{4x+1}$; (4) $\dfrac{4x}{3x-5}$。

设计意图:根据不同学生的学习需要,按照分层递进的教学原则,设计安排练习题。同时配有两个由低到高、层次不同的巩固性练习,体现渐进性教学原则,希望学生能将知识转化为技能,让学生体会分式有意义的条件。

（四）片段四：反思小结，巩固提升

1. 学生谈谈学习收获、感悟和迷惑；

2. 师生共同小结本课所学内容。

老师总结：本节课需要理解并掌握分式的概念以及分式有意义的条件。同时也希望学生能够掌握类比的数学思想方法，并在以后的学习中运用这种数学思想方法解答相关数学问题。

设计意图：由学生总结、归纳、反思，目的在于加深对分式知识的理解，理清所学知识及目标所在。最后，由教师进行总结，强化主题，突出本节课的教学内容，夯实梳理本节课的知识脉络，使所学知识条理化、系统化，对提高和促进学生的综合表达能力起示范性作用。

（五）片段五：优化作业，拓展应用

作业：书 133 页，第 1、2、3 题。

思考题：有一个分式，字母的取值范围是 $x \neq 2$，若分子为"$x-3$"，你能写出一个符合上面条件的分式吗？试试看。

设计意图：加深、巩固对分式的理解，以便学生更好的掌握分式有意义的限定条件，同时培养学生的逆向思维。

附：教学目标达成检测题

1. 当 x 取何值时，下列分式有意义？

(1) $\dfrac{3}{x+2}$；   (2) $\dfrac{x+5}{3-2x}$；   (3) $\dfrac{2x-5}{x^2-4}$。

设计意图：检测学生对分式的理解程度。

2. 当 x 为何值时，分式的值为 0？

(1) $\dfrac{x+7}{5x}$；   (2) $\dfrac{7x}{21-3x}$；   (3) $\dfrac{x^2-1}{x^2-x}$。

设计意图：检测学生对分式的值的理解及分式有意义的条件。

3. 当 x_____时，分式 $\dfrac{|x|-1}{x^3+2x+3}$ 的值为 0。

4. 当 x_____时，分式 $\dfrac{x^2+4}{x-2}$ 的值为负数。

设计意图：考查学生对分式的意义、分式值的理解以及培养严谨的数学思维。

三、教学体验

（一）注重问题引领，强化探索意识

问题是数学的心脏，数学教学的目标之一就是通过教学活动，积累知识经验，解决问题。为了培养学生的数学问题解决能力，在整个教学活动中，要从不用的角度，多方面、多层次、多维度的关注数学问题的设置和利用。在对问题的解答环节中，要强化问题的探究意识，开启思维,启迪智慧,历经知识的发现和生成的探究过程,养成数学的问题意识和探究能力。本课例在分式的概念、分式有无意义及分式的值为0的条件探索中,老师非常注重问题的引领,通过一系列问题串引发学生思辨、探究,对知识的获得大有益处。

(二) 注重启发教学,凝练思维表达

致力学生积极思考,老师适时启发。结合学生实际情况,在教学过程中紧扣学生的认知和已有知识基础,以启发学生的思维为核心,调动学生积极、主动、深度参与学习过程,用由浅入深、由特殊到一般的数学思想引导学生主动参与,引发学习的内在动力,强化学生对问题的分析、解答思维的启发与引领,通过学生的认知构建后与老师、同学交流表达,以促进学生思维能力、学习能力、表达能力的发展。

四、评析

分式本就是类比分数产生的。分式是一般化了的分数,而分数是特殊化了的分式。将分数的分子分母(尤其是分母)换成字母便成了分式;而赋予分式中字母的值便得到了分数,这样再引出求分式的值,顺其自然。在学了等式与不等式后,学生在确定最后的解时,往往分不清"或"与"且"的关系。对于解: $x+1$ 不等于0,学生没学过,也不太容易理解结果: x 不等于 -1 。以生活实例引入,体现数学源于生活又服务于生活;从不同的题型得到不同的答案穿入,利用有的答案无法用整式来表达,即分母中出现了字母,引发认知冲突,激发了学生的探索兴趣,让学生通过观察、类比分数,从而得出分式的概念。

通过小组内的合作与小组间的竞争,激发了学生的学习积极性,让学生主动参与知识的巩固与深化过程。按照分层递进的教学原则,设计安排练习题,体现渐进性的教学原则。在教学过程中,问题设计开放、新颖,重视数学思想方法的渗透,运用由浅入深、由特殊到一般的数学思想引导学生思考,最后让学生尝试总结本节课所学内容,培养学生的总结能力以及学生的语言表达能力,同时也是检验知识的掌握程度,让大家在总结中找回教学和学习的乐趣,整堂课实现了预期的教学目标。

(评析人:王 英 宋运明 贵州师范大学数学科学学院)

《轴对称》教学课例

赵明霞（贵州省晴隆县光照镇逸挥基金中学）

一、教学设计

(一) 教材分析

《轴对称》是初中数学人教版教材八年级上册第十三章第一节第一课时的内容。本节内容是让学生观察生活中丰富的图形,使学生从这些图形中发现它们的共同特征,探索轴对称图形以及轴对称,具有丰富的实际背景,体现了数学与实际生活的密切联系。本节课是为学习线段的垂直平分线的性质、等腰三角形、作轴对称图形做准备。

(二) 学情分析

学生在小学已经对轴对称图形特征有初步了解,本节课的学习是加深对已学过的图形特征的认识,认识自然界和日常生活中存在许多具有轴对称图形的物体,为以后学习画轴对称图形、等腰三角形打基础。而且本节课是从学生熟悉物体出发进行探索的。

(三) 知识点

轴对称。

(四) 教学目标

1. 知识与技能:理解"轴对称图形"及"两图形关于直线成轴对称"的概念;正确画出对称轴,并找到对称点;理解垂直平分线的概念和轴对称的性质。

2. 方法与过程:通过观察、思考和动手,提高学生观察图形的能力,发展学生空间思维。

3. 情感与态度:通过丰富的轴对称图形,让学生体会生活中处处有数学,学会欣赏和创作美丽的图案。

(五) 教学重难点

1. 重点:"轴对称图形"及"两图形关于直线成轴对称"的概念;对称轴的做法与对称点的寻找;垂直平分线的概念和轴对称的性质。

2. 难点:垂直平分线的概念和轴对称的性质的理解。

（六）设计思路

图片引入，观察→合作交流、发现图片特点→归纳、巩固新知→回顾反思→师生小结→作业布置。

二、教学过程

（一）导入新课

学生观察图片并思考：下列图片（图1—3）有什么特点？

图1   图2   图3

教师：我们生活在充满轴对称的世界中，许多建筑物都设计成对称形，水中的倒影、艺术作品的创作往往也是从对称的角度考虑，在我们的生活中对称现象很多，对称给我们带来美的感受，给人们带来美。下面我们一起来学习什么是轴对称图形。

教师：你能用自己的语言描述你看到的这些图形的特征吗？

学生1：水中的倒影与水面上的图案相同。

学生2：图形两边是相同的。

学生3：图形两边形状、大小相同。

……

归纳：如果一个平面图形沿一条直线折叠，直线两旁的部分能够互相重合，这个图形就叫做轴对称图形，这条直线就是它的对称轴。

教师反思：由于学生在小学对轴对称的认知，这里观察图形学生很容易看出图片的特征，但学生在轴对称的概念表达上还是有困难，应当引导学生表达，培养学生的表达能力。

动动手1：下列图形（图4）是轴对称图形吗？如果是，指出它的对称轴。

教师：判断一个图形是否是轴对称图形，可以通过观察这个图形能否沿一条直线折叠，直线两旁的部分能够互相重合。

动动手2：你能画出下列轴对称图形的对称轴吗？（图5—8）

有些轴对称图形的对称轴只有一条，但有的轴对称图形的对称轴却不止一条，有的轴对称图形的对称轴甚至有无数条。

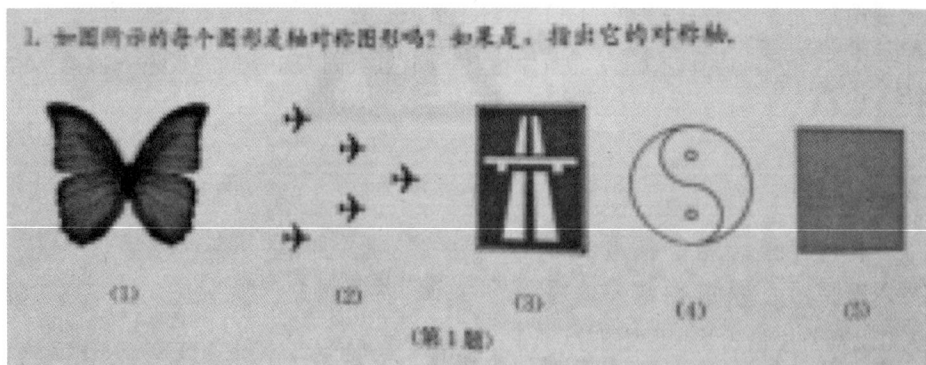

图 4

　　　　　　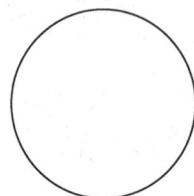

图 5　　　　　　　　图 6　　　　　　　　图 7　　　　　　　　图 8

注意：对称轴通常画成虚线或实线，是直线，不能画成线段。

教师：你能举出日常生活中常见的轴对称图形的例子吗？

学生：等腰三角形、角、线段、正五边形、蜻蜓、人体、飞机、风筝、国徽……

教学反思：给学生思考交流的时间，鼓励学生从自己的生活经验出发，举出符合对称的物体，并进行交流，进一步体会轴对称图形的特点。

(二) 观察每对图形有什么共同特点

归纳：把一个平面图形沿着某一条直线折叠，如果它能够与另一个平面图形完全重合，那么就说这两个图形关于这条直线成轴对称。同样，我们把这条直线叫做对称轴。折叠后重合的点是对应点，叫做对称点。

　　　　　　　　　　　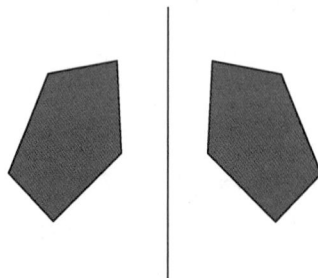

图 9　　　　　　　　　　　　　　　　图 10

提问：两个图形成轴对称,有几条对称轴?

教学反思：先让学生观察图形,发现两个图形有什么特点? 两个图形之间有什么关系? 在此基础上归纳轴对称的定义。

(三) 轴对称图形与两个图形成轴对称的区别与联系

表1

	轴对称图形	两个图形成轴对称
相同点	1. 沿一条直线折叠,直线两旁的部分能够_____。 2. 都有 _____。	
联系	如果把一个轴对称图形沿对称轴分成两个图形,那么这两个图形关于这条直线_____; 如果把两个成轴对称的图形看成一个图形,那么这个图形就是_____。	
区别	____个图形,至少有一条对称轴	____个图形,只有一条对称轴

教学反思：通过讨论、比较,进一步理解概念,弄清轴对称图形和轴对称之间的区别与联系,培养学生的辨别能力。

做一做：下列说法是否正确?

1. 角的对称轴是角平分线(　　　)。

2. 轴对称图形至少有一条对称轴(　　　)。

3. 圆的对称轴是直径(　　　)。

4. 三角形是轴对称图形(　　　)。

(四) 垂直平分线及轴对称图形的性质

活动：将白纸对折,利用笔尖扎出一个小洞,打开白纸,将折痕两侧的点分别标为 A、B, 这两个点关于折痕所在的直线成轴对称吗?

画出对称轴 MN,连接对应点 A、B,AB 与 MN 相交与点 P,图 11 中的线段、直线间存在什么关系?

学生 1：$AP = BP$。

学生 2：$MN \perp AB$。

引导学生归纳：如图,若 $MN \perp AB$,垂足为 P,$AP = BP$,那么直线 MN 是线段 AB 的垂直平分线。

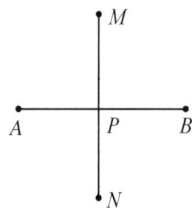

图 11

定义：经过线段的中点并且垂直于这条线段的直线,就叫这条线段的垂直平分线,也叫中垂线。

思考：如图 12,$\triangle ABC$ 和 $\triangle A'B'C'$ 关于直线 MN 对称,回答下列问题：

(1) 分别指出点 A，B，C 的对称点；

学生：点 A，B，C 的对称点分别为点 A'、B'、C'。

(2) 连接线段 AA' 与直线 MN 交于点 P，你发现什么？

学生1：$PA = PA'$。

学生2：$\angle MPA = \angle MPA'$。

学生3：$AA' \perp MN$。

学生4：直线 MN 垂直平分线段 AA'。

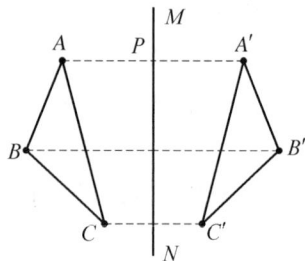

图 12

(3) 连接线段 BB'，CC' 呢？

学生直线 MN 也是线段 AA'、BB'、CC' 的垂直平分线。

引导学生归纳：对称轴经过对称点所连接线段的中点，并且垂直于这条线段。

教学反思：本活动培养学生合作交流、思考能力、发现问题、解决问题的能力，教学生表达。

图形轴对称的性质：

如果两个图形关于某条直线对称，那么对称轴是任何一对对应点所连线段的垂直平分线。

轴对称图形的性质：

类似地，轴对称图形的对称轴，是任何一对对称点所连线段的垂直平分线。

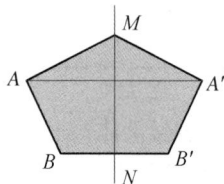

图 13

如图 13，MN 垂直平分 AA'，MN 垂直平分 BB'。

教学反思：本次课我从身边熟悉的物体引入新课，让学生动手实践，自主探索、合作交流，通过有层次的思考，提高学生解决问题的能力，巩固所学知识。本堂课我原想借助多媒体技术从学生熟悉的生活入手，让同学们能直观地感受和认识轴对称图形的特点，学生有效地获得数学知识。在教学中，注重学生活动，鼓励学生积极动手、积极思考、体会在活动中获得知识的乐趣，培养学生动手、思考、表达的能力。

(五) 巩固新知

1. 如图 14，正方形 $ABCD$ 的边长为 4 cm，则图中阴影部分的面积为(　　)。

(A) 4 cm^2 (B) 8 cm^2

(C) 12 cm^2 (D) 16 cm^2

引导学生根据正方形的轴对称性可得，阴影部分的面积等于正方形 $ABCD$ 面积的一半，

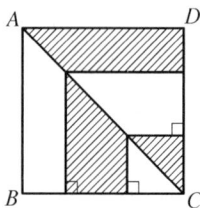

图 14

∵ 正方形 $ABCD$ 的边长为 4 cm，

∴ $S_{阴影} = 4^2 \div 2 = 8$（cm^2）。

故选(B)。

2. 想一想：一辆汽车的车牌在水中的倒影如图 15 所示，你能确定该车的车牌号码吗？

图 15

3.(1) 正三角形有____条对称轴,正方形有____条对称轴,正五边形有____条对称轴,正六边形有____条对称轴,正八边形有____条对称轴。

(2) 由(1)请你猜想正 n 边形有几条对称轴?

(3) 圆有几条对称轴? 平行四边形是轴对称图形吗?

(六) 小结

通过本课时的学习,你学到什么?

1. 了解轴对称图形和两个图形关于某直线对称的概念。

2. 能识别简单的轴对称图形及其对称轴(直线),能找出两个图形关于某直线对称的对称点。

3. 了解轴对称图形与两个图形关于某直线对称的区别和联系。

(七) 作业

1. 第 60 页:练习 1、2 题。

2. 第 64 页:习题 1、2 题。

3. 自己制作一个轴对称图形。

三、学习体验

学生 1: 今天通过观察老师的图片展示,和同桌的交流,在老师的引导下,我发现生活中存在许多轴对称图形,中国的剪纸艺术也是轴对称图形,这节课我知道如何画对称轴,了解轴对称的性质。老师今天这节课我听懂了,这是我设计的轴对称图形。(图 16、17)

学生 2: 通过今天的学习我对轴对称图形的认识更多了,现在知道为什么水中的倒影比较美丽,我们生活中有很多轴对称图形,对称给我们带来美,数学就在我们身边,感受到学习数学的乐趣,我越来越喜欢学习数学了。

图 16

图 17

四、同伴互助

(一) 同伴评价

(1) 本节课从学生熟悉的图片引入新课较好,教学活动中教学目标明确,思路清晰,重点突出,教学中可以看出教学基本功扎实,备课时精心设计课件,课件中利用动画翻转,让学生更好地对轴对称图形和轴对称有关的概念进行理解,充分调动学生学习数学的积极性。

(2) 教学条理清晰,从学生熟悉的物体图片→探索轴对称图形的有关概念→让学生说出身边轴对称图形的例子→轴对称的有关概念→垂直平分线的定义→轴对称的性质。这一过程中体现教学主导,学生主体,教学生思考、教学生表达,以培养学生思维能力为重点的教学思想。

(3) 教学中发现学生的错,并及时给学生纠正。注重营造课堂气氛,做到引导发现,激励思考,培养学生合作交流、思考能力、发现问题、解决问题的能力。关注学生的思维发展过程,时间分配比较合理,教学有效创设轻松、和谐的课堂气氛。

(二) 建议

(1) 教学中语速较快,语调要适当控制。

(2) 给学生思考时间可以再多一点,对学生的问题及时点拨。

(3) 讲得有点多,学生归纳总结较少。

五、教学体验

在数学教学中不仅要有扎实的基础知识、深研教学内容。教师在备课的过程中要分析教学内容、确定教学目标、解决教学问题。但教学活动中存在这样那样的问题、学生上课精力不集中,教师提出问题时只有少数几个学生回答问题,甚至没有学生回答,因此教学中让学生能在知识、技能、能力等方面得到提高,教思考、教表达、教体验。

(一) 情境教学,激发学生学习兴趣

情境教学就是创设学生熟悉、感兴趣的"情境",让学生主动地去探索数学知识、激发学生去思考数学,调动学生学习数学的兴趣。本节课中我从学生熟悉的图片出发,让学生观察图片,学生在小学对轴对称已有初步认知,很容易看出图片都具有对称的特征,这里让学生感受到生活在充满轴对称的世界中,许多建筑物都设计成对称形,水中的倒影、艺术作品的创作往往也是从对称的角度考虑,生活在对称的世界里,对称给我们带来美的感受,对学习轴对称有关知识产生求知欲。

(二) 课堂教学,注重培养学生思考

"教思考"就是要学生"想数学"。课堂教学中首先知识点导入,新旧知识的联系语言简洁、情感充沛都是激发学生的思维方式。"思考"就是进行分析、综合、推理、判断等思维活动,让学生加入到关于问题的解决方案的推理和思考中,这些需要找到解决方案的策略是数学课程的核心部分。在数学教学中教"思考",让学生逐渐学会"思考",这对于培养学生的数学思维有着特殊而重要的作用,教师在数学教学中,要引导学生感受数学与生活世界的联系,在"数学地思考"过程中体验到数学刻画现实问题的价值,体验到成功应用数学知识解决问题的快乐。在课堂教学中进行数学知识和技能传授时,应通过创设恰当的数学情境,鼓励学生发现问题,引导学生通过思考发现问题,留给学生思考问题的空间,尝试用数学方法"分析问题"最终"解决问题",培养学生的数学思维,把课堂还给学生[1]。

课堂教学中,我从学生熟悉的物体,采用动画翻折,图形能够完全重合,引导学生思考并用自己的语言表达出轴对称图形的概念,激发学生发现日常生活中轴对称的例子,让全体同学进行思考讨论。在学生对平行四边形产生争议时,我并没有直接给出肯定,让学生自己动手画平行四边形,将图形剪下来,动手折叠,学生都发现无论怎么折叠,平行四边形都不能沿折痕完全重合,学生得出一致的答案。这一活动让学生通过思考、合作交流、体验亲自动手获得知识乐趣,加深对知识的理解,提高学生的学习兴趣。在课堂教学中教学生自主体验,关键在于引导学生关注知识内涵与逻辑脉络,在知识理解、语言文字运用、解题学习的过程中,重视激发学生的学习兴趣;引导学生在实验、实践的反思中体验有关思想方法;引导学生在自主学习、合作探究、讨论辩论中获得勤于思考、敢于质疑、勇于创新的体验。

(三) 教学活动,培养学生表达能力

"教表达"就是让学生说数学,教表达,要重视数学中"自然语言""符号语言""图形语言"的转换。在课堂或课外学习过程中,能够将自己习得并理解的数学知识、技能、思想方法、情感态度等以口头或书面的形式传递给对方。引导、鼓励学生敢讲话,敢追问,把自己的思考说出来,在生生互动、师生互动中倾听,在倾听中交流,在交流中思考,促进学生数学知识的理解。在课堂教学中教学生善于表达,关键在于引导学生在解题、实验、实践的反思中,通过师生互动、生生互动表达自己的思考;引导学生在合作学习、展示交流、讨论辩论中提升自身的口头表达能力,将学生提出问题和解决问题能力的培养贯穿课堂教学;教师引导学生学习,重

在培养学生提出问题和解决问题的能力,最终以培养学生自主创新意识与实践能力为目标。在教师引导学生表达,引导学生交流的过程中,学生通过口头语言和书面语言的训练和强化,从而对于发现问题、提出问题、分析问题和解决问题的探究过程进行深度思考。

在课堂教学中用"情境—问题",教思考、教表达、教体验的教学模式进行课堂教学,教学目标明确,思路清晰,使学生在学习中不断发现问题、提出问题、分析问题和解决问题,课堂气氛活跃,学生学得轻松、愉快。

六、评析

赵明霞老师呈现了"三教"理念下的"轴对称"这一数学课堂的开展过程。从教学设计的思考,教学过程的呈现,教师的反思,同伴互助以及学生的学习体验中可以看出,教师为学生创造了充分思考的时间和空间,让学生自主探究,合作交流,提升学生的数学思考,探索以及表达能力,真实地将"三教"理念落实到数学课堂中,较好地促进了学生数学学科核心素养的提升,让学生感受到生活中"处处有数学"。

(1) 在导入阶段,从学生熟悉的图片引入新课,创设适当的数学问题情境,让学生从数学的角度观察世界,用数学的思维去思考世界,感受数学与生活的联系,让学生更好地理解轴对称图形和轴对称有关概念的本质,充分调动学生学习数学的积极性。

(2) 以问题串引导学生思考和探索。教师通过精心地设问,引导学生思考,激发学生探究的欲望,再通过学生的思考和动手操作,探究出本节课的内容,增强学生的数学体验感。

(3) 吕传汉教授说,"三教"是实现"三会"的方法论,"三教"的最终目标是实现学生在学习中"长见识,悟道理"以此提升学生的数学核心素养和必备品格。教师运用"三教"引领"情境—问题"的教学模式进行课堂教学,教学目标明确,思路清晰,使学生在学习中提升发现问题、提出问题、分析问题和解决问题的能力。

(评析人:赵　阳　宋运明　贵州师范大学数学科学学院)

参考文献

[1] 严虹,游泰杰,吕传汉.对数学教学中"教思考、教体验、教表达"的认识与思考[J].数学教育学报,2017(5):26-30.

《全等三角形》教学课例

胡凯(贵州省晴隆县紫马乡紫马中学)

一、教学设计

本课时是 2021 年 9 月 24 日笔者在晴隆县"英华教育奖励基金"送教送培活动中借晴隆县光照镇光照中学八(3)班所上的一节教学交流研讨课。《全等三角形》选自人教版义务教育教科书(2013 年版)数学八年级上册 12.1 节第一课时。

(一) 教材分析

学生已经学过线段、角、相交线、平行线以及三角形的有关知识,为了学习全等三角形的有关内容做了充分准备。通过学习全等三角形可以丰富和加深学生对已学图形的认识,全等三角形是研究图形的主要工具,学生只有掌握了全等三角形的相关知识,并且能够灵活地运用它,才能学好后面的四边形。全等三角形在中考中主要考查全等三角形的判定,并会将有关知识应用到综合题的解题过程中去,如把某些问题转化为三角形的问题求解;能从复杂的图形中寻求全等的三角形获得自己需要的信息也是中考的重要考点[1]。

(二) 学情分析

三角形是最基本的平面图形,三角形全等是对两个三角形的形状、大小关系的研究,全等三角形是以前各章中数学说理与逻辑推理的继续,是对几何推理模式的进一步加强。通过学习全等三角形可以丰富和加深学生对已学图形的认识,同时为学习其他图形知识打好基础。教学时将要求学生会确定全等三角形的对应元素作为重点来突破,以此来探究两个三角形全等。

(三) 教学目标

1. 了解全等形及全等三角形的概念。
2. 理解全等三角形的性质。

(四) 教学重难点

1. 重点:全等三角形性质的探究。
2. 难点:全等三角形的对应边、对应角的寻找规律,两个全等三角形元素的正确对应。

(五) 核心问题

让学生观察、发现生活中的全等三角形并经历在实际操作中获得全等三角形的体验。

(六) 设计思路

1. 创设情境，导入新知

展示三幅动画图片，动画图片分别有平移运动、翻折运动、旋转折运动，图形通过这些运动后能够与另外的一个图形完全重合，让学生感知两个图形能够完全重合的现象，得出全等形的初步认识。从一般图形到三角形，让学生感知全等三角形的现象。

2. 探究新知，生成结论

通过教学展示两个三角形运动后能够完全重合，得出全等三角形的概念，引导学生动手操作、探究全等三角形的三组对应角、对应边有什么关系，从而得出全等三角形的性质，引导学生正确书写全等式子。

3. 讲练结合，巩固新知

讲练结合，加深对全等三角形的概念、全等三角形的性质的理解与运用，加强对全等三角形"对应"的深层理解。

在基于启发式教学的诱导下，通过教学发动，创设情境，引起学生对学习感到困惑与质疑，产生内在的学习需求，引领学生行为、认知、情感的深层参与。通过探究活动，促使学生通过分析、思考，逐步学会解决问题的方法[2]。

二、教学过程

(一) 温故旧知，导入新课

活动：

师：请大家观察下列三组图形(图1、2、3)发生了什么变化？说说你观察到什么现象？

第一组

图1

第二组

图2

第三组

图3

生1：第一组图形中，左边的图形通过向右平移后，能够与右边的图形完全重合。

生2：第二组图形中，左边的图形通过翻折后，能够与右边的图形完全重合。

生3：第三组图形中，左边的图形通过旋转后，能够与右边的图形完全重合。

设计意图：通过学生观看动漫图形的运动，激发学生学习的积极性。让学生回顾旧知，为后续探究全等三角形的学习奠定基础。

评析：通过动漫图形的展示，得到全等形的初步认识，引导学生合作交流、探索全等三角形的概念。

（二）师生互动，探究新知

1. 活动1

师：请同学们观察这一组三角形的运动（图4），你看到什么现象。

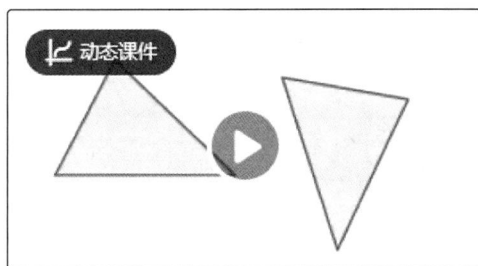

图4

生：一个三角形通过运动后与第二个三角形能够完全重合。

师生活动：得出全等三角形的概念。能够完全重合的两个三角形叫做全等三角形。

2. 活动2

师：下列两个全等三角形（图5），它们的顶点、角、边有什么关系？

互相重合的顶点叫_____。

如：_____。

互相重合的边叫_____。

如：_____。

互相重合的角叫_____。

如：_____。

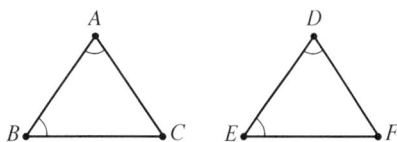

图5

全等形用符号_____表示，读作：_____，图5中全等图形可表示为：_____。

3. 活动3

师：请同学们观察下列两个全等三角形的角、边有什么数量关系（图6）。

全等三角形的性质：_____。

几何语言：

∵ △ABC ≅ △DEF，

∴ AB = DE，BC = EF，AC = DF

（   ），

∠A = ∠D，∠B = ∠E，∠C = ∠F

（   ）。

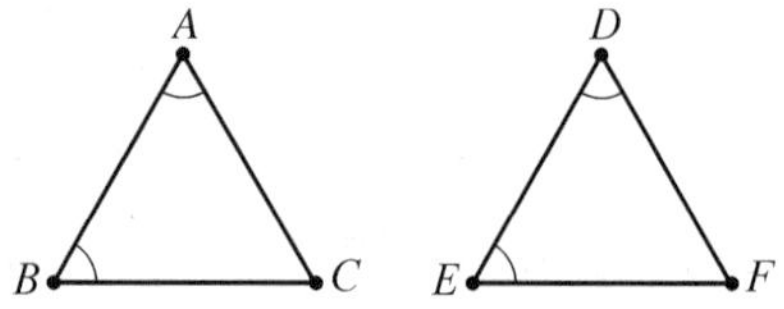

图6

设计意图： 让学生容易理解全等三角形对应顶点、对应边、对应角的概念，清晰认识全等三角形的"对应"关系。会正确书写全等关系的式子，掌握全等三角形的性质及其运用。

评析： 全等三角形的性质是由学生通过动手操作、实践、探究出来的。

（三）例题解析，巩固新知

例1　判断下列语句说法是否正确。

（1）全等三角形的对应边相等、对应角相等。　　　　　　　　　　（　　）

（2）全等三角形的周长相等。　　　　　　　　　　　　　　　　　（　　）

（3）全等三角形的面积不相等。　　　　　　　　　　　　　　　　（　　）

（4）面积相等的两个三角形全等。　　　　　　　　　　　　　　　（　　）

例2　如图7，△ABC ≅ △ADE，如果 AB = 5 cm，BC = 7 cm，AC = 6 cm，那么 DE 的长是（　　）。

A. 6 cm　　　　　B. 5 cm　　　　　C. 7 cm　　　　　D. 无法确定

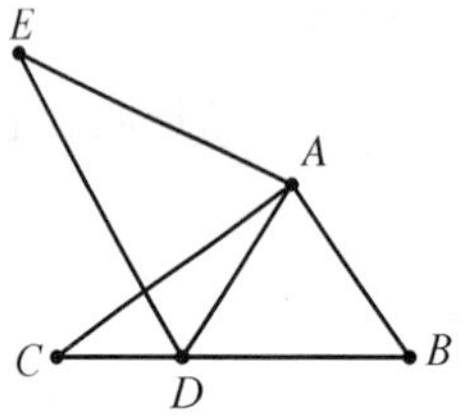

图7 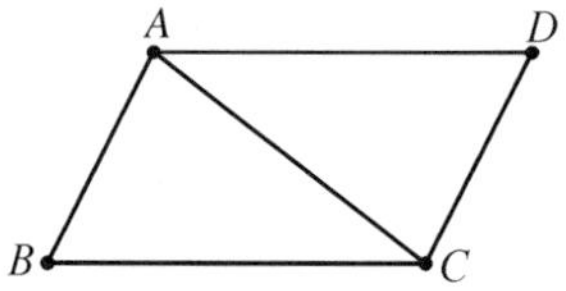　　　　　　　　　　　　　图8

例3　如图8所示的两个三角形全等。

（1）若按对应顶点写在对应位置上，应写为 △ABC ≅ _____。

（2）找出对应边和对应角：AB = _____，BC = _____，CA = _____。∠ABC = _____，∠ACB = _____，∠BAC = _____。

例4　如图9，在直角三角形 ABC 中，∠ACB = 90°，且 AC = BC = 4 cm，已知 △BCD ≅ △ACE，求四边形 ABCD 的面积。

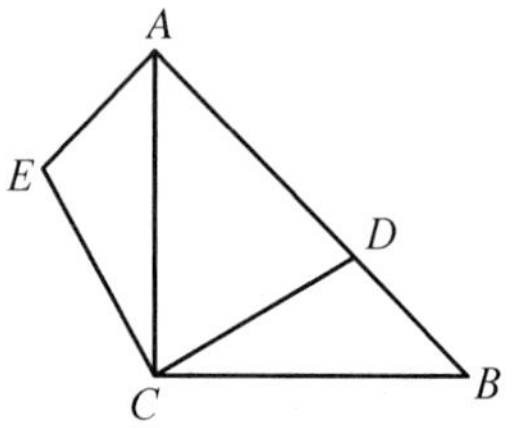

设计意图： 通过例题考查学生对全等三角形概念的掌握，全等三角形性质的理解及运用，将四边形问题转化为利用三角形问题来解决的转化思想。

图9

评析： 题量偏多，需用精准简洁具有代表性的题型来练习，让学生容易理解、掌握、运用全等三角形的性质解决实际生活中的问题。

(四) 巩固练习，总结提升

课堂练习：

1. 已知 $\triangle ABC \cong \triangle DEF$，若 $\triangle ABC$ 的周长为 25，$AB = 8$，$BC = 12$，则 $DE =$ ________，$DF =$ ________。

2. 如图 10，已知 $\triangle ABC \cong \triangle DEF$，$\angle A = 85^\circ$，$\angle B = 60^\circ$，$AB = 8$，$EF = 5$，求 $\angle DFE$ 的度数与 DE 的长。

图 10

三、教学体验

(一) 学的体验

本节课学习收获或体会：在本课学习中我学会了怎样计算全等三角形的面积，这使我对三角形的认识会更深入。推理论证能力也进一步提高了，老师讲课的方式也跟想象的相差不大，所以上课一直跟着老师的思路走。这堂数学课有始以来听得最认真的一次。我们都沉浸在一个充满好奇的数学世界中上了这一节数学课，我喜欢上了数学，发现数学的奥秘，同学们也很喜欢老师讲课，每一个同学都特别认真。希望我也能在今后的数学这门科目上用更多的努力换取优异的成绩！

图 11

本节课学习收获或体会：我所学的全等三角形对应边相等；全等三角形的对应角相等；能够完全重合的两个三角形叫做全等三角形。我觉得本课非常有趣，我们学了全等三角形也可以运用在我们的生活中的。

本节课能让我感受数学的有趣，有一句话叫作"学好数学，走遍世界"。

我感谢胡老师带给我的全等三角形的学习，全等三角形很有趣。

图 12

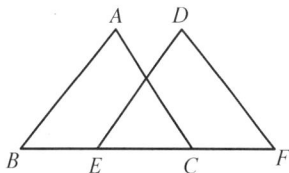

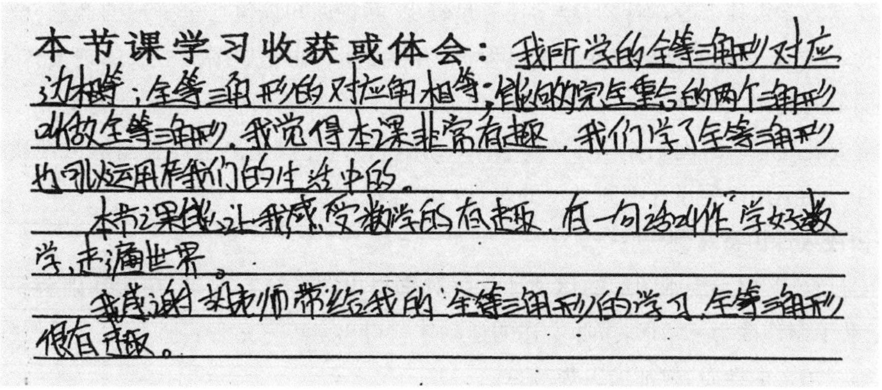

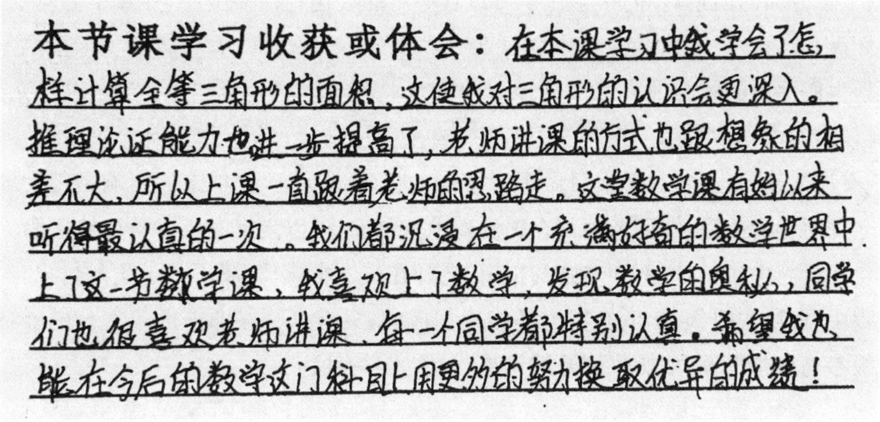

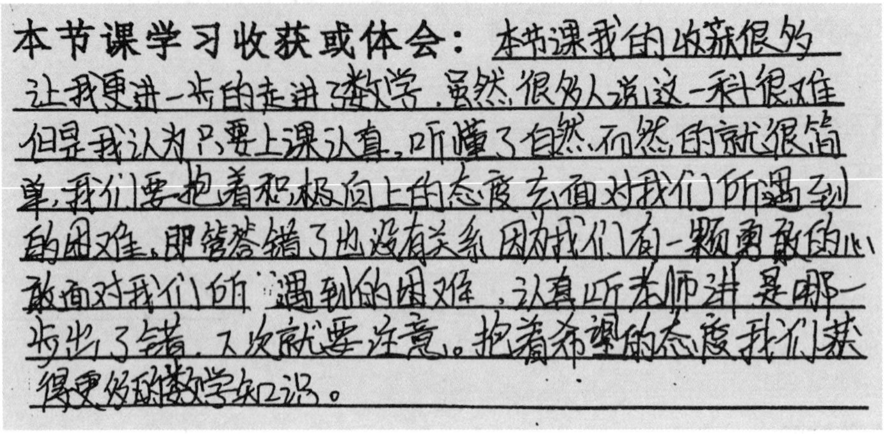

本节课学习收获或体会：本节课我的收获很多，让我更进一步的走进了数学，虽然很多人说这一科很难，但是我认为只要上课认真，听懂了自然，而然的就很简单，我们要抱着积极向上的态度去面对我们所遇到的困难，即使答错了也没有关系因为我们有一颗勇敢的心敢面对我们所遇到的困难，认真听老师讲是哪一步出了错，又次就要注意，抱着希望的态度我们获得更好的数学知识。

图13

反思：通过本节课教学之后学生们写出的体会，可以发现我们的学生是很想把数学学好的，但基于各方面的因素，我们学生在学习过程中可能会遇到很多困惑，导致学生对于学好数学产生怀疑。

从学生们写出的体会中可以明晰地看出学生是很天真的，对于学习新知识是充满激情的、具有较高的求知欲望的。在教学过程中，要多关注学生，学生思考问题和在解答某道题时，出现有误的步骤，虽然对学生只做了一丁点的提示，但给学生带来的影响是很大的，学生收到了老师对他的关爱，知道老师都在关注着他。从而，可以激发学生对学习的兴趣。

学生在学习中成长，离不开老师的指引；老师在教学中成功，离不开学生的付出。在教育教学过程中，教师的引领、学生的努力是相辅相成的，只有老师在课前做了充分的准备，课中学生积极参与课堂探究，才能收到好的效果，学生才学有所获。

（二）教的体验

1. 全等三角形性质的应用

从课堂教学设计来看，本课时教学任务量较少，新授课知识包括全等形的概念、全等三角形的概念、全等三角形的性质。在教学过程中，引导学生得出全等图形概念的现象容易理解，在全等图形的基础上引导学生得出全等三角形概念是顺理成章的事，但在探究全等三角形的性质时需要花费很长时间来让学生动手操作、动脑思考、开口说出全等三角形的性质。全等三角形性质的运用需要设计不同类型的题目加以强化。

2. 由浅入深由特殊到一般

教学过程中，由不规则图形的运动让学生观察得出图形全等现象，在此基础上让学生观察、自己动手制作两个三角形，按上述的运动体验得出全等三角形。让学生动手操作、测量得出全等三角形的性质，教师加以规范总结。

在例题讲解和课堂练习过程中，设计题型应当由基础题到提升题逐步加深，增强学生思考问题、利用所学知识解决问题的能力。

3. 培养学生常反思的习惯

教师要培养学生养成反思的习惯,让学生能够时常感到自己的进步和发展,发现自己的不足,进而寻找改进的方法,不断反思,才会不断进步。

在培养学生养成反思习惯的过程中,可以帮助学生建立自己的反思档案。学生可以有一个反思专用本,用来做反思记录。例如:课堂教学中学生想到但未能与教师交流的问题、学生作业中出现的错误原因或者是对某些问题不同解法的探索、学习过程中的情感等,都可以记录下来。教师定期查阅学生的反思专用本,和学生一起分析其中的记录,让师生之间有一个相互了解的桥梁,就能够促使学生养成良好的反思习惯[3]。

四、评析

本节课教学设计合理,突出了重点,突破了难点,教学内容由浅入深,积极引导学生思考。达到传授新知的目的。

但本节课存在不足之处:涉及题量有点多,教学中学生几乎处于解题的状态,学生思考问题的时间、空间相对较少,对于基础稍微薄弱的学生来说,接受新知识可能会存在困难。这样安排教学"三教"思想理念体现效果不太明显。建议题量少而精。在这方面需要改进。教的体验需要进一步挖掘学生学习过程中存在的困难,今后的教学中,要改进教学设计,充分利用"三教"思想理念辅助课堂教学。

(评析人:吕传汉　贵州师范大学)

参考文献

[1] 刘文祥,李亚杰.鼎尖教案·数学(人教版八年级上册)[M].延边:延边教育出版社,2020:59-63.

[2] 谢学智."三教"引领乡村中学数学教学培育核心素养课例选编[M].贵阳:贵州人民出版社,2018:3-17.

[3] 张运卉.教学典型疑难问题与诊断[M].天津:天津教育出版社,2018.

"三教"引领学生深度学习策略思考

——从一类数列求前 n 项和谈起

高应洪（贵州省思南中学）

　　"三教"即教思考、教体验、教表达，是贵州师范大学吕传汉教授于 2014 年 1 月首次提出的教学主张。它是基于创新型人才培养，在学科教学中教学生积极思考、自主体验、善于表达，以此促进学生长见识、悟道理的一种教育理念。"教思考"重在培养学生的数学思维，"教体验"重在促进学生的数学领悟，"教表达"重在强化学生的数学交流。通过"三教"最终达到培育学生数学核心素养的目的。

　　深度学习理论最早是由美国学者提出的，他们在理论上全面阐述了浅层学习和深度学习两个不同的概念。国内不少学者也对深度学习理论进行了深入研究，从学习者的动机、学习状态、学习方式、学习关注点、学习反馈等为切入点，阐述了浅层学习和深度学习的不同。深度学习拓展是深度学习的高级阶段，是对重新建构的知识体系再度扩展，这样的深度学习拓展更有利于学生对知识的认知升华，对培养学生创新思维能力起了积极作用。深度学习拓展要注意学习对象，把控好拓展延伸的各种维度。

　　在"三教"引领下学生深度学习，目标更明确，定位更准确。它可以让学生"学会思考、学会体验、学会表达"，真正在学习中"长见识、悟道理"。

　　本文通过一类数列求前 n 项和展开深度学习，对如何拓展延伸进行介绍，以期达到对深度学习拓展延伸的策略有一定的理解和认识，引导学习者学会对知识的拓展延伸，达到"识一题会一类，悟一道明多理"的效果。

一、在"三教"引领下开展解题方法的深度学习

　　常规题是学生学习时常关注的对象，把握好常规的解法，能较快地完成对知识点的基本要求，抓住常规题的解答准确率也是考试赢得高分的基础。

　　问题 1：已知 $a_n = 2^{n-1}$，$b_n = 2n+1$，$c_n = a_n \cdot b_n$，求数列 $\{c_n\}$ 的前 n 项和 T_n。

（一）"三教"引领学生深度学习思考

　　第一步（教思考）：引导学生观察分析题目，并对结构特征进行思考。

　　题目是由一个等差数列和一个等比数列之积组成的新数列求和问题。它既不能直接用等差数列，也不能直接用等比数列求和公式来解决。教师可以引导学生回顾等比数列前 n 项和公式的推导过程。

第二步（教体验）：引导学生通过类比体验，实现知识迁移。

对比问题 1 中的前 n 项和 T_n 与等比数列前 n 项和的异同，发现等比数列的前 n 项和 $S_n = a_1 + a_1q + a_1q^2 + \cdots + a_1q^{n-1}$ $(q \neq 0, 1)$ 的每一项也是一个等差数列（常数列 $\{a_1\}$）与等比数列 $\{q^{n-1}\}$ 之积，这充分说明可以用"错位相减法"解决问题 1。

第三步（教表达）：通过完整的解答，让学生学会表达。

解：由已知 $c_n = a_n \cdot b_n = (2n+1) \times 2^{n-1}$，

则　　$T_n = 3 \times 2^0 + 5 \times 2^1 + 7 \times 2^2 + \cdots + (2n+1) \times 2^{n-1}$，

　　　　$2T_n = \qquad\quad 3 \times 2^1 + 5 \times 2^2 + \cdots + (2n-1) \times 2^{n-1} + (2n+1) \times 2^n$，

（乘公比错位对齐）

两式相减得，$-T_n = 3 + 2^2 + 2^3 + \cdots + 2^n - (2n+1) \times 2^n = 2^{n+1} - 1 - (2n+1) \times 2^n$，

即　　$T_n = (2n-1) \times 2^n + 1$。

小结：这种错位相减求和方法，是要求学生必须掌握的方法，学生基本上都会用这种方法来解这类题目，方法中主要体现两个关键环节，一是乘公比错位对齐；二是错位相减，把其中成等比数列部分求和化简，最后进行化简。

方法迁移一：解题方法引导学生进行深度学习思考。

（二）"三教"引领学生深度学习拓展

第一步（教思考）：引导学生观察分析题目，并对结构特征进行思考。

题目是由一个等差数列和一个等比数列之积组成的新数列求其前 n 项和。能不能用裂项相消法完成？即把通项裂成连续两项相减，再求和。

第二步（教体验）：引导学生通过类比体验，实现知识迁移。

如能把问题 1 中的 $(2n+1) \times 2^{n-1}$ 分裂成连续两项之差，同样可以用裂项相消法解决。面临的困难是如何将 $(2n+1) \times 2^{n-1}$ 分裂成连续两项之差呢？我们一起来尝试一下！

第三步（教表达）：通过完整的问题解答，让学生学会表达。

解：设 $c_n = (An+B) \times 2^n - [A(n-1)+B] \times 2^{n-1}$，（确定结构，待定系数）

则有 $c_n = (2n+1) \times 2^{n-1} = [2An + 2B - A(n-1) - B] \times 2^{n-1} = (An + A + B) \times 2^{n-1}$，

则　$\begin{cases} A = 2, \\ A + B = 1 \end{cases} \Rightarrow \begin{cases} A = 2, \\ B = -1。 \end{cases}$

此时用裂项相消法，易得 $T_n = (An+B) \times 2^n - B = (2n-1) \times 2^n - 1$。

总结反思：此法关键在于构造，更能培养学生的创新思维品质，从解法一的常规错位相减法变成解法二的构造裂项相消法，是对知识的再认识，是对学生思维品质的升华，是深度学习拓展延伸的实际价值体现。

方法迁移二：解题方法引导学生进行深度学习拓展的再升华，用联想把已学习过的知识巧妙地应用于解题中。

（三）"三教"引领学生深度学习延伸

第一步（教思考）：引导学生观察分析题目，并对结构特征进行思考。

通过观察、联想,利用函数与数列的相容性,构造出相应的函数来完成解答。

如:函数 $f(x)=x+x^2+x^3+\cdots+x^n$,$(x\neq 0,1)$。

易知 $f'(x)=1+2x+3x^2+\cdots+nx^{n-1}$,求 $S_n=1+2\times2+3\times2^2+\cdots+n\times2^{n-1}$。

请同学们仔细观察思考,它们有什么联系? 你能从中找到它们的切合点吗?

事实上,我们很容易发现,$S_n=f'(2)$。 又 $f(x)=\dfrac{x(1-x^n)}{1-x}=\dfrac{x^{n+1}-x}{x-1}$,得 $f'(x)=$ $\dfrac{[(x-1)n-1]\cdot x^n+1}{(x-1)^2}$。 所以 $S_n=f'(2)=(n-1)\times2^n+1$。

第二步(教体验):引导学生通过类比体验,实现知识迁移。

为了能够体验上述的解法思想,可以先变成 $(2n+1)\times2^{n-1}=(n+1)\times2^n-2^{n-1}$,两部分同时求和。

第三步(教表达):通过完整的问题解答,让学生学会表达。

解:(构造函数法)由 $c_n=a_n\cdot b_n=(2n+1)\times2^{n-1}=(n+1)\times2^n-2^{n-1}$,

$T_n=2\times2^1+3\times2^2+4\times2^3+\cdots+(n+1)\times2^n-(1+2+2^2+\cdots+2^{n-1})$。

令 $f(x)=x^2+x^3+x^4+\cdots+x^{n+1}=\dfrac{x^2(x^n-1)}{x-1}$ $(x\neq1)$,两边同时对 x 求导数,

则有 $f'(x)=2x+3x^2+\cdots+(n+1)x^n=\dfrac{(n+1)x^{n+2}-(n+2)x^{n+1}-x^2+2x}{(x-1)^2}$。

则 $f'(2)=(n+1)\times2^{n+2}-(n+2)\times2^{n+1}$,

从而 $T_n=(n+1)\times2^{n+2}-(n+2)\times2^{n+1}-(2^n-1)=(2n-1)\times2^n+1$。

总结反思:解法三对学生知识架构要求更高,对培养学生灵活掌握数学知识要求高,对学生深度学习拓展延伸,从广度、深度得到提升。

二、在"三教"引领下开展题目变化的深度学习拓展

从简单到复杂,用简单的知识和方法类比处理有点难度的问题,加大题目难度,寻求通性通法,寻找一类题目的通解通法,这也是深度学习拓展的有效途径。

问题 2:已知等比数列 $\{a_n\}$ 的第 2 项和第 5 项分别为 2 和 16,数列 $\{2n+3\}$ 的前 n 项和为 S_n。

(1) 求 a_n,S_n;

(2) 求数列 $\{a_n(S_n+2)\}$ 的前 n 项和 T_n。

解:(1) $a_n=2^{n-1}$,$S_n=n^2+4n$,过程略。

(2) 由(1)令 $b_n=a_n(S_n+2)=(n^2+4n+2)\cdot2^{n-1}$。

第(2)问在"三教"引领下进行解题探索。

(一)"三教"引领学生深度学习思考
第一步(教思考):引导学生观察分析题目,并对结构特征进行思考。

从结构来看,这个问题与问题1区别较大,不是"差比数列"的问题,学生很难看出是不是还能用错位相减求和法。引导学生思考能否使用错位相减法求解?

第二步(教体验):引导学生通过类比体验,实现知识迁移。

引导学生尝试用"错位相减法"试求,及时了解学生解答情况进行指导,询问学生遇到什么困难了? 一次错位相减后不能得到问题1中的效果,无法继续进行下去。然后继续引导学生观察第一次错位相减的结构,发现主要部分的规律适合进行第二次错位相减法,从而可完整解答问题。

第三步(教表达):通过完整的问题解答,让学生学会表达。

解法1:(错位相减法)由(1)知

$T_n = 7 + 14 \times 2 + 23 \times 2^2 + \cdots + (n^2 + 4n + 2) \cdot 2^{n-1}$,

$2T_n = 7 \times 2 + 14 \times 2^2 + \cdots + [(n-1)^2 + 4(n-1) + 2] \cdot 2^{n-1} + (n^2 + 4n + 2) \cdot 2^n$,

两式相减得,

$-T_n = 7 + 7 \times 2 + 9 \times 2^2 + \cdots + (2n+3) \cdot 2^{n-1} - (n^2 + 4n + 2) \cdot 2^n$,

$-2T_n = 7 \times 2 + 7 \times 2^2 + \cdots + (2n+1) \cdot 2^{n-1} + (2n+3) \cdot 2^n - (n^2 + 4n + 2) \cdot 2^{n+1}$,

两式相减得,$T_n = 7 + 2^3 + 2^4 + \cdots + 2^n - (2n+3) \cdot 2^n + (n^2 + 4n + 2) \cdot 2^n$

$$= 7 + \frac{2^3(1 - 2^{n-2})}{1 - 2} + (n^2 + 2n - 1) \cdot 2^n$$

$$= 2^{n+1} - 1 + (n^2 + 2n - 1) \cdot 2^n = (n+1)^2 \cdot 2^n - 1。$$

总结反思:解题方法还是错位相减求和法,但与问题1中的常规法有点区别,这里需要两次使用错位相减求和法。在思维层次上更上了一层楼,这也是深度学习拓展的另一个方向。这是通过熟知的常规方法对未知相似知识进行的挑战,通过知识的碰撞产生火花,最终实现解决问题的目标,这就是一种深度学习拓展。同时,在学习过程中让学生长了见识,也悟出"错位相减法"的相容性这个道理。

方法迁移一:解题方法引导学生进行深度学习思考。

(二)"三教"引领学生深度学习拓展

第一步(教思考):引导学生观察分析题目,并对结构特征进行思考。

有了解法1的尝试,自然就会想到能不能仿照问题1的裂项相消法来解决这个问题?

只要能将 $b_n = (n^2 + 4n + 2) \cdot 2^{n-1}$ 分裂成连续两项之差即可,怎样分离? 我们同样可用待定系数法进行尝试。

第二步(教体验):引导学生通过类比体验,实现知识迁移。

根据"裂项相消法"的规律,引导学生利用待定系数法对 $b_n = (n^2 + 4n + 2) \cdot 2^{n-1}$ 进行分离尝试!

第三步(教表达):通过完整的问题解答,让学生学会表达。

解法2:令

$$b_n = (n^2 + 4n + 2) \cdot 2^{n-1} = (An^2 + Bn + C) \cdot 2^n - [A(n-1)^2 + B(n-1) + C] \cdot 2^{n-1}$$
$$= [2An^2 - A(n-1)^2 + 2Bn - B(n-1) + 2C - C] \cdot 2^{n-1}$$
$$= [An^2 + (2A+B)n - A + B + C] \cdot 2^{n-1},$$

则有 $\begin{cases} A = 1, \\ 2A + B = 4, \\ -A + B + C = 2 \end{cases} \Rightarrow \begin{cases} A = 1, \\ B = 2, \\ C = 1。 \end{cases}$

则 $T_n = b_1 + b_2 + \cdots + b_n = (An^2 + Bn + C) \cdot 2^n - C$

$$= (n^2 + 2n + 1) \cdot 2^n - 1 = (n+1)^2 \cdot 2^n - 1。$$

总结反思:裂项相消法用在这题目上也是很好的方法,确定结构时一定要考虑到前后能相互抵消,第二步待定系数法确定就比较容易理解了。这类题型用这种裂项相消的方法,重心就在"巧确结构,待定系数"。有利于培养学生深度学习拓展延伸能力和创造能力。

方法迁移二: 解题方法引导学生进行深度学习思考。

(三)"三教"引领学生深度学习拓展

第一步(教思考):引导学生观察分析题目,并对结构特征进行思考。

既然可用错位相减和裂项相消来解答问题2,探索一下能否用构造函数法来解答?

又是怎样来构造函数的? 因 $b_n = (n^2 + 4n + 2) \cdot 2^{n-1} = (n+1)n \cdot 2^{n-1} + 3n \cdot 2^{n-1} + 2^n$,容易联想到构造函数,通过对函数求一次导数和二次求导数即可。

第二步(教体验):引导学生通过类比体验,实现知识迁移。

通过 $b_n = (n^2 + 4n + 2) \cdot 2^{n-1} = (n+1)n \cdot 2^{n-1} + 3n \cdot 2^{n-1} + 2^n$,仿照问题1构造函数,进行尝试体验。

第三步(教表达):通过完整的问题解答,让学生学会表达。

解法3:(构造法)

令 $b_n = a_n(S_n + 2) = (n^2 + 4n + 2) \cdot 2^{n-1} = (n+1)n \cdot 2^{n-1} + 3n \cdot 2^{n-1} + 2^n$,

则 $T_n = \sum_{k=1}^{n} (k+1)k \cdot 2^{k-1} + 3\sum_{k=1}^{n} k \cdot 2^{k-1} + \sum_{k=1}^{n} 2^k$。

令 $S(x) = x^2 + x^3 + \cdots + x^{n+1} = \dfrac{x^2(x^n - 1)}{x - 1} = \dfrac{x^{n+2} - x^2}{x - 1}$ ($x \neq 1$),同时对 x 求导数,

则有 $S'(x) = 2x + 3x^2 + \cdots + (n+1)x^n = \dfrac{(n+1)x^{n+2} - (n+2)x^{n+1} - x^2 + 2x}{(x-1)^2}$,再同时求导,得

$$S''(x) = 2 + 3 \times 2x + 4 \times 3x^2 + \cdots + (n+1)nx^{n-1}$$
$$= \dfrac{(n+2)(n+1)x^n - 2}{x - 1} - \dfrac{2[(n+1)x^{n+2} - (n+2)x^{n+1} - x^2 + 2x]}{(x-1)^3},$$

则 $\sum_{k=1}^{n} (k+1)k \cdot 2^{k-1} = S''(2) = (n+2)(n+1) \times 2^n - 2[(n+1) \cdot 2^{n+2} - (n+2) \cdot 2^{n+1}] - 2$

$$= (n^2 - n + 2) \times 2^n - 2。$$

再令 $h(x) = x + x^2 + \cdots + x^n = \dfrac{x(x^n - 1)}{x - 1} = \dfrac{x^{n+1} - x}{x - 1}\ (x \neq 1)$，

$$h'(x) = 1 + 2x + 3x^2 + \cdots + nx^{n-1} = \dfrac{nx^{n+1} - (n+1)x^n + 1}{(x-1)^2}，$$

则 $\displaystyle\sum_{k=1}^{n} k \cdot 2^{k-1} = h'(2) = n \times 2^{n+1} - (n+1) \times 2^n + 1 = (n-1) \times 2^n + 1$，

$$\sum_{k=1}^{n} 2^k = \dfrac{2(2^n - 1)}{2 - 1} = 2^{n+1} - 2，$$

则 $T_n = \displaystyle\sum_{k=1}^{n}(k+1)k \cdot 2^{k-1} + 3\sum_{k=1}^{n} k \cdot 2^{k-1} + \sum_{k=1}^{n} 2^k = (n^2 - n + 2) \times 2^n - 2 + 3[(n-1) \times 2^n + 1] + 2^{n+1} - 2 = (n+1)^2 \times 2^n - 1$。

总结反思：构造函数法作为一种解决该类问题的方法，肯定是种好方法，对学生知识深度学习拓展能力的培养作用更大，对学生灵活使用数学知识要求更高，数学学习不只是为了把某个问题解答出来就结束了，而是要通过解题让学生真正长见识，悟出认识事物的一些道理。

三、在"三教"引领下开展题目类型归纳的深度学习拓展

从上面的问题 1 和问题 2 所体现的内涵来看，两问题所反映出来的都是常规的题型，其实裂项相消（即构造法）适用于所有数列求前 n 项和。

拓展延伸：数列 $\{a_n\}$ 中，$a_n = f(n) \times a^n$，$(a \neq 1)$，其中 $f(n)$ 是关于 n 的多项式函数，求数列 $\{a_n\}$ 的前 n 项和 S_n。经问题 1 和问题 2 的解答，用构造函数法过程繁重！比较适合用错位相减法和裂项相消法来解决。请读者思考以下问题：

问题 3：数列 $\{a_n\}$ 中，$a_n = (2n^3 + 2n - 1) \times 3^{n-1}$，求数列 $\{a_n\}$ 的前 n 项和 S_n。

四、在"三教"引领下利用开放性试题进行发散思维的深度学习拓展

深度学习拓展应是多角度的方式提升学生学习效率，可以是通过一题多解的深度学习拓展、通过题目加深难度的深度学习拓展延伸、从特殊到一般地归纳深度学习拓展延伸、也可通过引入开放性试题对学生发散性思维的深度学习拓展延伸。

问题 4：已知公差不为 0 的等差数列 $\{a_n\}$ 的首项 $a_1 = 2$，前 n 项和 S_n，且 _____（① a_1，a_3，a_7 成等比数列；② $S_n = \dfrac{n(n+3)}{2}$；③ $a_8 = 16$，任选一个条件填入上空），设 $b_n = a_n \cdot 2^{n-1}$，求数列 $\{b_n\}$ 的前 n 项和 T_n。

首先，该题可以用上述介绍的方法解决；其次，开放性题目中条件设置时应涉及的知识点难度相近，让学生不论选择什么条件都能达到检测是否已经掌握相应知识点的目的。

五、"三教"引领下的深度学习拓展策略思考

本文根据自己在教学过程中的事例,从一个普通的数列求其前 n 项和问题展开,引导学生首先从解题方法上层层推进,提出错位相减求和法、裂项相消法、构造函数法对该问题进行解答;其次从问题难度上加深探索通性通法;然后对问题进行特殊到一般的跨越,寻求更为一般的拓展延伸;通过开放题目进行深度学习,实现深度学习拓展延伸的多样性。在这个深度学习拓展延伸过程中,让学生真切感受到什么才叫"真学习",要怎样的学习才是"有用的学习"。

在"三教"引领下的深度学习拓展,是以培养学生"会思考、会体验、会表达",以及探索知识的能力和钻研精神为目的,最终实现"长见识、悟道理"的目标。深度学习不是对知识的表层学习,也不是无限增加知识量和知识难度,而是在"三教"引领下,基于知识的内在结构和整体特性,引导学生从知识学习走向创新能力培养、思维品质的升华,从而更好地理解与掌握知识。对知识适度地拓展延伸,关键是把控好拓展延伸的度,绝不是一味地拔高难度,任意地延伸知识。而是学生在老师的启发下寻求有价值的拓展,感受知识的"变迁"带来的学习"乐趣",从而完成对学习者数学核心素养的培育和"四基"、"四能"、"三会"的培养,最终使学生在学习中实现"长见识、悟道理"的目标。

"三教"引领下的数学解题深度学习归纳起来就是:

理解题意多思考,细思妙想善体验,逻辑清晰巧表达,归纳总结勤反思。

六、评析

高中数学学习,要特别重视数学解题的学习。因为我们所要学习的数学知识、思想方法等,都蕴含在数学题目当中,数学解题过程,就是训练和提升学生数学思维能力,尤其是逻辑思维能力的最佳时机。本文从一个普通的数列求前 n 项和问题展开,引导学生从解题方法上层层推进,提出错位相减求和法、裂项相消法、构造函数法对该问题进行解答;对问题进行特殊到一般的跨越,寻求更为一般的拓展延伸;通过开放题目促进学生深度学习,力图达到对深度学习拓展延伸的策略有一定的理解和认识,引导学生在学习中增长见识,获得"识一题会一类,悟一道明多理"的体验,促进学生思辨能力的发展。

面对高中数学解题备考训练,一定要改变"高起点、大容量、强推进"的"题海战"。高中数学解题教学重点在于培养学生的数学思维能力,进而促进学生综合能力的提升。在数学解题教学中,应十分重视促进学生思辨能力的发展:一要关注一题多解的解题思路训练;二要关注一题多变的变式思维训练;三要关注自我解题反思能力的培养;四要重视数学解题表达能力的培养。

我们要在数学解题教学中,关注学生"必备品格"与"关键能力"的培养,促进学生思辨能力的发展,努力为国家培养开拓性、创造性的人才做出应有的贡献。

（评析人：吕传汉　贵州师范大学）

第三篇

语文学习中的长见识悟道理

第一章

小学教学体验

《胡萝卜先生的胡子》读后感写作指导案例

学生：汤礼萍（晴隆县光照镇白果冲小学）
指导教师：陈仕梅（晴隆县光照镇白果冲小学）

一、学生作品

《胡萝卜先生的长胡子》读后感

《胡萝卜先生的长胡子》这个故事讲的是胡萝卜先生早上刮胡子，因为它是个近视眼，所以漏刮了一根胡子。这根胡子越长越长，有一个小男孩的风筝线太短了，他看见胡萝卜先生路过，拿着剪刀剪下了胡萝卜先生的胡子放风筝，接着胡萝卜先生路过了一棵树下，上面住着小鸟一家。鸟妈妈觉得鸟宝宝要晒尿布了，于是就剪了胡萝卜先生的胡子晒尿布。胡萝卜先生来到眼镜店里，他选了一副眼镜，白菜小姐是一位很热心的姑娘，它对胡萝卜先生说："如果你的眼镜掉下来的话，可以用你的胡子系住眼镜，这样你的眼镜就不会掉下来了。"胡萝卜先生回到家说："我的胡子太有用了。"

胡萝卜先生常常对自己的长胡子发愁，可它他偏偏有着浓密的胡子，必须要每天刮胡子。

有一天，胡萝卜先生匆匆忙忙地刮了胡子，一边吃着果酱面包，一边上街去了。因为他是个近视眼。就没有发现漏刮了一根胡子，这根胡子长在下巴的右边。胡萝卜先生吃果酱面包的时候，胡子粘到了果酱上面。

这个故事告诉我们千万不要向胡萝卜先生学习他的马虎，马虎会给我们的生活带来很多不便。

二、教师点评

你是一个很会读书的孩子，这是一篇自读童话课文，你能从文中胡萝卜的长胡子的故事中读出帮助别人是一件快乐的事情，也能从胡萝卜的长胡子帮助别人引申到还能帮助其他人和自己的故事，说明你是一个有爱心的、善于表达的学生。你能将胡萝卜的长胡子帮助别人的故事延伸开去，学会了预测故事的内容，从而锻炼了自己的口语表达能力。同时，也对助人为乐的传统美德有了更深的理解，老师相信你一定能将将团结合作互助的良好品格传递给更多的同学。

学习是一个参与语言体验的互动过程，在课堂教学中老师利用生活中的实例引导学生感悟课文内容。通过多种形式的朗读理解课文，体验课文内容，激发了你的兴趣和想象力，主动学习，积极思考，收获丰富，值得点赞。

三、教学反思

《胡萝卜先生的长胡子》是一篇有趣的童话故事,故事都是围绕胡萝卜先生的胡子而展开的。本次教学活动目标是通过阅读理解故事内容,了解故事中胡萝卜先生的胡子是怎样帮助别人的,能用较连贯的语言预测将会发生的故事,通过故事学习知道要主动帮助有困难的人,通过帮助别人还获得快乐。

开始,我采用了谈话导入的方式,让孩子们通过我的谈话明白了胡子的烦恼。接下来要学习的内容,都是围绕胡子的烦恼展开。在活动开始部分我首先激发孩子的学习兴趣,所以接下来的环节孩子的注意力都比较集中,而且当我提出问题的时候,孩子们也都能积极地回应。生字的检查从字到词再到句,这是新尝试的识字教学方法,后面将继续改进。只是在后面的学习过程中,预测即将发生的故事对于大部分同学来说难度极高,因此我认为,课程中的教学环节的引导设计是十分重要的,一个好的开始能为接下来更好地开展活动做好铺垫工作。

但是在本次的教学活动中,特别在进行课堂活动中老师主讲的部分还是比较多,留给孩子发言的机会比较少。而且我本来希望通过提出问题来引导学生查找答案,并同时训练阅读能力,但每当孩子回答上了我想要的答案,我就是迫不及待地接下去,阻碍了孩子们自主阅读下去。提问中我的语言组织得也还不够精练,但是我最大的问题是限制了孩子自主阅读的时间,也在这一环节浪费了很多时间,导致在挖掘课本中的内容就发挥得不到位,匆匆结束课题,特别是升华课题和课后思考的问题有点潦草。

整节课下来,我了解了自己的不足在于:语言不够精炼,重难点的落实不够合理,课没有上完,教师讲的太多,留下孩子讲的机会少。应该放手给孩子说的机会,让孩子自主、自由地观看后说说自己的所思所想,再由教师来补充,这样放手给孩子的机会就更多了。

童话故事的魅力就在于能让孩子们切身地进入到童话的世界里,通过语言感到这个世界里每一个生动形象里的喜怒哀乐,并由此激发孩子们的想象力,创造属于他们的童话世界。本篇文章还停留在复述原文故事的层面,并未能在原有故事的基础上发挥想象再创造出新的故事来。对于"胡萝卜"这个童话人物形象的感知和认识停留在机械认知层面,所以得来的结论更像是老师总结出来的,而非学生在课上深入体验、深度思考而得来的。

《金色的草地》教学课例及评析

谭恩婵（贵州省铜仁实验小学）

一、教学设计

(一) 教材分析

《金色的草地》是人教部编版三年级上册第五单元的一篇精读课文,它以儿童的视角,描写了生活在乡村的小男孩观察发现草地颜色的变化并寻找原因的过程。本单元是一个全新的单元类型,是本套教材中第一次出现的自成体系的习作单元,它不同于常规单元,是专门指向习作的。本课主要是引导学生观察动态的变化中的事物,教学中要着力引导学生抓住变化去进行观察,要引导学生体会"观察的细致"带来的好处或收获。教学时,还要有意识渗透交流平台中的相关内容,使其成为一个有机的整体,为完成本单元的学习任务——写一篇习作做好铺垫。

(二) 学情分析

1. 本班学生思维活跃,善于发现生活中的有趣现象,部分学生还能清楚地表达自己的观察所得。

2. 通过前一课《搭船的鸟》的学习,学生已能抓住事物的特点去进行观察,还能调动多种感官,更全面地了解和认识事物。本课的学习就是要引导学生抓住事物的变化进行观察,有了前面的铺垫,学生便能很快地进入学习状态,并能联系自己的生活经验,体验学习的乐趣。

(三) 教学目标

1. 正确、流利、有感情地朗读课文,能说出草地的变化情况及变化的原因,体会"我"观察的细致。

2. 能自己观察某一种动物、植物或一处场景的变化情况,并和同学交流。

(四) 教学重难点

1. 重点:正确、流利、有感情地朗读课文,能说出草地的变化情况及变化的原因,体会"我"观察的细致。

2. 难点:能自己观察某一种动物、植物或一处场景的变化情况并和同学交流。

(五) 核心问题

为什么这片草地在一天的不同时间里会呈现不同的颜色?

（六）设计思路

1. 揭示课题, 谈话激趣, 激发学生的阅读期待

揭示课题后让学生说说这片草地给你留下了什么印象, 然后在趣味谈话中进入新课的学习。

2. 感情朗读, 想象观察的场景, 体验草地带来的快乐

（1）感情朗读课文, 想象课文描写的场景, 体会兄弟俩在草地上玩耍的快乐。

（2）理解"引人注目"的意思, 体会蒲公英的平凡。

3. 品读感悟, 探究草地变化的原因, 体会作者观察的细致

（1）通过品读课文, 引导学生了解草地的变化。

（2）一边读书, 一边做动作, 体验蒲公英张开又合拢的状态, 了解草地变化的原因, 体会作者观察的细致。

4. 拓展延伸, 交流生活中的发现, 分享学生观察的乐趣

由课堂延伸到课外, 把学生的视野引向生活, 让学生交流身边事物的变化。（先小组交流, 再汇报交流。）

二、教学过程

（一）片段一: 感情朗读, 想象观察到的场景

师: 童年时代的普里什文, 常常和弟弟到这片草地上玩耍。他们是怎么快乐地玩耍的呢? 找到课文中的相关语句读一读, 一边读一边想象课文描写的场景。（生自读课文）

师: 谁来读一读? 读之前, 咱给提点建议, 要用怎样的语气来读?

生: 高兴地读、欢快地读……

师: 请举手的学生读课文, 其余学生想象课文描写的场景。

师: 听着同学的朗读, 你的眼前出现了怎样的画面?

生1: 我看到了兄弟俩在草地上快乐玩耍的画面。

生2: 我看到了在一片金色的草地上, 有两兄弟在快乐地吹蒲公英。

……

反思: 读课文, 想象场景, 有助于学生深刻地理解内容, 学生在读文中展开丰富的想象, 体会作者和弟弟在草地上快乐玩耍的场景, 体会草地给作者带来的快乐, 为下文对蒲公英的细致观察做好铺垫。

师: 我们在草地上玩得多么开心! 而这份快乐却是并不引人注目的蒲公英带给我们的。"引人注目"是什么意思?

生满脸疑惑。师及时创设情景: 星期天, 妈妈带我去商店, 我看到了一条非常漂亮的公主裙, 非常……咱们学校来了一个英国人, 个子特别高, 非常……生恍然大悟。

师: 课文中是怎么说的?

生: 就这样, 这些并不引人注目的蒲公英, 给我们带来了不少快乐。

师：意思就是说，这些蒲公英——

生：并不起眼，不会吸引我们的眼球。

反思：当学生对"引人注目"这个词的理解有疑惑时，老师并没有直接将答案传授给学生，而是及时创设情景，把学生引向生活，既让学生在具体的语言环境中理解"引人注目"的意思，进而体会蒲公英的平凡，又为后面体会平凡中伟大的发现作铺垫，还教给了学生理解词语的方法，更妙的是达到了课标中提出的"学会正确运用祖国的语言文字"这一要求。

(二) 片段二：品读感悟，探究草地变化原因

体会草地在一天之中颜色的变化

师：可就是这片长满了蒲公英的草地，给作者带来了快乐，更让作者留住了这份持久的美！咱们再次来见识一下这片金色的草地。(播放课件，让学生直观感受草地的美。)

师：是呀，作者一直以为，当蒲公英盛开的时候，这片草地就是金色的。直到有一天，一个偶然的机会，作者有了新的发现，那就是——

生：这片草地在一天的不同时间里会呈现不同的颜色。

师：(借助学生的疑问——学习的"生成"提出核心问题) 为什么这片草地在一天的不同时间里会呈现不同的颜色？

请同学们默读课文第三自然段，用直线画出表示时间的词语，并把每个时间段草地是什么颜色圈出来。(生默读圈画。)

师：谁来读读？(生读)

师：谁来说一说你画出的表示时间的词语？(生说师板书：很早、中午、傍晚)

师：很早就是早晨，天刚刚亮的时候，这时的草地是——生：绿色的。(板书：绿色)

中午回家的时候，我看见草地是——生：金色的。(板书：金色)

傍晚的时候，我发现草地——生：又变绿了。(板书：绿色)

师：现在，请你看着这个板书，再说一说一天之中草地的变化。

生：早上，我发现草地并不是金色的，而是绿色的。中午回家的时候，我发现草地是金色的。傍晚的时候，草地又变绿了。

师：你说得真好！能把它还原到课文中去吗？(生读课文)

师：在这里，作者是怎样观察的？(引导学生交流体会：抓住事物的变化进行观察。)

反思：让学生带着问题去读书，找出一天之中草地颜色的变化，然后用自己的语言来描述其变化，即引导学生内化文本，训练学生的逻辑思维能力和语言表达能力。在这样的读、说中，学生渐渐认识到，草地在一天之中的不同时间段会呈现不同的颜色。同时不忘提醒学生，阅读时一定要弄明白作者是怎样观察事物的。

探究草地变化的原因

师：这是作者不经意间的发现，因此，他产生了一个疑问：这是为什么呢？

抽两个学生说原因。

反思：先抽一两个学生说草地颜色变化的原因，目的是暴露问题，了解学情，体现了以学

为主,以学定教的教学思想,然后引导学生带着问题去读书,在读书中去思考、寻求问题的答案。

师:你是从哪里知道的?(生读,师展示课件)

师:你真会读书!也请同学们在课文中把这段话用波浪线画出来。(生在书上勾画)

师:谁再来读读这段话?(生读)听着你的朗读,我仿佛看到了花朵张开又合拢的模样。

师:咱们一起来做做动作,演示花朵张开又合拢的情景。(师生一边读一边做动作。)

师:谁来一边读,一边做动作,让我们感受一下花朵张开又合拢的情景?(生一边读一边做动作,很享受的模样。)

师:你们的激情朗读激发了我读书的欲望,现在,我来读,你们来做动作,怎么样?(师范读,全体学生做动作)

反思:一边读书一边做动作,课堂气氛活跃,学生在这样的读和做中,切身体验到蒲公英的花朵张开又合拢的情景,学生的思维活跃,学习轻松,再次强化了学生的学习体验。

师:现在,我们一起来看看蒲公英的花朵究竟是怎样张开又合拢的。(播放视频,让学生直观感知。)

师:谁来告诉大家:草地为什么有时是金色的,有时是绿色的?

生:因为早晨和傍晚,蒲公英的花瓣是合拢的,花朵是绿色的,所以草地就是绿色的;因为中午的时候,蒲公英的花瓣是张开的,花朵是金色的,所以草地就变成金色的了。

师:你连用两个"因为……所以……"就把草地颜色的变化原因说得非常清楚明白,值得大家学习。谁再来像这位同学一样说一说。(生说)

师:作者为什么会有这个伟大的发现?

生:作者能发现这个秘密,完全是作者仔细观察的结果。

师:正因为作者细致地观察,他才发现了:草地颜色的变化与蒲公英的张开、合拢有关。早上,草地是绿色的,因为……中午,草地是金色的,因为……晚上,草地是绿色的,因为……(生说,师完善板书)

反思:有了前面的层层铺垫,再引导学生在感情朗读中去体会草地颜色变化的原因,并让学生用自己的话来说变化原因,这是在活用文本,内化语言,然后领读课文,体会作者伟大的发现,学生已然明白:这完全是作者细致观察的结果。

体会作者细致观察的好处

师:让我们再次走进课文,去体会作者通过细致观察后给我们带来的惊喜。

师领读:有一天我起得很早去钓鱼,发现……我来到草地上,仔细观察,发现……

师:好好品味一下,这里的两个"发现"意思一样吗?

生1:不一样。前一个"发现"是作者在远处看到的,后一个"发现"是作者走进草地,在草地上看到的。

生2:作者在远处只看到了草地在一天之中会出现不同的颜色,当他走进草地,却发现了草地颜色的变化与蒲公英花朵的张开、合拢有关。

师:这就是远观和近瞧的区别。

生3：前一个"发现"是作者去钓鱼时不经意间看到的，而后一个"发现"却是作者细致观察以后的发现。

生4：(急切地)也就是说后一个"发现"是作者在前一个偶然发现的基础上，带着好奇心走进草地，细致观察后所得的结论。

生5：是呀，没有前面的偶然发现，作者就不会来到草地上仔细观察；没有作者的细致观察，也就没有后面的伟大发现。

生6：在生活中，我们也要向作者一样，留心身边的事物，养成仔细观察的良好习惯，这样，我们也会发现生活中的许多奥秘。

师：这是理所当然的。其实，窗前的草地对作者来说再熟悉不过了，但作者稍加留意，就发现了奇妙的变化；再细致去观察，就发现了草地颜色的变化与那并不引人注目的蒲公英的张开、合拢有关。这，就是细致观察的好处。

反思：引导学生对比品读语句后，发现作者远处观察与近处细致观察的结果是完全不一样的，进而让学生体会"细致观察"的好处。同时也让学生明白：大自然真是太奇妙了，只有用心观察，仔细思考，才能发现大自然的奥秘。

(三) 片段三：留下问题，课后观察分享

师：其实，在我们的生活中，处处潜藏着一些或令人欣喜、或令人忧伤的变化，只要我们稍加留意，也会发现事物是变化着的。如：向日葵会随着太阳转动，含羞草被触碰后会"害羞"地低下头……你一定也留意过身边事物的变化，和同桌交流交流吧。(同桌之间相互交流)

师：请把你的发现和大家分享吧。

生1：前几天，妈妈把蒜瓣种在阳台上的花盆里，我每天放学回家就去观察，开始花盆没有什么变化，我很好奇，就问妈妈：妈妈，你不是说花盆会长出蒜苗吗？妈妈笑了，说：傻孩子，你别急嘛，耐心等待就是了。我趁妈妈没注意，就悄悄地拨开土，想看个究竟！我刚拨开一点土，呀，那就是蒜苗吧，尖尖的，嫩嫩的，我生怕弄伤它，赶忙盖上土，装着若无其事的样子。第二天放学回家，我迫不及待来到阳台上，蒜苗已经从土里钻了出来，还好，我并没有伤着它。

师：好奇心驱使着你想去看个究竟，你也通过细致观察，证实了蒜瓣种在土里会长出蒜苗。

生2：我家里养了一盆吊兰，可不知怎么回事，吊兰就开始枯萎了，叶子打卷儿，有的也开始变黄。有一天，我和妈妈去她的一个朋友家玩儿，我看见阿姨把小宝宝喝剩的牛奶倒在花盆里。回到家，我也把我喝的牛奶留下一些倒在花盆里，没想到过了几天，吊兰的叶子居然舒展开来，而且长势越来越好。

师：你真是一个会留心生活的孩子！是你的用心救活了吊兰。

……

师：其实，老师也和你们一样，也对生活充满了好奇。小时候的我，特别喜欢养花，我家门前就有一丛牵牛花。早上，牵牛花绽开了喇叭一样的花朵，到了晚上，花就合拢。第二天早上，又有一批新的牵牛花吹起了小喇叭，而昨天开过的花就已经凋谢了。一朵花只开一天，生命真是太短暂了！

师：同学们，生活中并不缺少美，只是缺少发现美的眼睛。老师希望你们都能用充满智慧的双眼去留心生活，细致观察身边事物的变化，并养成随时记录观察所得的良好习惯，做生活的有心人。

留下问题课后思考：

课后请每个同学继续观察一种动物、植物或一处场景的变化情况，再和同学交流自己的观察所得。

反思：本单元的语文要素是体会作者是怎样留心观察周围事物的。教学中，教师力图引导学生做生活的有心人，及时把学生的视野扩展到生活中，分享自己的观察所得，体验细致观察所带来的乐趣。

三、教学体验

(一) 紧扣单元主题，潜心解读教材

本单元的主题是"留心观察"，语文要素是"体会作者是怎样留心观察周围事物的"，写作要求是"仔细观察，把观察所得写下来"。这是自成体系的特殊单元类型，在部编版教材中还是第一次出现，而且本单元只有一个学习任务，即写一篇习作，所有的内容都是为了完成此次习作学习任务服务的。同时，本单元的精读课文也不同于常规单元，它是专门指向习作的，在理解内容、朗读课文、积累语言等方面不需要做过多要求。在教学时，应该用充足的时间引导学生朗读课文，体会作者是怎样细致观察的，以及"观察的细致"带来的好处或收获。还要注意的是，在教学之前要提前安排好观察活动，学生只有有了观察的体验，才能积极参与到课堂活动中来，我们的教学才能收到事半功倍的效果。

(二) 设置核心问题，引领学生多思

本节课抓住一个训练点——细致观察设置核心问题：为什么这片草地在一天的不同时间里会呈现不同的颜色？这是本课时的教学重点，引导学生带着这样的问题走进文本，解读文本，适时完成课后题的训练。课后题又是直接指向本单元的语文要素的。在教学时，侧重引导学生做生活的有心人，要留心观察周围的人、事、景、物，感受作者观察的细致，体会细致观察的好处，逐步养成留心观察身边事物的良好习惯。

(三) 创设生活情景，体验学的乐趣

在教学中，我结合教材内容和学生生活实际，不断为学生创设一定的情境，引导学生体验学习的乐趣。如在让学生体会蒲公英的花朵张开又合拢的状态时，我让学生一边读书一边做动作，一双双小手在师生动情的朗读中张开又合拢，合拢又张开，让人仿佛看到一朵朵竞相开放的美丽的蒲公英，真是美美的体验，美美的享受！再播放蒲公英的花朵开放的视频，同学们

不约而同地发出了赞叹——多美呀！在这样愉快的体验中,学生不仅留住了这份持久的美,也对草地为什么会变色,草地颜色变化的原因了如指掌了,更欣赏作者的观察是如此细致。于此,本单元的语文要素"体会作者是怎样留心观察周围事物的"就这样形成了。

(四) 留下观察问题,课后拓展思考

这是以"留心观察"为主题设置的一个特殊的习作单元,其习作要求是"仔细观察,把观察所得写下来"。引导学生学习留心观察,目的就是积累生活素材,有内容可写,不断提高习作能力。而本课就正是引导学生学习留心观察的范例。在引导学生体会课文表达上的特点,习得方法后,就及时把学生的视野拓展到生活中,借助课后第三题,让学生交流自己在生活中的发现,并以此为依托,让学生课后继续观察一种动物、植物或一处场景,在之前的基础上,侧重观察事物或场景的变化情况,和同学交流自己的观察所得。

通过这样的交流,学生进一步体会到:只有细致观察,才会有所发现;生活处处皆学问,要争做生活的有心人。

四、评析

本篇课例围绕"为什么这片草地在一天的不同时间里会呈现不同的颜色?"这一核心问题设计。课堂开始教师便引导学生读课文,想象场景,有助于学生深刻的理解内容,学生在读文中展开丰富的想象,体会作者和弟弟在草地上快乐玩耍的场景,体会草地给作者带来的快乐,为下文对蒲公英的细致观察做好铺垫。用好核心问题,创设情境,引导学生带着这样的问题走进文本,解读文本,适时完成课后题的训练。课后题直接指向本单元的语文要素的,注重单元教学的整体性,在教学时,侧重引导学生做生活的有心人,要留心观察周围的人、事、景、物,感受作者观察的细致,体会细致观察的好处,逐步养成留心观察身边事物的良好习惯,真正做到学以致用。

(评析人:黄真金　贵州师范大学教师教育学院)

《司马光》教学案例剖析

刘碧祥(贵州省习水县岷山学校)

一、教学设计

(一) 教材分析

　　《司马光》是部编版小学语文三年级上册教材内容,是小学阶段安排的第一篇文言文。本文虽是文言文,但它是学生很熟悉的故事内容,很多词语的意思与现代文也基本一致,这有利于调动学生的生活经验,激发学习文言文的兴趣,消除他们学习文言文的畏惧心理。课文配有一幅插图,对应故事的结局,有助于学生图文对照理解课文,感受司马光爱护同伴的美好品质。

(二) 学情分析

　　1. 三年级是小学阶段过渡年级,是学生学习习惯、学习态度从可塑性强转向逐渐定型的重要过渡阶段。学生是第一次接触文言文,对文言文很陌生,没有学习文言文的基础,但多数学生听过司马光的故事。

　　2. 本班学生善于表达,有预习及合作学习的习惯,能从文本中提出自己的想法。

(三) 教学目标

　　1. 能正确拼读"司、跌、皆、弃、持"5个生字;能正确规范地书写"司、登、持"这3个字。

　　2. 能跟读课文,读出词句间的停顿。

　　3. 初步了解课文大意。

(四) 教学重难点

　　1. 正确跟读课文,读出词句间的停顿。

　　2. 初步了解课文大意。

(五) 核心问题

　　引导学生学习体验: 借助注释、插图及已有的关于司马光砸缸的生活体验,初步了解课文大意。

(六) 设计思路

1. 激发学生的学习兴趣

在正式学习整篇的文言文之前,用文言文进行自我介绍,并要求学生也用这样的方式进行介绍,调动学生兴趣,让学生在无形中接触文言文。

2. 跟读课文,读出词句间的停顿

A. 读准字音,自读课文。

B. 能跟读课文,读出词句间的停顿。

3. 在朗读等体验中渗透学习方法,感知文本大意

围绕课后练习题"借助注释,用自己的话讲一讲这个故事。"确定目标"初步了解课文大意"。

A. 学生反复朗读课文,达到读通读顺。

B. 引导学生借助注释、插图,及已有的生活体验,理解"瓮""迸"等在现代文中很少用到的词语的意思,最终了解课文大意。

C. 能用自己的话说说课文大意。

二、教学过程

课前交流

师:同学们,我们第一次见面,我作一下自我介绍:吾乃刘氏之子。你们知道我姓什么吗?

生 1:姓刘。

师:你们可以学着老师的样子介绍一下吗?

生 2:吾乃张氏之子。

生 3:吾乃李氏之子。

……

师:同学们真聪明,一学就会。

(一) 片段一:激发兴趣,初识人物

师:今天,我们来学习一个古代聪明孩子的故事,这个孩子叫——司马光。

(师板书:司马光)

生:书空。

师:让我们齐读课题。

生:齐读。

师:课题中的"司"字不是很好书写,要想写好这个字,要把横折钩的横段写得短,竖段写得长,口要写得扁。

(师示范书写)

生：口述书写姿势：头正、身直、肩平、臂开。描红、临写"司"。

师：你们听过司马光这个名字吗？知道关于他的故事吗？还想知道点什么？

生1：我知道司马光是一个了不起的人物。

生2：司马光小时候救过一个人……

生3：我想知道司马光姓什么？有什么成就？

……

师：中国人的名字通常是由姓和名组成的。司马光姓司马，名光。我们把像"司马"这样的姓氏叫复姓。

课件出示：《姓氏歌》。

生：默读。

师：你还知道哪些复姓？

生：诸葛、上官……

（课件出示对司马光的介绍）

师：司马光不仅小时候很有智慧，长大了也很有成就。他是北宋时期著名的史学家、文学家和政治家，还编写了《资治通鉴》一书。

反思：兴趣是做好的老师，只有让学生产生兴趣，才能激起他们的求知欲。教师用文言文的形式自我介绍，一下子把学生的兴趣调动起来了，并让学生在无形中接触了文言文。课后，还有许多学生围着我，用课堂上学到的文言形式进行自我介绍，就是最好的证明。

(二) 片段二：初读文言文，读出节奏美

师：司马光小时候做了一件事，救了一个人的命，这个故事在《宋史·司马光传》里面是这样记载的。这是古人用古代的语言写下的文字，叫"文言文"。

（课件出示文本）

（师板书：文言文）

师：现在请大家轻声读课文。想一想，你觉得文章好读吗？

生自读，汇报感受。

生1：文章很短。

生2：不好读。

师：咱们第一次和文言文见面，难读是很正常的。但这些文言文是我国文学宝库中一颗璀璨的明珠，仔细读来，你就能发现其中的美。让我们一起来读读课文，注意读准字音。

（师板书：读准字音）

生：自由练读。

（生自读时师巡视指导）

师：看到同学们读得那么认真，那谁来读一读文中的生字。

生1读：跌、皆、弃、持。

师：他读得怎么样？

生2："持"是整体认读音节,他读错了,"皆"读得不好。

师:那你能不能来读一读?

生2读。

师:这位同学真会发现,并且把这两个字的音读得很准,大家一起把这四个字齐读两遍。

生齐读。

师:除了会读,还要把字写得漂亮(课件出示:登、持),你们想想这两个字在书写时要注意些什么?

生1:"登"是上下结构,要注意上下两部分的距离,最后一横要稍长。

生2:在书写"登"时,注意保持整个字的重心。

生3:我觉得"持"的右边要写得宽一些。

生4:"持"右边的"寺"的横画不是一样长,要写的有长有短。

师:同学们根据两个字的不同特点,说出了自己的想法。我还想提醒大家,"登"右上的两撇要写得短而平行。

(师示范书写)

生口述书写姿势:头正、身直、肩平、臂开。描红、临写:登、持。

师:生字认识、书写了,再看看放在文中是不是还能读准呢?

抽生读。

师:了解课文大意。对于文言文,读准字音还不够,还要正确读出停顿。

(师板书:读出停顿。)

示范读课文。生边听边划出节奏线。

课件出示文章停顿。

师:现在大家再读课文,注意读好停顿。可以自己读给自己听,也可以读给同桌听。

生:练读。(师巡视,指导学生读准停顿)

抽学生读。

生1:读。

师:你们觉得他读得怎样?

生2:我觉得他的停顿读得不够好,有些地方停顿时间太长。

师:那你能来读一读吗?

生2:读。

师:这位同学不仅读准了字音,停顿也处理得很好。大家一起来读。

生:齐读。

师:读准字音,读出停顿,你就会读得流畅自如,就会发现文言文的节奏很美。

反思:第二片段的反思:文言文的语言与现代语言相去甚远。因此,学生学习文言文首先遇到的障碍就是读。常言道,"读书百遍,其义自见"。通过范读、自由读、合作读,让学生明白了学习文言文首先要读准字音,读出停顿。同时,这种有滋有味的朗读进一步激发了学生的学习兴趣。本环节也为下文读懂故事内容作下了铺垫。

(三) 片段三：再读文言文，读懂大意

师：学习文言文，其实并不那么神秘困难，一些字词的意思和现在的文字是很接近的。了解文言文的大意，你会读得有板有眼。

课件出示：四人小组合作学习，试着了解课文大意，读懂了哪些地方？然后汇报交流。

小组1：我们小组知道了课文讲的是"有几个小孩在庭院里玩耍"。

师：你怎么知道是在庭院里，而不是在其他地方？

小组1：课文下边的注释告诉我们的。"庭"就是庭院的意思。

师：喔，那你们从注释中还知道了什么？

生1：我知道"瓮"指的是口小肚大的容器，就是我们常说的缸。

师：真聪明。所以，同学们，遇到文言文中不理解的字、词，我们可以借助书上的注释来学习，这是今天我们要学习的一个重要方法。

（师板书：借助注释。）

师：还有哪个小组要汇报你们的发现？

小组2：我们小组读懂了第一句。司马光和一群孩子在院子里玩耍。一个小孩爬上缸，不小心脚一滑，掉进缸里去了。

师：你们是怎么知道是一群孩子？是在玩耍呢？

小组2：我们听过司马光的故事，讲的就是一群孩子在玩耍。所以我们推测"群儿戏于庭"的意思应该就是"一群孩子在庭院里玩耍"。

小组3：老师，我们小组也发现，本文讲的就是司马光砸缸的故事。

师：那你们知道"光持石击瓮破之"是什么意思呢？

小组3：我们小组开始也不知道是什么意思，后来我们从司马光砸缸的故事中猜想到，应该讲的是"司马光搬起一块石头朝缸砸去，缸破了"。

师：哪句子中的"击瓮""破"分别是什么意思？

小组3："击瓮"应该是砸缸，"破"指缸破了。

师：真好！这个小组的同学很会发现，他们把以前听过、看过和学过的东西联系起来，这叫做联系生活经验。所以，文言文学习时，如果遇到不懂的句子，我们还可以借助生活经验来帮助我们理解。

（师板书：借助生活经验）

生2迫不及待的说：我从旁边的图上还看出，缸破了一个洞后，水从缸里流了出来，小孩也就得救了。

师：是呀，经过同学们的讨论、发现，我们知道了，学习文言文其实可以借助注释、借助生活经验，还可以借助插图。

（师板书：借助插图）

师：那你们现在知道课文大意了吗？谁试着来说一说？

生3：这篇文言文讲的是司马光和一群孩子在院子里玩耍，一个小孩到缸旁边去玩，突然掉了进去。司马光把缸砸破了一个洞，小孩就得救了。

师：是在缸旁边要吗，如果是在缸的旁边要能够掉进去吗？想一想"登瓮"指的是在哪儿？司马光又是怎么把缸砸破的呢？哪位同学再来讲一讲？

生4：司马光和一群孩子在院子里玩耍，一个小孩爬上缸，不小心脚一滑，掉进缸里去了。司马光搬起一块石头朝缸砸去，缸被砸破了一个洞，水从缸里流了出来，小孩也就得救了。

师：既然是一群小孩在一起玩耍，那其他小孩呢？缸里原来有水吗？能不能再说的更详细呢？

生5：我认为，本文讲的是：司马光和一群孩子在院子里玩耍，一个小孩爬上装满水的大水缸，一不小心，脚没站稳，掉进缸里去了。缸里的水快把小孩淹没了。其他小孩都慌了，跑去叫大人。司马光从旁边搬起一块石头朝缸砸去，缸被砸破了一个洞，水从缸里流出，小孩也从缸里爬出来，得救了。

师：这位同学说的很详细。还联系日常经验，猜想其他小孩可能会跑去叫大人。是呀，文言文虽年代久远，但只要借助注释、借助插图、借助生活经验，就能读懂故事内容。读懂了故事内容，就能把文言文读得有板有眼。

（师板书：读懂故事内容）

男生：读文。

女生：读文。

师：同学们，你们本节课有什么收获呢？

生1：我知道了学习文言文要多读。

生2：当遇到不理解的句子时，我们可以看图，可以联系生活体验。

生3：我要把司马光的故事再读一读，看看和本文有什么不一样？

师：文言文是中国古典文学的精华，是千百年来的文化结晶。只要我们反复读，（师板书：读）就能感受到文言文的美。

反思：第三片段的反思：学习文言文，应尽量避免逐字逐词翻译，摒弃教文言文就是教翻译的错误思想。我让学生借助注释、插图、生活经验，以体验为落脚点，学会表达，整体感知文本。这一片段的教学正好体现了吕传汉教授的"三教"思想。

三、教学体验

（一）重视朗读，读出节奏之美

选入小学课本的文言文，都是语言精练，短小精悍的文章。本文是小学阶段安排的第一篇文言文，读好停顿、节奏是学习文言文的一道"门槛"。为此整堂课的教学，我都贯穿了"读课文"这一教学重难点。

首先通过教师的范读，学生的默读、齐读和个别读等形式，让学生读准字音，读出停顿，感受到了文言文的节奏美。

其次，通过小组合作读、分男女赛读和有感情读等形式，学生在读中加深了对课文大意的理解。整堂课，学生读得流畅自如、有板有眼。为第二课时的背诵目标，为学生的文言文学习习惯作好了铺垫。

总之,我从朗读入手,引导学生体会文言文的妙处,激发了学生学习文言文的兴趣,对帮助学生理解文本起到很大的作用。

(二) 亲历体验,整体感知文本

部编版教材从三年级开始安排文言文,第一篇就选择《司马光》,编者是有其意图的。首先司马光砸缸这个故事,学生从小就有耳闻。其次,文中很多词语的意思与现代文基本一致。其三,对于像"瓮""迸"等较难理解的词语,书上的注释、插图也能帮助学生理解含义。

在这一环节的教学中,我充分利用这些有利条件,采用了体验式教学。在学生自主、合作探究学习中,巧妙引导学生运用看注释、观察插图及联系生活已有经验等方法,在实实在在的体验中了解课文大意。如:在讨论"瓮""水迸,儿得活"的意思时,有学生发现,借助书本上的插图、注释就可以知道。在小组讨论、交流时,我精心地设置了一个个问题,引导学生结合司马光砸缸的故事去理解文本。比如:你们是怎么知道是一群孩子?怎么知道是在玩耍,而不是在干其他的事情呢?那你们想想,"一儿登瓮,足跌没水中"是什么意思呢?这样的一个个问题,学生就是围绕已有的生活经验得到的答案。

体验式教学,学生不仅大体读懂了文本,而且是在亲身体验中感悟到的,所获得的知识、方法牢固难忘,同时品味到学习文言文的乐趣。

(三) 紧扣课后习题,导学导教

部编教材课后练习题,与人教版教材的练习题比较,发生了很大的变化。课后练习题为教师的教材解读、教学设计指明了方向,提供了思路。我在教学时,充分利用课后练习题来确定自己的教学目标。围绕习题"跟着老师朗读课文,注意词句间的停顿",确定目标"能跟读课文,读出词句间的停顿";围绕习题"借助注释,用自己的话讲一讲这个故事",确定目标"初步了解课文大意"。

在教学中,我紧紧围绕所确定的目标,一步步引导学生学习文言文。比如:要求学生读出停顿,我首先进行示范朗读,让学生划出节奏。通过练读、赛读等形式,学生渐渐掌握了文言文的停顿方法,知道了读出停顿是学好文言文的关键一步。又如:在讨论课文大意时,我首先让学生小组讨论,让他们在与同伴交流的过程中,互相启发,之后再引导学生抓住重点词语、句子进行汇报。整堂课,我尽量退到幕后,巧妙点拨,一步步引导学生讨论出了课文大意。

四、评析

本文是小学阶段安排的第一篇文言文,讲述了一个广为流传的小故事,围绕"司马光砸缸"这一核心事件,全文仅用 30 个字,就清楚地介绍了司马光砸缸的原因、经过和结果,并通过抓住主要人物的动作描写,用一系列"动词",生动再现了一儿失足落水及司马光"持石击瓮"那一瞬间的场景,语言极富形象感、画面感。面对"一儿登瓮,足跌没水中"的紧急情况,

"众皆弃去"，而司马光却选择了"持石击瓮破之"。在这行为对比中，司马光富有爱心，遇事沉着冷静的品质显露了出来。

本节课自然、紧凑，根据课后习题确定教学目标，符合教材编写意图。

注重激发学生学习文言文的兴趣。首先通过教师的范读，学生的默读、齐读、个别读等形式，让学生读准字音，读出停顿，感受到了文言文的节奏美。其次，通过小组合作读、分男女赛读、有感情读，学生在读中加深了对课文大意的理解。整堂课，学生读得流畅自如、有板有眼，为第二课时的背诵目标，为学生学习文言文的习惯作好了铺垫。重要的是教师从朗读入手，引导学生体会文言文的妙处，激发了学生学习文言文的兴趣，对帮助学生理解文本起到很大的作用，且师生用文言文的形式进行介绍，一下子把学生的兴趣调动起来了，并让学生在无形中接触了文言文。

整堂课，注重教给方法，问题设计环环相扣，循序渐进。读准字音、读出停顿、读懂故事内容，借助插图、借助注释、借助生活经验，一步步把学生引入了文言文的世界。

不足之处在于开展小组合作学习时，任务不够明确，讨论不够深入。

（评析人：黄云飞　贵州省习水县教研室）

《杨氏之子》教学课例

姜红（贵州省晴隆县第二小学）

一、教学设计

(一) 教材分析

《杨氏之子》是人教部编版五年级下册第八单元的一篇文言文,它选自南朝刘义庆的《世说新语》,讲述了梁国姓杨的一户人家九岁男孩风趣幽默、机智巧妙地应答他人的故事。故事语言幽默,且浅显易懂,对学习文言文是一块很好的敲门砖。选编本课的目的,一是让学生开始接触文言文,对文言文有一个初步的认识;二是理解古文的意思;三是使学生感受到故事中人物语言的风趣机智。本课的教学重点是指导学生把课文读流利,读懂句子,体会人物语言的风趣和机智。

(二) 学情分析

文言文,对于我们的学生是第一次接触,在学习的过程中,必然会遇到很多困难：如何读通、读懂文言文句子,感悟言外之意,体会杨氏之子的对答之巧。进一步说,让我们的孩子喜欢上文言文,那就更加困难。因此,我认为在教学过程中,应着重指导学生学习文言文的方法,激发他们的学习兴趣,在此基础上去理解文章,去感悟文中人物的语言。

(三) 教学目标

1. 正确、流利地朗读课文,读好长句子,背诵课文。
2. 能借助注释了解课文的意思,体会杨氏子的机智与幽默。
3. 培养阅读短篇古文的兴趣,激发热爱祖国传统文化的情怀,对学生进行爱国爱国主义教育。

(四) 教学重难点

1. 正确、流利地朗读课文,背诵课文。
2. 能借助注释了解课文的意思,体会杨氏子的机智与幽默,激发热爱祖国传统文化的情怀。

(五) 教学准备

学生准备：预习课文,查阅资料,了解刘义庆的《世说新语》。
教师准备：了解背景知识,准备课件。

（六）核心问题

把课文读正确、读流利，理解课文内容，体会杨氏子的风趣和机智。

（七）设计思路

1. 故事导入，揭示课题，谈话激趣，激发学生的阅读期待。

（1）故事导入，激发兴趣。

（2）揭示课题，读题质疑。

（3）举一反三，理解题目意思。

2. 初读课文，整体感知，读出韵味。

（1）学生自由读

（2）个别朗读

（3）听范读

（4）指导朗读

3. 借助注释和联系上下文，理解字词，读懂故事。小组合作探究，逐句理解，用现代白话文说说这个故事。

4. 品读句子，感受杨氏子的机智。

5. 拓展练习，对学生进行爱国主义教育。

6. 总结学法，借助注释、联系上下文、想象、多读。

7. 布置作业。

二、教学过程

（一）片段一：故事导入，揭题入学，解读题目

（一）课件出示故事：群儿戏于庭，一儿登瓮，足跌没水中，众皆弃之，光持石击瓮破之，水进，儿得活。

问题：同学们知道这个故事吗？谁来说一说？

思考：你从哪里感受到司马光的聪明机智？

（二）谈话导入，揭示课题

同学们，司马光的机智勇敢真让我们佩服，今天，老师带领大家去认识一个机智聪慧的杨氏子。我们一起学习第21课《杨氏之子》。

1. 板书课题、读题。【板书：21 杨氏之子】

师：齐读课题两遍，读完课题，你有什么疑问？

生："氏"是什么意思？

生："之"又是什么意思？

生：课文题目是什么意思？要告诉我们什么呢？

师：同学们很会思考，能看课题提出这些问题。谁能帮他们解答这些问题呢？

2. 解释题目意思

师：姓者，统其祖考之所自出；氏者，别其子孙之所自分；"姓氏者，标示家族血缘之符号也"。简单来说，"杨氏"可以解释为杨家，"杨氏之子"意思是姓杨人家的儿子。比如：老师姓姜，在古代就是？（姜氏）那你就是？（指两个不同性别的学生回答。）

师：这样说，我该是"姜氏之女"，你该是什么呢？

生：刘氏之子、严氏之女等等。

3. 介绍作者和文章背景

反思：司马光砸缸是一个同学们都很熟悉的故事，但是对文言文版的司马光砸缸却稍显陌生，通过熟悉的故事来拉近同学同文言文之间的距离，可以激发学生的兴趣。通过交流，初步感知文言文，消除对文言文的畏难情绪。通过举一反三、由浅入深，理解题目的意思。

(二) 片段二：初读课文，整体感知，读出韵味

师：同学们，好多人认为古文难学，其实，学好古文最关键的一点就是多读，"书读百遍，其义自见。"说的就是这个道理，古时候，诵读诗文是一种很风雅的事，一卷在手，书声朗朗。下面，咱们来听一听，注意听人家是怎么读的。（屏幕出示课文，播放朗读）

师：怎么样，读古文也蛮有味道的吧？你们觉得朗读古文特别要注意什么？

生：停顿。

师：对，停顿。古文节奏分明，舒缓有度，读的时候要注意词语和词语，句子和句子之间的停顿。那你们听老师读一句。（读第一句）好听吗？对，只注意停顿还不行，还要注意读出古文的韵味，再听我读。这一遍怎么样了？我们读的时候尽量做到字断音连，音断意连。

师：来，你们根据老师的朗读，划一下第一句的停顿。

出示句子：**梁国/杨氏子/九岁**

师：指名读第一句，进行朗读指导。

师：小组合作，看看后面的句子该如何停顿，在文中划一划。

梁国/杨氏子/九岁，甚/聪惠。孔君平/诣其父，父/不在，乃/呼儿出。为/设果，果/有杨梅。孔/指以示儿/曰："此/是君家/果。"儿/应声答曰："未闻/孔雀/是夫子家/禽。"

师：对照大屏幕上，检查自己是否划正确。

师：同学们在划停顿的时候有没有发现什么问题？

生：有，把词语划在一起。

生：可以结合注释理解意思划。

师：同学们真厉害，也非常聪明。

生："家禽"是一个词呀？为什么要在"家"字后面停顿呢？

师："家禽"古意与今意的区别。现在的"家禽"指家里养的鸡鸭鹅等禽类动物，而文言文中"家"和"禽"各自独立表达意思，因此要停顿。本文中"禽"指的是鸟的意思。

1. 指名读，寻找机会指导多音字"为"和"应"的正确读法。

2. 女生读，男生读，全班齐读。

反思：通过小组合作划停顿，变被动接受为主动学习，培养学生动手和思考的能力。接着听范读及朗读指导，使学生学会正确、流利地朗读课文，为理解课文内容作了铺垫。

(三) 片段三：借助注释和联系上下文，理解字词，读懂故事

同学们，多读是一种很好的学习古文的方法，但是要想深入、准确地理解字词、句子的意思还得借助于课后的注释。现在请你利用课后的注释说说每句话的意思。遇到不明白的字词可以和身边的同学讨论一下，还不能解决的，做上记号，待会儿我们共同解决。

师：结合注释把这篇古文用现代的话说一说，谁先来说？

译文：梁国有户姓杨的人家，有个九岁的儿子，非常聪明。(有一天)孔君平来拜见他的父亲，他父亲不在家，孔君平就把这个孩子叫出来。杨氏子为孔君平端来了水果，水果中有杨梅。孔君平指着杨梅让杨氏子看，说："这是你家的水果。"孩子马上回答说："我可没听说孔雀是先生您家的鸟呀。"

师："**梁国/杨氏子/九岁，甚/聪惠**。"从这句话中你读出了什么？

生：这句话点明了文章要讲的人物，以及人物的特点——聪慧。起到总起全文的作用。

师：**孔君平/诣其父，父/不在，乃/呼儿出**。(诣：拜访；乃：就，于是)

生：孔君平来拜见他的父亲，他父亲不在家，孔君平就把这个孩子叫出来。

师：这里省略了很多内容，引导学生想象是谁呼儿出，为什么要呼儿出，会怎么呼？我们知道文言文语言精炼，省略了很多内容，也留给了我们很大的想象空间，需要我们去想象补白。

师：**为/设果，果/有杨梅**。谁为谁设果？

生：杨氏子为孔君平端来了水果。

师：**孔/指以示儿/曰："此/是君家/果。"**

生：孔君平指着杨梅让杨氏子看，说："这是你家的水果。"

师：孔君平为什么要指着杨梅对杨氏之子说"此是君家果"？孔君平说这句话的用意是什么？

生：因为果为杨梅，而杨氏子姓杨，孔君平在姓氏上做文章。

师：对。孔君平的意思是：你姓杨，它叫杨梅，你们本是一家嘛！你觉得孔君平是一个什么样的人？

生：风趣幽默的人。

师：那杨氏子是怎么回答的呢？

生：**儿/应声答曰："未闻/孔雀/是夫子家/禽**。

师：什么是"应声"？

生：(立刻、马上)

师：对，像刚才同学们这样的就叫应声答。"未闻"是什么意思？

生：(没有听说)

师：这句话的意思是？

生:孩子马上回答说:"我可没听说孔雀是先生您家的鸟呀。"

师:现在我们带着理解再来读课文,肯定能读得更有滋味。

【反思】通过小组合作,借助注释和联系上下文逐句理解,从而理解课文内容,突破难点。带着理解再读课文,有利于加深理解。

(四) 片段四:品读句子,感受杨氏子的机智

师:这篇课文中有两个句子很精妙,你知道是哪两句吗?

生:"此是君家果","未闻孔雀是夫子家禽"。

师:"此是君家果"是孔君平说的,他的言外之意是什么?你觉得孔君平是一个什么样的人?

生:杨氏子姓杨,水果叫杨梅,杨氏子和杨梅是一家。

生:孔君平是一个风趣幽默的人。

师:"未闻孔雀是夫子家禽"是杨氏子的回答。孩子的回答妙在哪里?(出示"品一品")。

师:这两句话精妙在什么地方呢?你能品味出妙在何处吗?

生:两人都在姓上做文章。

师:是啊,孔君平拿杨梅开孩子的玩笑,孩子也由孔姓想到了孔雀,这在兵法上就叫做——(以其人之道还治其身)

[板书: 杨氏子   杨梅

　孔 君 平   孔 雀]

师生角色练读,师扮杨氏子,学生扮孔君平。

生:此是君家果。

师:孔雀是夫子家禽。(生愕然)

生:此是君家果。

师:未闻孔雀是夫子家禽。(一部分学生开始思考)

师:趁机出示"比一比",从这两个句子中,你品味出了什么?

生:从老师的语气中体会到加上"未闻"的句子,语气更委婉。)

师:是啊,杨氏子没有生硬地直接说"孔雀是夫子家禽",而是采用了否定的方式,"未闻孔雀是夫子家禽",既表现了应有的礼貌,又表达了"既然孔雀不是您家的鸟,那杨梅又岂是我家的果"这个意思,多巧妙的回答!

师:从哪个词语可以看出杨氏子反应敏捷?

生:"应声答曰"。

师:读了这个故事,你觉得杨氏子是一个什么样的孩子?

生:聪明机智、幽默风趣。(板书:甚聪惠)

师:注释中解释:惠同慧,那么在古代,惠还有其他的意思,比如温顺、仁爱、善良、好处等。

师:杨家孩子不仅聪明,还是个有教养、有礼貌的孩子,课文什么地方能体现出来呢?

学生马上找到了四个地方:

1. "为设果"，客人来了，赶紧拿出水果招待，懂得待客之道，有礼貌；

2. "果有杨梅"，端出的水果还不止一种，很热情；

3. 把孔君平尊称为"夫子"，有礼貌；

4. 在"孔雀是夫子家禽"前加上"未闻"两字，语气婉转而又不失教养。

师：这么聪惠、有礼貌的孩子，你喜欢吗？捧起书来，让我感受到你的喜欢。（齐读）

反思：先通过扮角色品读句子，教师故意读错，引起学生注意并引发思考，让学生体会杨氏子的机智聪慧，在理解了课文内容的基础上再读课文，感受语言的魅力。

(五) 片段五：拓展练习，对学生进行爱国主义教育。

师：孔君平听到孩子的回答，他会怎样呢？

生：无言以对。

生：夸赞孩子回答巧妙。

生：夸孩子聪明。

师：我们来想象一下当时的情景，想想孔君平会怎么回答？

（孔君平一愣，继而笑曰："汝多智乎！妙哉，此乃可造之才。"）

师：同学们，如果当时孔君平无言以对，场面会非常尴尬。巧妙的回答不仅可以化解尴尬的气氛，面对敌人还可以化为有力的武器。

下面，我们一起看一下有关周总理巧妙回答记者问题的故事。

（播放西方记者故意刁难，周总理巧妙应答视频）

反思：通过拓展练习，培养学生阅读短篇古文的兴趣，观看视频，对学生进行爱国主义教育。

(六) 片段六：总结学法

借助注释、联系上下文、想象、多读。

(七) 片段七：作业园地

1. 背诵课文。

2. 拓展延伸，开展综合性学习。

阅读"综合性学习"，明确这次综合性学习的活动要求。

(1) 搜集积累在表达上很有特点的语言，比如：歇后语、谚语、幽默故事、古今笑话等。

(2) 搜集和拟写提示语、广告语。

(3) 收集相声、评书或影视剧的精彩对白，试着演一演。

总结：我们的母语汉语言有着无穷的魅力，有"口吐金兰"的语言香气，有"唇枪舌战"的语言战争，有"妙笔生花"的语言表达，有"舌战群雄"的语言典故，语言的艺术可以给我们的生活增添许多乐趣。也希望同学们能在生活中恰当地把握语言，远离粗俗的字眼，在唇齿间流露魅力，让它为我们的生活增添一份美丽与精彩！

反思: 作业是对学习的巩固,每篇课文学习结束后,都应当有针对性地布置一些作业。通过开展综合性学习,引导学生进行课外阅读,同时感受祖国语言文字的魅力。

三、教学体验

(一) 激发兴趣,消除畏难情绪

学生是第一次接触到古文,他们的心里充满了好奇,结合学生的这一心理特征,我把本篇课文的设计定位在激发学生学习文言文的兴趣。导入时,我由学生熟悉的故事入手,进行交流,然后课件出示"有朋自远方来,不亦乐乎!""三人行,必有我师焉"。我说这样的语言就叫文言,用文言组成的文章就是文言文,让学生感到了一种新奇和亲近。学习课文之前,我通过课件播放课文情景故事,让孩子爱上这个故事,激发孩子学习本文的兴趣。

(二) 以读促悟,体会语言魅力

学习古文,读是最难的,又是最重要的,说它难是因为不好读,说它重要是因为只有读,才能让学生懂,才能体会到古文的魅力。秉持这一观点,在课文的感知环节中,我舍得花时间让学生按照读通课文——读好课文——理解课文的程序好好读书。学生初读课文语速过快,停顿不准确。于是我采取教师示范朗读,并告诉孩子们正确的诵读方法:读古文时,要注意停顿,语速要慢。然后课件出示正确的停顿方法,让学生再读。可让学生尝试了读第一遍后,发现学生是一字一停地读,没有古文的韵味。于是我又范读了个别难读的句子,再采取领读、学生练读的方法,反反复复读了好几遍,学生总算把短文读流畅了。虽然这个过程花费很多时间,但孩子们仍然读得饶有兴趣。我明显地感受到读得越来越好了,理解也就加深了。为了让学生体会人物语言的风趣和机智,在学生读懂故事的基础上我抓住文章的中心词"甚聪惠",问:你觉得杨氏之子是一个什么样的孩子?用文中一个词回答。再问:你从文中哪里体会到杨氏子甚聪惠?引导学生抓住重点句子——孔君平与杨氏子的对话来理解,而后紧抓"应声回答"体会杨氏子的聪惠,比较"孔雀是夫子家禽"与"未闻孔雀是夫子家禽"来感受杨氏子回答之妙。此时,为了培养学生的想象能力,我又设置了一个语言练习:孔君平听完杨氏子的话会怎么想,怎么说呢?学生的回答不乏有赞美之声,惊诧之态。为了让学生读好这两句对话,我设计了男女分角色朗读,师生配合读。学生朗读情绪高涨,读的效果很好。在学生理解人物特点后,我适时问道:你们喜欢杨氏之子吗?学生回答喜欢。于是,我播放背景音乐,学生很快地投入进去,既读出了喜欢的感受,还读出了古文的韵味。

(三) "三教"引领教学,促进核心素养培育

为了整体感知故事内容,我先引导学生总结以前学习古诗的方法(看注释、联系上下文、查找资料书、多读)。然后告诉孩子们学习古文的方法跟学习古诗的方法大同小异,也可以用上这些方法。最后我再通过小组讨论三个问题:① 说说每个句子的意思;② 用自己的话讲一讲这个故事;③ 提出不理解的字词。这样孩子们用上学习古文的方法,自主学习,还解决

了疑难字词,学生都能把整句话的意思说出来,把故事完整地讲出来。

在教学小结时,我引导学生回忆学习古文的方法,激发他们读懂其他古文的兴趣,使得这堂课不单教会学生读懂《杨氏之子》,还能学以致用。

四、评析

文言文是语文教学的重要环节,又是学生学习的难点,传统文言文教学一直处在照本宣科地念翻译、背字词的阶段,这也引起了学生学习文言文的厌倦情绪。《杨氏之子》选自南朝刘义庆的《世说新语·言语》,这部书是一部主要记载汉末至晋代士族阶层言谈轶事的小说集。本文讲述了梁国姓杨的一家中的九岁男孩的故事。本课描述了杨氏之子的聪明,把杨氏之子巧妙的回答描写得惟妙惟肖,幽默风趣。这样一篇短小精悍又幽默风趣的文言文,学生们很有兴趣,阅读障碍又不大。五年级的学生第一次接触文言文,本文的教学对于以后的兴趣以及文言文学习习惯的培养都有着一个极其重要的作用,因此课堂设计就显得尤为重要。

本堂课很好地做到了激发学生对文言文兴趣这个目标。导入时,由学生熟悉的故事入手,进行交流,然后课件出示"有朋自远方来,不亦乐乎!""三人行,必有我师焉"。从简短且学生熟悉地文言入手告诉学生这样的语言就叫文言,用文言组成的文章就是文言文,让学生感到了一种新奇和亲近。但是教师通过课件播放课文情景故事,让孩子爱上这个故事,激发孩子学习本文的兴趣。这个环节值得商榷,对于文言文的学习,是先了解大意还是直接感受文言文原文对于学生帮助更大,我倾向于后者,让学生接触原汁原味的文言文,符合我们日常的阅读习惯,也有利于培养学生的文言文语感,这样在将来的学习中遇到篇幅更长的文言文就不会产生畏惧心理。

本堂课值得肯定的是,从诗歌的阅读方式引申到文言文的学习方式,这样从学生的原有知识储备中过渡到新的知识的学习,这是符合学生的心理特征和学习习惯的。总结出的看注释、联系上下文、查找资料书、多读这几个学习文言文的方法清晰有效,并且还在多读上做了详细的指导。本堂课的教师也是一位有心人,能从题目"杨氏之子"中给孩子们普及古代文化常识"姓氏",让学生在学习文言文的过程中,养成积累古代文化常识的习惯,这将让学生终生受益。

(评析人:黄真金 贵州师范大学教师教育学院)

《詹天佑》教学课例

一、教学设计

(一) 教材分析

《詹天佑》是人教版小学六年级语文(上)第二组课文的精读篇目。本组课文的单元训练重点是"注意收集有关的资料"。教师要抓住课文的拓展点,引导学生收集有关的资料,扩大阅读面,加深对课文的感悟。

本篇课文以人物的名字为题,重点记叙了詹天佑一生中最重要的事迹——主持修筑第一条完全由我国的工程技术人员设计、施工的京张铁路,为读者勾勒出了一位杰出爱国工程师的高大形象。文章层次清晰,内容生动,字里行间流露着对中国人民智慧和力量的赞颂,是进行爱国主义教育的优秀课文。

(二) 学情分析

本篇课文写了詹天佑主持修筑了京张铁路,充分体现出詹天佑是一位杰出的爱国工程师,表现出中国人的智慧和力量。文章选材典型,详略得当。修筑京张铁路的经过只选取了勘测线路、开凿隧道、设计"人"字形线路三件最困难的事来写,很能体现詹天佑的"杰出"。而开凿隧道,选了具有代表性的居庸关和八达岭两处隧道,很有代表性。课文重点突出,层次清楚,语言朴实通达,是对学生进行爱国主义教育的生动教材。六年级的学生已具备一定自主读书能力,通过自学读书,讨论交流,相信学生能完成对课文的理解。

(三) 知识点

1. 重点字词

字:庸　毅　讥　岔

词汇:阻挠　恶劣　毅然　讥笑　藐视

2. 表达特点

《詹天佑》一文中"詹天佑是我国杰出的爱国工程师",全文围绕"杰出""爱国"展开,此句用在文章的开头,是总起句,采用先概括后具体写作方法。

(四) 教学目标

1. 学习课文,重点感悟描写詹天佑言行、心理活动的语句,体会关键词句在表情达意方面的作用。

2. 通过有感情地朗读课文,了解杰出爱国工程师詹天佑的事迹,以及修筑京张铁路遇到的各种困难。

3. 体会詹天佑的爱国情操和杰出才能,激发学生热爱祖国、立志为祖国做贡献的思想感情。

(五) 教学重难点

1. 重点:了解詹天佑修筑京张铁路遇到的各种困难,通过具体事例体会詹天佑是"杰出的爱国工程师"。

2. 难点:引导学生揣摩文章表达的顺序,体会课文先概述后具体,记叙与描写相结合的写作方法。

(六) 设计思路

设计这一课我遵循了"自主、合作、乐学、创新"的教学模式。在课堂营造平等和谐的课堂气氛,让全体学生参与到学习全过程,成为学习的主人。并结合"以人为本"、"以读为本"的教学理念进行教学,让学生在阅读中感悟,重视阅读的感受和体验,激发学生勇于提出自己的看法和疑问,发展学生个性和创造性思维,实现知识教育和发展教育的双重价值。

二、教学过程

(一) 片段一:建构阅读话题导入新课

1. 板书课题"詹天佑",请学生谈谈课外搜集的关于詹天佑的资料。

2. 詹天佑是谁?——京张铁路(板书)的设计施工者。京张铁路修筑于哪一年?(1905年),距现在有多少年了?(一百多年)

3. 看了这些,你有什么想法?

4. 同学们,老师看了这些资料,产生了这样的疑问:一条铁路的诞生,为什么那么重要?我们为什么要如此隆重地纪念它呢? 就让我们到《詹天佑》这篇课文中寻找答案吧。

反思:詹天佑是我国铁路修筑史上最伟大的工程师,背景内容有助于学生理解课文,所以要着重介绍。通过对詹天佑接受任务背景的了解,促进学生对文本的理解,准确、全面、深刻地把握作品的主题,从而为下一步解决核心问题做铺垫。

(二) 片段二:回顾难忘岁月

1. 认真读课文,读准字音,读通句子。想一想,詹天佑在修筑京张铁路的过程中,带领工程人员做了哪些事情?

2. 检查生字词,以及课文读通情况。

3. 梳理文章脉络:读了课文,请告诉老师,从 1905 到 1909 年这四年中,詹天佑带领工程人员，做了哪几件事情？

4. 学生读后交流。教师引导概括，并板书：勘测线路、开凿隧道、设计线路，边板书边指导"勘测"的写法，提示"隧"字的读音。

反思：通过浅显的导学，引导学生回忆自己的学习历程，扣紧课文创设情境，启动了学生的学习激情。学生朗读既是对课前自学的一个检查，又是学生课堂学习文本的一个切入点。齐读的方式调动了全体学生对文本的注意力，个别朗读展示了学生的个性阅读。

(三) 片段三：再现动人细节

(一) 刚才，我们匆匆地回顾了一百年前的那段难忘的岁月，对詹天佑修筑铁路有了一个整体的了解。在修筑铁路的四年也就是1 400多个日子里，有许许多多让人难以忘怀的动人细节。下面，就让我们走近施工现场。(学生细读4—6自然段，圈圈画画。思考：詹天佑在修筑京张铁路的过程中有哪些细节，让今天的我们深有触动？)

(二) 组织交流，抓住关键语句，通过对重点词语的推敲，让学生展开想象反复朗读，体会詹天佑在修筑铁路过程中的爱国精神、杰出智慧、顽强毅力、以身作则、与工人同甘共苦等优秀品质。

詹天佑经常勉励工作人员说："我们的工作首先要精密，不能有一点儿马虎。'大概''差不多'这类说法，不应该出自工程人员之口。"

师：请大家想象一下，詹天佑会在哪些场合说这样的话？(指名回答)

引读，进一步体会"勉励"。

(以下只是预设的情境，教师根据学生的回答随机应变。)

师：在施工动员会上，詹天佑面对着所有的铁路建设者，慷慨激昂地勉励工程人员。

生：齐读"我们的工作……"

师：看到有些工程人员偶尔粗心，施工质量不是很高，詹天佑语重心长地勉励工程人员。

生：齐读"我们的工作……"

师：极个别工程人员工作马虎，消极怠工，詹天佑严厉而又恳切地勉励工程人员。

生：齐读"我们的工作……"遇到困难，他总是想：这是中国人自己修筑的第一条铁路，但愿那些外国人讥笑，还会使中国的工程师失掉信心。

1. 对句子的理解不一样，朗读的侧重点也就不一样，你认为怎样读最能表现詹天佑的爱国情怀，你就怎样读！请大家自由读这一句话。

(学生练读)

2. 学生朗读，教师随机点拨：

你强调这是中国人修的铁路。

你强调这是第一条铁路。

你强调詹天佑的坚定信念和克服困难的决心。

你强调修不好铁路的后果。

3. 那么詹天佑在铁路修筑的过程中究竟遇到了哪些困难呢？(请学生从书上找句子回

答）。教师追问：詹天佑在主持修筑铁路的过程中，仅仅遇到这些困难吗？

（屏幕出示以下文字——配上贝多芬的《命运》，老师低沉地读屏幕上的文字：慈禧太后为修颐和园每年不惜数千万金，但不愿为修路出钱。正当进入第二段工程时，汇丰银行又故意刁难，拖付工钱，造成误工。帝国主义乘机欺凌，他们派人打扮成猎人的模样，在詹天佑修铁路的地段巡视，以便随时看中国人出洋相。铁路要经过皇室亲戚的坟地，他们率众闹事，要求改道。詹天佑忍辱负重，花费许多时间跟权贵周旋，终于让铁路从墓墙外通过。和詹天佑一起修筑铁路的好友，有的坠落深涧不幸牺牲、有的中途逃跑；最让詹天佑感到痛心的是女婿遭绑架，心爱的女儿不幸身亡……）

4. 看完了这几段让人动容的文字，再来读读这句话，你一定有别样的触动。

指名读——齐读：遇到困难，他总是想……

5. 詹天佑不但自己经常这样想，他也经常这样勉励他身旁的工作人员——指名学生读：遇到困难，他总是勉励工程人员："遇到困难，他总是想：这是中国人自己修筑的第一条铁路，一定要把它修好；否则，不但惹那些外国人讥笑，还会使中国的工程师失掉信心。"

反思：通过以上几个简短的教学设计，旨在让学生知道詹天佑在修筑"京张铁路"时的社会环境及经济条件，让他们明白"困难面前不低头"的道理。使之成为学生学习的榜样，进一步激发学生学习的热情。

(四) 片段四：倾诉满腔情怀

1. 此后的几年里，詹天佑一直为祖国的铁路事业，四处奔走，呕心沥血。在极度紧张的工作中，他病倒了，而且，病势逐渐加重。他拖着重病之身，登上长城，面对着曾经战斗过的地方，想起祖国的坎坷命运，壮志未酬的詹天佑深情地说："生命有长短，命运有沉升。粤汉路没有修通，南北大干线无法建成，初建全国铁路网的梦想破灭，是我人生中的一大憾事。所幸的是，我的生命早已化成匍匐在华夏大地上的一段铁轨，也算是我坎坷人生中的莫大幸事了……"

（师一字一顿地）1919 年 4 月 24 日，詹天佑病逝，享年 59 岁。

2. 面对着将自己的生命化为铁轨的詹天佑，你心里一定有许多话想说。拿起你的笔，把你想说的写下来吧。写的时候，可以适当借助于课文中的词句来表达你的情感。（音乐《沉思曲》渐起……）

3. 学生在低沉的音乐声中写作。

4. 组织交流。

5. 让我们全体起立，面对着新落成的詹天佑铜像，表达我们的敬意！

下课！

反思：这一片段是本节课的教学重点，我让学生先沉下心来写，再交流自己真实的内心体会，既教了体验又教了表达。在体验过程中让学生的情感、品质得到净化升华，达到了教育立德树人的目标；在表达过程中，学生的语言表达能力得到了训练。每个学生有话可写，有话可说，课堂气氛活跃，学生表达的欲望特别强烈。

三、教学体验

(一) 紧扣单元主题，潜心解读教材

《詹天佑》是一篇写人的记叙文，是德育教育的好教材。文章选材典型，详略得当。修筑京张铁路的经过只选取了勘测线路、开凿隧道、设计"人"字形线路三件最困难的事来写，很能说明问题。而开凿隧道，只选山势高、岩层厚的居庸关和长度长的八达岭记叙，很有代表性。

教学本课，为了更好地突破教学重难点，我采用了围绕中心词，主动探索的学法；画一画，浅显明白；演一演，生动有趣等教学方法。在讲读第四自然段"勘测线路"部分时，我分三步走：

第一步，让学生带着明确的学习目标充分自由读：边读边用你喜欢的符号划出这一段中最使你感动的语句，并想想这些语句为什么使你感动？

第二步，围绕这一学习目标组织学生进行讨论：(学生 1：最使我感动的语句是：詹天佑经常勉励工作人员说："我们的工作首先要精密，……这类说法不应该出自工程人员之口。"因为这段话使我体会到詹天佑具有一丝不苟的工作精神。学生 2：最使我感动的语句是：他亲自带着学生和工人，……他常常请教当地的农民。因为读着这段话，我仿佛亲眼见到了詹天佑不辞劳苦地工作的情景。)学生在宽松自在的氛围中漫读，尽情表达自己的所思所得，充分比较分析自己与别人的差异，进行自发反馈、调整反思。

第三步，通过多种形式的朗读引导学生自主感悟。"语言"部分让学生转换角色朗读，体会人物品质：假设你是詹天佑你会怎样对工程技术人员说这番话？"一千个读者读哈姆雷特，就有一千个哈姆雷特"。学生的语言告诉我：他们心目中的詹天佑或语重心长，或和蔼而不失严肃……"行动"部分让学生想象画面朗读，体会人物品质：读了以后你仿佛看到了什么？听到了什么？此时此刻你心里是怎么想的？"心理活动"部分让学生假设情境朗读，体会人物品质：这条铁路一旦修不成就会使中国工程师失掉信心，如果修成了，就能鼓舞人民，突出詹天佑的爱国心。学生声情并茂的朗读，使我感受到：他们对詹天佑怀着无比崇敬之情。

(二) 巧设课堂情景，体验学的乐趣

在讲读第五、六自然段"开凿隧道"，"设计人字形线路"时，我采用了画一画、演一演的教学方法。居庸关隧道和八达岭隧道开凿的方法各自不同，前者采用从两端同时向中间凿进的办法，后者采用中部凿井法。这部分内容让学生在自读讨论理解课文的基础上用简笔画画出简单的开凿办法示意图，无须多讲，学生就能明白。詹天佑在修筑京张铁路工程中，最能突出表现其杰出才干的地方，就是设计了"人字形"线路。讲解时，我用动画出示火车上坡的情形，并配上录音朗读，学生边看边听边理解。这样，学生对詹天佑的"人字形"线路设计心悦诚服，不住地称赞"詹天佑的确是个杰出的工程师"。

学生通过读书、动手、动脑等实践活动，有了较深感悟，从而体会到了在生活中、学习中处处都需要创新精神，使学生得到了启发，对学生起到了导行的作用。

四、评析

《詹天佑》一文以我国杰出的爱国工程师铁路工程专家詹天佑的姓名为题,重点写了他一生中最主要的事迹之一,即修筑第一条完全由我国工程技术人员设计施工的京张铁路。课文详细讲述了修筑京张铁路时的背景和艰苦的地理环境,说明了修筑京张铁路经历了许多艰难。而詹天佑带领中国工程技术人员克服了重重困难,使得京张铁路提前两年竣工,有力地回击了帝国主义对中国人民的蔑视,维护了祖国的尊严。本文高度赞扬了詹天佑爱国的思想和杰出的才能,也表现了中国人民的智慧和力量。

本篇课文的教学意义不仅仅在教授学生学会读,更重要的是在课文的教授中,发挥课文的德育功效。习近平总书记 2014 年 5 月 30 日在北京市海淀区民族小学主持召开座谈会上讲话:"学校要把德育放在更重要的位置,全面加强校风、师德建设,坚持教书育人,根据少年儿童特点和成长规律,循循善诱、春风化雨,努力做到每一堂课不仅传播知识,而且传授美德。"课堂上教师不仅带领学生从人物詹天佑入手梳理了文章中詹天佑做出的突出事迹,还给学生搭建了学习支架,让学生在自读讨论理解课文的基础上用简笔画画出简单的开凿办法示意图,无须多讲,学生就能明白。詹天佑在修筑京张铁路工程中,最能突出表现其杰出才干的地方,就是设计了"人字形"线路。讲解时,教师用动画出示火车上坡的情形,并配上录音朗读,学生边看边听边理解。这样,学生对詹天佑的"人字形"线路设计心悦诚服,不住地称赞"詹天佑的确是个杰出的工程师"。这样的一个学习体验,让学生充分认识到詹天佑的伟大,以及他所设计的人字形的线路在当时的重大意义,提升学生的思维能力,让学生认识到詹天佑的伟大及其时代意义,这样的教学设计就使得爱国主义教育不只是停留在说教层面,而是通过阅读及课堂学习体验让学生得到精神的内化和理想的升华。

(评析人:黄真金　贵州师范大学教师教育学院)

《只有一个地球》教学课例

姜红(贵州省晴隆县第二小学)

一、教学设计

(一) 教材分析

《只有一个地球》是部编版六年级上册第六单元的第二篇课文。"只有一个地球"这是1972年在瑞典首都斯德哥尔摩召开的人类环境会议提出的响亮口号,本文以此为题,从人类生存的角度介绍了地球的有关知识,阐明了人类"只有一个地球"的事实,呼吁人类、应该珍惜资源,保护地球。

本文是一篇说明文,课文层次分明、脉络清晰。采用了列数字、举例子等多种说明方法,介绍了地球的多方面知识,有力地说明了"只有一个地球"的事实。课文语言准确、严谨,用词精当、贴切,体现了严谨的科学态度。

(二) 学情分析

1. 本班学生思维活跃,对于六年级的学生而言,已经具备了较强的阅读能力,善于发现问题,部分学生还能清楚地表达自己的理解。

2. 通过前一课《古诗三首》的学习,学生已经学习了抓住关键词句理解内容。本课的学习就是要引导学生抓关键句,理解课文内容。有了前面的铺垫,学生便能很快地进入学习状态。

(三) 课时目标

1. 引导学生抓关键句学习课文,理解宇航员的感叹"我们这个地球太可爱了,同时又太容易破碎了"并能说说课文讲了哪几个方面的内容。

2. 了解地球的有关知识,懂得人类的生存"只有一个地球"的道理,增强珍惜资源,保护地球的意识。

(四) 教学重难点

1. 重点:引导学生懂得"只有一个地球"的道理,增强珍惜资源、保护地球的意识。

2. 难点:抓住关键句,把握文章的主要观点:珍惜自然资源,保护地球母亲。

(五) 核心问题

"我们要精心地保护地球,保护地球的生态环境",这一结论是怎样一步步得出来的?

(六) 设计思路

1. 导入新课,初读课文,初步把握课文内容。

2. 体会课文是如何一步步得出"保护地球"的结论的。

(1) 体会地球的"可爱"之处

(2) 感悟地球的"易碎"

(3) 品读课文准确、生动的语言

3. 了解"人类移居"问题,呼吁大家保护地球。

4. 结合实际,设计环保宣传语、渗透法制教育。

5. 分层布置作业。

二、教学过程

(一) 片段一:导入新课,初读课文,初步把握课文内容

1. 谈话导入:(课件展示地球美丽的面貌)孩子们,在浩瀚无边的宇宙中,有一个美丽的星球,她是太阳、月亮的朋友,是人类美好的家园,她孕育了数以万亿的生命,并且一直无私奉献着,你们知道她是谁吗? ——地球。对! 今天,我们就一起来学习一篇有关地球妈妈的说明文——《只有一个地球》。

2. 板书课题,生齐读课题。

反思:激趣导入,以孩子喜欢的形式直观展现地球,让他们看到地球美的一面。

3. 初读课文,整体感知,初步把握文章内容。

(出示自读要求)

(1) 默读课文,读准字音,读通句子。

(2) 勾画出每一段的关键句,结合关键句,说说课文讲了哪几个方面的内容。

反思:于永正教授曾经说过"读书要有思考,读书要留下记号,读书要做批注,读书要有收获"。一开始要求学生默读课文,是为了让学生与文本进行对话,与作者的思维产生碰撞。另外,要求学生带着问题去默读课文,更能让他们沉浸到文本中去,用心感悟,从而有所收获,实现读书的价值。通过批画关键句的方式读懂每一段的主要意思,初步把握课文主要内容。

(出示词语)

师:认读词语,并能从各组词语中找出一个能概括地球特点的词。

生:(美丽壮观   渺小、资源有限、无法移居)

师:这么美的地球图片,是通过谁的眼睛看到的呢?

生:宇航员。

师:是呀,有幸飞上太空的宇航员看到这个美丽可爱的地球,发出了怎样的感叹?

生:"我们这个地球太可爱了,同时又太容易破碎了。"

(板书:可爱、易碎)

反思:教师要善于抓住教学的切入点,做到"牵一发而动全身"。只有找准教学的切入

点,抛出一个有价值的问题,才能正确引领学生展开全文的阅读。

(二) 片段二:体会课文是如何一步步得出"保护地球"的结论的

1. 体会地球的"可爱"之处

师:你从课文的哪些地方,可以体会到地球的可爱?

生:美丽而渺小。

生:晶莹的球体,水蓝色纱衣。

师:在文中第一、二自然段中找一找,画出相关句子读一读。

2. 小组合作,找出关键词。

3. 引导学生有感情的地朗读相关语句,从而感受地球的可爱。

师:同学们能抓住关键词来想象地球的美,这是一种很好的学习方法。然而,地球的可爱仅仅只在她的外表吗?从文中哪些地方可以看出来?请找出相关语句读一读。

4. 第二部分,让学生自主批画并交流

师:课文列举了哪些自然资源?地球给了人类什么?

生:土地资源、水资源、生物资源、矿产资源、大气资源。

5. 多媒体视频播放生机勃勃的地球视频

师:同学们,通过观看视频,咱们看到了美丽的风景,丰富的资源,地球妈妈是多么无私,多么慷慨! 她给了人类提供了丰富的土地资源、水资源、矿产资源、生物资源等等,她再一次让我们感受到了她的可爱。

反思:"阅读是一种被引导的创造"。让学生在主动积极的思维和情感活动中,加深理解和体验,有所感悟和思考,受到情感熏陶,获得思想启迪。在切入课题后,设疑,激起学生对课堂教学活动的极大兴趣,为下一步的学习作好心理准备。通过观看视频,让学生形象直观地感受地球的可爱,有助于对课文内容的理解。

师:同学们,这就是我们的地球,这就是人类的母亲,她是那么的美丽壮观,和蔼可亲。但是今天,就在今天,就在科学技术迅猛发展的今天,就在人类生活日益富足的今天,遨游太空的宇航员却发出了感叹"我们这个地球也太容易破碎了"。)

感悟地球的"易碎"

师:我们的地球母亲是那样的可爱,同时又是那样容易破碎。课文的哪些部分

1. 出示学习提示

(1)自读课文,用曲线画出描写地球容易破碎的句子;

(2)交流汇报,注意用上重点词语。

师:是谁造成了地球的这些变化?请用文中的话告诉我们!

生:是我们人类。从文中"因为人类随意毁坏自然资源,不顾后果地滥用化学药品,不但使他们不能再生,还造成了一系列生态灾难。"这句话可以看出。

生:还有,"但是,如果不加节制地开采,必将加速地球上矿产资源的枯竭。"

师:这句话中,我们可以抓住哪个词语体会?

生：抓重点词"不加节制"体会人类的自私。

2. 品读课文准确、生动的语言。

（1）"人类生活所需要的水资源、土地资源、生物资源等，本来是可以不断再生，长期给人类做贡献的。但是，因为人类随意毁坏自然资源，不顾后果地滥用化学药品，不但使它们不能再生，还造成了一系列生态灾难。"

师：删掉加点词语，与原句作比较，我们会发现"本来"一次说明了什么？

生："本来"说明地球本身有着丰富的自然资源，供人类生存有很多好处。

师："但是，因为……不但……还"则说明了什么呢？

生：说明人类自身的行为给自然资源乃至整个生态环境造成的严重后果。

（2）"它不是谁的恩赐，而是经过几百年，甚至几亿年的地质变化才形成的"

师：从"不是……而是"这个关联词语，你又体会到什么？

生：（体会矿产资源的宝贵和来之不易）

（3）"但是，如果不加节制地开采，必将加速地球上矿产资源的枯竭"

师：这句话中，你体会到什么？

生：破坏矿产资源的严重后果和保护矿产资源的重要性、迫切性。

3. 指导学生读好这些句子。（指导读出气愤、可惜等语气，从而读懂自然资源的有限与人类行为之间的内在联系。）

师：你还知道哪些行为造成了生态灾难？（播放课前搜集到的地球被破坏的相关图片和视频，更全面了解到地球的易碎）

生：（人类真贪婪啊！）

【反思】通过引导学生关注课文中的连词和副词的使用，采用删减词比较的方式，感受语言的准确、严谨、科学。设计问题"你还知道哪些行为造成了生态灾难？"，挖掘教材的"空白"处，让学生去"补白"，启发他们的想象力，提高他们的语言表达能力。人类怎样随意破坏自然资源？给人类又造成哪些威胁？文章没有具体描写，于是抓住文章中的这些精当之处，让学生联系生活实际去思考问题，从而深入了解地球"易碎"的主要原因。

(三) 片段三：了解"人类移居"问题，呼吁大家保护地球

师：是呀，人类太贪婪了。咱们的地球被破坏了，我们可以移居到别的星球上去吗？为什么？

生：不可以，科学家已经证明，人类除了地球别无选择。

师：所以咱们只能怎么办呢？（用文中句子回答）

生："我们要精心地保护地球，保护地球的生态环境。让地球更好地造福于我们的子孙后代吧！"

师：咱们一起看一段视频，播放视频《哭泣的地球》。

师：看这个视频，我想大家的内心也和老师的一样，很震撼吧？难怪宇航员会发出这样的感叹："我们这个地球太可爱，也太容易破碎了"。

反思：让学生能更全面了解到地球的易碎。通过观看视频，使学生更加具体，形象地感受到地球的易碎。地通过以上环节的学习，学生已经了解到地球对人类的重要性，同时也了解到地球容易"破碎"的原因。一步一个脚印，一个为一个做铺垫，以情传情，增强学生保护地球的意识。

(四) 片段四：结合实际，设计环保宣传语、渗透的法制教育（《中华人民共和国环境保护法》）

师：孩子们，课文学到这里，我想大家都已经知道，我们人类欠地球母亲的太多了，下面，就让我们一同来设计一些环保宣传标语，呼吁大家一起保护我们这个美丽可爱的地球吧。）

生：金山银山不如绿水青山。

生：地球是我家，保护环境靠大家。

生：保护地球，人人有责。

师：同学们，人类对环境的保护意识已在加强，我国颁布了《中华人民共和国环境保护法》，而且每年的4月22日是世界环境日，呼吁人们保护地球，保护人类的家园。

反思：拓展训练我设计了结合实际，设计环保宣传标语，引导学生讲课文中学到的知识迁移到生活中，达到学以致用。同时还渗透法治教育——《中华人民共和国环境保护法》。

(五) 片段五：分层作业布置（自主选择）

1. 设计一两条保护环境或节约资源的宣传语，和同学交流。

2. 写一份保护地球的倡议书。

反思：在"双减"大背景下，科学地布置作业。

板书设计：

19　只有一个地球

可爱　　　　　　　　易碎

美丽壮观　　　　　　资源有限

无私慷慨　　　　　　无法移居

（保护地球　人人有责）

反思：我使用一个地球的图片，抓住本课的两个关键词和本文要突出的主题进行板书，达到既精练又直观的效果。不仅突出了课文的重点，而且结构合理，给人以美的感受。

三、教学体验

(一) 紧扣单元主题，潜心解读教材

本单元的主题是"抓住关键词句，理解课文内容"，语文要素是：体会作者是怎样一步步得出"保护地球"这一结论的，写作要求是"写一份保护地球的倡议书"。本单元只有一个学习

任务,即学写倡议书,所有的内容都是为了完成此次习作学习任务服务的。我重点抓住关键句"我们的这个地球太可爱了,同时又太容易破碎了"进行教学。在教学设计中教师力求做到,激发学生好奇心,唤起学生的求知欲,发挥学生的主动性,培养学生的合作意识和进取精神,努力使学生成为学习的主人。并始终把握三个教学原则:内容以"地球"为主,不庞杂无序;形式以"读为主",不处处设问;方法以"悟"为主,不逢词必解。

(二) 设置核心问题,引领学生多思

本节课抓住一个训练点——"抓住关键词句,理解课文内容"设置核心问题:作者是怎样一步步得出"保护地球"这一结论的? 这是本课时的教学重点,引导学生带着这样的问题走进文本,解读文本,适时完成课后题的训练。课后题又是直接指向本单元的语文要素的,在教学时,侧重引导学生读懂自然资源的有限与人类行为之间的内在联系。

(三) 创设生活情景,体验学的乐趣

在教学中,我结合教材内容和学生生活实际,不断为学生创设一定的情景,引导学生体验学习的乐趣。如在让学生体会地球的"可爱"时,我让学生观看图片,直观地感受到,美美地体会! 再播放《地球的哭泣》时,同学们不约而同地发出了惊叹——啊,人类太贪婪了! 在这样直观的体验中,学生不仅留住了挥之不去的瞬间,也对地球的可爱和易碎有了更深刻的理解。

(四) 拓展训练,学以致用

拓展训练我设计了结合实际,设计环保宣传标语,引导学生将课文中学到的知识迁移到生活中,达到学以致用。同时还渗透法治教育,介绍了《中华人民共和国环境保护法》。

四、评析

《只有一个地球》以科学小品文的形式,从人类生存的角度介绍了地球的有关知识,从地球的美丽和渺小,自然资源有限、目前人类无法移居三个方面说明了"只有一个地球"的道理,呼吁人类应该精心地保护地球,保护地球的生态环境。这篇文章以题目贯穿全文,主题重大,意义深远,学生通过学习,不仅能获得地球的有关知识,而且能增强环保意识,为他们将来自觉地负担起环保的责任打下基础。

本课的设计对于单元教学的任务认识清晰,且把握准确。能很好的完成单元教学中的"抓住关键词句,理解课文内容"、"写一份保护地球的倡议书"这两大任务。在具体的课堂教学中,教师能够借助视频资源和联系学生生活实际,创设情景,让学生更好地去理解这按课文。这堂课的核心问题"作者是怎样一步步得出'保护地球'这一结论的?"设置到位,符合学生学情,也能很好引导学生理解课文,探究课文内容。在拓展部分还做到的法制教育渗透。

（评析人：黄真金　贵州师范大学教师教育学院）

《新型玻璃》教学课例

王娇（贵州省印江县实验小学）

一、教学设计

（一）教材分析

　　《新型玻璃》是人教版五年级上册第三单元的内容。本单元的课文都是说明文，目的是激发学生探索自然科学的兴趣，学习一些常用的说明方法，并且学习运用作者准确用词、形象表达的写作方法。本课时设计思想：一是，抓住文本，学习作者"恰当运用说明方法""准确用词，形象表达"的表达方法。二是通过"小发明家设计展示"的实践活动，引导学生把所学的表达方法运用到介绍自己设计的新型玻璃中。

（二）学情分析

　　学生在三年级《太阳》一课和本单元《鲸》《松鼠》两篇课文已经对说明文的一些说明方法有所了解。文中介绍的几种玻璃很新奇，生活中不常见，我们班学生思维比较活跃，想象力丰富，容易被课文内容所吸引。文章在介绍各种玻璃时，都是先介绍特点再讲作用，因此学生比较容易掌握本课的基本内容和基本的说明方法，但却容易忽视作者介绍每一种新型玻璃的具体方法，即表达方式的深层次探究。若要求在习作中学会运用作者的表达方法，可能会有一定的难度。

（三）课时目标

　　1. 认识五个生字，会写八个生字。

　　2. 能正确、流利、有感情地朗读课文。理解课文内容，知道课文介绍的五种新型玻璃的特点和用途。

　　3. 领悟作者的表达方法，并在实践活动中学习运用。

　　4. 了解迅速发展的当代科技及其在现代化建设中的作用，激发学生爱科学、学科学的积极性和为科技事业的发展进步而勤奋学习的自觉性。

（四）教学重难点

　　1. 领悟作者的表达方法，并在实践活动中学习运用。

　　2. 了解迅速发展的当代科技及其在现代化建设中的作用，激发学生爱科学、学科学的积极性和为科技事业的发展进步而勤奋学习的自觉性。

（五）核心问题

作者是怎样把这几种新型玻璃的作用及特点表达出来的?

（六）设计思路

1. 激趣导入,激发学生求知欲

从说生活中的玻璃入手,激发学生学习本课内容的兴趣。

2. 随文识字,重视写字教学

A 用自己的话介绍课文中的新型玻璃,在介绍中必须用文中的五个生字。

B 以"盗"为例,追溯字源,发展学生记字的思维。

3. 小组合作,整体感知课文

A 自由读文,思考:这篇课文介绍了哪几种新型玻璃?

B 这些新型玻璃各有哪些作用? 整体把握课文内容,为体会作者的写法做好铺垫。

C 引导学生产生设计新型玻璃的欲望。

4. 了解新型玻璃的特点及作用,体会作者的表达方法

A 默读课文,勾画出几种新型玻璃的特点及作用。

B 设计表格,对几种新型玻璃的特点及作用进行归纳,培养学生独立思考的习惯。

C 揣摩作者介绍新型玻璃中的重点词句,体会这些说明方法的好处。

5. 拓展延伸,把学习与实践融合一体

A 自己设计一种新型玻璃,画出设计图,并加入功能介绍和使用方法。

B 学习作者说明事物的方法,把自己设计的新型玻璃用文字推销给大家,还可设置自己的广告语。通过实践活动,让学生获得生活的体验,将所学知识运用于实际生活中,将文本中所学的表达方法内化为自己所得。

C 选出"最佳发明家""最佳推销员"。

二、教学过程

（一）片段一:激趣引入,激发学生求知欲

师:说到玻璃,大家都很熟悉,它广泛应用于我们的生活之中,谁来说说生活中你见到的玻璃都有哪些特点?

生 1:生活中的玻璃是透明。

生 2:也有不是透明的,有一种玻璃外面看不见里面,里面却能看见外面。

师:是的,你是个细心观察的孩子。这样的玻璃是在原来透明的玻璃的基础上改造的、是升级版的玻璃。（生笑）

生 3:生活中的玻璃有厚的,也有薄的。

生 4:根据用途的不同,厚薄也不同,价钱也不一样。（生笑）

师:的确是这样,物有所值嘛。

生：生活中的玻璃比较坚硬，但也容易碎。

师：其实也有许多人有这样的困惑，你们是不是都在想怎么来改进玻璃的这种缺点呢？其实早就有人帮你们解决了这个难题，让我们一起走进今天的课文（板书课题：新型玻璃）

反思：引入新课时，让学生讨论交流自己在生活中看到的玻璃，了解生活中的玻璃的特点及存在的不足，激发起学生学习课文内容的兴趣。

(二) 片段二：了解玻璃特点，学习说明方法

师：这篇课文的题目是《新型玻璃》，文中介绍了几种新型玻璃呢？请同学们自读课文，边读边划出文中介绍的新型玻璃的类型。（生自读课文，汇报）

生：课文介绍了"夹丝网防盗玻璃""夹丝玻璃""变色玻璃""隔热玻璃""吃音玻璃"五种玻璃。

师：这几种玻璃各有哪些特点呢？（学生举手急欲想说）这么多种玻璃一起说，难免会让听的人听糊涂。

（课件出示要求）请同学们分小组讨论一种新型玻璃，并设计一个统计表，把新型玻璃的类型、特点和作用归纳出来，做好后，带着自己的统计表给大家进行介绍。（学生小组绘制统计表，汇报）

师：哪一组先来展示自己小组设计的表格？

生 1：我们组汇报的是夹丝网防盗玻璃。夹丝网防盗玻璃，它的特点就是防盗。用途是在银行以及存放重要物件及建筑中都可以采用。

生 2：我们组汇报的是夹丝玻璃。它的特点是坚硬，适用于高层建筑。

……

师：通过刚才的汇报，同学们对这五种玻璃的特点和功能已经有全面的了解。表格的作用就是把大量的资料系统化、条理化，能让我们对内容一目了然，更加清晰。这是我们学习收集、整理资料的一种好方法。

师：我们除了了解五种玻璃的特点和功能以外，还要进一步学习本课的说明方法。

课件出示：阅读思考

1. 作者在介绍这些玻璃时，运用了哪些说明方法？请找出来。

2. 选择恰当的说明方法添加在你设计的表格里，然后完整地把新型玻璃的特点用途，及说明方法介绍给自己的小组同学听。

生 1："夹丝网防盗玻璃"，它的特点就是防盗。用途是在银行以及存放重要物件及建筑中都可以采用，作者采用的说明方法是举例子。

生 2："变色玻璃"的特点是能随着阳光的强弱而改变颜色的深浅，作用是调节室内光线，作者采用的说明方法是打比方。

生 3："隔热玻璃"的特点是能阻挡强烈的阳光、阻挡冷空气，作用是使室内冬暖夏凉。

……

反思：农村的孩子能在文本中收集资料，但整理资料的能力较弱，以至于在汇报交流时

总会显得有些凌乱。让学生制作表格,既是让学生加深对课文的理解,更是希望通过这样的方法,让学生学会整理搜集资料的方法。

(三) 片段三:领悟方法,实践运用

(生齐读课文最后一个自然段)

师:在未来,会有更多功能的新型玻璃问世,你们可能就是某一新型玻璃的发明者。

生:(有些学生笑)不可能。

师:许许多多的发明创造都是在人们对未来的美好憧憬下去努力实现的,今天,让我们来勾画未来,设计一款你心目中的新型玻璃。

生:好!

师:我们的设计分两个阶段去完成:

第一阶段(课前预习单)

要求提示:请同学们回想现实生活中的玻璃存在哪些缺陷呢? 展望一下未来的玻璃能克服这些缺陷吗? 你还希望未来的玻璃有哪些功能? 拿起手中的笔先画一画,然后写一写你心目中未来的玻璃,记得要介绍玻璃的功能和使用方法哦!

第二阶段,学习作者介绍新型玻璃的方法,把自己设计的玻璃的功能和特点用文字表达出来,让更多的人了解到你的设计。

(展示课前设计)

生1:灰尘是一个难以制服的敌人,刚刚赶走他,它就又来光临,怎么办呢? 室内总有异味怎么办呢? 哈哈……这还不简单呐,快装上清洁玻璃吧,它能吸入灰尘,并把灰尘变成一种大自然的香气……清洁玻璃,让你跟灰尘说拜拜,你值得拥有! 火爆价:88 899元! 赶快抢购吧!

生2:火爆了! 火爆了! 原价要2 958的幻境魔力玻璃,现在只要298! 如果你还在为没有钱去世界旅行,为没有钱不能去游乐园玩耍,那就快来购买幻境玻璃吧! 只要你戴上和玻璃相连的眼镜,然后在控制器上写上你要去的地方,便可看见奇迹……

师:哟,这两位同学不但介绍了所发明玻璃的功能和用途,而且设计了广告词,宣传推销给了更多的人,让大家都能用上更多功能的玻璃。

师:同学们的发明创造的确很吸引人,如何把你的发明创造介绍给更多的人呢? 咱们下面一起来学习用文字来介绍自己发明的新型玻璃。

生:好!

师:那怎样才能把自己的发明更好地介绍给更多的人呢? 我们一起来回顾一下作者是怎么介绍新型玻璃的。

生1:作者用了举例子、作比较、做假设、列数字、打比方等说明方法来介绍五种新型玻璃。

生2:在介绍这些玻璃的时候,作者用了总分的方法。先介绍玻璃,再详细介绍特点和用途。

师:那同学们注意到每种玻璃是怎么过渡的吗?

生1：夹丝网防盗玻璃是用故事引入的，夹丝玻璃是用比较引入的。

生2：吸热玻璃是假设引入的。

师：在作者介绍这些玻璃的时候哪个句子给你留下了很深的印象？

生1：作者在介绍夹丝网玻璃时用了一个排比句（……可以采用……），突出了夹丝网玻璃用途广泛。

生2：作者在介绍夹丝玻璃时，用了一个"藕断丝连"形象地把夹丝玻璃的特点形象地表达了出来。

……

师：是啊，很多人都觉得说明文读起来很枯燥，但在这篇课文里，我们可以看出作者每介绍一种新型玻璃，都用采用了不同的方式来表达。作者写法上的变化让文章读起来不枯燥，更吸引人、更有趣了。所以，大家可以在自己的介绍中采用作者的这些说明方法。

（学生练笔：写介绍，汇报）

师：谁来念念自己的"大作"？

生1：夜深了，五光十色的灯光照亮着一座繁华的城市，忽然，这个城市变得黑漆漆的，这是怎么回事呢？哦！原来是停电了，按平时大家都要抱怨"天呐！又停电了，这可怎么活呀？""怎么办？我的作业还没写完呀！"不过，现在没关系了，有了光源玻璃大家可以在黑暗里写作业，爸爸妈妈再也不用担心我的学习啦！……

师：你们认为她写得怎么样？

生（评价）：我觉得她写得还不错，用一个故事引入，和我们的作者用了一样的方法。

师：故事引入介绍这种新型玻璃，让读者一起身临其境，引起读者的悬念，给读者留下了深刻的印象。

生2：还有一种玻璃，是学生们恨之入骨的玻璃，叫做"监控玻璃"你一回到你的房间，它就会说："主人，该学习了。"它"头上"还有一个监控器，如果你在玩耍，他就会把这一切发在家长的手机上，如果家长下达命令，比如说：让他玩吧，不要拦他等，他就不敢再吱声了。

师：这种新型玻璃一定是家长们的抢手热品。（学生笑）大家觉得他写得怎么样？

生：他用了假设的方法，把这种玻璃的特点和作用写得十分生动、有趣。

师：我们的作者也采用了这种方法，学以致用，你很会学习。

……

反思：通过画设计图、广告词的实践活动，学生亲历了体验过程，激发了学习兴趣。通过学习表达方法，并运用于自己的发明创造之中，将语文学习的成果运用于生活实践，从而沟通语文与生活的联系——"让语文走进生活，在生活中学习语文"。

三、教学体验

（一）创设情境，促进学生主动发展

"教学的艺术不在于传授本领，而在于激励、唤醒、鼓舞。"学生是学习的主体，有效的教学

首先要唤醒、激发学生主动参与学习的意识，使学生产生学习需求。开课伊始，我以"说说我们生活中的玻璃都有哪些特点？"这个贴近学生生活的问题打开了学生的话匣子，既激发了学生表达兴趣，又让学生了解到玻璃的用途及缺点，从而点燃了学生改进玻璃的欲望，从"要我学习"变为"我要学习"。为后面的想象设计、推荐介绍自己心目中的新型玻璃等教学做好了铺垫。

(二) 合作学习，列表归纳

本册语文书的学习目标中，要求教师引导学生总结交流整理资料的方法，提高学生搜集资料与处理资料的能力。本篇课文结构清晰，学生能很准确地找到相关新型玻璃的信息，是指导学生搜集资料与处理资料的好范本。教学中，我引导学生通过小组交流、合作学习，经集体思维的碰撞后设计表格，把自己搜集到的资料进行归纳整理，学生对列表归纳这种整理资料的方法，有了较深入的认识和体验。另外，学生在制作表格的过程中，迅速地把握了课文的主要内容，文中新型玻璃的特点及作用也清晰地印在了脑海里。

(三) 揣摩文本，领悟方法

《语文课程标准》第三阶段的阅读要求中提出：在阅读中了解文章的表达顺序，体会作者的思想感情，初步领悟文章的基本表达方法。本课是一篇说明文，我除了引导学生了解认识"五种玻璃的功能和用途以外"，更加关注让学生体会作者说明方法的运用，以及准确用词、形象表达的写作方法。如：我先引导学生阅读文本，谈作者介绍新型玻璃运用了哪些说明方法，让学生在读中悟写法；接着又回顾作者是怎么介绍新型玻璃的，并试着把这些表达方法运用到小练笔之中……由于思想上有明确的认识，所以，本课教学具有浓浓的"语文味"，避免了把说明文的教学带向"科学课"的误区。

(四) 拓展与实践，语文与生活联系

创新思维是素质教育的核心。在教学最后的拓展实践环节——让学生设计自己心目中的新型玻璃时，先让学生回想生活中的玻璃存在哪些缺陷，"没有需要就没有创造"。这个现实问题一下子刺激了学生的探究欲望，他们跃跃欲试，积极主动地思考问题，想象未来，有力促进了学生创新思维的发展。

语文学习要服务于生活。说明文属于应用文体，它与社会生活联系紧密。在学生设计玻璃、设计广告词及介绍活动的环节，我将文本引向了生活，引导学生回顾、交流作者是怎样介绍新型玻璃的，很快他们发现了作者在表达时运用的方法，并试着把这些表达方法运用到介绍自己设计的玻璃里，达到学以致用的目的。最终沟通了语文与生活的联系——"让语文走进生活，在生活中学习语文"。

整个拓展实践过程，学生亲身体验到思考带给自己的乐趣，体验到发明来自于对生活的细心观察、发现。

四、评析

这篇课文紧紧扣住一个"新"字,分别介绍了夹丝网防盗玻璃、夹丝玻璃、变色玻璃、吸热玻璃、吃音玻璃五种新型玻璃的特点和它们在现代生活中的广泛应用,鼓励人们运用新的科学技术创造出更多的新型玻璃。全文一共6个自然段。前5个自然段依次介绍了5种新型玻璃的特点和作用。第6自然段总结全文,说明了新型玻璃在现代化的建筑中的重要作用,预言人们将会创造出更多的奇迹。

本课能抓住本篇文章的文体特征,引导学生了解认识"五种玻璃的功能和用途以外",更加关注让学生体会作者说明方法的运用,设计了表格,给学生搭建了学习支架,让学生更好更快地梳理本文说明方法的运用,在文本阅读过程中充分体验说明文的文体特征以及这篇文章的说明方法,且教师更方便评价学生的学习成果,及时调整教学内容及方向。

在本课的设计中,教师不仅设计了文本阅读的部分,也体现"三教"理念,把表达的教学也设计到课堂中,让学生体会作者说明方法的运用,以及准确用词、形象表达的写作方法。如:先引导学生阅读文本,谈作者介绍新型玻璃运用了哪些说明方法;让学生在读中悟写法;接着又回顾作者是怎么介绍新型玻璃的,并试着把这些表达方法运用到小练笔之中。

本文的难能可贵之处便在于让学生设计自己心目中的新型玻璃,这也是本堂课联系实际生活的延伸部分,通过文本的阅读激发学生的思考,让学生在这几种玻璃的基础上并结合生活实际设计自己心目中的新型玻璃,这样不仅能检测学生对文本的理解能力,还能激发学生把学过的知识运用到现实中的动力和培养学生的创新思维能力。美中不足的是,让学生写广告词这一设计同本文的说明文相去甚远,且对于广告语写作的基本要求没有在课堂中讲清楚,学生在写广告语的过程中没有清晰的抓手,点评写广告词这一块也略显仓促,学生的广告词很精彩,却没有总结出学生的精彩之处,不失为一个遗憾。

(评析人:黄真金　贵州师范大学教师教育学院)

《掌声》教学课例

李国燕（贵州省习水县金州实验小学）

一、教学设计

(一) 教材分析

"掌声"是新部编版教材三年级上册第八单元的一篇精读课文,本文讲述了一个感人的故事。因身体残疾而内心忧郁、自卑的小女孩英子,在一次偶然的机会中不得不上台讲故事。她本以为会被无情地嘲笑,想不到同学们却给了她鼓励的掌声。从此,英子变得开朗、自信,从此微笑着面对生活。全文结构清晰,可以分成"掌声前""两次掌声""掌声后"3 个部分,语言质朴,但看似平淡的语言中饱含着充沛的情感,尤其是对人物神态、动作的描写,生动地反映了人物内心的情感,表现了同学之间的关爱、鼓励和尊重,蕴含着丰富的人文内涵,也深化了本单元"爱"的主题。

(二) 学情分析

中年级的阅读教学要能够引导学生"联系上下文,体会课文中关键词句在表情达意方面的作用","能够把握文章内容,体会文章表达的思想感情"。本班学生在平常的学习中,乐于抓住文中的重点词句来表达心中所想、所感、所悟。还有部分学生也能在别人的带动、感召下,努力向他人学习,阐述自己的想法和感受。

(三) 知识点

通过英子获得掌声前后的变化,让学生感受鼓励和关爱蕴含的强大力量,突出"爱"的主题。

(四) 教学目标

1. 认识"默、姿"等 11 个生字,读准多音字"落、调",会写"掌、班"等 11 个生字。会写"掌声、文静"等 16 个词语。通过联系上下文体会两次掌声里的深刻含义。

2. 通过师生共学、自主探究、发散想象等方法从语言文字中体会人物的内心情感,从而懂得并愿意主动关心、鼓励他人,并珍惜别人的关心和鼓励。

(五) 教学重难点

1. 重点:引导学生整体把握课文内容,感受英子在掌声前后的变化以及掌声的内在含义。

2. 难点:通过英子获得掌声前后的变化,让学生感受鼓励和关爱蕴含的强大力量。

(六) 核心问题

英子前后有什么变化？为什么会有这样的变化？

(七) 设计思路

本篇课文的教学,我首先注重将新课标要求——体现自主、合作、探究的学习方式贯彻落实到课堂中,还课堂给学生。其次,用"三教"理念(教思考、教体验、教表达)引领我的课堂教学,先以核心问题为突破口,让学生带着问题默读课文,整体感知英子前后的变化,思考英子变化的原因;再引导学生从描写动作、神态的语句中,获得人物的内心情感体验;最后从课堂交流和课后练习"试着转换人称,以英子的角度复述故事片段"中,让学生练习口头表达与书面表达。

二、教学过程

(一) 片段一：自学互助,探究新知

小组合作学习,识记生字,读通课文。

师：老师想知道同学们学得如何,请看,(出示词语,指名认读)谁能读得又快又准？

多种方式读词,适时正音。

师：刚才同学们在合作学习生字的时候,都用上了哪些识字方法呢？

生1："姿"要注意读准平舌音,可以组词"姿势"、"姿态",因为主要是用来形容女孩子的,所以下面的部首是"女"字。

生2："烈、述、忧"等形声字可以根据构字特点读准字音,理解字义。

师：现在,我们让这些新词回到课文中,同学们还能读准她们吗？请同学们自由读课文,注意读通句子,把课文读流利。

生自由读文,并相互检查。

反思：语文课程标准特别强调"积极倡导自主、合作、探究"的学习方式,学生才是学习的主体。经过一、二年级的学习,学生已经具备初步的识字能力,到了三年级,老师就应该大胆放手让学生们自主选择喜欢的学习方式,发挥独立识字的能力,真正实现叶圣陶老先生的教学思想"教是为了不教",这是教学的终极目标,也是学生终身发展所必备的能力。然而,一个班的学生水平参差不齐,学习能力有的发展快,有的发展慢,怎样促进共同发展呢？小组合作学习就是最好的方式。在一个学习小组内,有些同学这种能力强一些,有些同学别的能力强一些,在一起互相带动、互相提高,在每一次的互助学习中,最终全部同学都能学有所获。

(二) 片段二：读思结合,共情体验

学生快速默读课文,边读边在文中划出描写两次掌声的相关句子,并思考其中的含义。

师：第一次想起掌声是在什么情况下？谁来读读相关的句子。

生1：(读)："就在英子刚刚站定的那一刻,教室里骤然间响起了一阵掌声。"那掌声热烈

而持久。第一次掌声是在英子鼓起勇气走上讲台后,同学们给她掌声表示鼓励。

师:那你知道"骤然"是什么意思吗?

生1:不知道。

生2:老师,我知道,"骤然"就是很突然,这里是说同学们突然给英子鼓起掌来。

师:同学们为什么会有如此热烈而持久的掌声?我们来看看英子的表现。

出示:英子犹豫了一会儿,最后慢吞吞地站起来,眼圈儿红了。在全班同学的注视下,终于一摇一晃地走上了讲台。(齐读)

师:"犹豫"是什么意思?(拿不定主意)面对上台讲故事,英子不知道怎么办,她当时的心里会怎么想?谁来猜测一下?

生3:英子可能在想"我要是上去吧,同学们看到我的脚一定会嘲笑我的,以后他们更看不起我,可我要是不上去吧,老师肯定会批评我的。我到底是上去呢还是不去?"

师:英子的犹豫归根结底都来源于她腿有残疾,不敢面对同学。我们一起来看看平时的英子是一个怎样的孩子。(出示课件:她很文静,总是默默地坐在教室的一角。上课前,她早早地来到教室,下课后,她又总是最后一个离开,不愿意让别人看见她走路的姿势。)

师:从这些句子中,你感受到平时的英子一直是一个怎样的孩子呢?

生4:老师,我感觉平时的英子很自卑。

师:你是从哪些地方感受到她自卑的呢?

生4:因为她自卑,所以她总是(默默地坐在教室的一角)。因为她自卑,所以上课前(她总是早早地就来到教室,)下课后,(她又总是最后一个离开)。因为(她小时候生过病,腿脚落下了残疾,不愿让别人看见她走路的姿势)。

师:长期以来,因为腿有残疾,英子将自己封闭,孤独自卑的她面对老师让她上台讲故事,是多么犹豫啊!再听老师读读这句话(英子犹豫了一会儿,最后慢吞吞地站起来,眼圈红红的)请同学们再自由地读一读这句话,看看你能读出英子什么样的心情?

师:这个残缺的女孩,尽管自卑,尽管矛盾,尽管难过,但她还是站了起来,在全班同学的注视下,她终于一摇一晃地走上了讲台。一摇一晃走上讲台的英子此时心情是怎样的?他这样艰难的走上讲台容易吗?

生5:我觉得此时的英子非常不容易,内心很害怕、很难过。

师:你能通过朗读表现出英子的害怕和难过吗?

生读句子。

师:当英子战胜内心的恐惧,终于走上讲台的那一刻,教室里发生了什么?(骤然间响起了一阵掌声。)

师:同学们的这一阵热烈而持久的掌声是想告诉英子什么呢?

学生们陷入深深的思考,老师静静地等着同学们思考好以后再请同学起来说。

生6:同学们是想用掌声鼓励英子,告诉英子"我们没有看不起你"。

生7:同学们想告诉英子"你别害怕,我们都会支持你的"。

生8:同学们是想告诉英子"你勇敢一些,自信一些,你和我们都是一样的。"

师：同学们的话语中流露出了热情的鼓励，真诚的关爱，我们也将这浓浓的情谊化作热烈而持久的掌声送给英子吧！（热烈而持久地鼓掌）让我们一起来通过朗读把这份热情的鼓励、真诚的关爱再一次传递给英子吧！

生读文。

师：出示课件句子，引读：她的普通话说得很好，声音也十分好听。故事讲完了，教室里又响起了热烈的掌声。

师：教室里再次响起了掌声，这掌声又有什么含义呢？和第一次的掌声含义一样吗？请同学们仔细思考一下。

生：夸奖、表扬、赞扬、欣赏，赞许、赞美……

师：此时，你就是英子的同学，你想怎么称赞英子呢？

生9：英子，我就说你很棒嘛！你以后不要再自卑了。

生10：英子，你的普通话说得很标准，以后我要多向你请教呢！

师：当英子听到你们的话，他的心情怎么样呢？

生：开心、激动、高兴。

师：面对同学们的掌声和一句句鼓励、夸赞的话，英子是幸福是感动的，她是怎么表现的呢？谁能在课文中找到相关句子？

生读文找句子。

师：我请一个同学来读读你找到的句子。

生读：英子向大家深深地鞠了一躬，然后，在掌声中一摇一晃地走下了讲台。

师：英子面对同学们潮水般的称赞，无数感动的话语在心头涌动，此时，没有任何语言能表达她的心情，在掌声中，英子选择了向大家深深地鞠躬，这样一个简单朴素的方式表达谢意。

此时，英子又一摇一晃地走下了讲台，英子的走路姿势并没有改变，但她的心情和一摇一晃地走上讲台时是一样的吗？

生：不一样，当她一摇一晃地走上讲台时，我们看到的是伤心难过的英子，可现在一摇一晃地走下讲台的英子是自信的，是开心的。让我们一起在朗读中为英子感到快乐幸福吧。（学生齐读句子）

师：英子的心情发生了这么大的变化，这些变化是什么力量带给她的，那就是掌声！（课件出示改变后的句子）

请一个同学来读，其他同学思考：英子前后有什么变化？为什么会有这样的变化？

师：哪个同学对于这个问题想谈谈自己的看法呢？

生11：掌声使英子从一个忧郁自卑的女孩变成了一个活泼自信的女孩。

生12：是同学们鼓励和赞扬的掌声让英子有了这么大的变化。

生13：这是一种爱的表现。

师：嗯，这个"爱"字归纳得特别准确。（板书：爱）除了掌声，我们还可以怎样表达爱？

生思考后说出"写信、打电话、抱抱"等。

反思："三教"数学教学课程理念中，对"数学课堂教学要注重培养学生的数学核心素养"

作了明确说明和重点论述。而语文作为一门学习语言文字运用的综合性、实践性课程，强调要把语文的工具性和人文性进行统一，应引导学生丰富语言积累，培养语感，发展思维，初步掌握学习语文的学习方法，养成良好的学习习惯，具有适应实际生活需要的识字写字能力、阅读能力、写作能力、口语表达能力，正确运用祖国语言文字。这就是语文教学中要注重培养的语文核心素养。受到吕教授的数学"三教"理念的启发（教思考、教体验、教表达），我认为语文课堂同样应该注重对学生的思考能力、学习体验和表达能力的训练。因此，我在设计并实施教学本篇课文时，引导学生一步步读文、思考，在师生与文本对话过程中，让学生得到各种学习与情感的体验，大胆表达自己的感受，让语文课的学习变成一道实实在在的美味大餐。

(三) 片段三：课后复述，拓展表达

师：同学们，长大以后的英子常常将这次获得掌声的故事讲给别人听，如果你是英子，你会怎样向别人讲述你的故事呢？请同学们以英子第一人称的角度将这个感人的故事复述一遍。

反思：语文课程标准建议：要重视写作教学与阅读教学、口语交际教学之间的联系，善于将读与写、说与写有机结合，相互促进。本文课后安排了这样一个小练笔，其编排目的也正在此。

三、教学体验

(一) 研读课标，找准教育方向

国家义务教育课程标准是落实建立素质教育新体系的重大突破，是把新课程理念广泛应用于各科教学的探索。课程标准是教师的法和纲，教师要搞好教学首先要学好课程标准，牢牢把握新课程标准这个纲，紧紧围绕相应的课程标准这个法展开，向着新课程标准为我们指明的方向前进。美国教育家杜威先生说："给孩子一个什么样的教育，就意味着给孩子一个什么样的生活！"教育是一个国家民族的未来和希望，强国要先强教育。我们作为教育的实施者，应该要思索这些问题：我们要给孩子什么样的生活？要为国家输送什么样的人才？新课程标准对语文的课程性质、课程基本理念、课程设计思路、课程目标与内容、具体实施建议这几个方面都作了详细而准确的规定，我们要把课标学习与教材教法研究结合起来，要钻研新教材、理解和把握新教材，用好新教材，关注每一位学生，全面提高学生的语文素养。

(二) 立足实际，呈现高效课堂

搞好教育，必须得向 40 分钟要质量。高效的课堂是我们一线老师不懈追求的教育目标，务实是教师的教学精神。"语文教学一定要删繁就简，要返璞归真，简单实用，提倡简简单单教语文，本本分分为学生，扎扎实实求发展。"（崔峦语）我曾经的帮带师傅王克煊老师就这样告诉我："语文课堂教学，要简化教学环节，省去不必要的教学手段，最重要的体现在学习内容的精选，对理解、积累、运用语言整合的处理上，扎扎实实带着学生进行语言文字的训练。""台

上一分钟,台下十年功",要想构建一堂堂高效的课,那需要老师在课前做足准备功夫,要花功夫钻研教材教法,仔细琢磨教学重难点,思考学生的实际情况,合理设计教学活动,考虑课堂教学中的细节问题,优化教学时间,对于课堂学生可能出现的学习状况要有应急方案,确保课堂教学顺利进行,还要设计高质量的有针对性的课堂练习。总之,要呈现一堂高效的课并非易事,教师要加强学习,进一步提高自身的业务素质和教学能力,真正发挥好教师的主导作用,只有这样才能适应新的教学形式的发展。

(三) 不断学习,更新教学理念

朱熹曾说过:"无一事而不学,无一时而不学,无一处而不学。"终身学习是每一个人基本生存素质。"严谨笃学,与时俱进"是新世纪教师应有的终身学习观。为期两年的习水县"乡村名师工作室"引领"种子"教师集中培训在贵州师范大学基础教育师资培训中心的精心组织下有条不紊地开展着,我荣幸地成为其中一名学员。在一次次的培训与跟岗研修中,越学习越感觉到自身知识的匮乏与教育观念的落后,这让我作为一名老师从心里萌生了羞耻感和紧迫感。在知识更新迅速的今天,一日不学就将被时代所抛弃,在这种形式下,我在此次学习中认真领悟吕传汉教授的"三教"教育理论。"三教"教育理论目前在我国的教育教学研究中都是走在前列的,这么优秀的学习资源就在我们的身边,我一定要经过深入学习与探求,将吕教授的"三教"教育理念融合到我的语文课堂教学中。

四、评析

《掌声》这篇课文全文结构清晰,语言质朴,但看似平淡的语言中饱含着充沛的情感,尤其是对人物神态、动作的描写,生动地反应了人物内心的情感,表现了同学之间的关爱、鼓励和尊重,蕴含着丰富的人文内涵。

本单元的主题为"爱",爱是一个永恒的话题,如何在这一单元主题之下设计本课,让三年级的学生体会到爱的丰盛,取决于教师的智慧。本堂课,教师先以核心问题为突破口,让学生带着问题默读课文,整体感知英子前后的变化,思考英子变化的原因;再引导学生从描写动作、神态的语句中,获得人物的内心情感体验;最后从课堂交流和课后练习"试着转换人称,以英子的角度复述故事片段"中,让学生练习口头表达与书面表达。

语文是运用语言文字的实践过程。这里的运用,不单单是表达内容的实践,还包括读懂的实践。用已经了解掌握的语言基本知识,读懂新的环境中的内容,联系上下文,读出来常用词语表达出来的新的含义,这也是语言实践。教师在引导学生在体验课文语言的基础上,思考英子前后的变化,并思考变化背后的原因是爱。提升学生认识问题的能力及其思维品质。课后让学生以英子第一人称的角度将这个感人的故事复述,也给学生提升自己口语表达能力的机会。

(评析人:黄真金 贵州师范大学教师教育学院)

《一棵小桃树》教学课例

唐旺（贵州省印江县杨柳镇中学）

一、教学设计

(一) 教材分析

《一棵小桃树》是部编版《语文》七年级下册第五单元第二篇课文。这篇课文通过描写一棵在逆境中诞生，在逆境中成长，经历风雨仍然顽强生存的小桃树的故事，赞颂了小桃树同命运顽强抗争的精神。明写的是一棵小桃树及其生存环境，却很自然地让读者联想到作者及其同代人所面临的那个年代，让读者从中品味到小桃树的成长经历与贾平凹成长经历的相似之处。同时揭示了一个生活哲理：人们通过不屈不挠地奋斗，定会战胜磨难，创造出美好的未来。这篇文章是学生学习《紫藤萝瀑布》后，又一篇学习托物言志手法的自读课文。因此，教学的重点应当是引导学生在自读的基础上，体会作者如何运用生动形象的语言写景状物，寄寓作者的情思和抒发对社会人生的感悟。

(二) 学情分析

本节课教学所面对的学生是农村初中七年级学生，在课前安排学生预习了本文的写作背景，了解了作者的生平，为学生理解课文奠定基础。同时，在教学《紫藤萝瀑布》时，已引导学生对托物言志的写作手法作了详细的分析和点拨，学生已基本掌握了通过品味文章语言来领悟作者情思的方法。因此，在教学本文时，只需抓住"旁批"，重点引导学生在品味文本语言的基础上，领悟课文寄寓的情思，结合作者生平，感悟课文所蕴含的哲理，让学生在自主学习中潜移默化地接受课文的影响，并且进一步学习阅读散文的方法。

(三) 教学目标

1. 自读文章，品析描写小桃树的语句，把握阅读散文的方法。
2. 培养学生自读能力，体会作者对小桃树的独特情感。

(四) 教学重难点

体会作者如何运用生动形象的语言写景状物，寄寓自己的情思和抒发对社会人生的感悟。

(五) 核心问题

作者写一课小桃树的目的是什么？

（**设计意图**：设计核心问题引领课堂教学，层层递进，激活课堂学习，达成课时教学目标。）

（六）设计思路

根据教材安排和学生学情，整节课按照"课文导入，了解自读学情——关注课文旁批，理解自读要求——品读'没出息'的小桃树——领会'没出息'小桃树的深意"的教学程序，层层递进，步步深入，引导学生自读课文。让学生在自读中领悟阅读散文的方法，体会散文所寄寓的情思和对社会人生的感悟，力求在教学中达到《课标》要求，体现教材安排意图。

二、教学过程

（一）片段一：课文导入，了解自读学情

师：今天我们要一起学习贾平凹先生的一篇散文，大家读读文章题目。

生齐：《一棵小桃树》。

师：那好，接下来老师要问问题了。你自读这篇文章，你读出了什么？请和大家分享一下，有一点就说一点。

生1：他通过描写小时候院子角落里无端长出来的一棵小桃树，表达了自己对奶奶的思念。

生2：我读出了小桃树的那种精神。小桃树在磨难中成长，在磨难后绽放出最美丽的花朵。小桃树的这种绽放，是它经过非常刻苦非常努力的坚持不懈才开出花。尽管遭人唾弃，尽管被人讨厌，但它还是坚持开花。我读到了小桃树的这种热爱生活和坚持不懈的精神品格！

生3：我从这篇文章当中读出了，贾平凹从小桃树中悟出的人生启迪。他自己是出生在农村的，环境没有城里优越，但他经过自己不懈的努力去奋斗，最后获得成功。

师：同学们，你们说得很好，读出了文章表现的一棵小桃树的深意！

反思：通过"你读懂了什么？"了解学情，便于更好地把握以下几个教学环节。

（二）片段二：关注课文旁批，理解自读要求

师：这篇文章是一篇自读课文，课文旁边有批注，这是在提醒我们，自读的时候要学会看旁批。那么，同学们，旁批一共提出了几个问题？

生自由：3个。

师：好，三个问题，你自己能解决的问题是哪个？哪个问题是你自己会的？

生1：书中有一个旁批是"是什么使'我'遗忘了小桃树"。作者说，他一毕业就走上了社会，去了城市，准备轰轰烈烈地干一番自我的事业了，然后他就忘记了家里的这棵小桃树了。

生2："蓄着我的梦"的桃核长成了树，而且真的开了花。作者仅仅在写花吗？这里不仅仅是在写花，因为小桃树小时候是奶奶照料的，作者写小桃树，还是在写对奶奶的思念。

3生：这篇文章也是一个追梦的主题。"蓄着我的梦"，不仅仅是写小桃树，还写了作者对

梦想的追求。小桃树开花,是作者在执着地追求梦想。作者在追求梦想的过程中,他看到了希望,看到了追求梦想的曙光。

师:三位同学了不得,回答很到位。批注中还有一个问题,一起来把最后一个问题读读。"我"的情感在这里来了一个转折,您读出来了吗?

(学生朗读,然后在小组研讨)

反思:通过这一个片断的教学,是为了让学生关注旁批,理解课文自读要求。

(三) 片段三:品读"没出息"的小桃树

师:接下来再看,五个旁批当中哪个是告诉我们阅读这类散文的方法的?

生(齐):第二个!

师:第二个旁注告诉我们阅读这篇文章的方法,我们一起来读一读。

生齐读:课文中一些描写反复出现,比如多次描写小桃树"没出息"。散文中这类地方,往往寄托着深意,要仔细体会。

师:反复出现的细节往往寄托着深意,要仔细去体会。这就是阅读这类散文要特别注意的。那么,编者说,反复出现了"没出息"的小桃树。按照旁注的内容,应该指向第四自然段。我们就来反复地读读这段话,仔细去体会。一起来读,"秋天过去了"——

(生齐读第四自然段)

师:这段话里就包含着作者对这棵"没出息"的小桃树的姿态的描写。请同学们找出来读一读。

生齐读:角落的地方,拱出一点嫩绿儿,便叫道:"这是什么呀?"我才恍然记起了是它:它竟从土里长出来了!它长得很委屈,是弯了头,紧抱着身子的。第二天才舒开身来,瘦瘦的,黄黄的,似乎一碰,便立即会断了去。

师:想想,这段描写中哪个词最能写出小桃树的"没出息"?

生:委屈。

师:"委屈"是想说它长得怎么样?

生:它长得很可怜,很不受人待见。

师:"委屈"还是说它长得怎么样?

生:它长得很没有生命力。

师:还有哪些词语写出了它的没出息。

生:瘦瘦的,黄黄的。

师:什么情况下会显得瘦瘦的,黄黄的。

生:生病了。

师:除了形容词,还有没有哪个动词?

生:拱出。

师:能不能改成"长出"?

生:不可以,因为拱出需要更多的力量,更能描绘出小桃树在破土而出时的艰难。

师：接下来老师要考你了。形象化的词语都说光了，能不能找出一些看似没有情感的词？

生：它"竟"从土里长出来了！"竟"写出了"我"对小桃树长出来的出乎意料。

师：还有哪个词？

生：第二天"才"舒开身来的"才"。写出了小桃树的没出息，要到第二天才慢慢伸展开来。

师：副词往往有很好的表情达意的作用，同学们一定要重视副词哟。

……

生：第13段，雨还在下着，我的小桃树千百次地俯下身去，又千百次地挣扎起来，一树的桃花，一片，一片，湿得深重，像一只天鹅，羽毛渐渐剥脱，变得赤裸的了，黑枯的了。

师：真会读书！而且，你发现吗，这里有一个"一片，一片"。大家看看第2自然段里，有没有"一片一片"，这两个有什么区别？

生齐：这里多了一个逗号。

师：这里我要问了，把这个逗号去了，你看行不行？

生自由：不行。

师：你再来说，一片一片为什么加逗号？

生：第12段，是写花开的时候，第2自然段是写花落的时候。

师：还有没有从视觉效果来说的，这逗号有什么作用？你来说——

生：我认为更能体现对花的惋惜。每一片都让作者心疼。

师：一次花落就是一次心疼啊。因此，读的时候要读慢，读得沉重。

师：由这一个标点符号的作用我们可以看出，高明的作家，标点都能帮他很好地抒发感情。来，我们再通过读来体会一下——

生齐读（慢）：一树的桃花，一片，一片，湿得深重。

反思：抓住关键词，让学生从不同角度、用不同方法品析词语，学习阅读散文的方法。

(四) 片段四：领会"没出息"小桃树的深意

师：同学们，作者为什么要花这么多笔墨写这棵"没出息"的小桃树？不着急举手，先想一想，为什么？

生1：因为在作者看来，小桃树是作者儿时便怀有的、象征幸福生活的梦的化身，小桃树就是另一个我。因此，无论是他的小桃树的来由，发芽，开花，长大，还是各处的具体描写，都包含着深沉的感慨和寄托。

师：非常好，写小桃树其实就是在写"我"。（板书：树——我）文章你们都已经看明白了。（就不再阅读"我"的经历了）这篇文章的高明之处就在于——

生2：托物言志。

师：托物言志，托树言谁呢？

生自由：自己。

师：这就要写两条线索，明线写谁？（学生回答"小桃树的经历"）暗线写（自己），所以这篇文章写法双线交织。以后你们写这类文章的时候，可以参照一下。

师：为什么要写树？除了托物言"我"的梦外，还有什么？

生：我把小桃树种下，小桃树寄托着我对奶奶的思念。

师：你来找一找，哪个句子最能体现对奶奶的思念？

生：第12自然段最后一句"我心里喊着我的奶奶"。

师：请坐，写树还是寄托对奶奶的思念。（板书：奶奶）还有吗？

生：写了小桃树经历了磨难，小树在磨难中成长，终将绽放，开出了花，也希望自己像小树一样，最终迎来胜利的曙光。

师：说得真好。树开花了，"我"的心理也迎来了一个转折。所以我们就明白了，为什么会有转折，因为小桃树变成了我人生路上一盏指示灯！一起来读一下那段"然而"后面的句子。

生齐读：然而，就在附地的刹那……像风浪里航道上的指示灯，闪着时隐时现的嫩黄的光，嫩红的光。

师小结：这棵小桃树，是对奶奶的思念，对童年的怀念，小桃树的经历，就是"我"的经历，它，更是给我人生鼓励的一盏指示灯。（板书：灯）同学们读出了散文隐含的东西。学了这篇自读课文，我们应该记住，读散文，一定要反复地咀嚼。

反思：通过语言的品析，很容易引出"没出息"小桃树的深意。对词句的品析是非常重要的。

板书设计：

树——奶奶

树——我

树——灯

三、教学体验

（一）深挖教材，是语文教学之源

教这篇课文，我引导学生进行了深入挖掘，第一个环节是了解学情，第二个环节是阅读旁批，第三个环节紧紧抓住第二个旁批展开，品读第四自然段。采取对话的教学方法，通过品味语言，自然而然地就生成了其他几个旁批的答案，包括"双线交织"写法和对奶奶的感谢与思念之情。整节课充分体现编者的设计意图，有效完成了本课教学重点难点。

（二）了解学情，是语文教学之基

课堂导入以"今天我们要一起学习贾平凹先生的一篇散文，你自读这篇文章，读出了什么？"这个问题来了解学生学情。既关注了学生学情，又能快速将学生引入课文情境，同时还能引起学生思考这篇课文到底要告诉我们什么。

（三）品味语言，是语文教学之本

叶圣陶先生曾经说过："阅读时，要尽量去体验作品中美好的内容和形式，并陶醉于其中。"教师要善于抓住一个词、一个句子,甚至一个标点符号,让我们的学生体验并陶醉于这种咀嚼语文的美好滋味,品味文字的美好情感,这种美好的情感不是一句空话、大话,而能够真正地带领学生走进文本,在文字的深处慢慢欣赏,慢慢领悟。

(四) 贪大求全,是语文教学之忌

教师在教学中常常出现"照本宣科",利用老师的身份霸占课堂,生怕哪个地方没有给学生讲到。结果天天上"阅读课",学生反而最怕做"阅读题"。在设计问题时,也常常出现笼统一问,让学生抓不住具体的"点"而无从下手。更可悲的是,追求标准而统一的答案,不用"三教"理念去思考问题,学生总配合不了老师的设计。最终老师也只能哀叹:"我的运气怎么这么差,年年遇到这一群傻儿。"其实,改变观念,抛弃贪大求全,"面面俱到"的讲授,用核心问题引领,引导学生思考、体验、表达才是语文教学的精髓。

所以,在阅读教学中,"关注学生"是前提;调动学生积极参与是课堂的核心;引导、点拨、启发、激励是教师的责任;阅读、理解、体味、感悟是学生发挥主体作用的环节。毕竟教师教学的出发点是学生,落脚点还是学生。把学生忽视了,教学就没有成效可言了。

四、评析

本文是一篇散文,作者通过描写一棵在逆境中诞生,在逆境中成长,经历风雨仍然顽强生存的小桃树的故事,赞颂了小桃树同命运顽强抗争的精神。引导学生自读本篇课文,一定要抓住写景状物散文的特点,把握作者情思的变化,体会文章背后内涵的精神。贾平凹说散文要创造出一种意境,让自然景色和人的感情交融一体。换句话说,他主张在自然之物身上发现自己或别人的影子,然后让自己的文思与大自然合二为一,营造出一个物非物我非我的朦胧意境,让学生体会到这个意境是本篇课文的难点。

教学,引导学生亲自体验。"水本无华,相荡乃成涟漪;石本无火,相击而显灵光",只有让学生自己"悟"出知识,体验出情感,才能被他们所接受,才属于学生真正的财富。整节课让学生自己探究,自己感悟。这节课,教师不仅在教学前先了解了学生的学情,而且还仅仅抓住自读课文的旁批,引导学生自主学习。在引导过程中,教师把重点落在第四自然段,抓住"没出息"三个字,从不同词性、用法,联系生活实际细细品析,从而拓展到全篇表现"没出息"的句子。然后从"一片一片"的不同标点符号过渡到对文章情感品味和写法的总结。整节课都是教师在导引,学生在阅读和回答。真正做到了老师的"启发、点拨、引导与激励",学生在阅读、理解中去体会和品悟,把"三教"理念和课改精神落到了实处,是一节很成功的课例。在教学中,老师通过设问引导学生思考,既注重了"启发",又注重"点拨",既注重"引导",又注重"激励",把"阅读""理解""领会""品悟"充分留给学生。

(评析人:黄真金　贵州师范大学教师教育学院)

《拿来主义》教学课例及剖析

张芳芳（贵州省都匀一中）

一、教学设计

（一）教材分析

《拿来主义》是统编版高中语文必修上册第六单元的是一篇讲读课文，是一篇具有代表性的杂文。本单元的文章从不同的角度论述有关学习的问题，或阐述学习的意义，或讨论学习的意义和方法，或描述读书的经历与感受，使我们获得不同的启迪。学习本单元，以"学习之道"为核心，通过梳理、探究和反思，形成正确的学习观，改进学习方法，提高学习能力。要准确把握作者的观点和态度，关注作者思考问题的角度，学习他们有针对性地表达观点的方法；学会发现问题，从合适的角度以恰当的方式阐述自己的看法。

本文是一篇杂文。杂文虽包括在"议论文"之中，但它属于文学作品一类，是文艺性的论文，是社会评论、文化评论，是政论与散文相结合的边缘文体。杂文本质上是说理的，但又和一切文学作品一样具有形象性，倾注了作者的感情，因而又具有文学的艺术魅力。战斗性与愉悦性的和谐统一，论辩性与形象性的有机结合，幽默、讽刺与文采的巧妙运用，这些都是杂文的显著特点。学习本篇文章以杂文的针砭时弊特点入手，沿着作者的思路，看作者怎样提出问题、分析问题和解决问题，怎样把观点与材料紧密结合起来，引导学生从不同的角度去思考、质疑或阐发，这样便可以提升学生思维品质，且在当今信息发达、全球化的时代，保持自己独立眼光，运用自己的脑髓，放出眼光勇敢"拿来"，也要坚守住自己文化的根，在学习中长见识、悟道理。

（二）学情分析

高一的学生对鲁迅并不陌生，在初中已学过不少鲁迅的文章，体裁涉及小说、散文、散文诗、杂文等。其中在初中已学过杂文《中国人失掉自信力了吗》，高中已学杂文《纪念刘和珍君》。对杂文应有一定了解。但《拿来主义》这篇课文背景复杂，学生对于社会现象的认识不够全面深入，且鲁迅的杂文的思维方式和表达方式不易把握，学生天然认为鲁迅的文章严肃、古板、说教意味强，所以学生会觉得理解这篇文章有一定的难度。一方面，不了解鲁迅作品的时代背景，不知道鲁迅作品针对的现实是什么，另一方面对于鲁迅作品中隐藏于具体时空背后的超越时空的意义也把握不准确。所以，如何让学生读懂文本，并且能把握作品超越普遍的意义是本文教学的关键。

（三）教学目标

1. 知人论世，明确本篇杂文针砭的时弊。

2. 研读课文，把握本篇杂文的主要观点。

3. 鉴赏《拿来主义》的讽刺笔法。

4. 深刻领会"拿来主义"的真正含义，提升思维品质，充分联系实际，懂得在文化遗产继承上和对待外来文化上必须有自主意识，懂得怎样选择有利部分，吸收积极因素，拿为己用。

（四）教学重难点

1. 重点：研读课文，把握本篇杂文的主要观点。

2. 难点：深刻领会"拿来主义"的真正含义，提升思维品质，充分联系实际，懂得在文化遗产继承和对待外来文化上必须有自主意识，懂得怎样选择有利部分，吸收积极因素。

（五）核心问题

这节课是如何围绕"针砭时弊"写作这一核心问题设计的。

二、教学过程

（一）片段一：明确杂文针砭的时弊，体会杂文的讽刺方式

师：翻开中国现代史，就如同翻开一幅沉重的画卷，这段历史留给我们的全都是沉重而黯淡的记忆。日月星辰，春去冬来，只有乌云，没有光亮。在那个内忧外患的年代，面对文化遗产，面对纷至沓来的外来文化，中国人应采取怎样的态度？今天，就让我们一起走进鲁迅的《拿来主义》。

师：回顾作者及写这篇文章的历史背景。

生1：鲁迅，（1881年9月25日—1936年10月19日），原名周樟寿，后改名周树人，字豫山，后改豫才，"鲁迅"是他1918年发表《狂人日记》时所用的笔名，也是他影响最为广泛的笔名，浙江绍兴人。著名文学家、思想家，五四新文化运动的重要参与者，中国现代文学的奠基人。毛泽东曾评价："鲁迅的方向，就是中华民族新文化的方向。""鲁迅的骨头是最硬的，他没有丝毫的奴颜和媚骨。"本文选自《且介亭杂文》。

生2：本文写于1934年6月4日，鲁迅先生写《且介亭杂文》中的作品时，居住在上海北四川路帝国主义越界筑路区域。这是被称为"半租界"的地方，所以鲁迅称自己的住所为"且介亭"，意即"半租界的亭子间"（"且"为"租"的右半，"介"为"界"的下半）。住在"半租界亭子间"写成的杂文，故名《且介亭杂文》。

师：词解"针砭时弊"。

生：针者，以针刺也。运用针刺治病的医术称为针。砭，以石刺病也。运用砭石治病的医术称为砭。时弊是当今社会中的不正之风、恶劣习气等。

师：根据历史知识和《拿来主义》的写作时间，明确本篇文章针砭的时弊是什么？（板书

"时弊")

生：闭关主义、送去主义、送来主义。(教师板书)

闭关主义："自己不去，别人也不许来。""闭关主义"的这一做法造成了封闭、落后的恶果。作者态度是否定的。

送去主义：送古董、送画、送活人。结果是沦为乞丐，理解"捧"、"进步"等关键词，可看出作者用的是反语，是对送去主义的讽刺，对送去主义的态度也是否定的。(教师板书：讽刺、反语)

送来主义：区别抛来、抛给、送来三个词。"抛来"是被动的，"抛给"是主动的，"送来"是有目的的。外国有目的地送来了鸦片、废枪炮、香粉、电影、小东西等。帝国主义者送来这些东西的目的是毒害中国人民。作者对送来主义的态度也是否定的。

教师总结：鲁迅对于这三个主义，背后都有实指的典型事件。对于这些具体事件，鲁迅并不进行正面的批判，驳斥，而是用他最擅长的微含嘲讽的杂文笔调，只呈现事实，寓褒贬于描述中。(教师板书：以小见大)在这些个做法都行不通的时候，应该怎么办？拿来！我们要运用脑髓，放出眼光，自己来拿！称之为拿来主义。(板书：拿来主义)

反思： 明晰文章文体，让学生掌握必备的文体知识，有助于文章的理解。语言构建，了解语言文字特点及其释义，让学生从语言文字本身入手，把握杂文特点，找到解读文章的切入点。且在这一环节检查学生预习情况，培养学生自主学习能力，通过文本阅读和分析，提升学生批判性思维。

(二) 片段二：把握杂文的主要观点，体会杂文的思维特点

师：何为拿来主义，请同学们朗读 8、9、10 段，想一想鲁迅先生是如何阐释拿来主义的？

生：用打比方、设喻的方式，描述了一个假定的情景，勾勒出几个典型的人物，来阐述他的拿来主义的观点。

① 用"大宅子"打比方，隐喻中国传统文化，也可以不必拘泥于此，也可以扩大到西方文化。

② 勾勒几个典型人物。

孱头　　怕(怕给他的东西染污了，徘徊不敢走进门)

昏蛋　　怒(勃然大怒，放一把火烧光)

废物　　喜(欣欣然的蹩进卧室，大吸剩下的鸦片)

拿来主义者，是全不这样的。拿来主义者占有、挑选。

鱼翅　　像萝卜白菜一样吃掉

鸦片　　送到药房去

烟枪和烟灯　　送一点进博物馆，其余的毁掉

姨太太　　各自走散为是

结论：取其精华，弃其糟粕。

③ 点明主旨：没有拿来的，人就不能成为新人，没有拿来的，文艺自不能成为新文艺。我们要运用脑髓，放出眼光，自己来拿！占有、挑选、创新！(各抒己见)

反思：通过仔细研读文本,让学生深刻性思维品质得到提升。

明确：用打比方、设喻的方式,描述了一个假定的情景,勾勒出几个典型的人物,来阐述他的拿来主义的观点。

(三) 片段三：鉴赏《拿来主义》讽刺的笔法

师：对比冷嘲与鲁迅的讽刺有何不同?

生：鲁迅在《什么是讽刺——答文学社文》一文中写到："讽刺作者大抵为被讽刺者所憎恨,但他却常常是善意的,他的讽刺,在希望他们改善,并非要捺这一群到水底里""如果貌似讽刺的作品,而毫无善意,也毫无热情,只是使读者觉得一切世事,一无足取,也一无可为,那就并非讽刺了,这便是所谓的冷嘲"。因此鲁迅的讽刺,不是为了贬低别人,他在骂的过程中是为了救人,是为了治病。这正是杂文针砭时弊特点的鲜明体现。针,以针刺,用以治病叫针。以石刺,用以治病,这叫砭。讽刺是让人们看清曾经习以为常的现象,从中找到病因所在,根本目的是治病。(各抒己见)

反思：以文浸人,通过文章的学习,体会本文作者的情感态度,理解鲁迅讽刺的意义,在此过程中形成健康向上的审美情趣的鉴赏品味。

(四) 片段四：联系现实

师：钱理群说："鲁迅不会成为过去式的老古董,而是现在进行时的思想家、文学家,他是活在当下的中国的。"结合具体的社会生活,思考一下,在今天我们应该怎样运用拿来主义?

生：我们要运用脑髓,放出眼光,自己来拿! 占有、挑选、创新!(学生结合自身实际举例说明)

师："当你一切春风得意,你的感觉极好的时候,你觉得鲁迅的著作是读不进去的;但是一旦你对现状不满,包括社会现状,你想寻求新的出路的时候,这就是你接近鲁迅的最佳时机。"

反思：继承和弘扬中国优秀传统文化、革命文化,理解鲁迅及鲁迅思想的现实意义。

三、教学体验

(一)"三教"让学生自主分析杂文成为可能

《拿来主义》是一篇经典篇目,本文写于 1934 年 6 月 4 日。"九·一八"事变之后,日本帝国主义把魔爪伸向华北,蒋介石反动统治集团越来越依附英美帝国主义,肆无忌惮地出卖民族利益,讨好帝国主义,从政治、经济、文化艺术方面奉行一条彻头彻尾的卖国投降路线。英美帝国主义除了肆意践踏我国领土主权,疯狂掠夺我国经济资源外,还用腐朽没落的西方文化腐蚀我国人民。反动政府和帝国主义互相勾结,一个"送去",一个"送来",中国面临着"殖民地化"的严重危机。鲁迅感到,由于帝国主义的侵略和反动政府的媚外,造成了民族文化的严重危机,同时革命内部在对待中外文化遗产的问题上存在相当混乱的观点。针对这些情况,鲁迅写了《拿来主义》一文,揭露了帝国主义侵略政策和反动派的卖国罪行,阐明了无产阶级对待中外文化遗产的基本观点。对背景复杂的经典篇目来说,教学很容易陷入说教的境地,抑或是上成历史回忆课。所以在本文的处理上,用"三教":教体验、教思维、教表达来落实教学任务,让学生在"针砭时弊"这个词语言构建的过程中,充分理解在《拿来主义》中鲁迅针砭什么时弊,且从针砭这个词的本义的角度来理解,作者不仅仅是要讽刺更是要针灸、刮痧的角度去治疗,感知到鲁迅先生的温度,从而思考作者如何针砭时弊这一问题,提升学生思维品质。想清楚之后让学生学会清晰表达自己的感受、体验,一方面提升学生的表达能力,另一方面,通过调整外化的语言来看学生的思维发展的过程,并给予一定的指导。

(二) 细心寻找教学切入点,感知人物长见识的同时,结合生活实际悟道理

把针砭时弊这个词分析作为突破口,让学生从原文体分析出作者是针砭了什么时弊,是如何针砭的,对此的理解和分析做交流,既教了体验又教了表达。在体验过程中让学生学会结合背景分析文章,看作者是如何提出问题,分析问题,解决问题的。在对针砭时弊的深度理解的基础上,对比冷嘲和热讽的不同,体会鲁迅先生的一颗赤诚之心,和他的良苦用心。并结合实际,深刻体会这篇文章的现实意义,真正从内心去继承和弘扬中国优秀传统文化、革命文化。

四、评析

《拿来主义》是现代文学家鲁迅的一篇论析文化、洞悉历史的胆识的杂文,通过嬉笑怒骂、妙趣横生的语言形式,表现出了抨击时政、挑战强权的思想。此文写于 1934 年 6 月。鲁迅先生首先毫不留情地批判了中国的"闭关主义"和"送去主义"。从 1840 年鸦片战争爆发之后,帝国主义除侵略我国领土、践踏我国主权外,还实行了文化侵略,向我国源源不断地输入了鸦片、电影、宗教及其他"各种小东西"。随着中国革命运动热情高涨,帝国主义对我国的文化侵略也进一步升级。他们利用报纸等文化形态攻击中国革命,美化侵略。1934 年,上海《文学》月刊发起讨论如何接受文学遗产的问题,文艺界对此展开热烈的讨论。在争论中出现了"全盘肯定"和"全盘否定"的错误倾向,鲁迅则提出了马克思主义的观点——"拿来主义"。对于这样一篇年代已久,且背景复杂的杂文,学生的学习会面对很大的障碍,且基于之前的学习,学生会对鲁迅产生天然的畏惧心理,这样课堂的切入点的选择就极为重要。因此,对这篇鲁迅的经典杂文,如何教是摆在教师面前的一个难题。

《拿来主义》虽然涉及到文化层面上一个很大、很重要的理论问题,但它又不同于一般理论文章,而是一篇杂文。它除了全面深刻地分析和论述了如何对待外国文化问题,还针对当时的政治和文化现实状况作了尖锐的抨击。批判的矛头主要就是指向当时统治当局卖国投降政策和帝国主义对中国人民实行的文化侵略。本堂课教师选择从"针砭时弊"这个词入手,首先解决了学生们对针砭时弊这个词的误解,从基础的语言构建入手,让学生理解针是针灸,砭是用石头刮痧,这两个词体现了杂文不仅要指出时弊,还要提出治疗的法子来的本质。所以在课堂中,先用"本文批判了什么时弊"这一问题来带领学生梳理文章中所提到的几个概

念：闭关主义、送去主义、送来主义。鲁迅先生用寥寥几个概念一针见血地触及事物的本质，尖锐地提出问题。

让学生在梳理的过程中理解本文在提出"拿来主义"之前，先用了不少篇幅说"送去主义"，历陈它的弊害，然后急转直下，亮出自己的观点。他针对"送去主义"提出要"拿来"，又针对"送来"提出"拿来主义"，直到毫不含糊地提出"我们要运用脑髓，放出眼光，自己来拿！"道理丝丝入扣，论证层层深入，问题的本质也就毕露于读者面前。学生在这个梳理的过程中就能体会鲁迅杂文的论辩性和战斗性，感受文中不可抗拒的逻辑力量，提升自己的思维品质，且学习了先破后立的写作方式，提升写作能力。

（评析人：黄真金　贵州师范大学教师教育学院）

话愚公,阻愚公,做愚公
——"愚公移山"教学课例

王明开(贵州省习水县程寨镇中学)

一、教学设计

(一) 教材分析

《愚公移山》是人教版《语文》八年级下册第六单元的一篇讲读课文。本单元以人物传记为主,又是文言文。因此,在积累文言词汇,诵读课文的同时还要发挥课文的人文价值。文章通过愚公移山的故事,肯定了我国古代劳动人民征服自然改造自然的勇气和能力,要求学生传承愚公精神,树立理想,不畏困难,争做愚公。

(二) 学情分析

初二是学生文言基础夯实的关键时期,古文的量增加了,难度也随之增大。学生必须在课外自主学习,积累词汇,翻译课文,疏通古文文意。为此,我课前安排学生预习,然后在课内巩固识记,加深理解,从而掌握学习古文的方法和技巧,排解学生古文学习的畏难情绪。素养方面,学生普遍在学习上要小聪明,害怕困难,知难而退,做事有头无尾,不能持之以恒。希望通过本文学习,学生能改掉坏习惯,树立目标,不畏困难,迎难而上,意志坚定,坚持到底。

(三) 教学目标

1. 运用"三教"理念,引导学生主动思考、积极表达、理解体验、深度把握作品内容。

2. 通过核心问题引领,引导学生感受愚公精神,理解愚公精神的现实意义,激发学生做生活中的愚公。

(四) 教学重难点

1. 重点:引导学生深度把握作品内容,积累文言词汇,背诵课文。

2. 难点:引导学生分析愚公形象,学习愚公精神,理解人类征服自然的愿望、信心和能力,争做生活和学习中的愚公。

(五) 核心问题

愚公"愚"在哪里? 这种"愚"为什么能够感动天地,影响后人?

（六）设计思路

为落实学科核心素养培育的要求，结合学生认知规律和古文教学特点，充分运用"三教"理念开展教学，这节课我设置了"话愚公—阻愚公—做愚公"三个教学情境，通过诵读、演读和精读，引领学生主体参与，思考表达，层层深入理解教材内容，领会愚公精神，提升语文综合素养。

二、教学过程

（一）情境一：话愚公，晓故事

师：同学们，你们平时喜欢唱歌吗？唱歌是倾泻情感的手段，老师此时无法抑制心中的感情，不妨也高唱两句表达我的心情。（激情高唱）"望望头上天外天，走走脚下一马平川，行路难啦开路更难，所以后来人为你感叹！"你们知道我在唱谁吗？

生：愚公！

师：对，这就是后人一直崇敬的愚公。那么，愚公做了什么"愚"事？他"愚"在哪里？这种"愚"为什么能够感动天地，影响后人？

今天就让我们走进《愚公移山》，一起去认识这位伟大的愚公吧。

师：这篇寓言故事，"听起来是奇闻，讲起来是笑谈"。你们在预习中遇到了哪些问题，请在小组汇总，组内成员互助释疑。无法解决的问题，记下来班内交流共同解决。讨论后试着复述故事，已完成任务的小组，举手展示。（课件展示问题：1. 愚公为什么要移山？2. 他移山遇到了怎样的困难？3. 愚公是如何组织家人移山的？4. 愚公移山得到了哪些支持和阻挠，结果如何？）

（学生开展小组互助活动，勾画疑难点和复述要点，积累的文言词汇，记下组内不能解决的问题。理清思路，讨论如何复述这个故事）

师：通过小组互助活动，你们解决了哪些问题？还有哪些问题没有解决？各组推荐同学交流。

生 1："虽我之死"的"虽"为何不能理解为"虽然"？

生 2：理解为"虽然"就好像愚公已经死了，所以必须解释成"即使"。

生 3："且焉置土石"和"其如土石何"读起来语气为什么不太同？

生 4："焉"：疑问代词，哪里。"其"："如……何"，放在前面加强反问语气。因此，前一句是疑问，后一句是反问。

生 5：前一句是妻子在担心商量的试问，后一句是智叟在嘲笑讥讽的质问。因为语境不一样，所以语气不同。

生 6：请问复述故事要用现代文还是沿用古文好？

生 7：都可以。用现代文复述能考验翻译水平，用原文复述能体现创造性理解运用能力。

……

师导：大家显示了合作的力量，互助的力量。让我们来诵读课文，复述这个故事，体验文中不同语气和情感,初步认识愚公。

生1:诵读课文,要求读准字音,读出句读,读出感情,体验节奏音韵和文中语气情感。

生2:复述故事,其他同学互助纠错、补充和评议。

生3:我觉得他的复述不够生动,对话语言应该尽量用原文语句。

师导:那你们认为应该如何讲述?

生4:妻子的话要表现出完全支持愚公的决定又因关心丈夫而献言献策的特点。

生5:智叟的话要说出自负傲慢、藐视嘲讽、讥笑责难、责备挖苦的语气。

生6:愚公反驳智叟的话要说得慢条斯理、沉稳有力、语气坚定。

师结:你们复述得很好,听得也很认真,点评很有特色。请大家品读这几句对话体验一下其中的语气和感情,好吗?

学生诵读对话语句并且品味情感。

反思:谈话导入,避免入题仓促,学生准备不够,同时能激发学生内心情感和学习兴趣,揭示核心问题,明确本节课的探究任务。学生复述故事,一方面可以反映学生翻译课文的基本情况,以便教师及时指导点拨;另一方面又有利于学生抓住内容要点,为后面理解分析奠定基础。

(二) 情境二:阻愚公,明困难

师:愚公的思想这般顽固,谁也劝他不住。好,我们现在就跨域时空,设法劝阻愚公,感受愚公移山之难,好吗?(课件启发:1. 愚公移山得到了哪些人的支持? 又受到了哪些人阻挠? 2. 参与移山的人物有哪些? 他们都有什么特点? 3. 愚公移山困难有多大? 有利条件和不利条件各是什么?)

学生独立思考,写下劝阻愚公的话,勾划体现愚公移山困难的句子,小组合作探究。

师:准备好了吗? 开始演示吧。

生1:(家人)"太行王屋二山,方七百里,高万仞,移山如此艰难,你移山为何?"

生2:(愚公)"太行王屋二山,挡住了我们的去路。惩山北之塞,出入之迂也。吾毕力平险,直通豫南,达于汉阴,可否?"

生3:(妻子)"你年且九十,以君之力,曾不能损魁父之丘,如太行王屋何?"

生4:(愚公)"子子孙孙无穷匮,而山不加增,何苦而不平?"

生5:(妻子)"且焉置土石"。

生6:(愚公及家人)"投诸渤海之尾,隐土之北。"

生7:(愚公)"叩石垦壤,箕畚运于渤海之尾。"

生8:(智叟)"甚矣,汝之不惠! 以残年余力,曾不能毁山之一毛,其如土石何?"

生9:(愚公)"汝心之固,固不可彻! 曾不若孀妻弱子! 虽我之死,有子存焉;子又生孙,孙又生子;子又有子,子又有孙。子子孙孙,无穷匮也。而山不加增,何苦而不平?"

师:你们演得很成功。那么,愚公移山遇到了哪些困难? 他放弃移山了吗?

生1:虽妻子担心,智叟嘲笑,但愚公始终不言放弃。

生2：仅五人移山，他们是愚公，荷担者三夫，始龀遗男，这五人老的老、小的小。

生3：只有三人挑担，要移走两座大山，的确千难万难。但任务越是艰巨，就越能显示其精神之伟大。

生4：愚公所遇困难确实巨大。不利条件多："方七百里，高万仞"山之高大，"年且九十"年龄之高，"叩石垦壤，箕畚"工具简陋，"子孙荷担者三夫"人力单薄，"寒暑易节，始一反焉"路途遥远，"笑而止之"智叟嘲笑。有利条件少："杂然相许"家人的支持，"跳往助之"邻人的参与。

师：说得好。是啊，困难如此之多，力量如此单薄，依然执着地移山，愚公意志之坚毅，形象之高大，让人心生佩服。

反思：学生通过模拟表演，进一步熟悉课文内容，感受愚公移山的困难之多和阻力之大，初步体会愚公做事之果敢，意志之坚定。

(三) 情境三：做愚公，升素养

师：你认为愚公"愚"吗？这种"愚"为什么能够感动天地，影响后人？请同学们精读最后两段，畅谈各自领悟。

（生精读后两段，思考问题并整理答案。）

生1：愚公"愚"在：一家人要移山两座，工具简陋路途遥远帮手稚嫩却移山不止。但他的愚是大智若愚，是聪明之举。尤其是面对重重困难，百般阻挠，愚公依旧意志坚定，不改初衷，愚公这种战胜困难的信心和不畏困难、迎难而上、坚持不懈的勇气值得所有人敬仰。所以，愚公精神能够惊天地、泣鬼神，感动后人。

生2：愚公挖山不止，无法阻挠，不可抗拒，使山神害怕，天帝感动，文章这样写，恰恰表现了愚公精神之伟大，感人至深。

生3：愚公移山之举有坚忍不拔、无坚不摧的无穷力量，也同时表现了我国古代劳动人民顽强的毅力和改造自然的决心，人定胜天。

生4：我认为愚公"不愚"。因为愚公移山的行动是经过深思熟虑的。他所以要移山，是痛感"迂""塞"之苦，而移山之后，则可"指通豫南、达于汉阴"，可见其做事目标明确，而且他也深明可移山之理，不是盲目行动，他认为子子孙孙绵延不断，就这样一点点"啃"，终能将山移平，何况"山不加增"，可见其并不愚，而且在某种程度上说很聪明，因为他自知不能享受移山之利，却还要移山，实乃造福子孙的聪明之举。而智叟却自作聪明，目光短浅，毫无远见，只不过智于其表，愚在其中罢了，还不如邻居小儿。

生5：我认为智叟"不智"。因为智叟认为人力是有限的，不能改变自然，因而嘲笑和阻止愚公移山。而愚公认为人定胜天，山虽高大但它不会生长，不会随时间流逝而加增，而个人力量虽然有限，但人类生息繁衍却是无限的。智叟认识事物浅陋，而愚公却用长远的、发展的观点看待问题。

生6："愚公"的名字明贬实褒，"智叟"的称呼明褒实贬。作者感情倾向已然很清晰，"智叟"之称尽显讽刺效果。

师:那生活中有这样的愚公和智叟吗?愚公精神在今天还有没有作用?

生1:我觉得生活中智叟很多,但愚公太少。更多的人都如智叟一般目光短浅,好逸恶劳,畏惧困难,逃避责任。像愚公一样不畏困难、迎难而上、目标远大、造福子孙的人不多。

生2:愚公精神在今天乃至未来都会永放光辉,成为一种时代精神。如果没有祖辈们的愚公精神,就没有我们今天幸福美好的生活。

生3:生活中需要愚公精神,学习上也需要愚公精神。我们只有像愚公那样树立目标,坚持不懈,不怕困难,努力战胜困难,才能在学习上取得成功。

师:同学们回答得很到位。的确,愚公精神是我们永远的民族之魂。那么,你们愿意做智叟,还是做愚公?

生:(有力齐答)愚公!

(课件展示:课后练习:随文习作,巩固知识再学习,提升素养做愚公。)

师:"听起来是奇闻,讲起来是笑谈。但后来人都为你感叹!"愚公的故事潜藏着伟大的精神,愚公的力量折射出民族的脊梁。课后,同学们把学习本课的收获写成学习体验,让我们进一步去认识愚公,走进生活做愚公。希望同学们都成为"名副其实"的愚公,用愚公精神战胜学习和生活中的一切困难,奋发有为。

反思:做愚公是学生体验的深化,也是情感的内化,是教学的终极目标。课后练习可以检查学生学习效果,充分调动学生生活体验,将口语表达化作书面表达,训练写作水平,提升学生语文素养。

三、教学体验

(一) 兼顾双线结构,提升学生素养

部编语文教材重视"内容主题"和"语文素养"双线并行结构,要求每节课都要创设课堂情境,用一个"核心问题"来引领课堂教学,让学生在理解内容主题的基础上提升语文素养。这也正符合吕传汉教授在"三教+"理论中关于情境教学的阐述。为此,我将这堂课的核心问题设为① 愚公做了什么愚事? ② 愚公"愚"在哪里? ③ 这种"愚"为什么能够感动天地,影响后人? 整堂课我都紧紧围绕"核心问题"来开展教学,诵读、演读和精读活动的子问题都围绕"核心问题"来设计,以此引导学生思考表达体验,从而有效达成教学目标。从语言建构与运用、思维发展与提升、审美鉴赏与创造、文化传承与理解几个层面达成学生语文素养的提升。

(二) 践行"三教"理念,关注学生学情

教学必须服务于学生,考虑学生认知水平,关注学生学习过程。"三教"是教学中的有效手段。"三教"即"教思考""教表达""教体验"。只有学生开口说,我们才能从中发现他们学习中的需求与获得,及时引导他们解疑释难。课堂是师生对话、生生对话的情境,让不同层次的学生参与到课堂的表达中来,既能调动学生学习积极性,又能促进学生主动思考,深入思考,最终形成个人的学习体验。同时,语文学科就要通过不断的交流表达,理解体验,促进学生语

文素养的提升。这节课,我用三个教学情境贯穿教学始终,每个环节都充分利用"三教"理念设计学生活动,通过系列问题引导学生思考表达,体现学生主体地位,关注到每一位学生的学习过程,教给他们学习方法。

(三) 精选教学内容,梳理教学层次

语文教学内容丰富,实际教学绝不可能面面俱到。因此,语文老师要围绕课时目标精选内容,合理取舍。课后我也反复思考,我设计"话愚公""阻愚公""做愚公"递进学习情境,可算是对教材内容的精加工。而我在实际教学中过分依赖文本,拓展不够,对文章内容剖析偏多,练习不够。我们乡村学校学生基础相对较差,教学中还要分清内容难易,梳理教学层次,关注学生学情,层层推进教学。我执教的这堂课,在内容的取舍上做得不够好。这堂课上,我理清了教学层次,关注学生学情。第一步诵读复述,话愚公晓故事,为后面的学习夯实基础;第二步演读会话,阻愚公明困难,让学生进一步熟悉文本;第三步精读比较,做愚公升素养,引导学生理解作者写作意图,深入体验愚公精神;最后通过延伸思考,写作实践,使学生从课文情感体验上升到个人情感内化,付诸行动做现实中的愚公,以达到培养学生核心素养的终极目标。

四、评析

这堂课王老师对学生的活动设计得很好,能够把全体学生都带进课堂情境中主动学习,积极思考,尽情表达,深度体验文本内容,理解作品主题思想,达到语文教学的宗旨。王老师运用"三教"模式,整堂课始终以"三教"引领教学流程,教学效果十分明显。可见,教师合理运用"三教+"情境教学模式,才能促成学生活动的有序开展。教学结构处理巧妙,围绕核心问题层层推进,用核心问题引领课堂教学,通过三个教学情境,目标明确,循序渐进,把学生从零的起点逐步引到素养形成的教学终点,值得我们学习。不过学生活动还未能达到最理想的境界,思考的空间还不够宽裕,怎样才能让学生主体学习更有效,是值得同行商榷的问题。

(评析人:黄真金 贵州师范大学教师教育学院)

《赤壁赋》教学课例

一、教学设计

(一) 教材分析

《赤壁赋》是部编版高中语文第七单元的一篇古代散文,作者为北宋文豪苏轼,这是一篇独具特色"以文为赋"的上乘之作,兼具南北朝骈赋和唐宋古文的双重特点,文质兼美,清理并茂。不仅在写景叙事中注入作家浓郁的主观情思,语言神情飞动,意趣横生;又在情景交融之外从物我之间抒发哲理意蕴,达到化境。本单元是必修教材中唯一专门的散文单元,属于学习任务群中的"文学阅读和写作"。这一任务群主要学习目标与内容是:精读古今中外的优秀文学作品,使学生在感受形象、品味语言、体验情感的过程中提升文学欣赏能力。能根据不同文学体裁不同的艺术表现形式,从语言、构思、形象、意蕴和情感等多个角度欣赏作品,获得审美体验,认识作品的美学价值,发现作者独特的艺术创造。

(二) 学情分析

高一学生对于文言文已经有了一定的了解,但是主要还停留在阅读背诵和低层次的鉴赏阶段,理解肤浅,缺乏深度。高中生思维活跃,理解与感悟能力有待加强,因此,可以使用语文课程独有的人文内涵对学生进行熏陶感染,拓展及深化学生的精神内核,使学生能感悟苏轼在困境中表现出来的旷达乐观的情怀,并为自己以后的人生可能的困境找寻出口。对于有一定文言基础的学生,重点文言实词虚词句式也需积累,但不能止步于此,需要更偏重于鉴赏体味进一步延伸至文言文研究性学习。

同时,高中生心理特点都渴望长大被他人认可,但是成长之路难免遇到困惑与挫折,难以释怀内心迷茫。文章中苏轼面对人生坎坷的坦然、通达的态度,恰恰可以成为高中生指路的明灯。教师在教学时要注意创设情境,引导学生进入作者的内心世界,从中汲取力量,塑造自我人格。

(三) 教学目标

学习写景抒情散文,体会民族审美心理,提升文学欣赏品味,培养对自然的热爱之情。要引导学生关注作品中的自然景物描写和人生思考,体会作者观察欣赏和表现自然景色的角度,以及情景交融、情理结合的手法,反复涵咏咀嚼,感受作品的文字之美。可以将教学目标设立为以下几个:

1. 了解苏轼生平经历、"赋"的文体特征及主客问答的表现形式,学习文章严谨的章法。

2. 体会文章诗情、画意、理趣完美融合的艺术特色。

3. 学习苏轼写景抒情散文特点,感受作者笔下美景,关注文章景物描写和人生思考,激发对自然的深爱之心和对生活的热爱之情。

(四) 教学重难点

1. 正欣赏分析文中的"水月"意象。

2. 体悟主客问答中的哲理内涵。

3. 理解苏轼情绪变化的真实缘由,体会文章"情、景、理"完美结合的特点。

(五) 教学准备

学生准备:梳理课文,查阅资料,了解苏轼生平。

教师准备:知识,准备课件。

(六) 核心素养落实

1. 语言建构和运用:学习与积累有关文学常识和文言知识;

2. 思维发展与提升:把握文章的情感脉络和行文思路;

3. 审美鉴赏与创造:体味用词的精准和生动形象,感悟文章遣词造句的艺术功底。

(七) 设计思路

1. 情境导入,揭示课题,在特定的语境下展开交流。面对困难,保持豁达的态度。激发学生的联想和想象,切实感受苏轼的人文情怀和人格魅力。

（1）设情景,巧激趣。

（2）教学预设,效果生成。

2. 朗读课文,整体感知,披文入情。

（1）学生自由读

（2）个别朗读

（3）欣赏录音朗读

（4）配《平湖秋月》营造氛围,指导朗读

倾情诵读,涵咏情致。读出重音、节奏、气势、情感。在朗读中训练语感、培养美感;在情境中感悟作者人生起伏,并获得自我感悟。

3. 疏通文意,以预学案定教。通过预学案发现问题,夯实文言基础知识,通过教师教授巩固提高。增进积累,培养文言语感,提高观察记忆、分析概括能力。

4. 研读课文,品情明理。以表格形式,呈现课文基本内容与脉络。以学定教,以学促教。

5. 深度阅读,品情析理。

6. 拓展延伸,迁移内化。如《定风波》《苏东坡突围》等。

7. 布置作业。

二、教学过程

(一) 片段一：情境导入，揭示课题

师：课件出示《自题金山画像》：心似已灰之木，身如不系之舟。问汝平生功业，黄州惠州儋州。人生是由不连续的幸和不幸组接而成的，当不幸降临时，我们该如何面对呢？是自怨自艾，消极躲避还是乐观豁达积极面对？其实幸与不幸，是与非，只是看问题的角度不一样而已。当我们学会珍惜不幸的价值时，它就是我们人生的财富。这首诗中的儋州在哪里呢？海南岛。惠州在哪里呢？广东。苏轼不断被贬，先被贬到黄州，后被贬到更远的惠州，最后被贬到更遥远的海南岛儋州。苏轼满身伤痕，历经坎坷，他要给自己一个快乐地活下去的理由，他不断地思考，到黄州之后，他的思想开始成熟了，仿佛一道天光，划过这荒瘠的大地。中国文学史上这篇最著名的文章出现了。

师：思考：面对人生坎坷，你又会怎么看待？

(二) 片段二：朗读课文，整体感知，披文入情

师：同学们，本文是一篇体裁为赋的文章，既保留了传统赋体的特质与情韵，又吸取了散文的笔调和手法，宜于诵读，极富声韵之美。所以，感受本篇文章的最好的方式就是读。现在请大家自由读，关注文中的易读错字，一定要读对读准，同时也要注意读作品中的押韵和形式统一的对偶句。

生：（自由读）。

师：下面请同学来朗读第一段和第二段。

生1读，师：大家说，她读得好不好？好在哪里？还有什么地方可以进一步加强？

生：好在节奏的把握到位，但是我觉得"诵明月之诗，歌窈窕之章。"这个地方读得不够流畅，我自己觉得可以稍微的加快速度，让两句合为一体的感觉。

师：评价和意见很到位，这两句是既押韵又对偶，形式统一，语意流畅，确实不要停顿过多。

生：我觉得在读"舞幽壑之潜蛟，泣孤舟之嫠妇。"应该重读其中的动词并且将音延长一点。

师：为什么呢？

生：感觉诗歌中的动词都是很重要的，这个地方情感比较强烈，是不是需要强调一下？

师：学会用诗歌的知识来解读古代散文，是非常厉害的，举一反三，任何表达情感的作品都是相通的，情感相通，表现的形式其中必定会有相通之处。你是一个很善于观察的同学。

下面我们来欣赏录音朗读，请学生注意读音，语句节奏的缓急和变化。边听朗读边想象月夜之下。苏轼与友人畅快的游玩的美景。

师：听完录音了，同学们可以现在伴着音乐再一次的朗读，走进赤壁的月光之下，和苏轼

一起吹吹夜风，也许会有不一样的感受。（配《平湖秋月》营造氛围，指导朗读）

反思： 通过各种形式化的朗读，学生基本被文本展现的美妙情境所吸引，进入文本营造的特定语境。先进入文本，才能进一步的赏析感悟文本。及时强化诵读后的效果，在特定的语境中，整体感知课文基本特点。

(三) 片段三：疏通文意，以预学案定教

教师先准备预学案，上课之前检查预学案的完成情况，根据学生们的预习情况，定上课的讲解要点。

师：同学们的预习完成情况很好，其中有一个字的读音，"少焉"的"少"，应稍微注意一下。既不念 shāo，也不念 shào。它意思是"一会儿"，所以念 shǎo。除了这个还有"既望"，"既"怎么解释？

生：过了。

师：大家是按课文的注释来说的，没错。但这个字解释为"已经"更好，是个副词。已经过了望日，就是阴历的十六。这个字在我们的课文里面也反复出现。最后一节里面有两个"既"，找到没有？（生答"肴核既尽"。）对，"肴核既尽"，"既"，已经。菜肴和果品已经吃完了。还有一个，（生答"东方之既白"）对，"东方之既白"，意思是天已经亮了。再往下看。"举酒属客"，"属"是什么意思？

生：劝人喝酒。

师："属"原来的意思不是劝人喝酒，是"致意""表达"。请大家注意注释，注释说"这里指"，它是指在特定的上下文里边是这个意思，大家读注释的时候要特别留心，特别注意。这个词在我们课文里也出现了两次，在第三节还有，有没有同学找到？

生：举匏樽以相属。

师：什么意思？

生：举起酒葫芦，互相劝酒，大家一起喝酒。

师：再往下看，"纵一苇之所如"，"如"什么意思？

生：到，往。

师："所如"呢？

生：到的地方。

师："纵一苇之所如"呢？

生：任凭船儿到哪儿是哪儿。

师：课文里"乎"用得挺多的，"飘飘乎""浩浩乎"，这个"乎"是什么意思？（生沉默。）句中语气词，没什么意思，到这里停顿一下，显得舒缓整齐有韵律。还有第三节的"此非曹孟德之诗乎"，这个"乎"表示什么意思？

生：表示"吗"。

师：还有一个"乎"，大家注意一下，在文章最后一节，"相与枕藉乎舟中"，这个"乎"是什么意思？

生："于""在"的意思。

师：真不错。翻译出来是什么意思？

生：在船上大家相互枕着垫着。

师：请注意，"藉"这个字是什么意思呢？它的基本意思就是拿草垫地，所以它就引申出"垫着"这个意思。也就是你枕着我，我枕着你，你靠着我，我靠着你，很随意、随性地躺在船上。第一节的重点词语我们基本弄清楚了。

师：针对同学们预学案中的内容，请将刚才讲到的地方进行更正和补充。

反思： 文言文的学习基础必须建立在能读懂文意上，只谈思想情感，不论文意是要不得的。而通过预学案促使学生自学，教师再决定上课内容，这样动态的生成才能将教学目标落在实处，真正实现让学生积极思考，自主体验参与进课堂的每一个环节。

(四) 片段四：研读课文，品情明理

以表格形式，呈现课文基本内容与脉络。以学定教，以学促教。

师：请将课件中的表格补全，并以小组呈现。

教学反思：表格中体现"景""情""理"三者之间的联系，以及本课的重难点和知识体系，把握内在逻辑关系，帮助教师展开教学，也使学生更好的理解学习，记忆。

(五) 片段五：深度阅读，品情析理

师：理解完整篇文章之后，我们来思考两个问题。面对客人的如此悲情，苏子是否也受到了感染了呢？下面就让我们进入第四段的"水月"部分，重点看一看苏子是怎样从"水与月"中获得了人生的感悟的。我们首先齐读这一部分，到"而又何羡乎？"

（课件展示问题1）

师：（课件）同学们，这层文字中表述的从变与不变的观点看"水、月"各有什么特点？

生1：水，逝者如斯，未尝往也。

生2：月，盈虚者如彼，卒莫消长也。

师：此处，苏子用水月作比喻，想要说明的是什么呢？

生：不必羡慕宇宙的无穷。从变的角度说，天地宇宙也是瞬息万变的，就如水和月亮一样，江水日夜不停地流、月从亏到盈不断地变化；从不变的角度，我和万物都是永恒的。所以不必"羡长江之无穷"。

师：分析的非常准确，这就体现了苏轼性格中非常重要的一个特质，就是——乐观、旷达。（课件）

而苏轼的乐观超然，却是在他经历了"乌台诗案"，在狱中几近致死，之后又被贬黄州，以疲病之躯躬耕东坡，自食自足的坎坷之后得出的人生感悟。面对命运的不公苏轼却怀有如此达然超脱的心情，余秋雨先生在《苏东坡突围》中对苏轼这种人生状态界定为成熟，具体是这样的："成熟是一种明亮而不刺眼的光辉，一种圆润而不腻耳的音响，一种不再需要对别人察言观色的从容，一种终于停止向周围申诉求告的大气，一种不理会哄闹的微笑，一种洗刷了偏

激的淡漠,一种无须声张的厚实,一种并不陡峭的高度。"希望同学们在自己以后的人生道路上能够不断走向成功,走向成熟。

师:假如你们是客,我是苏子,我这样说:朋友啊,要用不变的眼光看待人生,用清风明月让自己解脱出来,活得潇洒一些,快乐一点,豁达一点。你会接受吗?

生:不接受。说的是大道理。

师:苏轼怎么说的,就让客人喜而笑了? 好在哪里啊?

生:借助月亮和水来说道理,用月亮和水的不变来暗示人要忘怀得失,很形象,很生动。

师:讲得好! 这篇文章不易理解,许多成年人都不大理解它的内蕴和精髓。大家理解得很有深度!

师:第二个问题:洞箫客真地存在吗? 假设存在,我们一起分析一下这个人身上可能存在什么特征? 请用关键词的形式概括。

生1:存在,我觉得他就好像是苏轼的知音,可能当时他也有被贬官的经历。关键词"被贬官"。

师:你从哪些地方推测出来的?

生1:洞箫的声音呜呜然,"如怨如慕,如泣如诉"就给人很悲凉的感觉,明明景色这么美丽,这种悲从哪里来呢? 他既然是苏轼的朋友,一起患难与共才会有这么深的感悟,所以我推测他也有被贬的经历和怀才不遇的体验。

生2:中年人,嗜酒,文人。其中对于年龄的推测是来自于作者,关于苏轼被贬到黄州的时间来看,他是个中年人,我估计这个洞箫客也应该人到中年。嗜酒体现在"举酒属客""饮酒乐甚""洗盏更酌"等地方。

师:假设洞箫客不存在,怎么解释?

生:主客问答形式是赋的特色。

师:是啊,(板书:主客问答)那主客双方分别代表着什么思想呢? 如果我们将它理解为苏轼内心的两个自我的辩论。请找出文章中能体现儒家和道家思想的几处语句,体会作者的情思。

思　　想	语　　句	情　　思
(儒家)		
(道家)		

生1:语句"方其破荆州,下江陵,顺流而东也。""酾酒临江,横槊赋诗"感觉他应该很崇拜曹操,曹操是乱世中的英雄,感觉他想建功立业。应该是儒家思想吧。

师:是什么让他想到曹操的?

生:赤壁的景色。

师:眼前之景,虽然不是真正的赤壁,但是这里的景色,红色的山崖,让苏轼借着客的口,联想到了曹操戎马一生,流露出来的崇敬之情,也展现了自己想要建功立业的豪情。你的感觉很准确。

生:诗句"飘飘乎如遗世独立,羽化而登仙"道家思想,因为羽化这个词语,是道家的概念。

师:羽化,就是像鸟一样自由地飞上天去,除了像鸟,最关键是拥有一种什么状态?

生:渴望超脱尘世,因为对于此时的苏轼来说,现实世界是痛苦的,他想获得超脱。

师:遗世独立,这一种独立是在广阔天地之间超越世俗羁绊的自由和从容。是精神上的超脱。作者主客的对话,其实就是自己两个对立面的对话,也是影响自己思想的儒家道家的对话。这两个自我的辩论,到底哪一个"我"获胜了呢?

生:主和客我感觉是主的思想压过了客,因为末尾段"客喜而笑"他的这个笑,我感觉是赞同的笑。

师:你的观察很仔细,大家可以回忆本文的感情线,从乐—悲—乐环环相扣,也是坐着内心矛盾和复杂感情的真实反映。苏轼的最终用多角度看问题,二不同意将问题绝对化,提倡从人生无常的怅惘中解脱出来,理性地看待生活,表现出一种洒脱、豪迈的气度,是的这篇文章具有积极进取、达观超然的感情基调。所以就想你说的那样"客喜而笑"了。

反思:通过设计符合本文思想的两个问题,将教学重点难点贯穿其中,同时重申本文的文化价值和文化传承,在师生互学,生生互学中得到答案。也促进学生有导向的思考,积极表达交流。

(六) 片段六:拓展延伸,迁移内化

师:以《定风波》《苏东坡突围》看苏轼的心路历程,自由地读一读,看看你分别读出了一个怎样的苏轼?

反思:设活动,深探究。教师通过问题情境启发学生思考,师生、生生之间展开讨论。借助专著和专题文章研读苏轼,并将苏轼的指挥运用到自己的生活中。通过拓展阅读,提升阅读能力,把握文章的深层含义,在语言实践运用中,从模仿开始,促进语言运用能力提高。

(七) 片段七:总结学法

诵读法、合作探究法、自主赏析教学法。

(八) 片段八:作业园地

1. 背诵课文。

2. 拓展延伸,如果你也遭遇生活中的挫折你会怎么做?设想一个挫折情景,结合自身情况,想一想你如何自我开解,写一段文字给挫折后的自己。要求 300 字。

反思:作业是对学习的巩固,每篇课文学习结束后,都应当有针对性地布置一些作业。作业也从情境出发,落点在"悟道理",最终获得自我感悟与提升。

板书设计：

赤壁赋

景（乐——山水之乐）　　情（悲）　　理（乐——达观之乐）

情由景生　　　景以情显　　　主客问答

主乐观　　　　客悲观

三、教学体验

（一）创设情境，增加学生自主体验

课堂的导入采用的是创设情境，从人生要遭遇的坎坷创设情境，带领学生走进生命的低谷，并提出问题，引发学生思考。这种问题与其他的问题区别很大，不涉及知识性，而是一种"悟道理"，也许本课读完，学生会在今后的人生中有更多的选择和体验。这种自我体验是无法取代的，也是苏轼作为一个乐天派用人生经历告诉我们的，设计此问题的时候，也是充分考虑课文的精神内核，传承文化价值与学生人格的培养相结合的结果。但是问题此处并没有解答，需要同学们学习完本课之后得到属于自己的答案，就与课堂末尾形成一个有机的整体，首尾呼应了。

（二）以自学定教，注重学习过程

文言文到底教什么？教"三文"，教"文言、文章、文学"。教《赤壁赋》这类文章，文言词语、句式和翻译这些"言"的东西，是一篇文章的基础，只有在这个基础之上才能去看作品表达的思想感情、表达的情怀胸襟等这些"文"的东西，做到"言"与"文"的和谐统一。我通过预学案疏通文意，让学习落到实处，"文"的思想和精神才能不像空中楼阁。再从预学案的完成情况定下文意理解的上课内容，真正的做到以学定教。第三节中一个反问句和一组骈偶句，理解"客"的人生困惑，又通过第四节中两个句子的翻译，联系第一节和第五节，辨析体会"不变"和"共适"的具体含义，感受苏子乐观豁达的人生情怀，进而揣摩作者现场设喻说理的形象之妙，并用一个假设猜想的问题，讨论探究文章构思特点和主旨，最后用金圣叹的评点加以总结。这其中，有词语辨析，有句子理解，有手法鉴赏，有思维挑战，一步一台阶，"言"中有"文"，"文"中有"言"，把言语学习、情感体悟和思维训练融为一体，让学生有实在的获得感。

仅仅靠课堂还远远不够，要把课前和课后联系起来，使之成为一个连贯的整体，以增强教学的有效性。课前我让学生预习课文，借助工具书和课本注释，诵读课文，理解关键词句，提出质疑，完成预学案；课后又布置学生背诵默写，温故知新，问学交流，拓展阅读，加深对作品的理解。如此课前、课中、课后形成结构优化的整体，才得以推动学生文言学习的进步。

（三）激活思维，教学生思考

教学中设置了层进式教学指导，问题设置也极为明确，让学生对诵读的理解在一堂课中逐步加深，这样做既有利于学生参与，又符合教学规律。

2. 制作了具有人文关怀的预学案。用语尽量做到温暖激励;在预学案中,用第一人称让学生明白诵读是自己的事情;设计情境,激励学生参与。

3. 在课堂授课过程中,运用热情洋溢的语言,对学生的诵读予以指导和中肯的评价,让学生感受到在老师指点下真正有提高;允许学生谈出自己的观点,肯定学生看法或诵读的合理之处——诵读是有个性化的,绝对不应该千篇一律,统一要求运用某种腔调来诵读,那样做就违反了教学规律。

4. 两个问题的设计,重点突出,符合实际情境。"水与月"的关系,"主客问答"都是本课的重难点,但是课堂时间有限,只要将这两个重点问题理解,思想主题必定迎刃而解。思考是需要引导的,教会学生思考是这个步骤的设计初衷。在一步一步引导之下,学生从《赤壁赋》这类文章得到对人生终极困惑的解答,这类经典文章是年轻时读过老来还要读的文章,内容极为丰富和浩瀚,需要相应的人生阅历和经验的支撑。但就这节而言,我们只能教一些基本的东西,让学生有一个基本理解,打下思想人生的底色。

(四) 以"三教"为内核,打造核心素养教学课堂

《赤壁赋》所在的单元为人教版必修教材中唯一的散文单元,属于学习任务群中的文学阅读和写作,这一任务群的主要学习目标和内容是:精读古今中外的优秀文学作品,使学生在感受形象、品味语言、体验情感的过程中提升文字欣赏能力。能根据不同文学体裁、不同艺术表现形式,从语言、构思、形象、意蕴和情感等多个角度欣赏作品,获得审美体验,认识作品的美学价值,发现作者独特的艺术创造。

"三教"与情境—问题的教学模式是打造这堂课的精神内核,目标是为了让学生"长见识,悟道理",而其中"悟"面对人生困境的"道理"可以说是重中之重。从教学目标设计上就有这个思想的贯穿。在教学过程的导入、自学、合作探究、拓展阶段都可以看到,一切环节都是为了要教会学生思考,激发学生的兴趣,并鼓励其表达和交流,最终获得自主体验。体验比理解更重要,甚至不妨极端地说,真正的阅读理解就是丰满的体验和感受。真理总是具体的,过于宏大的东西更让人生疑。同样,阅读也是具体的,是一种注入了个体生命的发现。因为我们教的不是权威给我们的知识和经验,而是教师长期不懈努力学习得来的感悟。权威的思想只有被我们自己的经验所渗透和注解,才能成为我们生命中的一部分。这才是核心素养如何内化在学生身上的最终途径。

四、评析

本篇教学设计从培养中学生核心素养出发。教师真正成为课堂教学的主导,学生成为课堂的主体。通过师生互学,生生互学的方式习得知识,并将知识内化为学生的核心素养,化知识为能力。《赤壁赋》为人教版必修上册的内容,与《登泰山记》放在一起比较阅读。如果抛开文言文的本义只谈课文的比较,对于高一的学生来说是非常困难的。从学情考虑,高一的学生有一定的文言基础,但是初中对文言知识的死记硬背已经完全不适应高中对于文言文的能

力要求。所以本课从学生的预习情况来看,对课文的意思理解还是有不到位的地方。"三教"的精神内核,是教会学生思考。这堂课中,教师对于思考需要的基础,就做得比较到位。文言文教学,离开"言"的只谈思想的课堂就像空中楼阁,毫无根基可言。文言文要做到"文言、文章、文字、文化"四"文"统一,这堂课的突出特点是"言文并重"。在指导学生剖析课文过程中,教学生思考,"言与文"的关系,读"文"依据"言",解"言"离不开"文",真正的将思考的方式教给学生,不是"一言堂"式的强灌。

课文导入的设计中,教师巧妙地创设情境,将同学们代入符合个人经历的情境之中,引发大家的思考。课文也与现实联系起来,具有了现实的意义。过程中,对于"水""月"的思考,用诵读串起课堂,并通过品味重点语句的方式,层层剥茧,引导学生去感悟。并得出答案,这种习得方式就变成了一种课堂生成,自由不显得生硬。

但是没有真正完美的课堂,每一堂课中,都留有遗憾。这堂课有缺陷的地方是在拓展的部分,时间不充分,需要课内联系课外的部分做得不够,拓展没有真正的展开,从课堂中来,又到现实之中去,没有真正的实现。

（评析人：黄真金　贵州师范大学教师教育学院）

《安塞腰鼓》教学课例

陈远波（贵州省印江县第二中学）

一、教学设计

(一) 教材分析

"安塞腰鼓"是义务教育部编版2017教科书语文八年级下册第一单元的第三篇课文。本单元的课文，或表现各地风土人情，或展示传统文化习俗。本文从一个方面展示西北高原的风土人情。"安塞腰鼓"是刘成章先生的散文名篇，文章以诗一般凝练的语言来写视觉形象，用富有动感的语言来表现安塞腰鼓的激越飞扬。教学时应鼓励学生体会安塞腰鼓的艺术魅力，领悟生命的自由和豪壮之美。引导学生有感情地朗读，实现学生与文本、与作者、与生活、与生命的对话。课堂教学中师生互动、感悟、讨论交流、合作探究，让学生成为阅读的主人。引领学生深入理解和欣赏课文独特的有感染力的语言，感悟生命的激荡、磅礴的力量，体会作者对安塞腰鼓及安塞人那种由衷的赞美之情。

(二) 学情分析

本文的教学对象是八年级学生，已具有一定的自学能力，可以搜集资料并借助资料自主学习。安塞腰鼓是产生于西北黄土高原的一种民间艺术，充满原始的意味和浓郁的乡土气息，对于我们这些生活中在西南的中学生，大多对其缺乏形象直观的感受。因此，在本科教学设计时，要注重利用多媒体教学，让学生比较直观地感受安塞腰鼓的壮阔、豪放和火烈的气势。同时，要通过朗读调动学生的情绪和想象力，帮助学生进入角色，从人加深对课文的理解。

(三) 教学目标

1. 有感情地朗读课文，品味文章优美的语言，感受安塞腰鼓的恢宏气势。
2. 体会生命与力量的美，激发对民族文化的热爱，传承优秀传统文化。
3. 体会文中多种表达方式综合运用、多种修辞手法综合运用的效果。

(四) 教学重难点

1. 重点：反复朗读课文，品味课文的语言美，体会安塞腰鼓的恢宏气势。
2. 难点：体会作者所歌颂的生命力量。

(五) 核心问题

文章描绘安塞腰鼓气势恢宏的场面,要表现什么思想主题?

(六) 设计思路

按照"三教＋"教学理念及"自主学习→合作探究→当堂检测→基础过关"的教学模式,突出学生的主体地位,在课前安排学生搜集资料,并借助资料自主学习;通过读揣摩文章语言,感受作品蕴含的情感,让学生使用勾画圈点的方法勤动笔墨,积极思考老师提出的问题;通过引导学生积极参与合作探究,进行信息反馈和交流,检验读和思的效果;通过当堂检测,学习本文形、神结合的语言特点,从而达到学以致用。

二、教学过程

(一) 创设情景,激情导入

1. 展示民间艺术图片,引入课题

师:民间文化艺术是人类文明这条长河中的瑰宝。在我们中华大地上就有着无数的民间艺术大放光彩。今天,我要带领大家一起穿越时空,走进黄土高原,去欣赏有着"天下第一鼓"美誉的安塞腰鼓。

2. 板书课题,让学生做作者简介

刘成章,陕西省延安市人。他的著作《羊想云彩》获首届鲁迅文学奖。

(二) 走进文本,合作探究

1. 初读课文,感知内容,了解安塞腰鼓的特点

(1) 朗读课文,掌握生字词。

要求:用自己喜欢的方式快速阅读课文,在文中勾画出生字词,注意它的读音和词义。

(2) 浏览课文,提取课文主要信息。

要求:请用"好一个_____的安塞腰鼓"来表达你读完本文的感受。(提示:用课文中的词语、短语。)

生1:惊心动魄

生2:奇伟磅礴

......

2. 精读课文,感受安塞腰鼓的恢宏气势

① 感受安塞腰鼓的静态美。

幻灯片出示:学生一二组读安塞腰鼓未击打前语段(1—4自然段),三四组读鼓声停止后的语段(28—30自然段),并用一个词语概括打鼓前和打鼓后的特点。

生1:安静。

生2:寂静。

课件展示画面:学生结合画面描述意境。

生3:擂鼓前静静地积蓄力量,擂鼓后寂静得像来到另一个星球。

师:鼓声响起总是那么多的期待,表演结束后又是那么让人回味和留念,那么表演时的安塞腰鼓一定很精彩吧!让我们一起去看看吧!(看视频)看完之后感觉怎么样?

生1:场面非常壮观。

生2:震撼。

生3:动作很优美。

······

师:那么作者是怎样来描写的呢?

② 感受安塞腰鼓的动态美。

教师范读第7自然段,思考:文中哪些词语能概括安塞腰鼓的特点,请圈画出来。

生4:壮阔、豪放、火烈。

③ 感受安塞腰鼓的"四美"。

师:课文中有一句话反复出现,表达了作者对安塞腰鼓的赞美,请用波浪线画出来。

生5:"好一个安塞腰鼓!"

师:哪个同学愿意站起来读一读?

生1:······

生2:······

师:为什么这样读?

生1:写出了对安塞腰鼓的赞美之情。

师:(小结)因为反复出现,所以感情应是越来越强烈。

(生齐读,读出这种强烈的赞美之情。)

师:这种强烈的赞美之情分别从腰鼓的那几个方面来抒发的呢?同学们自由朗读,从文中找根据,然后发表自己的见解。

师:请看到第一次出现的地方。用波浪线画出表现场面的句子来(第7段),并齐读一遍(小组),说一说这段写了什么?

生1:写出了腰鼓的气势。

师:这种气势是一个人打出来的吗?

生2:百十个。或很多。

师:人多了,就成了场面。所以这写出了安塞腰鼓的场面。

师:这种场面让你用文中的一个词来概括它的特点,你会用什么?

生:壮阔、豪放或火烈。

师:哪些句子给了你这种感觉?为什么?

3. 品读课文,探究课文的语言美

(学生在文中勾画相关语句。)

生3:"使人想起······"犹如江河一泻千里,不可停止。

生4："愈捶愈烈"。

生5："骤雨一样,是急促的鼓点;旋风一样,是飞扬的流苏;乱蛙一样,是蹦跳的舞步……"使用了比喻的和排比的修辞手法,使对象更加形象具体,更加突出了安塞腰鼓的恢弘气势。

师:(小结)作者运用了大量的排比,有句内排比,有句与句之间的排比,还有段与段之间的排比。增强了文章的气势,抒发了对安塞腰鼓强烈的赞美之情!

4. 小组合作探究

师:还有三个"好一个安塞腰鼓"先找到它们分别对应的语段,再按要求分组完成任务。

课件出示任务:另外的三个"好"分别赞美了

① 安塞腰鼓的哪一方面?

② 这一方面的特点是什么?

③ 作者是用怎样的语言表达的?

(把全班分成六个组,每两组完成一个"好一个安塞腰鼓"。5分钟以后,各组起来展示,组内的互相补充。)

小组展示:

一组:鼓声美　　沉重响亮

二组:后生美　　元气淋漓

三组:舞姿美　　绚丽多姿

(每一个小组展示完毕后,剩余的小组补充)

5. 探究文章主旨

全班齐读18—21段,把握文章主旨对黄土高原人旺盛生命力的赞美之情!(出示投影)

师:是哪儿的后生?

生:黄土高原,他们代表的是黄土高原的劳动人民。

师:他们都吃些什么,穿的是什么?

生:吃的红豆角角,老南瓜,穿的朴素。

师:他们为何能打出如此精彩的鼓点呢?

生1:因为他们热爱这片土地,热爱生活……

生2:他们有着顽强的生命力。

(小组齐读23—27段)

师:通过读我们感悟到了安塞腰鼓磅礴的气势和力量。刘成章只为了赞美腰鼓的力量吗?换做江南的后生来打鼓能打出这种气势吗?

生:不能。

幻灯片展示:介绍黄土高原的历史、文化、现状及本文的写作背景。

师:(小结)赞美了激荡的生命和磅礴的力量,阳刚之美,积极进取的民族精神……

(三)课堂小结

1. 这是一篇生命与力量的赞歌,是力与美的结合,舞蹈呈现出的激情和冲劲给我们的生

活、工作、学习怎样的启迪呢?（学生畅所欲言）

生1：在学习中，我们应该向西北人民一样，有一种不甘落后，不屈不挠的精神!

生2：在生活中，对未来应该充满希望，放飞梦想，张扬个性，活出精彩!

……

师：（总结）"安塞腰鼓"的气魄是震撼人心的，作者从安塞腰鼓的舞姿和鼓声中发现发掘出了陕北人的元气和神魂，发掘出中华民族的生命本质。作者以大泼墨、大写意的笔法，自由挥洒，使这一首优美的散文诗，犹如绽放在黄土高原上的一朵奇葩。我想，我们只有像作者笔下的陕北人民一样热爱生命，笑对人生，才能做到生如夏花之灿烂，生如腰鼓之激昂!

2. 引导学生了解印江的民间文化艺术。（幻灯片展示）

（印江书法、摆手舞、傩戏、花灯……）

（四）课堂检测

1. 片段仿写：请你用排比的修辞手法，写一段文中描摹一个场面，如跳土家摆手舞的场面、运动会的场面等。

2. 下列对本文写作特点的分析不正确的一项是：（　　）

A 课文多用短句表现内容，简洁有力，铿锵激昂。

B 文章以"好一个安塞腰鼓"为线索，反复咏叹，通过鼓在搏击，情在燃烧，歌颂了激荡的生命和力量喷薄而出的力量。

C 课文自始至终，一直保持着快速的节奏。快节奏使内容表达得更热烈、更激荡，充分表现了生命和力量喷薄而出的神韵。

D 这篇文章大量运用了反复、排比、比喻、对偶等修辞手法。

（五）板书设计

17　安塞腰鼓
刘成章

总特点：壮阔、豪放、火烈

安塞腰鼓　{　场面美　鼓声美　后生美　舞姿美　}　赞美劳动人民力量

三、教学体验

"安塞腰鼓"的课堂教学，在整个教学环节的设计上，我按照教思考、教体验、教表达的教学理念及"三步一过关"教学模式,基本能体现出文本对话为首要,语言训练是重点,学生参与为根本,方法过程要指导的基本教学原则。在教学中我特别重视朗读,新课标强调要把琅琅的读书声还给课堂,"三分文章七分读"。这篇文章语言颇有气势,且极富音乐美,更需要通过吟咏朗诵来传情和悟情。所以在文章的讲析中引入了诵读法教学,通过教师范读、学生自读等方式引导学生在反复诵读中领悟文章的美。

安塞腰鼓作为一种舞台艺术,无疑是"美"中的精品。课文成功地用文学的形式对之进行描绘,且把文学的"美"与舞台艺术的"美"融为一体。铿锵的短句,激昂的排比,迅猛的节奏使文章语言颇有气势,又使情感表达得酣畅淋漓,充分体现了生命和力量喷薄而出的神韵,可谓是形神统一。为此,我首先采用美读策略,引导学生读出诗意美,画面美,气势美。在学生品读的过程中,我注意进行诵读指导。例如:在品读"骤雨一样,是急促的鼓点,旋风一样,是飞扬的流苏"一句时,我采用了以下几种方式让学生朗读:学生激情朗读,重在体验情感;多媒体配乐范读,重在指导学生感受气韵;学生配乐朗读,重在加强体验;师生集体诵读,重在增强气势。

其次,我采用评点式品读,引导学生理解语言的意蕴美,情味美。用情、用心品读课文,读完之后说出你认为好的句子,说说喜欢的理由。分组进行寻找美点。用"……美,美在……"的句式叙述出来。我从词语、句式、修辞、写法、结构等方面进行评点。教学中,我就是让学生明白这样的真谛"生活中不是没有美,关键要有一双发现美的眼睛"。

这是一堂"三教"尝试课,自己认为这堂课小组合作探究教学活动中,学生既有个人见解,又有小组智慧。大家各抒己见、互相交流、互相学习,取长补短,充分发挥自己的特长,参与了学习任务,积极表达补充,并从中获得学习体验,形成了自己对学习任务的一些思考与理解,掌握了学习的主动权,使自己成为了学习的主人和体验者。本节课中每一个小组就是一个团队,大家共同体验获得知识带来的成就感和喜悦感。但是,课堂上,还是有一部分学生积极性不高,缺乏参与学习研讨的勇气,因此,如何让所有学生都积极参与到课堂活动中,是下一步教学努力的目标,也是实现高效课堂的关键。"汝果欲学诗,功夫在诗外"。运用"三教"理念,教思考、教体验、教表达,使课堂"实、趣、活",不仅要重点研究教材、选择教法、学法,尤其要关注学生,充分发挥学生主体作。同时,教师教学还要关注国内外新的教育教学理念,使自己的教学思想始终处于改革的前沿,并在实际的教学中不断地加以实践、提炼、完善和升华。

四、评析

本篇教学设计,在充分考虑学生学情的基础上,突出学生的主体地位,在课前安排学生搜集资料,并借助资料自主学习;通过读揣摩文章语言,感受作品蕴含的情感,让学生使用勾画圈点的方法勤动笔墨,积极思考老师提出的问题;通引导学生积极参与合作探究,进行信息反馈和交流,检验读和思的效果;通过当堂检测,学习本文形、神结合的语言特点,从而达到学以致用。《安塞腰鼓》是一篇通过描绘西北"地域风情"来展现人的本质力量和时代精神的抒情散文,它气势磅礴而又短小精悍,艺术手法丰富多样。本篇教学设计的导入就抓住了地域风情这一特点展示民间艺术图片,引入课题,带领学生一起穿越时空,走进黄土高原,去欣赏有着"天下第一鼓"美誉的安塞腰鼓。有效吸引了学生的注意力,把学生带入地域风情这一情境。

紧接着设计了一个"请用'好一个_____的安塞腰鼓'来表达你读完本文的感受"的问题,遵循学生真实阅读的原貌,让学生通读全文的基础上,感知安塞腰鼓,尊重学生的阅读习惯,激发学生多元的阅读感受。并没有先入为主去介绍安塞腰鼓,沉浸式的阅读,才能在不破坏学生的阅读体验的过程中,保持学生对文本的感知。从课堂实录中我们也可看出,孩子们对文章的感受多元、新鲜极具这个年龄特色。

课堂的亮点也是重头戏部分就是通过文章的阅读感受安塞腰鼓的美。《安塞腰鼓》中,为了增加行文的跌宕感,调动一切手段来映衬安塞腰鼓的表演,作者刻意安排了两次动与静的转换,分别处于散文的开头和结尾。在教学设计中,教师很好地抓住了这一点,提示学生要抓住安塞腰鼓的静态美,但是没有深入挖掘两次转换带来的不同寻常的艺术效果,课文先是由静入动,意在蓄势。"一群茂腾腾的后生"好似一组沉静的塑像,一片静默的庄稼做了他们最好的背景,除了风的吹动,一切都是静止的,就连响鼓也"呆呆地,似乎从来不曾响过"。但突然之间就爆发了,火烈地动起来,响起来了,一种"骤响易彻"的表达效果由此而生。这里的妙处还在于大的动静关系中套着小的动静关系。开始时高粱、后生的静像映衬了后来腰鼓表演的动感,而风吹高粱叶子与衣衫的动感又衬托了后生及高粱的静默。结尾处的第二重动静转换,意在余味。当腰鼓最响、舞姿最狂的时候,却戛然而止,一切归于静寂,留下一个巨大的感觉空白,静到空洞,静到陌生,静到让人滞留在上一刻无法自拔,难以适应,"像来到另一个星球"。与开头一样,这里也有两重动静关系,安塞腰鼓的"愈捶愈烈"到复归静默是大的一重以静衬动,那一声"渺远的鸡啼"又映衬了眼前充满陌生感的寂静,似真似幻,让人难以确定是否真的置身于天外,因而留下独特、悠长的余味,这是小的一重以静衬动。教学设计中没有充分带领学生体验到本篇课文的动静转换的妙处,学生对于文本的理解和思考问题停留在较浅的一层,并不能真正达到提升学生思维的目的。

课堂核心部分的鉴赏,最终总结下来,安塞腰鼓的美在于场面美、鼓声美、后生美、舞姿美。这一总结概括,仅仅停留在文章大意的分析上,所搭建的支架并没有让学生深度思考,文章是怎样描绘安塞腰鼓,并把安塞腰鼓的人与鼓同等描绘来展现人的本质力量和时代精神的。所以在后面的提问"这是一篇生命与力量的赞歌,是力与美的结合,舞蹈呈现出的激情和冲劲给我们的生活、工作、学习怎样的启迪呢?"学生在回答的时候,答案就会显得很苍白,没有从内心生发出感人的力量,学生不是表达得不够好,而是思考得不够深入,没有能出精彩、入心的表达。

最后在课堂检测部分的选择题,显得过于单一,且同课堂内容的关联性不是很大。作业设计可更系统、指向性更明确一些。

（评析人：黄真金　贵州师范大学教师教育学院）